발전 청소년학 시리즈 1

청소년문제와 보호

적극적 관점

천정웅 · 전경숙 · 오정아 · 김세광 · 박선희

Youth Problems and Protection: Positive Perspective

양성원

머리말

이 책은 세계청소년학아카데미(World Academy for Youth Studies: WAYS)가 기획하는 "발전청소년학 시리즈"의 첫번째 책이다. WAYS는 2006년 이후 2~3년마다 "청소년학 월드포럼(World Forum on Youth Studies)"을 한국과 외국에서 개최하고 있으며, 그동안 비판청소년학 총서와 세계청소년학아카데미 총서를 발간하면서, 국제적 청소년연구의 지적공동체로서 활동하고 있다.

청소년문제에 대해서 그 원인을 분석하고 대책을 마련하는 노력이 지속되어왔으며 이를 통해 청소년들에 대한 과학적이고 체계적인 이해의 필요성은 오래전부터 강조되어 왔다. 무엇보다 이 책은 청소년의 건강한 삶을 위한 제도적·실천적 접근이 성과를 거둘 수 있기 위해서는 청소년에 대한 시각과 보호의 관점전환이 중요함을 강조하고 있다. 청소년이 가진 내면의 힘, 스스로의 삶을 주체적으로 이끌어 나갈 수 있는 능력을 인식하고 청소년이 가진 강점, 자원, 기술, 지식을 당면한 청소년문제 해결과정에 유용하게 사용될 수 있다고 보는 것이다.

실제, 청소년보호를 위한 그간의 변화들은 비행 청소년의 선도와 교정 중심에서 청소년활동을 통한 잠재력 개발로 전환하는 흐름을 보여준다. 그러나 여기서 우리가 주목해야 할 것은 청소년문제에 대한 이러한 노력에도 불구하고, '문제로서의 청소년(youth as problems)'의 이미지가 아직도 정책과 전문적 실천분야, 학문연구에 남아 있다는 점이다. 지나친 문제 중심의 접근은 청소년의 사회적 활력을 방치하고 긍정적인 궤도에 있도록 하는 중요한 기회를 상실하게 한다는 데 주의를 기울일 필요가 있다.

이 책에서 말하는 적극적 관점(positive perspective)은 발전적이고 긍정적이며 비판적인 의미를 갖는 것으로써 구체적으로는 강점관점(strengths perspective)과 청소년개발(youth development)의 원리를 접목하여 다양한 청소년문제 해결에 적용하는 새로운 접근을 의미한다. 강점관점에서 바라본 청소년은 본래 그들 자체의 기본적인 자원과 접촉에 의해 스스로를 변화시킬 수 있는 능력을 가지고 있으며 청소년개발은 모든 청소년들을 잠재력을 가진 개인적, 생태적 자산성을 소유하고 있다고 전제한다. 청소년개발은 문제가 발생하거나 위기 상황이 생기지 않도록 하는 것뿐만 아니라 더 나아가 긍정적 발달과 청소년의 건강과 안녕에 기여하는 조건들을 적극적으로 주장한다. 특히, 이 책에서는 보호관점의 전환(1장), 회복적 정의(8장), 위기청소년정책의 비판적 관점(13장)

등을 통해 보다 직접적으로 적극적 관점을 강조하고 있다.

이 책을 함께 저술한 저자들은 한국은 물론 미국과 독일에서 사회복지학, 교육사회학, 아동복지학, 청소년학 등을 공부하였으며 청소년문제연구와 정책개발 그리고 실천현장에서 일한 다양한 경험들을 가지고 있다. 이에 따라, 책의 구성은 크게 개념적 기초, 유형별 청소년문제와 보호, 대상별 청소년문제와 보호 등 세부분으로 구분하고 총 13개 챕터로 구성하였다.

첫째, [Part 1]은 개념적 기초부문으로, 청소년문제의 개념과 보호의 이해(천정웅·박선희)와 청소년의 심리행동문제 개관(오정아)을 포함하였다. 둘째, [Part 2]는 학교부적응(오정아), 성문제(오정아), 가출과 중독문제(박선희), 자살과 트라우마(김세광), 사이버일탈문제(천정웅), 학교폭력과 회복적 정의(김세광), 청소년문제의 이론적 관점(천정웅) 등 주요 문제유형별로 개념과 현황 그리고 대책을 고찰하였다. 셋째, [Part 3]은 학교 밖 청소년(전경숙), 다문화청소년(전경숙), 위기청소년(박선희) 그리고 위기청소년정책의 비판적 관점(천정웅) 등 주요 대상별 문제와 보호에 대해 알아보았다.

공동 저술을 위해 각 장별 체제의 일관성과 분량을 지키도록 유념하였지만, 장별 주제의 특성이 각기 달라서 뜻대로 되지 않은 아쉬움이 있다. 그러나 이 책은 기존의 교재에서 소홀히해 온 사이버문제, 트라우마, 회복적 정의 등을 새롭게 포함하였으며, 무엇보다도 청소년 이슈를 보는 적극적 관점을 전체 내용에 반영하려고 시도했다는 점에서 차별화된다. 그럼에도 불구하고 보다 많은 최신의 내용을 담지 못한 점이나 출처를 확인하지 못한 문헌들이 있다면 신속하게 보완할 것을 약속드린다.

끝으로 세계청소년학아카데미 프로젝트에서 함께 활동하고 있는 국내외 연구자들에게 감사의 마음을 전하며, 이 책을 포함한 “발전청소년학 시리즈”의 발간을 흔쾌히 맡아주신 도서출판 양성원의 강철원 대표님과 직원여러분께 저자들을 대신하여 깊은 감사의 말씀을 드린다.

2017년 9월

저자를 대신하여

천 정 웅

Contents

차례

Contents

차례

Part 1

개념적 기초

1. 청소년문제의 개념과 보호의 이해
2. 청소년의 심리행동문제 개관

1 장

청소년문제의 개념과 보호의 이해

1. 청소년문제의 대두

1) 청소년환경의 변화와 청소년문제

현재적 의미의 청소년문제가 사회문제의 하나로 대두된 것은 사회의 산업화에서 비롯된 것으로 볼 수 있다(천정웅 외, 2013). 물론, 유교적인 동양사회에서는 청소년들에게 인내와 성실성의 인격도야에 힘쓸 것을 요청했으며, 비교적 엄격한 훈육이 이루어진 바 있다. 그러나 청소년문제의 역사를 보면, 기원전 22세기 함무라비 법전에도 어린이는 부모에게 복종해야 한다는 것이 기록되어 있으며, 2500년 전에 소크라테스가 청소년을 꾸짖는 기록도 발견된 바 있다(이해주 외, 2008). 우리나라의 경우 근대사회로 접어들면서 청소년비행이 증가하였으며, 1960년대 이후 소년법원이 운영되기 시작한 바 있다. 특별히, 1980년도에 와서 청소년문제에 대한 사회적 관심이 증대되었는데, 이 시기 우리 사회는 빈곤에서 벗어나 어느 정도 경제성장은 이루었지만, 이로 인한 사회 변동의 심화로 청소년과 기성세대 간의 가치관의 갈등이 심화되었고 맞벌이 부부의 증가에 따라 가정에서 부모의 통제력이 약화되면서, 입시 위주의 학교교육의 문제로 청소년의 일탈욕구가 강화되는 등의 사회현상을 경험하였다(이해주 외, 2008; 이자영 외, 2017). 특히, 최근에는 인터넷과 소셜미디어의 등장으로 인한 음란물과 폭력물의 확산 등 사이버일탈과 사이버불링(cyberbullying) 등의 새로운 청소년문제 양상이 나타나고 있어 주목된다.

(1) 청소년 기본 가치관의 변화

경제발전에 따른 사회 변동은 우리 청소년의 가치관에도 큰 변화를 초래하였다(천정웅, 2012). 첫째, 양육가치관의 변화이다. 자녀양육에 관한 사회적 가치관이 점차 변화해 가는 추세에 있으며, 이로 인해 청소년복지의 필요성이 증대되기도 하였다. 오늘날의 부모들은 지난 세대에 비해 자녀지향적 가치보다는 부부 또는 자기지향적 가치가 지배적인 것으로 변화되고, 이혼 등의 여러 가지 원인으로 가족이 해체되는 위기상황이 되어 아동과 청소년이 부모들로부터 적절한 양육을 받지 못하는 사례가 빈번하게 발생하고 있다.

둘째, 균등교육 기회권에 대한 태도와 가치관의 변화가 나타나고 있다. 기존 교육제도에 대한 거부감으로 대안학교 및 대안교육에 대한 욕구가 증가하고 있으며, 기존 교육제도권 밖에서의 교육을 예전에는 부정적으로 보고, 또한 사회적 낙오자로 인식하였지만, 제도권 밖 교육은 점차 동등한 교육의 수혜자로서의 권리를 주장하고, 이에 따른 정부와 사회의 대책과 해결방안을 적극적으로 요구하고 있다.

셋째, 성 가치관의 변화이다. 국내 청소년들의 성 가치관은 점차 서구적 가치관을 따라가고 있으며, 선정적인 문화와의 접촉 기회 또한 증대되어 미혼모가 발생하고 있다. 이런 점에서 청소년기관이나 학교교육과 의료 및 보건, 그리고 사회복지 등 관련기관 및 단체의 협력으로 체계적이고 올바른 성교육과 인식을 심어줄 수 있는 노력이 필요하다.

넷째, 사회경제적 위기이다. 청소년들을 둘러싼 우리나라 환경은 1997년 말 이후 외환위기와 국제통화기금의 관리체제로 인해 경제위기와 함께 여러 가지 사회문제를 겪게 되었다. 이러한 국제사회의 경제적 어려움과 정치적 불안정 등의 상황은 대량실업과 절대빈곤층 및 차상위계층의 증가, 이혼과 가정해체, 시설보호아동의 증가, 자살 등의 다양한 사회문제를 유발하게 된다.

(2) 청소년문제와 욕구의 다양성

첫째, 청소년문제와 욕구의 다양성이다. 청소년문제는 그 범위와 함께 이에 따른 대처방법도 다양해졌다. 비행, 공격행동, 우울증과 자살, 비만 및 섭식장애, 음주 및 흡연의 보편화, 인터넷 중독 및 사이버폭력, 10대 성매매문제와 성폭력, 학교부적응의 증가 등 사회적 관심과 대응을 요구하는 문제가 다양하게 분포되어 있다.

둘째, 청소년문제와 욕구의 복합성이다. 이전의 청소년문제는 단순한 형태였다. 즉, 청소년문제의 원인이 비교적 단순하고 해결방안이나 접근방법이 다체계적인 접근보다는 개별적인 접근을 요구하였다. 하지만 사회 변동과 함께 청소년을 둘러싸고 있는 다양한 체계의 영향이 복잡해짐에 따라 청소년의 문제는 다양한 문제가 서로 얽혀 있어 해결의 실마리를 찾기 어려운 형태로 나타난다.

셋째, 청소년문제의 심각성이다. 청소년문제의 심각성은 저연령화와 여자청소년의 문제행동 증가에서 보다 분명하게 나타난다. 흡연과 음주, 가출, 최초 성행동의 시도 연령 등이 점차 저연령화되어 초등학생들에게서도 이러한 문제가 발견되는 것을 볼 수 있다. 그리고 청소년들의 흡연비율이나 음주비율이 지속적으로 증가하여, 유해매체의 접촉빈도도 높은 것으로 나타난 연구 결과들을 볼 때, 이러한 문제들이 청소년들에게 보편적으로 만연해 있음을 알 수 있다.

넷째, 청소년문제의 접근방법의 변화이다. 이전에는 접근방법이 의료모델에 입각한 단순원인론적 결정주의에 중점을 두었다면, 1980년대 이후 실천방법은 통합접근을 중심으로 생태체계적 관점과 강점관점 등 적극적이고 긍정적이며, 발전적인 접근에 중점을 두고 있다.

2) 청소년의 주요문제

청소년 문제가 주로 발생할 수 있는 영역은 크게 가정과 학교, 그리고 사회로 나누어 볼 수 있다. 가정생활에 관한 문제행동은 형제나 부모에 대한 반항이나 폭력, 도박, 가출 등이 있으며, 학교생활에 관한 문제행동은 무단결석, 집단따돌림, 학교폭력 등을 생각할 수 있으며, 사회생활에 관한 문제행동에는 자살시도, 흉기소지, 패싸움 등이 포함된다. 물론 이 밖에도 인터넷 중독이나 청소년범죄와 같이 한 영역에만 관련되기보다 개인적인 문제와 여러 영역의 문제가 복합적으로 작용하여 만들어지는 청소년문제들도 발생하고 있다(이해주 외, 2008).

(1) 가정문제와 청소년

가정은 사회의 최소단위인 가족사회의 보금자리인 동시에, 각 개인이 삶을 이루어 가는 출발지라 할 수 있다. 가정은 부부간의 애정이 존속하고 부모와 자녀 간의 존경과 사랑을 바탕으로 유기체적 관계 속에서 혈연으로 맺어진 특수한 체계이다. 그러나 가정이 불행하다면 성장하는 청소년은 정서적으로 불안하고 다양한 문제를 일으키는 비행청소년이 되며, 이러한 청소년의 성격은 성인이 되어도 지속되어 일생의 사생활을 지배하게 된다. 가정이 자녀양육에 관해 생물학적, 문화적, 심리적 자극을 줄 수 없을 때 결손가정이 될 수 있으며, 생물학적 결손은 가족 구성원 중 어느 부분이 결여되어 있는 것으로 볼 수 있다. 문화적 결손은 자녀의 성장과 학습에 자극을 줄 수 없는 환경을 말한다. 심리적 결손은 양육에 관한 부모의 통제와 보호기능이 결여된 것을 의미한다(한준상, 2006).

가정문제와 관련된 가족현상으로는 핵가족, 한부모가정, 빈곤가정, 맞벌이가정, 미혼모가정, 재혼가정, 조손가족 등을 들 수 있으며, 가정과 관련된 문제로는 부모와의 갈등, 결손가정으로 인한 문제, 우울, 스트레스, 가출 등이 포함된다. 이와 같이 문제가 일어날 수 있는 가능성이 있는 가정을 대상으로 이들의 문제를 보완하고 해결할 수 있는 예방적인 프로그램을 개발하고 전개해서 건전한 가정환경이 될 수 있도록 노력해야 한다(이명신, 2008).

(2) 학교문제와 청소년

학교는 청소년의 지적 성장과 신체적 발육을 위한 교육의 장으로서 청소년의 잠재능력을 계발하고 지도하여 사회발전에 기여할 수 있는 건전한 인간 양성을 위한 기능을 지니고 있다. 특히, 청소년 시기에 있어서 학교기능은 청소년의 개성에 따라 능력을 배양해 주며 가정과 사회에 잘 적응할 수 있도록 도와주는 데 있다. 학교와 관련하여 현재의 입시 위주의 학교교육문제를 지적하고 이로 인해 등교거부, 학교중퇴, 집단폭력 등의 문제를 가져올 수 있다.

학교생활은 학생인 청소년에게 소중한 시기로서 밝은 분위기 속에 각자의 가치관의 의지력 등을 형성하는 교육과정이어야 한다. 그럼에도 불구하고 현재 학교사회는 입시와 경쟁 위주의 학습을 강요하는 등 청소년에게 정신적인 상처를 주거나 원만한 활동에 장애요인이 되고 있어, 반사회적이고 반항적인 비행집단화의 문제를 야기하고 있다. 그러므로 학교 주변의 환경적인 악화는 물론 경쟁 위주의 학습강요 등은 청소년문제와 연관하여 해결해야 할 학교문제로 볼 수 있다(박용순, 2007).

(3) 사회문제와 청소년

청소년들은 아동기와는 달리 부모와 형제를 중심으로 한 가족환경에서 벗어나 또래관계와 더 밀착된 관계를 지니며, 또한 각종 멀티미디어 매체발달에 따른 감각적인 자극에 많은 영향을 받게 된다. 전통사회가 붕괴되고 산업화, 도시화, 정보화 등의 과정 중에 많은 청소년들이 갈등을 겪는 경우가 많다. 사회와 관련해서는 매스미디어의 영향으로 폭력, 흡연, 음주, 마약 등의 증가와 함께 불필요한 소비성향의 증가, 성의 문란, 사회문제나 참여에 대한 수동성 등의 문제를 낳고 있다고 본다(한준상, 1996).

청소년을 유혹하는 유흥음식점, 향락업소, 노래방, 도박장 등이 늘어나고 있고, 흡연, 약물남용, 성일탈, 정치적 무관심이나 도덕적 해이 등의 문제가 대두되고 있다. 이러한 현상은 결국 청소년이 현실의 부적응으로 반항하거나 비행화될 수 있는 영향을 미치기 때문에, 청소년들이 비행으로 빠지지 않고 건전한 심신발달과 올바른 가치관을 형성하도록 건전한 사회환경이 조성되어야 한다.

2. 청소년문제의 개념과 범주

1) 청소년문제의 개념

'청소년문제'라는 용어는 청소년이 가지고 있는 문제들(problems)을 의미하는 것이지만, 문제청소년을 상정하거나 청소년일탈, 청소년비행 등과 유사한 개념으로 사용하고 있는 경향이다. 그러나 여기서 말하는 청소년문제는 보다 포괄적인 의미를 갖는 것으로 보아 "사회문제로서의 청소년문제"라는 인식을 전제한다. 사회문제는 "판단하고 경험할 수 있는 사회의 한 측면"이라는 '객관적으로 실제하는 상황(objective condition)'과 그러한 상황에 대해 영향력 있는 집단이 가지고 있는 '주관적 관심(subjective concern)'이라는 두 가지 요소를 갖는다. 따라서 "사회에 존재하는 청소년들에 관련된 어떤 현상에 대해 영향력 있는 집단이 관심을 갖게 되는 경우"를 청소년문제로 규정할 수 있을 것이다(Sullivan, 2006).

사실, 청소년문제에 대한 개념적 논란은 청소년문제에서 '문제'를 어떻게 규정할 것인가와 관련된다. 문제는 보통 부정적인 의미로 사용되는 경우 개인이나 사회에 위협이 되는 함께 해결해야 할 사항을 말하는 것으로 볼 수 있다(이해주 외, 2008). 또한, '문제'는 '바람직하지 못한 상태'로 기술하기도 하고 '무엇이 충족되지 못한 상태'로 기술되기도 한다(Heiner, 2009). 우선 문제를 '바람직하지 못한 상태'로 규정할 경우, '문제'로 인해 사회의 구성원들은 그들이 속한 사회로부터 느낄 수 있는 질서감, 가치관 등을 위협받게 되고 사회는 문제에 대응하고 개선하기 위해 개입한다. 청소년문제 중에서 가출이나 절도, 반사회적으로 표현된 공격성 같은 것들은 사회의 질서감이나 가치관 등을 위협하는 요소들이며, 이 경우 사회는 다양한 방법으로 개입한다.

문제가 '무엇이 충족되지 못한 상태'를 의미하는 경우는 청소년문제 중에서 '공부를 잘하고 싶은데 안 된다', '친구를 사귀고 싶은데 사귈 수 없다' 등을 예로 들 수 있다. 이러한 문제는 '공부를 잘하는 상태' 또는 '친구를 쉽게 사귈 수 있는 성격이나 조건'과 같은 이상적인 상태에 비추어볼 때 '부족한 상태'를 의미하며, 문제를 느끼는 사람들에게 무엇이 또는 어떤 요소가 '필요'한지에 대해서 전자의 경우보다 다소 명시적으로 표현할 수 있다.

또한, 청소년문제를 개념화하는 일은 청소년의 '바람직하지 못한 상태'나 '충족되지 못한 상태'의 원인이 어디에서 귀인하는 것인지를 결정하는 것과도 관련이 있다. 의학에서는 문제의 원인을 신체부분의 결핍된 조건 등과 같이 비교적 구체적인 것에서 찾을 수 있지만 인간의 마음과 행동을 다루는 사회과학의 학문영역에서는 문제의 원인을 설명하는 방법이 학문체계에 따라 달라지고 같은 학문체계 내에서도 학자와 이론에 따라서 다르게 규정된다.

다른 한편, 청소년문제의 개념은 또한 문제를 규정하는 사람이 누구인가에 따라서 달리 규정된다. 청소년들이 생각하는 문제, 부모나 교사 혹은 전문가들이 생각하는 문제가 다를 수 있다. 많은 경우 부모나 청소년지도자의 입장에서 본 청소년문제가 청소년들 자신의 입장에서는 전혀 문제가 아닌 경우가 있다. 문제해결 노력에도 불구하고 청소년들의 입장에서는 오히려 자신들을 제대로 이해하고 있지 못하다는 느낌을 주는 경우도 있으며 같은 부모나 지도자 집단에서도 무엇을 문제로 보는지와 청소년에 대한 이해 수준 등에 따라 문제가 다르게 나타나기도 한다. 일반적으로 청소년문제라고 하는 경우 우리는 성인적 관점에서 문제라고 하는 것이 전제되어 있음을 유의해야 한다. 성인 입장에서는 청소년은 신체적 · 정신적으로 아직 미숙하여 생활에 책임을 질 수 없으며 따라서 법에 저촉되는 문제가 생기기 전에 통제하고 예방하려고 한다. 이 경우 기득권을 가지고 있는 성인집단이 규정하는 청소년문제는 그 대상이 되는 집단의 성격을 왜곡할 가능성이 있음을 인식할 필요가 있다.

그러나 청소년문제를 포괄적으로 이해하는 경우, 일반적으로 혼용되고 있는 청소년비행(juvenile delinquency), 지위비행(status delinquency), 문제행동(problem behavior) 등의 용어와는 다른 측면에서 접근할 필요가 있다. 일반적으로 '청소년비행'이란 청소년이 그가 속한 사회의 통제집단이 만들어 놓은 규범을 위반하는 행동을 뜻하며 범죄보다 더 포괄적인 의미를 갖는다. 그러나 사회학적 의미에서 볼 때 청소년비행은 성인이 하였을 경우에는 문제가 되지 않지만, 청소년이라는 지위 때문에 문제가 되는 '지위비행'적 속성을 지닌다고 한다(이해주 외, 2008). 또한, '문제행동'이란 사회적으로 문제가 되는 행동, 즉 바람직하지 않다고 생각되는 행동을 의미한다. 그중 법이나 규범에 위배되는 행위를 '범죄, 일탈행위'라고 하며 그 밖에 일정한 가치기준에서 벗어난 행동을 '이상행동'이라고 한다. 또한 환경에 적응하지 못하는 행동을 '부적응행동'이라고 한다(이해주 외, 2008).

한편, 문제행동과 유사한 용어로 '반사회적 행동'과 '비사회적 행동'을 들 수 있는데, 법률이나 사회관점 등 사회규범에 위배되는 행동으로서 사회의 안전과 발전에 저해되는 행동을 '반사회적 행동'으로 볼 수 있으며, 타인에게 해를 입히지는 않더라도 행위자가 사회적 적응을 잘못하든가 그러한 노력을 제대로 하지 않음으로써 자신의 건강과 자신의 성격, 정서발달을 저해할 수 있는 행동은 '비사회적 행동'이라고 할 수 있다(김진화 외, 2002). 이와 같이, 기존의 유사개념들은 청소년에 의한 일탈행동, 사회적 부적응행동 또는 청소년이기 때문에 사회적 제재를 받는 지위비행, 비사회적 행동을 중심으로 보고 있으며, 피해자이기도 한 청소년의 보다 큰 의미의 사회문제의 대상으로서의 조건과 상황들이 간과되고 있는 것으로 나타난다(천정웅 외, 2000).

2) 청소년문제의 범주

이 점에서 청소년문제와 관련하여 다양한 개념적 논의가 있을 수 있음을 알 수 있다. 우선, 청소년문제라는 말은 청소년이 내면적으로 가지고 있는 고민이나 가치의식 같은 '청소년의 내적 문제'를 의미하기도 하고 청소년비행, 범죄 등 청소년일탈과 문제행동으로 논의되는 '청소년에 의한 일탈행동'이 있을 수 있다. 그러나 청소년실업 문제 등과 같이 청소년이 내재적으로 가지고 있거나 청소년에 의해 초래된 문제가 아니지만 '청소년에 관한 복지적 현안문제'의 차원이 있음을 알 수 있다(천정웅 외, 2000). 즉, 청소년문제는 청소년비행뿐만 아니라 청소년들의 일상생활과 활동, 고민, 가치관 등의 여러 측면에서 사회구성원들의 관심을 초래하는 모든 현상들을 포함하는 것으로 볼 수 있다. 본 장에서는 청소년문제의 범주를 크게 청소년의 내적 문제, 청소년에 의한 일탈행동, 그리고 청소년에 관한 복지적 차원의 현안문제 등으로 구분하여 알아본다.

첫째, '청소년의 내적 문제'라는 개념은 '청소년에 의한 일탈행동'이 본인 이외의 다른 사람에게 피해를 준다는 점에서 구분될 수 있다. 청소년의 신체적·정신적 고민과 우울, 자살, 섭식장애 등과 같은 문제가 여기에 포함된다. 범죄, 폭행과 같은 반사회적 행동은 문제를 "행동화"하는 점에서 외형적인 것(externalizing)이지만 정신적 장애와 같은 문제는 내향적인 것(internalizing)으로 간주된다.

최근의 동향을 보면, 청소년의 내적 문제와 관련하여 청소년의 무력감과 우울증, 소외감 등 정신적 문제, 청소년의 음주, 영양, 체격, 체력, 식습관 등 건강 관련 문제가 특히 많이 제기되었다. 특히, 청소년자살문제는 최근의 경제상황과 학업성적, 가정문제 등과 관련하여 지속적으로 사회문제로 대두되고 있다. 우울은 청소년기의 매우 공통된 현상이며 신체상의 왜곡이 수반되는 섭식과 비만문제는 우울과 동시적으로 발생하는 것이 일반적이다. 자살은 우울과 관련한 비극적인 상황이기도 하다.

그러나 청소년의 내적 문제에 속하는 것이라고 해도 모두가 사회적으로 관심을 받는 청소년문제는 아닐 수 있다. 청소년문제에 대한 포괄적 정의와 사회문제로서의 청소년문제의 차이점에 대한 이해가 필요하다. 모든 청소년문제가 사회문제화될 수 있는 가능성은 항상 있지만 청소년들 자신들의 고민 또는 문제라고 생각하는 것이 다 사회문제는 아닌 것은 분명하다. 서론에서 살펴본 바와 같이 '사회문제'가 된다는 것은 객관적인 행위나 사실의 존재가 있어야 함은 물론 대다수의 구성원들이 그 문제에 대해 우려하는 집단적 관심이 있고 공동의 노력으로 변화시키기를 원해야 하기 때문이다.

둘째, '청소년에 의한 일탈행동'의 유형이 있다. 일탈(deviance, deviant behavior)은 모든 규칙 및 규범 위반행위를 의미하여 형법을 위반한 행위인 범죄(crime)를 포함하는 것으로 이해된다. 이 점에서 일탈행위는 범죄, 사회적 일탈 및 사회적 다양성이라는 일련의 연속선상에 순서대로 위치 지울 수 있는 범주를 가지고 있음을 알 수 있다.

청소년에 의한 일탈행동과 관련하여 살인과 폭력 등의 '범죄행위'로부터 가출과 성매매 및 포주행위에 이르는 중간 수준의 '사회적 일탈'이 지속적으로 나타나고 있다. 최근 학생범죄의 유형별 분포에서도 폭력범이 가장 많게 나타나고 있으며 학교폭력의 경우도 매년 증가하고 있다. 집단 따돌림 현상은 그 양상에 있어서 다양성을 보이고 있을 뿐만 아니라 그 발생 빈도도 높다. 청소년의 가출은 공식적 집계보다 훨씬 많은 것으로 추정되면서 가출 후의 경로와 관련한 불법고용 및 자발적 향락산업 유입 등이 문제가 되고 있다.

특히, 청소년에 의한 컴퓨터게임 몰두현상, 음란물 접촉, 해킹과 바이러스 유포 등 청소년에 의한 컴퓨터 관련 일탈행동과 범죄가 크게 사회문제화되면서 청소년 관련 현안이 되고 있다. 사이버문화 또는 사이버일탈로 말할 수 있는 이러한 컴퓨터와 관련한 청소년문제는 다른 어느 세대보다도 컴퓨터활용 정도나 능력 면에서 앞서고 있는 청소년의 특성을 고려할 때 지속적으로 중요한 청소년문제가 될 것이다.

셋째, 청소년의 내적 문제도 아니면서 청소년에 의한 일탈행동에도 포함되지 않는 사안(matters)들이 있다. 청소년실업과 같이 사회 구조적으로 청소년이 피해자가 되는 경우, 아동학대, 결식에서 보는 바와 같은 청소년인권 침해사례, 청소년이 피해자가 된 화재사건 등에서 보는 바와 같이 청소년에 대한 사회적·정책적 관심을 크게 제기한 청소년문제(youth problem)가 아닌 현안문제(current issues)들이 발생하고 있다.

그러나 청소년문제에 대한 개념이 이렇게 다양하게 논의될 수 있음에도 불구하고 일반적인 경우 청소년문제는 문제행동, 청소년비행(delinquency) 또는 일탈행동(deviant behaviour)이란 말과 같은 뜻으로 쓰거나 비슷한 개념으로 이해되고 있음을 부인할 수 없다. 청소년문제는 여러 형태의 문제행동으로 드러난다. 여기서 문제행동은 사회적으로 나쁜 영향을 주거나 사회적 관계를 불편하게 하는 일탈행동, 범죄행위들을 모두 지칭하는 개념이다. 유사한 개념으로 이상행동, 탈선행동, 부적응행동 등을 들 수 있다.

또한, 청소년문제는 행위자의 연령과 성별, 사회와 문화권의 관습과 가치 및 시대변화 등에 따라 구체적인 내용을 달리할 수 있다. 지난 세대에 중요했던 문제가 오늘날은 더 이상 큰 문제가 아닐 수 있고 십년 전에 문제로 규정되지 않은 것이 지금 중요한 문제로 부각되기도 한다. 교복을 입고 통일된 머리모양을 하고 학교에 다닌 시대에 비해 오늘날은 옷차림, 머리모양 등으로 부모와 갈등을 겪는 청소년이 많이 있는 것도 이러한 예로 들 수 있다. 그러므로 어떤 행위를 문제행위로 규정할 것인가는 사회적 가치나 상황에 따라 달라질 수 있는 것이다.

3. 청소년보호에 대한 이해

1) 청소년보호의 의미와 흐름

청소년보호는 대체로 청소년 유해환경의 규제와 유익환경의 조성을 통해 청소년이 건전하게 성장할 수 있도록 도와주는 것이라고 본다(한국청소년개발원, 2007). 1991년 제정된 「청소년 기본법」에 나타나는 청소년보호개념을 살펴보면 청소년보호란 '청소년의 건전한 성장에 유해한 물질·물건·장소·행위 등 각종 청소년 유해환경을 규제하거나 청소년의 접촉 또는 접근을 제한하는 것'이다. 1997년의 「청소년 보호법」에서는 '청소년에게 유해한 매체물과 약물 등이 청소년에게 유통되는 것과 청소년이 유해한 업소에 출입하는 것을 규제하고 청소년을 청소년폭력·학대 등 청소년 유해행위를 포함한 각종 유해한 환경으로부터 보호·구제하는 것'을 의미한다. 또한 「청소년의 성보호에 관한 법률」에서는 '청소년의 성을 사거나 이를 알선하는 행위, 청소년을 이용하여 음란물을 제작·배포하는 행위 및 청소년에 대한 성폭력 행위로부터 청소년을 보호'하는 의미가 있다.

청소년보호를 위한 정책들을 살펴보면 처음에는 비행청소년의 선도와 교정에 중점을 두었으나 환경의 위험성과 위험 가능성이 증가하면서 환경에 대한 규제에 중점을 두는 방향으로 변화하고 있다. 청소년보호를 위한 정책의 대상은 비행청소년, 일반청소년, 위기청소년으로 변화해 왔으며 보호사업의 내용은 교정과 처벌, 다양한 청소년 활동을 통한 잠재력 개발, 유해환경의 규제로 변화해 왔다고 할 수 있다(이해주 외, 2006).

구체적으로 보호는 먼저 광복 이후부터 1987년 「청소년육성법」이 제정되기 이전까지 미성년자, 요보호아동, 그리고 근로청소년을 보호하고, 법을 위반하는 문제청소년에 대한 교정과 처벌이 주가 되었다. 「청소년육성법」이 제정된 1987년부터 1997년 「청소년 보호법」이 제정되기 이전까지의 시기는 보호라는 용어보다 육성이라는 용어를 강조하면서 문제청소년보다 일반청소년에 정책의 초점을 맞추었다. 즉, 다양한 활동을 통해 청소년의 잠재력, 소질, 덕성, 적성을 개발하는 데 중점을 두었다.

두 번째 시기는 1997년 「청소년 보호법」이 제정되고 청소년보호위원회가 발족된 시기로부터 2005년 청소년보호위원회가 청소년 업무 주무부처인 문화관광부의 청소년국과 통합하여 청소년위원회가 발족되기 이전까지의 시기이다. 이 시기의 보호는 위험과 유해환경에 대한 규제가 주를 이루었다. 또한 2005년 청소년위원회 발족 이후의 시기는 청소년보호의 대상이 일반청소년과 위기청소년 모두를 포함하지만 과거에 비해 위기청소년에 대한 보호가 더 중심이 된다. 위기청소년을 대상으로 종합적인 지원을 할 수 있는 사회적 안전망을 구축하고, 청소년들에게 다양한 활동의 기회를 보장하며, 청소년의 참여와 인권을 증진하고 청소년의 성장환경을 개선하고자 하는 정책적 비전을 제시하였다.

최근 청소년백서(여성가족부, 2015)에는 '청소년의 안전과 보호' 부문이 있으며 그

안에 '청소년안전(학교폭력, 아동학대, 아동실종 예방, 청소년안전사고 예방)', '청소년유해환경(유해약물 및 환경) 개선', '청소년의 건전한 매체환경 조성', '사이버 역기능해소를 위한 대응체계 마련(인터넷 중독 예방, 인터넷게임건전이용제도 실시, 업계자율정화지원)', '성범죄로부터 청소년보호(성매매 피해 청소년의 재발방지를 위한 선도보호, 성범죄자 신상정보 등록공개, 성범죄자 취업제한 및 신고의무제도, 청소년성문화센터의 설치·운영, 아동·청소년 성 인권교육)' 등의 장들이 포함되어 있다. 이러한 내용들은 「청소년 보호법」 및 「아동·청소년의 성보호에 관한 법률」을 넘어서 실제 추진되고 있는 청소년보호 활동이라고 할 수 있다. 한편, 청소년보호정책은 현재 여성가족부－청소년정책실－청소년정책관－청소년보호과가 주로 담당하지만, 동시에 매체환경과, 청소년보호중앙점검단, 권익증진국의 아동청소년성보호과, 폭력예방교육과 등 다른 과들도 유기적 관계를 가지고 상호연결된 업무를 진행하고 있다(이규미, 2014).

2) 청소년보호에 대한 이론적 시각들

청소년발달과 관련하여 청소년을 "문제로서의 청소년(youth as problems)"의 이미지로서 보호해야 할 대상으로 보는 문제 중심적 관점이 있는가 하면 청소년의 긍정적 측면과 강점에 관심을 갖고 "강점과 자원을 가진 청소년(youth with strengths and resources)"으로 보는 발전적 관점이 있다(천정웅, 2012). 문제 중심적 관점은 1904년 Hall이 인간발달 시기로서의 청소년기(adolescence)를 규정하면서 이른바 "질풍과 노도의 시기와 유사"한 것으로 언급하여 청소년기가 인간의 삶의 하나의 시기로 분리되면서 이상한 단계로 보이기 시작한 것과 관련되어 있다. 청소년에 대한 질풍노도적 시각은 사회 일반에 내면화되었고 아동·청소년 전문가들에게 청소년은 문제아 또는 해결하거나 보호받고 구제되어야 하는 대상으로 여겨지게 하였다. 문제 중심적 관점에서 볼 때 청소년은 문제아 또는 구제되어야 하는 희생자이며 질풍노도의 시기에 놓인 미성숙한 존재로 보호받아야 할 대상이다.

청소년에 대한 문제 중심적 관점이 모두 잘못된 것은 아니지만 이러한 문제 중심적 이해가 지나치게 지배적이라는 것에 주목하면서 청소년 시기를 질풍과 노도의 보편적 인생의 발달단계로 이해하는 것에 비판이 제기되었다. 이러한 변화 속에서 청소년들의 강점과 긍정적 측면에 초점을 맞춘 발전적 관점이 점차 강조되었는데, 발전적 관점에 따르면 청소년은 문제와 보호의 대상이 아니라 강점과 자산, 잠재성과 자원을 가진 존재이다. 이와 같은 관점에서는 청소년들이 직면하고 있는 많은 문제들이 바로 청소년 자신들의 강점, 가족, 지역사회 안에 그 해결책 또한 내재되어 있다고 보는 것이 중요하다.

배규한(2014)에서는 청소년을 왜 보호해야 하는지에 대한 다양한 생각들을 보호론적 시각, 자율론적 시각, 주체론적 시각, 미래지향적 시각의 네 가지로 정리하였다. 첫째, 보호론적 시각은 청소년은 약하고 미숙한 존재로 어른들이 적극적으로 보호하고, 올바른 방향으로 육성해야 한다고 보는 것이다. 청소년을 아직 성숙하지 못하여 자신의 가치관이나 행위에 대한 자율적 판단능력이 부족한 존재로 간주하며 성인들의 가치와 판단이 더 우월하기 때문에 청소년에게 그대로 적용되어도 좋은 것으로 보는 시각이다.

둘째, 자율론적 시각은 청소년이 어리기 때문에 양육과 보호가 필요한 존재이기는 하지만 자율적 판단도 할 수 있으므로 이를 존중해야 한다는 입장이다. 청소년을 온전히 보호받아야 할 미숙한 존재로 본다는 점에서는 보호론적 시각과 같지만 미성년자인 동시에 독립적 인격체이므로 최소한 청소년의 자율성은 인정해 주어야 한다고 본다.

셋째, 주체론적 시각은 청소년이 자신의 권리를 주체적으로 행사할 수 있는 능력을 지닌 자율적 존재임을 인정하는 시각이다. 청소년은 독립된 인격체일 뿐 아니라 스스로 판단하고 자신의 행위에 책임을 지며 권리를 주장할 수 있는 존재이므로 단순한 보호 차원을 넘어 청소년의 인권과 주체성을 존중해 주어야 한다.

넷째, 미래지향적 시각으로 청소년이 스스로 미래 정보사회에 부응하는 가치관을 형성하고 역량을 강화할 수 있도록 지원해 주는 것이 진정한 보호라고 본다. 청소년은 스스로 자신의 미래를 선택하고 설계할 수 있는 존재이므로 사회는 그들이 미래 지향적 가치관을 형성하고 자신의 잠재적 역량을 최대한 계발할 수 있도록 지원만 하는 것이 바람직하다.

4. 청소년문제와 보호에서의 관점의 전환

청소년을 해결해야 할 문제의 대상으로 보는 '문제로서의 청소년(youth as problems)'의 이미지가 아직도 정책과 전문적 실천분야, 학문의 연구분야에 남아 있고 그러한 관점이 모두 잘못된 것은 아니다. 그러나 지나친 문제 중심의 청소년에 대한 접근은 청소년의 사회적 활력을 방치하고 긍정적인 궤도에 있도록 하는 중요한 기회를 상실하게 한다는 데 주의를 기울일 필요가 있다. 적극적 관점은 청소년을 문제와 희생으로 보는 견해와 달리 강점, 자산, 잠재성과 자원을 가진 존재로 본다(천정웅 외, 2009).

적극적 관점의 맥락에서 강점관점(strengths perspective)과 청소년개발(youth development)의 원리는 중독과 가출 등 다양한 청소년문제를 해결하는 새로운 접근의 기반이 될 수 있다. 강점관점에서 바라본 청소년은 본래 그들 스스로의 기본적인 자원과 접촉에 의해 스스로를 변화시킬 수 있는 능력을 가지고 있으며 자신의 삶을 통제할 수 있는 변화 가능성의 힘을 가진 존재이다. 청소년은 지속적으로 성장하고 변화할 수 있으며 자원에 동등하게 접근할 수 있어야 한다. 인간의 존엄성, 가치, 자기결정을 증진시키고자 하는 사회복지 가치에 부응하며 청소년의 내재된 잠재력, 능력, 강점을 인지하고 발현할 수 있도록 돕는다(Saleebey, 2005). 즉, 강점관점은 문제 자체에 관한 관심보다는 해결점을 발견하고 강점을 강화시키는 데 주요 초점이 있기 때문에 청소년이 가진 문제의 원인을 이해하거나 규명하기보다는 강점과 환경적 자원을 탐색하고 찾는 데 초점을 두게 된다.

이러한 강점관점은 청소년개발 원리가 구축될 수 있는 토대를 제공한다. 청소년개발의 관점은 '청소년은 관리될 수 있는 문제로서가 아니라 개발될 수 있는 자원'으로 본다. 이 관점은 모든 청소년들을 그들의 건강한 삶의 기회를 증대시키고 서비스에 안내될 수 있는 잠재력을 가진 개인적 · 생태적 자산성을 소유하고 있다고 전제한다. 청소년개발은 문제가 발생하거나 위기 상황이 생기지 않도록 하는 것뿐만 아니라 더 나아가 긍정적 발달과 청소년의 건강과 안녕에 기여하는 조건들을 적극적으로 주장하며 그러한 과정의 중요한 부분으로서 가정, 친구, 이웃, 학교, 지역사회집단과 여타 지지의 중요성을 인식한다.

살펴본 바와 같이 청소년문제는 청소년이 내면적으로 가지고 있는 고민이나 가치의식 같은 '청소년의 내적 문제'를 의미하기도 하고 청소년비행, 범죄 등 청소년일탈과 문제행동으로 논의되는 '청소년에 의한 일탈행동'일 수도 있다. 또한 청소년실업문제 등과 같이 청소년이 내재적으로 가지고 있거나 청소년에 의해 초래된 문제가 아니지만 '청소년에 관한 복지적 현안문제'의 차원일 수도 있다. 청소년이 가진 내면의 힘, 스스로의 삶을 주체적으로 이끌어 나갈 수 있는 능력을 인식하고 청소년을 적극적이고 활동적인 동반자로 인식할 때 청소년이 가진 강점, 자원, 기술, 지식이 문제를 해결하는 과정에서 유용하게 사용될 수 있다. 여기서 강점관점과 청소년개발의 관점으로의 전환이 가지는 의미는 크다.

강점관점과 청소년개발 관점은 모두 문제 중심 관점에 대한 비판으로부터 대두되고 발전되어 왔다. 이러한 청소년의 역량강화를 위한 적극적 관점으로의 전환은 청소년에 대한 고정관념과 선입견을 바꾸고 사후대처적인 해결로 인해 파생되는 문제를 지양할 수 있게 할 것이다. 또한 청소년이 경험하는 다양한 문제영역은 물론 청소년의 발달과 삶의 질, 건강과 인권을 증진하고 옹호하는 데 이르기까지 청소년을 위한 사회복지실천의 기반이 될 수 있다(천정웅, 2009).

참고문헌

강석기(2009). 우리나라 청소년복지정책의 발전방안에 관한 연구. **청소년보호지도연구**, 12, 49-59.

고재욱 · 이원웅 · 심의보 · 김종상 · 어흥선(2014). **사회복지개론**. 경기도: 정민사.

김민(2015). 유럽 청소년복지정책과 사업이 우리나라에 주는 시사점: 프랑스와 독일을 중심으로. **미래청소년학회지**, 12(1), 169-191.

김성이 · 조학래 · 노충래 · 신효진(2010). **청소년복지학**. 경기도: 양서원.

김영지 · 김경준 · 김지혜 · 이민희 · 유설희 · 최윤호(2013). 한국 아동청소년 인권실태연구III. 한국청소년개발원 연구보고서.

김정주(1999). 청소년참여. 한국청소년학회 편. **청소년학총론**. 경기도: 양서원.

김종명 외(2013). **사회복지개론**. 경기도: 양서원.

김혜원(2010). 청소년기에 나타나는 심리적 특성과 관련 부적응행동. 세계청소년학아카데미 편. **글로벌시대 비판청소년학**. 세계청소년학아카데미.

박경일 · 김경호 · 서화정 · 윤숙자 · 이명현 · 이상주 · 이재모 · 전광현 · 조수경(2012). **사회복지학강의**. 경기도: 양서원.

박용순(2007). **사회복지개론**. 서울: 학지사.

박효종(2006). **민주주의와 권위**. 서울대학교 출판부.

윤선호 · 김우호(2014). **사회복지개론**. 경기도: 양서원.

이자영 · 정경은 · 하정희(2017). **청소년 문제와 보호**. 서울: 학지사.

이해주 · 이미리 · 모경환(2006). **청소년 문제론**. 한국방송통신대학교출판부.

정규석 · 김영미 · 김지연(2013). **청소년복지의 이해**. 서울: 학지사.

조성연 · 유진이 · 박은미 · 정철상 · 도미향 · 길은배 · 김민정(2012). **청소년복지론**. 서울: 창지사.

조흥식 외(2014). **사회복지학개론**. 서울: 창지사.

천정웅(2007). 아동청소년복지와 청소년개발을 위한 영성의 개념화. 천정웅 · 이용교 편. **적극적**

관점의 아동청소년복지. 인간과 복지.
천정웅(2009). **청소년인권과 참여**. 경기도: 양서원.
천정웅(2012). **청소년복지론 - 발전적 관점**. 경기도: 양서원.
천정웅 · 김미옥 · 최명민 · 노혜련 · 이용교(2009). **강점관점 청소년개발 레질리언스**. 서울: 신정.
천정웅 · 김민 · 김진호 · 박선영(2013). **차세대 청소년학총론**. 경기도: 양서원.
천정웅 · 이용교 · 김혜원(2009). **청소년발달, 역량개발, 청소년복지**. 서울: 교육과학사.
천정웅 · 이지민 · 성윤숙(2013). **청소년보호와 문제**. 경기도: 양서원.
최윤진(2008). 청소년호칭의 역사에 관한 연구: 청소년호칭 유형과 의미변화를 중심으로. **청소년학 연구**, 15(7), 369-386.
한국청소년개발원 편(2007). **청소년학개론**. 경기도: 교육과학사.
현외성 외(2012). **사회복지학의 이해**. 경기도: 양서원.
홍봉선 · 남미애(2010). **청소년복지론**. 경기도: 공동체.

Agnew(1992). Foundation for a general strain theory of crime and delinquency. *Criminology, 30*(4), 47-88.
Cheon, J. (2008). Best practices in community-based prevention for youth substance reduction: Toward strangths-based positive development policy. *Journal of Community Psychology, 36*(6), 761-779.
Ryan, R. M., & Connell, J. P. (1989). Perceived locus of casuality and internalization: Examining reasons for acting in two domains. *Journal of Personality and Social Psychology, 57*, 749-761.
Saleebey, D. (Ed.). (2005). *The strengths perspective in social work practice* (4th ed.). Boston, MA: Pearson Education, Inc.

2장 청소년의 심리행동문제 개관

1. 청소년의 심리적 문제

1) 우울

(1) 우울과 우울증의 개념

인간은 누구나 힘들고 지칠 때 우울한 기분을 느끼곤 한다. 우울은 때로는 두려움과 죄의식, 분노 등과 같은 부정적 정서를 동반하기도 하고 좋지 않은 경험에서 유발된 두려움이나 분노 등이 우울한 감정을 이끌어 내기도 한다(Watson & Kendall, 1989). 이렇듯 일상생활에서 경험하게 되는 우울(defression)은 부정적 기분과 부정적인 행동을 의미하는 것으로 지각, 판단, 인지, 사고, 태도를 비롯하여 대인관계에 이르기까지 광범위한 부분에 영향을 미치는 마음의 부정적 상태, 자기부정적인 판단의 경향을 보이게 된다.

여기서 한 가지 명심해야 할 것은 우울과 우울증이 동일한 의미가 아니라는 것이다. 즉, 우리가 일반적으로 사용하는 우울은 일시적인 상황에 의해 발생하는 우울한 기분으로 일정한 시간이 지나면 소멸되지만, 우울장애를 동반하는 심각한 정도의 우울은 이러한 상태가 약 2주 동안 지속되고 일상적인 생활을 하는 데 어려움을 가져다주기 때문에 우울과 우울증은 그 의미가 다르게 적용되어야 한다. 다시 말해, "얼마나 오랜 기간 우울한 감정상태가 지속되는가?"와 우울한 감정이 "일상생활을 얼마나 어렵게 하는가?"에 따라 우울과 우울증이 구분되는 것이다. 또한 우울장애는 불만족과 불안, 식욕 및 수면장애 그리고 죄책감과 죽음에 대한 생각, 주의집중력 저하

등이 동반되기 때문에 우울한 감정을 느끼는 것과 우울장애는 그 증상으로도 구분된다(Sarason & Sarason, 1996).

〈표 2-1〉 ICD와 DSM-Ⅳ 우울증 주요 증상

ICD 우울증	DSM - Ⅳ 우울증
• 증상이 최소 2주간 지속됨 • 상황에 관계없이 하루 종일, 거의 매일 우울한 기분이 듬 • 보통 때는 즐겁던 활동들이 흥미가 느껴지지 않고 즐겁지도 않음 • 피로감이 증가하고 에너지가 감소 • 자신감 또는 자아존중감 감소 • 비합리적인 자책감 또는 과도하고 부적절한 죄책감 • 죽음이나 자살을 반복적으로 생각 또는 자살하려는 행동 • 우유부단한 마음의 동요와 같이 사고력 또는 집중력의 감소를 호소하거나 그러한 증거가 나타남 • 정신운동성 활동의 변화, 흥분 • 수면장애 • 식욕이 변화(감소 또는 증가)하고 체중이 변화함	• 2주 동안 다음 중 다섯 가지(또는 그 이상)의 증상이 나타남 • 거의 하루 종일, 거의 매일 우울한 기분이 주관적으로 반복되거나 객관적으로 관찰됨 • 거의 하루 종일 거의 매일 거의 모든 활동에 대해 흥미나 즐거움이 현저히 감소 • 다이어트를 하지 않는데, 체중이 감소 또는 증가(예: 한 달에 체중이 5% 이상 변화), 혹은 거의 매일 식욕이 감소하거나 증가(아동의 경우 체중 증가량이 기대치에 미달함) • 거의 매일 불면증이나 수면과다증 • 거의 매일 정신운동성 흥분이나 지체 • 거의 매일 피로하거나 힘이 없음 • 거의 매일 무가치하다는 느낌 또는 과도하거나 부적절한 죄책감 • 사고력 또는 집중력의 감소, 또는 우유부단함 • 죽음을 반복적으로 생각, 뚜렷한 계획 없이 자살을 반복적으로 생각 또는 자살 시도나 자살하려는 구체적인 계획을 세움

출처: 이현진 외(2003) 재구성

조금 더 구체적으로 설명하면, 우울증은 1896년 Kraepelin이 정신병의 형태를 분열증과 조울증으로 진단하는 것에서 출발하여 지금은 세계보건기구 ICD-10(1992)에서 기분장애로서 조증삽화, 양극성 정동장애, 지속성 기분장애, 기타 기분장애와 비특정 기분장애로 우울증을 구분한 반면, 미국정신의학회의 DSM-Ⅳ는 기분장애의 하위개념으로 주요 우울증(major depression)과 기분부전장애(dysthymic disorder)로 우울증을 구분하고 있다. 우울증의 증상을 살펴보면, 무기력감으로 인해 사회적 과업을 수행하는 것이 어렵고, 불면증과 소화기 장애 그리고 입이 마르고 두통이나 현기증과 같은 자율신경계 이상증상이 나타나는 등 건강상태가 악화될 뿐만 아니라 삶의 의미를 찾지 못하여 삶에 대한 좌절감 등을 경험하게 된다(Achenbach, 1991). 더 나아가 청소년기 경험하는 우울은 정상적인 자아기능의 발달을 방해하고 극단적인 경우 자살을 선택하게 하는 등 삶을 위협하게 된다.

우울과 우울증의 증상이 차이가 있지만, 청소년기 발생하는 우울과 우울증은 청소년들의 성장과 발달에 부정적 영향을 미친다는 점은 일치한다. 때문에 병리적 문제를 유발하는 우울증뿐만 아니라 청소년들의 우울한 감정은 청소년들의 발달과정과 함께 살펴볼 필요가 있다.

(2) 청소년기 우울

현대사회에서 우울증은 암이나 심혈관 질환과 대등할 만큼 매우 흔하게 나타나는 질환이다(Murray & Lopez, 1996). 현대사회 청소년들은 우울한 상태를 벗어나지 못하고 미래에 대한 희망이 없다는 생각을 가지고 일상생활을 유지한다고 해도 과언이 아닐 정도로 우울은 청소년들 생활 깊숙이 자리하고 있다. 청소년의 우울은 마음이 편하지 않은 상태와 행복감의 결여, 낮은 에너지, 미래에 대한 절망감과 과거 행동에 대한 죄책감 그리고 낮은 자아존중감(Cantwell & Baker, 1991) 등 자신의 삶에 대해 비관적 생각을 가지게 하고 수면장애와 식욕감퇴 및 체중감소 그리고 심리적 불안과 행동장애, ADHD장애, 섭식장애 등과 연관되어 나타나기도 한다(이순희 · 허만세, 2015).

청소년기에 경험하는 이러한 우울은 학업수행이나 대인관계 등 심리 · 사회적인 기능을 수행하는 것을 어렵게 할 뿐만 아니라 우울의 상태가 장기화되어 청소년들의 인지 · 정서적 발달을 위협하는 것으로 알려져 있다. 즉, 우울한 상태가 지속될 경우 청소년들은 밤에 잠을 이루지 못하거나 깊은 수면을 하지 못해 불면증을 호소하거나, 집중력이 떨어지고 주의가 산만하여 학업에 몰입하지 못해 성적이 떨어지게 된다. 또한 또래관계에서 공격적인 행동을 할 가능성이 높아 대인관계 부적응으로 학교생활 적응이 어렵다. 더욱이 청소년기 우울은 극단적인 선택으로 갈 가능성이 높고 성인기 우울로 확대될 수 있기 때문에 더욱 심각하다고 볼 수 있다.

뿐만 아니라 청소년들의 우울은 U자 모양의 발달궤적을 가지고 있는 것이 특징이다(Wickrama, Conger & Abraham, 2008). 아동기에는 비교적 낮은 우울상태를 보이다가 청소년기가 되면서 급증하게 되고 이는 초기 성인기에 다시 감소하는 패턴을 보이게 된다(Hankin, Abramson, Moffitt,Silva, McGee,& Angell, 1998). 이렇듯 우울 수준이 아동기, 청소년기 그리고 초기 성인기에 따라 다르게 나타나는 것은 여느 발달단계보다 청소년기가 외적인 성장과 호르몬 변화와 같은 신체적 변화와 입시 중심의 학업에 대한 부담, 대인관계 문제 등 복잡한 상황에 놓이기 때문으로 볼 수 있다.

질병관리본부에서 2005~2015년까지 수행된 청소년 우울감 조사에서도 청소년들의 우울수준을 확인할 수 있다. 2006년도와 2007년도를 기점으로 청소년 우울감이 점차 감소하는 것으로 나타났지만, 여전히 우울감을 경험했다는 청소년들이 전체 약 20%를 차지하고 있는 것을 볼 수 있다. 더욱이 중학생보다 고등학생의 우울증이 높게 나타난 것은 아마도 입시에 따른 압박감이 청소년들의 심리적 안정감을 방해하는 것으로 이해할 수 있다.

(3) 청소년의 우울 관련 요인

우울증 발병의 원인에 대해 많은 주장들이 있지만, 공통적으로 생물학적 요인, 유전적 요인, 인지·행동적 요인, 환경적 요인으로 설명하고 있다.

가. 생물학적 요인

생물학적으로 볼 때 우울증은 모노아민계 신경전달물질(monoamine neurotransmitters)의 영향으로 나타나게 된다. 특히, 가장 중요한 모노아민인 카테콜라민 노르에피네프린(catecholamines norepinephrine)과 도파민(dopamine) 그리고 인돌라민 세로토닌(indolamine serotonin)이 두뇌에서 과소 분비될 때 우울증이 발현된다(Sarason & Sarason, 1996). 건강한 사람은 이러한 흥분성 신경전달물질의 대사가 정상적으로 분비되고 조절되기 때문에 우울한 기분에서 쉽게 벗어날 수 있지만, 우울증 진단을 받은 경우에는 이러한 조절이 되지 않아 일상생활을 어렵게 한다.

나. 유전적 요인

유전적인 요인을 주장하는 입장에서는 쌍생아 중 한 사람이 우울증을 경험할 경우 다른 사람도 우울증을 경험한다는 근거로 우울증이 유전적 영향을 받는다고 보았다. 즉, 일란성 쌍둥이가 우울장애를 경험할 경우 그들 부모형제들이 경험했던 것보다 훨씬 심각한 수준에 이르게 된다는 것이다(Sarason & Sarason, 1996). 또한 가족이나 친인척 중 우울증 진단을 받은 경우 친인척 중 우울증 진단을 받지 않은 사람보다 우울증 발병률이 약 3배 이상 높다는 주장을 하면서 우울증이 유전적 요인의 영향을 받는다는 것에 무게를 더하고 있다(Sarason & Sarason, 1996).

다. 인지적 요인

먼저 인지적 관점에서 청소년 우울을 살펴볼 때 청소년들의 비합리적 사고와 우울증은 밀접한 관계가 있다. 비합리적 신념으로 인한 인지적 왜곡과 대인관계문제 그리고 자기에 대한 관점 및 통제에 대한 신념, 자기조절 등이 청소년들의 우울증의 원인이 되는 것이다(강혜원 · 김영희, 2013). 여기서 말하는 비합리적 신념은 비현실적이고 비논리적이며 건전한 행동을 하는 데 방해가 되는 사고나 신념을 의미한다. 이러한 비합리적 신념으로 인해 청소년들은 자신과 타인 그리고 미래에 대해 부정적으로 지각하기 때문에 우울한 상태에서 벗어나기 어렵다(Beck, 1979). 때문에 비합리적 신념이 강한 청소년들은 어떠한 사건에 대해 부정적인 인식이 강하고 이로 인해 많은 스트레스를 받아 우울과 같은 부정적 정서가 유발되는 것이다.

라. 환경적 요인

청소년의 우울에 영향을 미치는 중요한 위험요인 중에는 부정적 외상사건 경험을 들 수 있다. 과거의 학대, 가정폭력, 가족해체와 같은 외상사건들은 장기간에 걸쳐 청소년의 정서 및 심리에 영향을 미쳐 청소년들의 우울에도 깊이 관여한다(Browne, 2002; Cerezo & Frias, 1994). 즉, 가족과 친구들의 무시, 방치 혹은 거부적인 환경에서 성장한 청소년들은 사회적 강화를 얻는 데 필요한 정서적 · 사회적 · 도구적 기술이 부족하여 우울증상이 나타나게 되는 것이다. 예를 들어, 가정폭력과 같이 개인이 스스로 통제할 수 없는 환경에 노출된 청소년들은 자신이 처한 환경에 대한 무기력감을 느끼게 된다. 즉, 환경을 통제하지 못한다는 생각을 갖게 되고 이러한 믿음은 다른 상황에도 적용되어 환경적응이 어려운 것이다. 또한 무기력상태에 빠지게 되면 학습이나 삶의 동기를 잃게 되고 인지 및 정서적 결함이 나타나게 되어 우울증과 같은 문제가 나타나게 된다. 뿐만 아니라 스트레스와 사회적 압력 등이 청소년들의 우울을 유발하는 요인이 된다. 특히, 과도한 입시경쟁은 학업성적에 대해 과도하게 집착하게 하고 타인과 비교하여 자신의 삶을 낮게 평가함으로써 심리적 불만족이 우울증을 유발하게 된다(양원영, 원희랑, 2013).

이렇듯 청소년기에 나타나는 우울증은 개인의 자학적 행동을 유도하거나 비행 혹은 공격성 등 행동문제로 표출되어 또래관계를 비롯하여 학교생활에 적응하는 것을 방해하게 된다. 우울을 경험하는 청소년들은 비행이나 품행장애 등의 문제행동을 할 가능성이 높고, 청소년 자살, 비행 등의 문제를 유발할 수 있으며 성인이 된 후에도 사회에 부적응하는 등 부정적인 영향을 미치기 때문에 관심을 갖지 않으면 안 된다.

2) 불안

(1) 불안의 개념

인간은 누구나 스트레스 상황이나 위협적인 상황에 직면하게 되면 심리적으로 불안한 감정을 느끼게 된다. 이때 경험하는 일시적인 불안은 정상적인 발달과정에서 나타나는 것으로 간주되지만, 어떤 문제가 발생하지 않음에도 강하게 불안을 느끼고 이러한 상태가 장기간 지속되어 일상생활을 방해할 정도의 불안이 되면 문제가 된다. 이렇듯 인간의 정서를 지배하는 불안은 학자들마다 조금씩 다른 견해를 보이고 있다.

먼저 Rosenberg(1965)는 불안은 인간이 자기개념에 대한 위험이 지각되는 결과라고 하였다. 이는 인간이 자신에 대해 위협적이라고 느끼는 순간 불안이 높아진다는 의미로 해석될 수 있다. 또한 Kelly(1955)는 우리의 의식이나 욕구, 지각 등과 같은 구성개념체계가 제대로 사용되지 않을 때, 즉 어떠한 현상에 대해 우리가 예측한 대로 결과가 나타나지 않는다는 것을 깨달을 때 불안을 느끼게 된다고 하였다. 예를 들어, 여행을 위해 기차표를 예약하고 기차를 기다리고 목적지에 도달할 것을 기대했지만, 낯선 도시에서 기차시간을 착각하여 기차를 타지 못할 경우 내가 예측한 결과에 도달하지 않았기 때문에 불안을 느끼게 되는 것이다. Rottrer(1954)는 인간의 욕구와 기대 간의 불일치가 반영된 것이 불안이라고 보면서 충족될 것으로 기대했던 일들이 성공할 가능성이 희박하거나 어긋났을 경우 기대했던 강한 욕구는 불안과 유사하다고 보았다.

한편, Spielberger(1972)는 시간의 경과에 따라 경험하는 상태불안(state-anxiety)과 지속성을 가지고 있으며 성격으로 고착되어 있는 특성불안(trait-anxiety)으로 구분하여 불안을 설명하였다. 예를 들어, 우리가 시험을 실시하고 있을 때 느끼는 긴장의 경험으로 인한 두려움이나 근심, 걱정 등의 불안은 상태불안이고, 특성불안은 상태불안과 같이 긴장을 유발하는 사건이 지났거나 나타나지 않았음에도 불구하고 지속적으로 불안한 상태가 유지되는 것을 의미한다. 때문에 다양한 자극이 주어지는 환경에서 위험한 것이나 위협적인 것에 대해 지각하는 성향이 다르고 그런 위협에 대한 상태불안의 경향도 다르게 나타난다.

이상의 내용을 정리하면 불안은 일상생활을 어렵게 하는 심각한 수준의 정서상태로 공포와 염려 같은 불쾌한 느낌을 동반하며, 이러한 불안은 생리적 및 인지적·정서적·행동적 반응을 모두 포함하는 개념으로 사회불안, 평가불안, 대인공포, 수행불안 등 다양한 용어가 함께 혼용되어 사용되고 있다(송경아, 2013).

또한 불안은 신체화 반응을 동반하는데, 불안을 많이 느끼는 사람들은 심장박동이 빠르고, 호흡곤란과 어지럼증 그리고 식욕감퇴, 설사, 땀, 불면증, 떨림 등과 같은 신체적 증상들을 호소하게 된다(Sarason & Sarason, 1996). 즉, 불안을 강하게 느끼는 사람들은 낯선 환경에서 긴장감이 높고 초조한 느낌으로 힘들어하며 밤에 깊은 수면이 어려워 피로감을 많이 느낄 뿐만 아니라 두통과 근육긴장 그리고 주의집중력이 떨어져 일상생활이 어렵게 된다. 더욱이 청소년기에 나타나는 불안은 발달과정상의 특성 때문에 더욱 주목할 필요가 있다.

(2) 청소년기 불안의 특성

청소년기 불안은 청소년기 발달특성과 함께 주목할 필요가 있다. 청소년기는 심리적·신체적 변화와 사회적 상황들이 청소년들의 불안을 가중시키는 요인으로 작용될 수 있다. 불안을 높게 느끼는 청소년들은 사회적 상황에서 다른 청소년들보다 더 많은 위축감을 경험하게 되는데, 특히 낯선 상황이나 친숙하지 않은 환경에서 적응이 어렵다(kagan, 1997). 이렇듯 사회적 상황이나 관계에서 나타나는 불안을 사회불안이라고 한다.

사회불안(social anxiety)은 현실 혹은 상상 속의 상황에서 자신에 대한 개인적 평가가 발생하거나 또는 그런 상황에서 예측되는 평가의 결과로 나타나는 불안감을 말하는 것으로 일반적으로 타인이 자신을 평가하는 것에 대한 두려움이 핵심이다. 사회불안이 심각한 청소년들은 친구에게 말을 걸거나 수업 중에 책을 낭독하는 행위 혹은 음악이나 미술, 체육 등 자신을 표현해야 하는 행위 등에서 어려움을 호소한다(Beidel, Teuner & Morris, 1999). 이러한 특성 때문에 사회불안은 관계적 측면에서 나타나는 대인불안과 특정한 과업을 수행하는 과정에서 나타나는 수행불안으로 구분된다.

Morris와 Masia(1998)는 청소년기에 나타나는 불안으로 대인불안을 지목하였다. 대인불안은 다른 사람들과의 관계에서 서로에 대한 평가를 하는 상황이나 이러한 평가가 예상되는 상황에서 주로 나타난다. 즉, 사람들은 대인관계를 할 때 상대의 인상이나 행동 그리고 지식 등과 관련하여 서로를 평가하게 되는데, 이때 자신에 대한 타인의 평가는 개인의 자아존중감이나 자기실현의 욕구를 충족시키는 등 삶의 결과에 많은 영향을 주기 때문에 사람들은 대인관계에서 스스로 인상관리(impression management)를 하게 된다(Leary & Kowalski, 1990). 더욱이 청소년기는 사회적 상황에 노출되는 경우가 많고, 자신에 대한 타인의 평가에 매우 민감하게 반응하는 시기이기 때문에 다른 시기보다 대인관계에서 불안을 더욱 높게 지각하게 된다. 또한 대인불안은 불확실성에 대한 평가 혹은 예측하지 못한 상황에 대한 평가의 결과로 나타나기도 하는데, 이는 타인의 시선에 대한 개인의 평가를 넘어 인간관계의 불확실성으로 인해 대인불안이 나타나는 것을 의미한다. 즉, 타인과의 관계에서 배신과 상처를 받는 등 대인관계의 불신이 높을수록 적대감이나 지나친 경계심을 갖고 불안을 느끼게 되는 것이다(Osgood, Suci, &Tannenbaum, 1957). 때문에 대인불안이 높은 청소년들은 또래집단이나 교사와 관계 형성이 어렵고 학교생활 전반에 걸쳐 적응하지 못해 집단 내에서 소외되는 등 다양한 문제를 양산하게 된다.

대인불안과 함께 수행불안은 청소년기에 많이 나타나는 불안으로 지목되고 있다. 수행불안(performance anxiety)은 개인이 학업과 관련된 과제를 수행하거나 시험과 같이 평가가 이루어지는 상황에서 나타나는 것으로 개인에 따라 정도의 차이가 있을 뿐 누구에게나 나타나는 현상이다. 그러나 청소년기 수행불안의 수준이 높은 청소년들은 과제수행의 어려움이 있고, 수업시간 발표를 하거나 시험을 보는 것과 같은 행위에서 심각한 불안을 느끼기 때문에 학업수행능력의 저하를 가져올 수 있다. 이러한 문제는 입시 중심의 교육과정에 놓인 청소년들에게 많은 스트레스로 작용하게 되고 극단적인 경우 등교거부와 같은 행위를 할 가능성이 높다.

이상에서 본 바와 같이 대인불안이나 수행불안과 같은 사회적 불안이 높은 청소년들은 학업수행능력이나 교우관계 그리고 교사와의 관계 등 사회적 네트워크를 형성하고 있는 많은 사람들 간 관계에서 부적응과 과업수행의 어려움으로 인해 학교생활 부적응과 같은 문제행동이 나타나게 된다. 더욱이 사회불안으로 인한 스트레스가 높은 경우 극단적인 선택을 할 가능성이 높다. 사회불안은 청소년 중기에 발생하여 성인기까지 지속(Bruce et al., 2005)되기 때문에 청소년기에 나타나는 불안을 가볍게 여기고 지나쳐서는 안 될 것이다.

(3) 청소년들의 불안과 관련된 요인

청소년기에 나타나는 불안은 특정 요인으로 인한 결과이기보다는 다양한 문제들이 복잡하게 얽혀 있는 형태를 보인다. 때문에 청소년기 불안과 관련된 요인을 명확하게 제시하는 데 어려움이 있지만, 다양한 원인 중 청소년들의 불안에 가장 많은 영향을 미치는 부모의 양육행동과 외상 후 스트레스 경험, 목표불안정을 중심으로 청소년의 불안을 살펴보고자 한다.

가. 부모의 양육행동

청소년기는 자기주도성이 발달하는 시기로 부모로부터 심리적 독립을 위한 저항을 하게 된다. 그러나 청소년들의 교우관계 및 과제수행 등에서 나타나는 지나친 부모의 관여는 부모에 대한 심리적 의존을 높일 뿐만 아니라 청소년의 자기주도성을 상실하게 하여 대인관계 및 과제수행에서 많은 불안감을 느끼게 만든다. 이러한 행위는 청소년의 자율성을 저해하고 결국 부모의 도움 없이 행위를 할 수 없는 상황으로 청소년을 내몰게 된다. 때문에 부모의 과잉보호나 간섭과 같은 양육행동은 청소년들의 사회적 불안을 더 고조시킨다. 즉, 부모가 지나치게 다른 사람들을 의식하여 자녀의 친구관계 및 과제수행 등 사회적 관계에 너무 관여하는 것과 같은 행위는 청소년들의 대인관계 형성의 방해요인이 될 수 있다(Bruch & Heimberg, 1994). 즉, 부모의 양육행동은 청소년기 불안의 영향요인이 되는 것이다.

자녀에 대한 부모행동뿐만 아니라 부모의 대인관계 유형도 청소년들의 불안과 깊은 관계가 있다. 부모가 타인과 거부적인 관계를 형성하고 잦은 갈등 상황을 연출하는 등의 행위를 보이는 것은 청소년들의 대인관계 불안을 높이는 것으로 알려져 있다(Arrindell et al., 1989). 이를 Bandura(1966)의 이론을 적용하여 살펴볼 때, 청소년들은 부모의 행동을 모방하여 대인관계를 형성하는 것으로 이해될 수 있다. 때문에 부모가 이웃이나 다른 사람들과 지나치게 갈등관계를 유지하는 것은 청소년들의 사회적 불안을 높이는 이유가 된다.

나. 외상 후 스트레스 경험

외상 후 스트레스 경험은 특정 시기 발생한 좋지 않은 기억들이 청소년들의 불안을 높이는 것을 의미한다. 예를 들어, 학교폭력 피해 혹은 과제수행 중 발생한 수치심 등은 청소년들의 무의식의 두려움을 강화시켜 불안의 원인으로 작용할 수 있다는 것이다. 이는 과거 경험했던 정서적 문제가 사회적 관계를 형성하는 데 부정적 영향을 준다는 것으로 이해될 수 있다(이지영 · 손정락, 2010). 때문에 청소년들의 불안을 이해하기 위해서는 과거 외상 후 스트레스 경험에 대한 이해가 선결되어야 하는 것이다.

청소년들이 외상 후 스트레스 경험에서 빠질 수 없는 것은 가정 내 폭력이나 갈등과 같은 역기능적 환경이다. 부모간 갈등이나 아동학대 그리고 가정의 경제적 빈곤 등 역기능적 가정환경에 노출된 청소년들은 자신에 대해 부정적 자아개념을 형성할 가능성이 높고 이는 인지적 발달 및 사회성발달에 부정적 영향을 주게 된다. 예를 들어, 빈곤과 같은 경제적 어려움은 부모들에게 많은 스트레스로 작용하게 되고 이는 다시 자녀에 대한 정서적 혹은 신체적 학대로 이어질 수 있는 것이다. 이렇듯 역기능적 가정환경은 청소년들의 부정적 자기평가를 유도하여 대인관계 및 사회적 상황에서 불안을 높이게 된다. 혹은 학교 내 또래관계에서 발생하는 학교폭력은 대인관계에서 불신을 높이기 때문에 대인불안의 원인이 될 수 있다.

다. 목표불안정성

청소년들의 불안을 높이는 원인으로 목표불안정성이 있다. 목표불안정성은 개인이 동기화한 목표가 상실된 것을 의미하는 것이다(이은희, 2008). 우리나라 청소년의 입시 스트레스로 인한 심리적인 많은 압박과 목표에 대한 불일치는 청소년들로 하여금 심리적 갈등을 경험하게 하고 자신의 진로에 대한 불확실성으로 인한 불안을 느끼게 한다. Pines과 Keinan(2005)은 개인이 선택한 진로에 대해 이상적인 목표를 세우고 기대를 하지만 이러한 부분이 충족되지 못했을 때 사람들은 자신이 실패했다고 지각하게 되고 그 순간 자신의 일과 행위에 대해 무의미함과 무력감, 무망감을 느끼게 되어 결국 소진하게 된다고 보고 있다. 즉, 청소년들이 자신의 능력보다 높은 목표를 설정하고 이러한 목표를 성취하기 위해 노력했지만 결국 이에 도달하지 못했을 때, 스스로 실패자로 인식하고 그 동안의 모든 노력들을 무의미하게 받아들인다는 것이다. 이렇듯 삶의 목표와 현실 간 불일치는 청소년들에게 감당하기 힘든 스트레스를 제공하게 되고 스스로 현실을 바꿀 수 없다는 무력감이 극단적인 선택을 하도록 하는 경우도 있다. 실제로 우리 사회 청소년 자살의 원인 중 가장 많은 비율을 차지하고 있는 것이 진로 스트레스라는 것을 볼 때(김미경·이은희, 2011), 한국사회 청소년들의 목표불안이 심리적 압박을 가중시켜 극단적인 선택을 유도하는 것으로 볼 수 있다.

이상의 내용을 종합적으로 살펴볼 때, 청소년기에 나타나는 불안은 가정과 학교환경의 영향에서 자유로울 수 없다는 것이다. 특히, 일찍이 유아기부터 사회생활에 내몰리는 현대사회 청소년들에게 부모뿐만 아니라 사회적 상황에서 접촉하는 교사 및 또래집단의 영향력을 무시해서는 안 될 것이다. 더욱이 청소년기에 나타나는 불안은 등교거부 혹은 낮은 학업수행과 깊은 관계가 있고, 이러한 문제가 지속될 경우 학업중단으로 확대될 가능성이 높다. 학교를 일탈한 청소년들은 사회가 요구하는 최소한의 자격을 갖추지 못해 성인기 안정된 직업을 갖는 데 어려움이 있다. 이는 다시 빈곤으로 연결되고 이는 또 다시 세대를 이어 청소년문제를 양산할 우려가 있기 때문에 청소년기에 나타나는 불안을 가볍게 여겨서는 안 될 것이다.

3) 청소년의 사회적 위축

(1) 사회적 위축의 개념

사회적 위축(social withdrawal)이란 고립감이나 부끄러움 그리고 낮은 사회성 등을 의미(Rubin, Coplan & Bowker, 2009)하는 것으로, 다른 사람들과 접촉을 회피하고 집단 구성원들과 친밀한 관계를 형성하지 못하며 거부당하거나 스스로 움츠러드는 것을 말한다. 때문에 사회적으로 위축된 행동을 하는 사람들은 타인과의 관계에서 소극적이고 사회적 상황에 대한 불안과 두려움이 높으며 대인관계 형성을 위한 사회적 기술이 부족하여 안정된 관계를 형성하지 못하게 된다.

이렇듯 대인관계에서 적응하지 못하고 회피를 많이 하는 사람들은 수줍음이 많고 감정적으로 억눌려 있으며 전반적인 에너지 수준이 낮아 사회적 관계 형성에 어려움이 있다(Rubin, Burgess, Kennedy & Stewart, 2003). 뿐만 아니라 이들은 낯선 환경에서 높은 긴장감을 보이고 움츠러드는 등 적응유연성이 떨어지게 된다(Rubin et al., 2009). 예를 들어, 사회적 위축 수준이 높은 청소년들은 상급 학교로 진학했을 때 새로운 환경에 적응하지 못하고 방황하게 된다. 특히, 대인관계에서 수줍음이 많기 때문에 친구들과의 관계에 적극적으로 참여하지 못하고 소외감을 경험하게 되는 것이다. 또한 사회적 관계에서 나타나는 위축은 타인의 비난이나 희롱 등 예기치 않았던 상황에 대한 적당한 방어기술이 될 수 있지만, 이러한 문제에 적절한 대처능력을 기르지 못할 경우 심각한 위축행동으로 이어질 수 있다. 때문에 청소년기 사회적 위축에 대한 대처능력을 습득하지 못할 경우 또래집단에서 적응하지 못해 학교부적응의 문제를 야기할 수 있다.

(2) 청소년기 사회적 위축의 특성

사회적 위축이 높은 청소년들은 또래집단에 대한 높은 접촉 동기를 가지고 있지만, 접근, 회피에 대한 두려움도 높아 스스로를 고립시키게 된다(Asendorpf, 1990). 즉, 사회적으로 위축된 청소년들은 또래집단과 접촉을 회피하고 혼자 있는 시간을 선호하며 사회적 상황에 대한 불안이 높은 특성을 보일 뿐만 아니라 사회적 기술이 결핍되어 또래들 사이에서 배척당하는 등 또래관계나 성인과 상호작용의 어려움을 경험하게 되는 것이다(Younger & Daniels, 1992).

Younger와 Schwartzman 그리고 Ledingham(1986)은 이러한 청소년들의 사회적 위축현상을 억제/신중 유형과 자의식/불안 유형으로 구분하여 설명하고 있다. 먼저 억제/신중 유형은 자신과 친밀한 관계를 형성하지 않은 사람들과 상호작용은 회피하지만 새로운 장난감과 같은 물건에 대한 거부감은 낮은 것을 말한다. 즉, 사회적 위축이 높은 청소년들은 학급이 올라가면서 새로운 친구들을 사귀는 데 어려움이 있거나, 낯선 환경에서의 적응유연성이 떨어지는 반면, 컴퓨터나 책, 혹은 핸드폰 등 새로운 물건을 탐색하고 활용하는 것에 대한 거부감은 낮은 특성을 보이는 것이다. 한편, 자의식/불안 유형은 자신에 대한 사회적 평가에 대한 두려움이 사회적 위축을 유발한다고 보는 것이다. 즉, 자신에 대한 부정적 평가의 두려움이 사회적 상황에서 심리적 위축을 유발한다는 것이다.

이러한 특성 때문에 사회적 위축이 높은 청소년들은 협동과제 수행뿐만 아니라 개별과제를 포함한 전체적인 학업수행능력이 떨어지게 된다. 또한 자신의 권리를 지키거나 의견을 표현하는 것을 어려워하고, 타인의 지시를 불편하게 생각하며 학교 내 활동에도 소극적인 태도를 보이게 된다. 따라서 사회적 위축이 높은 경우, 친구들로부터 왕따를 당하거나 물건을 빼앗기는 등의 문제에 직면해도 이를 문제제기하지 못하는 경우가 많다. 이렇듯 대인관계에서 의사표현을 하지 못하고 수줍음이 많은 청소년들은 점차 모든 상황에서 소극적인 태도를 보이게 되고 결국 자신만의 세계에 갇히게 되어 스스로 '사회적 고립'을 선택하게 되는 것이다(Hymel & Rubin, 1990).

이렇듯 심각한 수준의 사회적 위축은 청소년들의 학교적응에 부정적 영향을 미치기 때문에 청소년기 사회적 위축에 대한 이해가 요구되는 것이다. 더욱이 사회적 위축은 청소년기 발달과정상의 문제로 머무는 것이 아니라 성인기까지 지속된다는 점에서 심각성이 있다고 볼 수 있다.

(3) 청소년들의 사회적 위축 영향요인

일반적으로 사회적 위축은 지나친 통제(over-control)로부터 발생하는 것으로 알려져 있다. 청소년기 발생하는 사회적 위축도 예외는 아니다. 청소년들의 발달-맥락적 관점에서 살펴보면, 사회적 위축은 개인 유기체와 사회환경 간 역동적인 상호작용의 결과로 볼 수 있기 때문에 청소년기에 발생하는 사회적 위축은 사회적 맥락과 함께 살펴봐야 한다. 즉, 청소년기에 발생하는 사회적 위축은 그들을 둘러싼 환경의 영향을 벗어날 수 없다는 것이다. 이와 같은 맥락에서 청소년기 사회적 위축에 영향을 미치는 요인을 가정환경과 학교환경을 중심으로 살펴보고자 한다.

가. 가정환경

부모의 강압적 훈육과 같은 행동은 청소년들의 사회적 위축문제와 관련성이 높은 것으로 알려져 있다. 부모-자녀 간 안정적 관계 형성은 사회적 유능감을 예측하는 중요한 요인인 반면, 사회적 위축과 같은 내재화 문제를 예측하는 요인이 된다(Shamir-sakow, Ungerer, & Rapee, 2005). 이와 관련하여 Bowlby(1973)는 부모-자녀관계에서 형성하는 애착이 자녀의 사회성발달에 영향을 미친다고 주장한 바 있다. 애착은 부모와 자녀 간 관계에서 신뢰를 기반으로 한다. 부모-자녀 간 관계에서 형성된 신뢰는 타인과의 관계 형성의 기본을 만들어 주기 때문에 매우 중요한 내적 작동 모델이 된다. 그러나 부모-자녀 간 관계에서 안정된 애착을 형성하지 못하고 불안정 애착을 형성한 청소년들은 자신이 부모로부터 사랑받고 있다는 생각을 하지 않을 뿐만 아니라 스스로 가치 있는 존재라는 생각을 하지 못하게 된다. 때문에 이러한 환경에 놓여 있는 청소년들은 자기에 대해 부정적 평가를 하게 되는 것이고 타인도 자신에 대해 부정적 평가를 할 것이라는 기대감을 갖게 하여 위축된 행동을 하는 것이다. 따라서 부모-자녀 애착관계는 청소년들의 사회적 위축과 같은 문제행동을 예측하는 요인이 되는 것이다.

애착뿐만 아니라 자녀에 대한 부모의 태도는 청소년들의 사회적 위축과 밀접한 관계가 있다. 즉, 부모의 태도가 엄격하고 권위주의적 태도를 보이거나 과잉보호 및 과잉기대 등과 같은 행동을 보일 때 청소년들의 사회적 위축은 더욱 심각한 수준에 이른다(Baumrind, 1971; Belsky, 1984). 예를 들어, 부모의 억압적인 훈육은 자신의 생각을 표현하는 것에 대한 두려움을 갖게 하여 결국 자기표현에 대한 능력을 떨어뜨리고 부정적 자기평가를 유도할 뿐만 아니라 타인과의 관계에서 소극적인 태도를 보이게 하는 등 사회적 위축문제를 촉진시키게 된다.

나. 학교환경

학교는 청소년들에게 학문적 소양을 넓히는 공간이기도 하지만 또래들과 함께 생활하면서 대인관계 및 다양한 사회적 기술을 습득하는 장(場)이다. 그러나 이러한 학교환경이 모든 학생들의 사회성을 높이는 것은 아니다. 또래집단에서 발생하는 왕따와 같은 학교폭력 경험은 학교 내에서 사회적 관계 형성을 방해하게 된다.

즉, 학교폭력이 청소년들의 정서발달을 방해하여 사회적 관계 형성을 어렵게 한다는 것은 많이 알려져 있다. 학교폭력 피해 경험이 있는 청소년들은 심각한 내적 고통을 경험하게 되고 이러한 문제는 사회적 위축으로 이어지게 되는 것이다(남석인 · 남보영 · 장은혜, 2014). 특히, 학교폭력 피해자가 가해자와 한 공간에서 생활하는 학교환경은 이들이 학교폭력문제에서 자유로울 수 없다는 것을 예측하게 한다. 때문에 이와 같은 환경 속에서 청소년들은 또래집단에 적응하지 못하고 외톨이가 되어 스스로를 격리시키는 등 사회적 상호작용을 거부하게 된다. 이러한 문제가 더욱 심각한 것은 심각한 내적 갈등과 사회적 위축을 경험한 청소년들은 자살과 같은 극단적인 선택을 할 가능성이 높다는 것이다.

이상에서 살펴본 바와 같이 청소년기에 나타나는 사회적 위축문제는 그들이 생활하는 가정뿐만 아니라 학교환경과도 깊은 관계가 있다. 사회적 위축은 청소년기에 발생하는 여러 문제들 중에서도 관심의 대상이 못되었다. 이는 사회적 위축이 다른 문제들보다 외적으로 드러나지 않아 심각한 문제로 받아들이지 못했던 것으로 이해된다. 그러나 심각한 수준의 사회적 위축은 외부 세계와의 단절로 은둔형 외톨이로 전환될 가능성이 높고, 이러한 문제는 성인기 사회부적응을 초래하여 이들의 삶의 질을 저하시킨다는 점에서 문제의 심각성이 있다고 본다.

또한 여기서 간과해서 안 되는 것은 지금까지 논의한 우울과 불안 그리고 사회적 위축은 각자 분리되어 나타나는 현상이 아니라는 것이다. 우울은 청소년들의 불안과 함께 나타나기도 하고 위축과 같은 문제행동을 유발하기도 한다. 역으로 불안이 우울과 위축에 관여하기 때문이다. 또한 이러한 문제들은 앞에서 논의한 것과 같이 다양한 부적응 문제들을 양산하기 때문에 청소년기에 발생하는 심리적 문제에 대해 가볍게 지나쳐서는 안 될 것이다.

2. 청소년의 행동문제

1) 공격성

(1) 공격성의 개념

공격성에 대한 정의는 학자들마다 조금씩 다르지만, 일반적으로 관찰 가능한 행동과 공격자의 의도에 따른 공격성으로 요약될 수 있다. 먼저 관찰 가능한 행동으로 공격성은 행동의 결과를 두고 정의하는 것으로 Baron과 Byrne(1984)는 위협이 가해지는 것을 피하려는 타인에게 공격적인 행동을 공격성이라고 정의하였고, Parker와 Slaby(1983)는 타인에게 상해를 입히는 행위라고 정의하였으며, Shaffer(1993)는 타인의 생명을 위협하는 행동을 하는 것을 공격성이라고 보았다. 이들의 의견을 종합하면 관찰 가능한 공격성은 타인의 신체나 생명에 위협적인 행동을 하는 것을 포함하는 것으로 타인의 신체를 손이나 발로 때리는 행위나 도구를 활용하여 타인의 신체를 위협하는 행동으로 이해될 수 있다. 반면, 공격자의 의도와 관련된 공격성은 공격적인 행위가 발생하기 이전 공격자의 심리적 의도에 초점을 두고 있다. Aronson(1988)은 공격자가 자신 혹은 타인에게 신체상의 상처를 주거나 심리적인 고통을 안겨주려는 의도가 내재된 공격적인 행위를 공격성으로 보았다. 이는 공격자의 의도와 관련된 공격성은 타인에게 가하는 신체적 공격성을 비롯하여 심리적 위협을 가하는 모든 행동을 포함하는 것으로 이해될 수 있다.

이상의 내용을 종합하면, 공격성은 타인에게 신체 혹은 심리적으로 상처를 주기 위한 의도적 행위로 타인을 때리거나 발로 차는 등의 행위와 같은 신체적 공격성과 협박, 집단 따돌림 등과 같이 직접적으로 신체적 상해는 주지 않지만 타인의 자존감에 부정적 영향을 미치는 정서적 공격성을 포함한다(Berkowitz, 1993; Olwes, 1978). 이렇듯 공격성은 표면에 드러난 행위 외에도 심리내적인 의도가 포함되기 때문에 개인의 공격성에 대해 논할 때는 외적인 행위에 초점을 두기보다는 공격의 의도나 행위 결과 그리고 그러한 행위가 유발된 환경적 조건을 종합적으로 살펴볼 필요가 있다.

(2) 청소년기 공격성의 특성

청소년기는 그 어느 시기보다 신체적, 심리적으로 많은 변화를 겪게 된다. 더욱이 상급학교로의 진학은 청소년들로 하여금 심리적 압박을 가중시키게 되고 억압된 감정이 폭발하면서 공격적인 행위로 나타나게 되는 것이다. 정서적 문제와 가정환경문제 그리고 사회적 특성이 청소년들의 공격적 행위에 깊이 관여한다고 보았다.

먼저 청소년기는 감정이 예민해지는 시기로 이로 인해 정서적 혼돈과 불안감과 같은 정서적 문제가 유발되는데, 청소년기에 나타나는 공격적인 행위는 이러한 정서적 불안감이나 긴장감에서 벗어나기 위한 대안으로 표출된다. 가정환경과 관련하여 부모의 무관심과 비난 그리고 부모 자신들의 문제가 청소년 자녀들과의 관계에서 갈등을 양산하게 되고 이러한 문제가 장기간 지속될 때 청소년들의 공격적 행위가 표출된다. 즉, 자녀에 대한 부모의 무관심 혹은 부모가 자신들의 문제로 감당하기 힘든 스트레스를 받고 있을 경우 자녀에 대한 긍정적 관계 형성이 어렵고 자녀에게 강제적인 태도를 보이게 된다. 여기에 부모 자신들의 문제를 자녀를 통해 해결하려고 하는 행위를 하는 경우 청소년들은 억울한 감정을 성장시키게 되고 결국 공격적 행위를 하게 되는 것이다. 마지막으로 청소년기에 나타나는 사회적 특성, 즉, 또래집단과의 연대강화는 청소년들로 하여금 문제행동을 강화시키게 된다. 다시 말해, 공격적인 행위를 하는 친구와 빈번하게 접촉하거나 혹은 자신의 폭력적 행위를 용납하는 또래집단을 형성하는 것은 자신의 행위에 대한 정당성을 부여받음으로써 공격적인 행위를 더욱 강화시키게 된다는 것이다.

(3) 청소년 공격성의 영향요인

청소년들의 공격적 행위는 개인의 성격특성과 가정환경의 영향을 받는 것으로 알려져 있다. 공격적 행동의 원인을 개인의 성격특성에 두는 학자들은 태어나면서부터 기질적으로 까다로운 성격특성을 가진 청소년들은 부모와 긍정적 상호작용이 어렵고 부모의 부정적 양육행동을 유도한다는 것이다. 때문에 성장과정에서 부모와의 관계에서 욕구를 충족시키지 못하고 불평불만이 많으며 이러한 문제들이 지속되면서 내면의 공격성이 더욱 강화되는 것으로 본다.

반면, 청소년들의 공격성의 근원을 가정환경에 두는 경우는 인간은 환경적 영향을 벗어나기 어렵다는 것을 기본 전제로 두고 있다. 특히, 자녀에 대한 부모의 행동이 청소년들의 공격성에 깊이 관여한다는 것은 이미 정설이다. 즉, 부모가 자녀의 행동에 대해 거부적이고 자녀와 친밀한 관계를 형성하지 못할수록 청소년들은 부모와의 관계에서 사랑받지 못한다는 느낌을 받게 되며 스스로 자신을 쓸모없는 사람이라고 생각하게 되고 사회적 규범에 벗어난 행위를 하게 되는 것이다. 여기에 부모의 방임이나 학대 등의 행위는 청소년들의 공격적 성향을 높이게 되어 다른 사람들을 괴롭히고 공격적인 행동을 촉발시키는 요인이 된다(김재엽 · 정윤경, 2007; 조결자 · 이명희, 2010).

더욱이 자녀에 대한 부모의 태도는 성별에 따라 다르게 나타나는데, 특히 여학생보다 남학생들이 부모의 부정적 행동에 대한 반응이 높은 것으로 알려져 있다. 이는 여학생이 남학생들보다 관계 지향적 성향이 더 높기 때문에 부모와의 관계에서도 친밀한 관계를 유지하는 반면, 남학생들은 이러한 상호작용의 어려움이 있기 때문으로 해석된다. 또한 생물학적으로 비교해 보아도 남성과 여성의 염색체 차이로 인해 남성이 더 공격적인 태도를 취하게 되는 것으로 설명될 수 있다. 이와 함께 부모의 부정적 태도 혹은 역기능적 가정환경은 청소년들의 내면의 공격성을 성장시키게 되어 또래집단 내에서 신체적 혹은 언어적 폭력행위에 대해 허용적 태도를 갖게 된다고 보고 있다(오정아 · 박주연 · 임소진, 2016). 이렇듯 공격성이 높은 청소년들은 자아존중감이 낮고 학업수행능력이 떨어져 학교생활적응이 어렵다. 또한 또래집단에서 거부당할 가능성이 높고 우울이나 사회적 위축과 같은 심리적 문제들이 표출되며, 갈등 상황에서 또 다시 공격적 행위를 하는 등 다양한 행동문제가 나타나게 된다.

이상의 내용으로 보면, 가정환경이 청소년들의 공격적 행동에 매우 많은 영향을 미친다는 것을 알 수 있다. 그러나 여기서 우리는 가정환경이 열악한 모든 청소년들이 문제행동을 할 것이라는 기대감을 가져서는 안 된다. 즉, 가정환경이 열악하더라도 자신의 발달과업을 잘 수행하는 청소년들이 있다는 것에 주목해야 한다는 것이다. 다시 말해, 역기능적 가정환경에 처했다고 하더라도 사회적 지지체계가 청소년들의 행동문제를 중재할 수 있다는 것이다(Masten, 2001; kerig, 1998). 예를 들어, 학교에서 가장 많은 시간을 보내는 학생들에게 교사의 긍정적 지지는 청소년들의 공격성과 같은 문제행동을 감소시킬 수 있다. 이는 의미 있는 타인과의 유대관계가 청소년들의 일탈을 예방한다는 것을 의미한다(Hirschi, 1969). 때문에 청소년들의 공격성과 같은 행동문제에 대한 접근은 단순히 개인 혹은 가정의 문제에 초점을 두기보다는 그들을 둘러싸고 있는 환경을 보다 광범위하게 살펴볼 필요가 있다.

2) 충동성

(1) 충동성의 개념

충동성은 어떠한 현상에 대해 감정이나 행동을 억제하지 못하고 반응하는 것을 말한다. Barratt과 Patton(1983)은 충동성을 적절한 반향이 없이 행동하는 것으로 반응의 순간에 박차를 가하고 위험을 감수하며 어떤 것을 획득하기 위해 빠르게 시도하는 것이라고 하였고, Dickman(1990)은 충동성을 동등한 능력을 지닌 대부분의 사람보다 행동하기 전에 덜 숙고하는 경향성으로 정의하였다. Eysenck(1977)은 위험을 감수하는 행동을 하거나 생각 없이 일을 시작하는 것으로 사회성이 풍부한 외향적 성격의 특질로 충동성을 정의하고 있다. 이러한 충동성은 다시 인지적 충동성과 운동충동성 그리고 무계획충동성으로 구분되어 설명된다.

먼저 인지적 충동성은 주의집중능력이 결핍된 상태를 의미하는 것으로 인지적 충동성이 높은 사람은 어떤 일에 몰두하기 어렵고 실수를 감소시키기 위한 노력을 하지 않는다. 운동충동성은 충동적으로 행동하는 정도를 의미하는 것으로 행동에 대한 조절과 통제능력이 저하된 상태를 말한다. 때문에 운동충동성이 높은 사람들은 어떤 일을 행하는 데 있어 충분히 생각하고 행동하는 것이 아니라 즉흥적으로 일을 처리하는 경향이 높다. 또한 이들은 한 장소에 오랜 시간 앉아 있는 것이 어렵고 즉흥적으로 물건을 구입하거나 수업시간에 꼼지락 거리는 등 안절부절 못하는 특징이 있다. 때문에 이러한 충동적 성향이 높은 사람들은 성격이 조급하고 주의를 기울이지 않으며 모험을 선호하는 특징을 가지고 있는 것으로 알려져 있다(Barratt & Patton, 1983). 마지막으로 무계획 충동성은 어떤 일을 행할 때 심사숙고하거나 계획하는 정도와 관련이 있다. 무계획적 충동이 있는 사람들은 어떤 일을 수행할 때 치밀한 계획을 세우는 것이 미흡하고, 한 가지 일이 마무리되기 전에 다른 일을 착수하는 등의 행동을 보인다(소재희, 20112). 이 외에도 DAM-Ⅳ(1994)에서는 충동성을 자신이나 타인에게 해로운 행동을 하거나, 자신의 차례를 기다리지 못하고 불쑥 끼어들어 대답하는 행동이라고 규정하고 있다.

(2) 청소년기 충동성의 특성

높은 충동성은 반사회적 성격이나 경계성 성격장애 그리고 과잉행동장애 등과 같은 특성을 보이거나 품행장애와 자기애적 성격장애 및 강박적 성격 등과 깊은 관계를 보인다(Helmer et al., 1995). 또한 충동성이 높은 청소년들은 개인에게 주어진 과업을 수행하는 것에 있어서 집중력이 낮고 자신의 욕구를 지연하는 능력이 떨어지게 된다. 때문에 친구가 대화를 이끌어 가는 동안에도 참지 못하고 자신의 생각을 표현하게 된다. 이러한 의사표현 지연의 문제는 스마트폰 중독과도 연관되어 나타난다. 충동성이 높은 청소년들은 의사소통의 욕구를 지연시키지 못해 휴대폰을 사용하여 대화를 시도함으로써 학업에 대한 몰입이 떨어지게 된다(나은영, 2001).

또한 충동성이 미래의 폭력적 행동을 예측한다는 것은 이미 많이 알려져 있다 이는 충동성이 높은 청소년들이 자신의 분노를 통제하지 못하고 폭력적 행동을 하게 된다는 것이다. 뿐만 아니라 충동성이 높을수록 흡연과 같은 지위비행을 할 가능성이 높아지게 되고 이는 다시 학교생활 부적응으로 이어질 수 있다. 더욱이 충동성이 높은 청소년들이 자살행위를 할 가능성이 높다는 김기환과 전명희(2000)의 주장은 청소년기에 나타나는 충동성에 대해 쉽게 간과해서는 안 된다는 것을 보여 준다. 이 외에도 충동성이 높은 청소년들은 야동이나 인터넷 중독 그리고 부정적 대인관계를 형성할 가능성이 높다. 따라서 충동성은 청소년들의 건강한 성장과 발달을 위협하기 때문에 청소년기에 나타나는 충동성에 대해 관심을 가질 필요가 있다.

이상에서 살펴본 바와 같이 청소년기에 나타나는 심리행동문제는 시대적 배경이나 상황에 따라 달라질 수 있기 때문에 명확하게 규정하는 데 어려움이 있다. 또한 청소년들의 심리행동문제의 원인은 매우 다양하기 때문에 그에 대한 해답을 찾는 것은 그리 간단하지 않다. 그럼에도 학자들은 청소년기 심리행동문제의 원인을 밝히고자 노력하였고 그에 대한 견해를 제시하였다. 특히, Achenbach와 Edelbrock(1983)은 청소년기 심리행동문제를 내면화 문제와 외현화 문제로 구분하여 설명하고 있다. 즉, 내면화 문제가 높은 청소년들은 우울이나 불안이 높고 사회적 상황에서 위축될 뿐만 아니라 공포감이나 환상에 빠지는 행동을 하는 반면, 외현화 문제행동을 보이는 청소년들은 감정통제가 결여되어 공격성이나 충동성 등의 문제행동을 보이게 된다는 것이다. 여기서 말하는 문제행동은 청소년 자신들이 속한 사회에서 인정되지 않는 행동으로 신체 · 정신 · 사회적으로 부적합한 행동을 말한다(Ebel, 1969). 또한 이들은 청소년들의 심리적 문제는 행동문제와 분리될 수 없다는 입장을 취하고 있다. 예를 들어, 우울과 같은 부정적 정서는 분노로 이어질 가능성이 높고, 이러한 감정에 대한 적절한 규제가 이루어지지 않았을 때 충동적인 공격성이 나타날 수 있다고 본다(Ferguson et al, 2005). 더욱이 청소년들의 이러한 문제는 가정을 비롯하여 그들의 주변 환경의 영향력을 간과할 수 없다는 점에서 청소년들의 심리행동문제에 접근하는 데 있어 외적으로 드러난 문제행동과 결과에 초점을 맞추어 이를 해결하려고 하는 것보다 문제의 기본적 특성, 즉 개인 및 환경 등 전반적인 성장과정에 대한 종합적인 접근이 선결되어야 할 것이다(윤진, 1993).

참고문헌

강혜원 · 영희(2013). 청소년의 학교폭력 예방방안 모색연구 : 정서지능을 중심으로. **少年保護研究**, 22, 143-164.

김기환 · 명희(2000). 청소년 자살의 특성과 유형에 관한 연구. **한국아동복지학회 학술발표논문집**, 13, 113-134.

김미경 · 은희(2011). 청소년의 피학대 경험, 자살노출 및 자살보도 노출이 자살생각에 미치는 영향: 목표불안정성의 매개효과. **청소년학연구**, 18(12), 403-429.

김윤정(1999). 우울성향이 청소년 문제행동에 미치는 영향에 관한 연구. 이화여자대학교 대학원 석사학위논문.

김재엽 · 정윤경(2007). 학교폭력 피해경험이 우울에 미치는 영향에서 가족요인의 조절효과. **한국가족복지학**, 19, 5-28.

김희숙 · 이성희 (2008). 실업계 고등학생의 분노표현방식, 우울 및 공격성과의 관계. **지역사회간호학회지**, 19(2), 270-279.

나은영(2001). 이동전화 채택에 영향을 미치는 이동전화 커뮤니케이션의 매체적 속성에 관한 연구. **韓國 言論學報**, 45(4), 189-228.

남석인 · 남보영 · 장은혜(2014). 학교폭력 피해경험이 청소년의 자살생각에 미치는 영향: 위축의 매개효과를 중심으로. **청소년복지연구**, 16(4), 57-80.

서미정(2009). 초기 청소년의 외현적 공격성 변화와 비행, 우울/불안 및 학업성취감: 잠재성장분석. **한국청소년연구**, 20(2), 141-167.

소재희(2011). 청소년의 욕설사용과 자아개념 및 충동성 분석. **청소년문화포럼**, 26, 91-122.

송경아(2013). 자기초점주의가 대인불안에 미치는 영향 : 무조건적 자기수용의 조절효과검증. 가톨릭대학교 대학원 석사학위논문.

양원영 · 원희랑(2013). 인문계 고등학생의 입시스트레스, 우울 및 자살생각과 '빗속의 사람(PITR)' 그림검사 반응특성과의 상관관계 연구. **美術治療研究**, 20(2), 263-283.

오정아 · 박주연 · 임소진(2016). 부모 간 갈등과 아버지 양육행동 및 폭력허용도가 학교폭력 가해행동에 미치는 영향. 한국가족복지학, 21(3), 565-582.

윤진(1993). 청소년에 관한 심리학적 연구방향. 청소년학연구, 1(1), 17-26.

이순희 · 허만세(2015). 청소년의 우울과 비행의 종단적 인과관계 분석.

이은희(2008). 간호사의 직무스트레스와 소진간의 관계에서 목표불안정성과 문제해결양식의 역할. 한국심리학회: 여성, 13(4), 394-413.

이지영 · 손정락(2010). 아동기 정서적 외상과 역기능적 분노간 관계에서 불안정애착과 초기부적응 도식의 매개역할 검증. 한국심리학회지: 건강, 15(4), 841-851.

이현진 · 박영신 · 김혜리 · 정명숙 · 정현희(2003). 아동정신병리.

조결자 · 이명희(2010). 중학생의 부모 양육태도와 스트레스, 스트레스 대처 및 자아효능감의 관계. Child Health Nursing Research, 16(2), 120-127.

청소년건강실태 온라인조사(2015). https://yhs.cdc.go.kr/new/?c=result&s=6

Achenbach, T. M(1991). *Intergrative guide for the 1991 CBCL/408, YSR and TRF profiles.* Burlington: University of Vermont, Department of psychiatry.

Achenbach, T. M., & Edelbrock, C.(1983). *Manual for the Child Behavior Checklist and Revised Child Behavior Profile. Burling.* VT: University of Vermon.

Aronson, E.(1988). Social animals. New York: Freeman & Company.

Arrindell, W. A., Kwee, M. G. T., Methorst, G. J., Van Der Ende, J., Pole, E., & Moritiz, B. J. M.(1989). Perceived parental rearing style of agoraphobic and socially phobic impatient. *British Journal of Psychiatry, 155,* 526-535.

Bandura, R. H.(1966). Social Learning and Personality Development. *American Sociological Review,* 31(1),128-30.

Baron, R. A., & Byrne, D.(1984). Social psychology: Understanding human interaction. Boston: Allyn & Bacon.

Barratt, E, S., & Patton, J. H.(1983). Impulsivity: Cognitive, behavioral, and psychophysiological correlates. In M. Zuckerman (Ed.), Biological bases of sensation seeking impulsivity, and anxiety. Hillsdale, NJ: Erlbaum.

Baumrind, D.(1971). Current patterns of parental authority. Developmental Psychology, 4, 1-103.

Beck, A. T.(1979). *Cognitive therapy of depression*. New York: Gulford.

Beidel, D. C., Turner, S. M., & Morris, T. L.(1999). Psychology of childhood social phobia. *Journal of the American Academy of Child and Adolescent Psychiatry, 38*(6), 643-650.

Belsky, J.(1984). The determinants of parenting: A process model. *Child Development, 55*(1), 83-96.

Berkowitz, L. (1993). *Aggression: Its causes, consequences, and control*. New York: Academic Press.

Bowlby, .(1973). Attachment and loss: vol. 2. Separation. New York: BasicBook.

Browne, D.(2002). Coping alone: Examining the prospects of adolescent victims of child abuse placed in foster care. *Journal of Youth and Adolescence, 31*(1), 57-66.

Bruce, S. E., Yonkers, K. A., Otto, M. W., Eisen, J. L., Weisberg, R. B., Pagano, M., Shea, T. M., & Keller, M. B.(2005). Influence of psychiatric comorbidity on recovery and on recurrence in generalized anxiety disorder, social phobia, and panic disorder: A 12-year prospective study. *American Journal of Psychiatry, 162(*6), 1179-1187.

Bruch, M. A., & Heimberg, R. G.(1994). Differences in perceptions of parental and personal characteristics between generalized and nongeneralized social phobics. *Journal of Anxiety Disorders, 8*(2), 155-168.

Cantwell, D., & Baker, L. (1991). Manifestations of depressive affect in adolescence. *Journal of Youth and adolescence, 20*(2), 121-133.

Cerezo, M. A., & Frias, D.(1994). Emotional and cognitive adjustment in abused children. *Child Abuse & Neglect, 18*(11), 923-932.

Dickman, S. (1990). Functional and disfunctional impulsivity: Personality and cognitive correlates. *Journal of Personality and Social Psychology, 58*, 95-102.

Donnellan, M. B., Kali, H., Trzesniewski, K., Robins, R., Moffitt, T., & Caspi, A.(2005). Low self-esteem is related to aggression, antisocial behavior, and delinquency. *Psychological Science, 16*(4), 328-235.

Eysenck, S. & Eysenck, H. (1977). The place of impulsiveness and in a dimensional system of personality decription. *British Journal of Personality and Clinical Psychology, 16*, 57-58.

Ferguson, C, j., Averill P. M., V Rhoades H.(2005). Social Isolation, Impulsivity and Depionression as Predictors of Aggression in a Psychiatric Inpatient Population. *Psychiatric quarterly, 76*(2), 123-137.

Hale III, W. W., VanderValk, I., Akse, J., & Meeus, W.(2008). The interplay of early adolescents' depressive symptoms, aggression and perceived parental rejection: A four-year community study. *Journal of Youth and Adolescence, 37*(8), 928-940.

Hankin, B. L., Abramson, L. Y., Moffitt, T. E., Silva, P. A., McGee, R., & Angell, K. E.(1998). Development of depression from preadolescence to young adulthood: Emerging gender differences in a 10-year longitudinal study. *Journal of Abnormal Psychology, 107*(1), 128-140.

Helmer, K. F., Young. S. N., & Phil, R. O.(1995). Assessment of measures of impulsivity in healthy male volunteers. *Personality and Individual Differences, 19(*6), 927-935.

Hirschi, T.(1969). *Causes of delinquency*. Berkeley, CA: University of California Press.

Hymel, S.(1986). Interpretations of peer behavior: Affective bias in childhood and adolescence. *Child Development, 57*, 431-445.

Hymel, S., Rubin, K. H., Rowden, L., & LeMare, L.(1990). Children's peer relationships: Longitudinal prediction of internalising and externalising problems from middle to latechildhood. *Child Development 61*(6): 2004–2021.

Kagan, J.(1997). Temperament and the reactions to unfamiliarity. *Child Development, 68*(1), 139-143.

Kelly, G. A.(2003). *The Psychology of Personal Constructs.* Volume Two: Clinical Diagnosis and Psychotherapy. Routledge.

Kerig, P. K.(1998). Moderators and Mediators of the Effects of Interparental Conflict on Children & apos Adjustment. *Journal of Abonormal Child Psychology 26(3),* 199-212.

Leary, M. R., & Kowalski, R. M.(1995). The self-presentation model of social phobia. In R.

G. Heimberg, M. R. Liebowitz, D. A. Hope, & F. R. Schneider (eds.), Social phobia: Diagnosis, assessment and treatment. New York: Guilford Press.

Masten, A., S.(2001). Ordinary magic: Resiliency processes indivelopment, *American Psychologist 56(3),* 227-238.

Morris, T. L., & Masia, C. L.(1998). Psychometric evaluation of the social phobia and anxiety inventory for Children: Concurrent validity and normative data. *Journal of clinical Child Psychology, 27*, 452-458.

Murray, C. L., & Lopez, A. D.(1996). *The global burden of diseases: A comprehensive assessment of mortality and disability from disease, injuries, and risk factors in 1990 and projected to 2020: Summary (Vol.1).* Boston: Harvard University Press.

Olweus, D.(1978). Aggression in school. Washington, DC: Hemisphere.

Osgood, D. W., Johnston, L., O'Malley, P., & Bachman, J.(1980). The generality of defiance in late adolescence and early adulthood. *American Sociological Review, 53*, 81-93.

Parke, R. D., & Slaby, R. G.(1983). The development of aggression. In P. Mussen(Series Ed.) & E. M. Hetherington(Ed.), Handbook of child psychology: Vol. 4. Socialization, personality, and social development. New York: Wiley.

Pines, A. M., &. Keinan, G.(2005). Stress and burnout: The significant difference. *Personality and Individual Difference, 39*, 625-635.

Rosenberg, M.(1965). Which significant other? *American Behavior Scientist, 16, 829-860.*

Rubin, K. H., Burgess, K. B., Kennedy, A. E., & Stewart, S. L.(2003). Social withdrawal in childhood. Child psychopathology, 2nd ed., . New York, NY, US: Guilford Press.

Rubin, K. H., Coplan, R. J., & Bowker, J.(2009). Social withdrawal in childhood. *Annual Review of Psychology, 60*, 141-171.

Sarason, I. G., & Sarason, B. R.(1996). *Abnormal psychology*. Prentice-Hall, INC: 김은정, 김향구, 황순택(2000). 이상심리학. 서울: 학지사.

Shaffer, D. R.(1993). *Developmental psychology: Childhood and adolescence*(3rd Ed.). California: Books/Cole.

Shamir-Essakow, G., Ungerer, J. A., & Rapee R. M.(2005). Attachment, behavioral inhibition, and anxiety in preschool children. *Journal of Abnormal Child Psychology, 33*, 131-143.

Spielberger, C. D.(1972). Anxiety current trends in theory and research. New York: Academic Press.

Watson, D., & Kendall, P. C.(1989). *Common and differentiating features of anxiety and depression:* Current findings and Future direction: Distinctive and overlapping features. San diego, Ca: Academic Press.

Wickrama, K. A. S., Conger, R. D., & Abraham, W. T.(2008). Early family adversity, youth depressive symptom trajectories, and young adult socioeconomic attainment: A latent trajectory class analysis. *The Journal of Advances in Life Course Research, 13,* 161-192.

Wolff, J. C., & Ollendick, T. H.(2006). The comorbidity of conduct problems and depression in childhood and adolescence. *Clinical child and family psychology review, 9*(3-4), 201-220.

Younger, A. J., & Daniels, T. M.(1992). Children's reasons for nomination their peers as withdrawn: Passive withdrawal versus active isolation. *Developmental Psychology, 28*, 955-960.

Younger, A. J., Schwartzman, A. E., & Ledingham, J. E.(1986). Age-related differences in children's perceptions of social deviance: Changes in behavior or in perspective? *Developmental Psychology, 22*, 531-542.

Part 2

유형별 문제와 보호

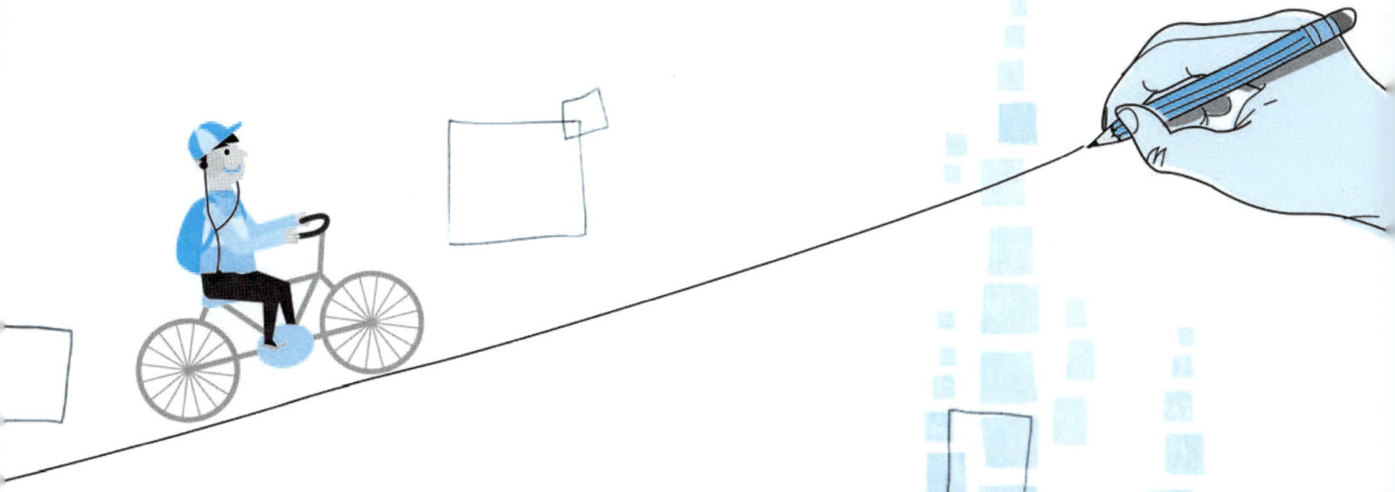

3장 청소년 학교부적응

1. 청소년 학교부적응의 개념

청소년들은 학교환경과 상호작용을 통해 교사 및 다른 교우들과 원만한 관계를 유지하고 학교 수업에 적극적이며 학교규범에 순응함으로써 독립된 개인으로 성장하게 된다(정유진, 1999). 그러나 개인의 욕구가 학교 내 환경과 관계에서 충족되지 못할 때 갈등과 부적절한 행동과 같은 특성들이 나타나게 되는데, 이를 학교부적응이라고 한다. 이렇듯 청소년들이 보이는 학교부적응 행동들은 학교 내에서의 부적절한 행동부터 가출이나 무단결석과 같은 지위비행 그리고 타인의 물건을 훔치는 것과 같은 범죄행위 등 다양한 행동들을 포함한다.

학교부적응은 학자에 따라 다양하게 정의되고 있는데, Bower(1970)는 학교 내에서 또래나 교사와 긍정적인 대인관계를 형성하고 이를 유지하는 능력이 미흡하거나 심리적으로 불안과 억압된 감정에 빠져서 의기소침해 있고 모든 일에 소극적이며 자신감이 결여되어 있는 청소년들에게 나타나는 현상을 학교부적응이라고 하였다. 그는 학교생활에 부적응하는 청소년들의 특징을 다음과 같이 제시하였다(김병우, 2009 재인용). 첫째는 지적 및 감상적 또는 건강상태는 정상이지만 학습적인 장애가 보이고, 두 번째로 학교생활을 하는 데 있어 또래나 교사와 성공적인 인간관계를 형성하지 못하며, 세 번째로는 직면한 현실이 지극히 정상적인데도 불구하고 그 상황에 적절하지 않은 행동이나 감정표현을 하는 등 부적절한 행동을 하게 된다고 보았다. 네 번째 특징으로 자신이 경험하고 있는 신체적 장애와 고통의 원인을 학교생활과 연계하여 생각하게 된다. 마지막으로 학교생활에 적응하지 못한 청소년들은 심리적으로 불안과 억압을 느끼게 되고 이러한 문제는 다른 사람에게도 영향을 주게 된다고 보았다. 이를 요약하면 Bower의 주장은 학교부적응 현상을 보이는 청소년들은 학업을 수행하는 데 많은 장애가 있고, 대인관계의 상호작용이 어려우며 상황과 현실에 맞는 적절한 행동을 하는 데 문제가 있을 뿐만 아니라 자신의 내면의 문제를 외부세계에 투사하면서 해결하려는 경향이 높기 때문에 학교부적응 청소년들의 문제가 학교 내 다른 학생들에게 영향을 미칠 수 있다는 것으로 이해될 수 있다. 또한 Yamanaka 등(2001)은 심리적인 문제로 인해 일반적인 학교생활을 하지 못하는 상태 혹은 문제행동을 의미하는 말로 등교거부나 무기력 등의 비사회적인 행동을 하거나 학교 내에서의 폭력이나 비행 등 반사회적 행동을 포함하여 학교부적응이라고 하였다.

국내학자 가운데 이경은(1998)은 개인의 욕구와 결부시켜 학교부적응을 설명하였다. 이는 개인의 욕구가 학교 내 환경과의 관계에서 수용 또는 충족되지 못함으로 인해 나타나는 갈등과 부적절한 행동이 학교부적응이라고 본 것이다. 정영화(2003)는 청소년들이 자신에게 주어진 학교환경이나 생활에 적응하지 못하는 것을 학교부적응으로 보았다. 즉, 개인이 학교 및 학급사회에서 적응해 나가는 데 있어서 부적합한 행동을 보이고, 학교의 교육적 가치나 규범, 또는 학교질서에 일치하는 타당한 행동을 못하거나 대인관계 혹은 사회적 환경에 대한 개인의 행동양식이 불균형 상태에 놓이는 것을 학교부적응으로 규정한 것이다. 이와 유사한 맥락에서 김동배와 권중돈(2006)도 학교부적응 청소년들은 대인관계나 학교 규범, 교육적 가치 그리고 학교 질서에 위배되는 행동을 한다고 보면서 학교부적응 청소년들은 일반적인 학교환경에서 적응유연성이 떨어진다는 것을 강조하였다.

이와 같이 여러 학자들의 의견을 종합하면, 학교부적응은 청소년들이 학교의 규범, 사회적 관계, 학업 등에 맞춰 자신을 적절히 변화시키지 못하거나 혹은 불합리하다고 생각되는 일부 규범이나 사회적 관계, 학업 등 학교환경에 능동적으로 대처하지 못함으로써 균형 있고 조화로운 학교생활을 유지하지 못하는 것으로 정의할 수 있다(이동훈 외, 2007; 전재일 · 전현주, 2007). 학교생활에 적응하지 못한 청소년들은 등교거부나 폭력, 절도 등의 비행행동이나 가출 혹은 무단결석, 학습부진, 음주와 흡연 등과 같은 교칙위반, 주의산만, 공격성과 충동성, 위축 및 우울 등 심리내적 문제, 학습 분위기 방해와 휴학, 자살 등 다양한 문제행동을 보이게 된다. 이는 부적응문제를 보이는 청소년들뿐만 아니라 함께 생활하는 다른 청소년들에게까지 확대될 수 있다. 더욱이 청소년기는 아동기에서 성인기로 전환하는 중요한 시기이기 때문에 학교부적응 청소년문제를 한 개인의 문제로 다루기보다는 전 생애의 발달과정에서 이들의 삶에 미칠 수 있는 영향력을 함께 고려하여 접근해야 한다.

2. 학교부적응 청소년의 유형

한국청소년정책연구원(2004; 2006)에서는 낮은 학업수행능력이나 무단결석 그리고 학업중퇴 등 학업과 관련된 유형과 폭력과 절도, 약물 등 비행과 관련된 유형으로 구분한 반면, 다른 한편에서는 학업부진을 포함하여 흡연이나 음주 및 각종 약물남용과 관련된 유형과 낙서나 기물파손 및 흉기 등 타인과 관련된 유형, 이성교제와 성 경험 및 임신 경험과 같이 성과 관련된 유형으로 구분하였다(한국형사정책연구원, 1995; 1998; 2000). 이러한 분류를 토대로 여기서는 학업수행능력 및 학교중퇴, 무단결석을 학업과 관련된 유형, 흡연이나 음주 및 각성 및 환각물질 등 각종 약물남용은 비행행동과 관련된 유형, 교사와의 관계나 교우관계 등은 대인관계 유형, 우울이나 불안 그리고 위축 등은 정서적 문제와 관련된 유형으로 조작적 정의하여 살펴보고자 한다.

1) 학업과 관련된 유형

학업과 관련된 학교부적응 유형은 좋은 성적과 학습기회의 제공이라는 학교조직의 기본 목표와 조화를 이루지 못하는 것으로(한국청소년정책연구원, 2004) 학습부진, 무단결석, 학업 분위기 저해 등의 수업태도 불량과 잦은 지각 등은 청소년들의 성적과 밀접한 관련이 있다(천정웅 · 이미숙 · 성윤숙, 2015). 실제로 학업성취가 낮은 청소년들이 학교 수업에 대한 관심이 낮고 이러한 학생들의 상황은 개선되지 못하며 지각이나 흡연 등의 행동을 반복적으로 함으로써 학교부적응 현상이 나타나게 된다.

Finn(1989)은 학교성적이 낮은 청소년들의 자아존중감이 그렇지 않은 청소년들보다 낮다는 것을 주장하면서 낮은 학업성취를 보이는 청소년들은 등교거부나 심각한 문제행동을 더 많이 하게 된다고 보았다. 즉, 학업수행능력이 낮은 청소년들은 학교에서 자신의 유능감을 확인하지 못하고 스스로에 대해 부정적 판단을 하게 될 뿐만 아니라 학교생활에 흥미가 없어 학교를 가지 않는 등 문제행동을 하게 되는 것이다.

그렇다면 학업성취가 높은 청소년들은 어떠한가? 학교는 성적으로 학생들을 판단한다. 더욱이 입시 중심의 교육시스템을 유지하고 있는 우리 사회에서 성적은 학생들을 평가할 수 있는 유일한 통로라고 해도 과언이 아닐 것이다. 때문에 학업성취에 대한 성공 경험은 청소년들에게 행복감을 가져다주고(Diener et al., 1999), 행복감이 높은 청소년들은 긍정적 삶에 대한 기대가 높을 뿐만 아니라 정서적 안정감이 높아 다시 학업에 몰입할 수 있게 되어 학교생활에 대한 적응력이 상대적으로 높다(Lyubomirsky, King, & Diener, 2005; Veenhoven, 1988, 1989).

이상에서 살펴본 바와 같이 학업수행능력이 청소년들의 학습적인 부분에 머무르는 것이 아니라 개인의 심리적 안정감 및 학교적응에 깊이 관여한다는 것을 알 수 있다. 청소년들의 학업수행과 관련된 부분을 강조하는 것은 학교 내에서 이루어지는 학습에서 흥미를 잃고 교사로부터 인정받지 못한 청소년들은 학교에 대한 심리적 두려움을 가질 가능성이 있으며 이로 인해 등교거부 혹은 무단결석과 같은 행위를 할 가능성이 높기 때문이다. 더욱이 다문화사회로 진입하고 있는 현 시점에서 우리는 다문화가정 청소년들의 학교부적응에 대해 다루지 않을 수 없다.

한국에서 태어나 한국인 부모와 함께 생활하는 청소년들의 학업수행능력의 저하가 학교적응을 위협하여 종국에는 정규교육과정에서의 일탈을 촉진시키는 요인이 된다면, 다문화가정 청소년들의 경우 부모의 상이한 문화와 함께 언어적 문제로 인해 다양한 학습 및 문화적 문제로 인한 학교부적응 현상이 나타날 수 있기 때문이다. 더욱이 학령기는 생활의 중심이 가정에서 학교로 이전되는 시기로 학교에 진학하면서 다문화가정 자녀들은 낯선 환경에 적응해야 하는 상황에 놓이게 된다. 그러나 자녀양육과 교육의 책임을 여성에게 부여하는 한국사회 분위기로 인해 다문화가정 자녀들은 부모의 정확하지 않은 한국어 발음으로 인해 한국어에 대한 이해력이 미흡하고, 학업에 대한 흥미를 잃을 뿐만 아니라 과제수행에서 심리적 불안감을 가져 종국에는 학교생활 적응을 위협받게 된다(조영달, 2006). 다문화가정의 청소년의 학업수행문제가 일반가정보다 더 심각하게 받아들여지는 것은 다문화가정 청소년들의 학업중단이 더 심각하기 때문이다.

2) 비행과 관련된 유형

비행과 관련된 학교부적응 청소년의 특징은 학교생활을 유지하는 데 필요한 규칙과 조화를 이루지 못하는 것으로 설명될 수 있다. 청소년들의 비행은 크게 지위비행과 행위비행으로 구분할 수 있다. 먼저 지위비행은 학생의 신분에 어긋나는 행위를 하는 것으로 음주나 흡연 그리고 약물남용 등과 같은 문제행동을 하게 된다. 반면, 행위비행은 폭력이나 절도 등과 같은 행동문제를 보이는 것으로 교우들에게 금품을 갈취하거나 폭행 등의 문제행동을 하는 경우가 이에 속한다.

Hirsch(1969)는 사회유대이론을 적용하여 청소년들의 비행행동을 설명하면서, 청소년들은 자신과 의미 있는 타인을 통해 사회적 규범을 받아들이게 되는데, 자신과 관계를 맺고 있는 타인과 유대관계가 높을수록 사회적 규칙을 수용하는 방향으로 행동하기 때문에 학교생활에 적응을 잘 하게 된다. 반면, 유대관계가 낮은 청소년들은 자신뿐만 아니라 타인에 대한 신뢰가 낮고 친밀한 관계 형성이 어렵기 때문에 사회적 규칙이나 규범을 수용하는 것이 어렵고 부적응적인 행동을 더 많이 하게 된다. 이러한 청소년들은 학교수업이나 행사에 적극 참여하지 않고 가출 및 무단결석과 같은 행위를 하며 학교규칙을 지켜야 한다는 신념이 낮아 비행행동을 더 많이 하게 되어 학교생활 적응력이 떨어지게 되는 것이다.

3) 대인관계와 관련된 유형

인본주의 심리학자 Maslow(1970)는 일찍이 인간의 소속과 애정에 대한 욕구를 논하면서, 모든 인간은 한 집단에 소속되고 사회적 관계를 형성하면서 살아가는 존재로 자신이 속한 사회에서 인정받고 친밀한 인간관계를 형성하기를 원한다고 보았다. 또한 Bronfenbrenner(1989)는 인간과 환경의 역동적 상호작용을 주장하였다. 이는 환경이 개인의 성장에 많은 영향을 미친다는 것을 의미한다. 이를 청소년들의 학교부적응에 적용하여 살펴보면, 학교에서 보내는 시간이 많은 청소년들에게 교사 혹은 또래와의 관계 및 학교환경은 이들의 성공적인 학교적응에 깊이 관여한다는 것으로 이해될 수 있다.

교사 혹은 교우관계가 긍정적인 청소년들은 정서적으로 안정되고 학교가 요구하는 규칙을 잘 지키면서 성공적으로 학교생활을 하지만, 교사 및 또래관계에서 부정적인 경험이 많은 청소년들은 학교에 대한 두려움이 높고 수업시간에 소극적인 태도를 보이는 등 부적응적인 행동을 하게 된다(김경근 · 변수용, 2007; 김선숙 · 고미선, 2007). 학교 내 대인관계가 더욱 문제가 되는 것은 학교폭력으로 이어질 수 있기 때문이다. 또래관계가 좋지 않은 청소년들은 집단에서 소외되고 왕따 혹은 빵셔틀 등과 같은 학교폭력의 대상이 될 수 있다. 뿐만 아니라 이러한 문제가 장기간 지속될 경우 우울이나 불안과 같은 심리적 문제와 함께 집단 내에서 스스로를 고립시키는 은둔형 외톨이가 될 가능성이 높다.

이렇듯 학교에서 생활하는 시간이 많은 청소년들에게 학교에서 맺어지는 사회적 관계는 긍정적 자기평가를 비롯하여 자아정체성 확립에 많은 영향을 미치게 된다. 때문에 학교 내에서 이루어지는 사회적 상호작용에 관심을 갖고 청소년들의 학교적응을 높이기 위한 다양한 노력이 이루어져야 할 필요가 있다.

3. 학교부적응의 원인

그런데 왜 일부 청소년들은 잘 적응하는데, 다른 한편에서는 학교생활에 적응을 하지 못하고 문제행동을 보이는가? 모든 청소년들이 문제행동을 보이는 것이 아닌 만큼 우리는 청소년들의 학교부적응에 미치는 영향요인은 무엇인가에 대해 생각해 볼 필요가 있다. 청소년들의 학교부적응에 미치는 영향요인은 개인의 심리내적 원인부터 가정 및 학교환경까지 다양하게 제기되고 있다. 이에 여기서는 학교부적응을 개인요인과 가정요인 그리고 학교요인, 발달심리학적 요인으로 구분하여 청소년들의 학교부적응의 원인을 살펴보고자 한다.

1) 개인요인

청소년들의 학교부적응과 관련하여 가장 많이 언급되는 개인요인은 개인의 심리내적 문제로 우울이나 불안, 자아존중감과 충동성 및 공격성과 같은 행동문제 등을 주요 원인으로 보고 있다. 우울이나 불안 등 정서적 문제를 많이 경험하는 청소년들이 학교생활에 적응하지 못하고 문제행동을 할 가능성이 높다는 것은 이미 많이 알려져 있다(오승환, 2009; 현명선, 김경희 · 김선아, 2004). 우울증상이 높은 청소년들은 무기력하고 학교가 요구하는 규칙이나 규범 등을 준수하는 것에 대해 의미를 두지 않는다. 여기에 불안수준이 높은 경우 학업수행과 대인관계에서 많은 어려움을 느끼게 되어 학교생활에 적응하는 것이 쉽지 않다.

또한 낮은 자아존중감도 학교부적응문제와 관계가 깊은 것으로 알려져 있다. 자아존중감은 개인에 대한 주관적 평가로 자아존중감이 높은 청소년들은 자신의 가치에 대해 긍정적으로 평가함과 동시에 스스로를 인정하고 수용함으로써 원만하게 학교생활을 하게 되지만(권순용, 2006; 임수경 · 이형실, 2007), 자아존중감이 낮은 경우 부정적 자아인식을 바탕으로 자기경멸 등 불안한 심리상태를 보이게 된다(이해경 · 김수연 · 김혜원, 2013). 이 경우 심리적으로 우울 및 불안과 같은 불안정한 심리상태에 빠질 가능성이 높고 이는 학업에 몰입하는 것을 방해하여 학업수행능력을 저하시키는 등 학교생활 적응이 어렵다.

또한 충동적이고 공격성이 높은 청소년들은 타인에 대한 공감능력이 떨어지고 자신의 감정을 통제하지 못하는 등 자기통제력이 부족하다. 이들은 종종 학교규칙을 위반하기도 하고, 수업시간에 집중하지 못하며 다른 친구들의 수업을 방해하는 것과 같은 부적응문제를 보이게 된다(양국선 · 장성숙, 2001; 오승환, 2009). 더욱이 공격성이 높은 청소년들은 학교 내 문제해결의 수단으로 폭력을 사용할 가능성이 높고 이러한 문제가 지속되면서 교사 및 또래관계의 부적응으로 학교생활을 지속하기가 어렵게 되어 학업을 중도에 포기하는 현상이 발생하기도 한다(오정아 · 김영희 · 김정운, 2014).

2) 가족요인

생래적(生來的)으로 맺어지는 가족은 인생에서 처음으로 접하는 사회이다. 때문에 가족구조와 가족구성원들의 생활방식과 가치관, 부모-자녀관계 및 형제-자매관계 등과 같은 가족기능은 청소년들의 성격 형성 및 사회적응에 많은 영향을 미치게 된다.

청소년들의 학교부적응문제를 논하면서 가장 많이 제기되는 것이 가족구조이다. 부모의 이혼이나 사별로 인한 가족구조의 변화는 청소년들의 심리적 적응뿐만 아니라 학교 내에서 교사 및 또래관계 적응에도 영향을 미치게 된다. 즉, 부모의 이혼과 같은 급작스런 가족구조 변화로 상당수의 청소년들은 자신에 대한 가치감을 낮게 평가하고 대인관계에서 위축될 뿐만 아니라 부모의 적절한 관심과 지원을 기대하기 어려워 학업수행능력이 낮고 무단결석과 규칙위반 등의 행동으로 인해 학교생활에 적응하는 데 어려움을 경험할 가능성이 높기 때문에 가족문제가 청소년들의 학교적응을 위협하는 요인이 되는 것이다(류방란 외, 2008; 양국선 · 장성숙, 2001; 오승환, 2009).

가족구조와 함께 가족기능도 청소년들의 학교부적응에 깊이 관여한다. 가족구성원 상호 간 정서적 결속을 의미하는 가족응집성과 상황적 또는 발달적 스트레스에 반응하여 자체의 권력구조, 역할, 관계적 규칙 등과 관련된 적응성으로 구분되는 가족기능은 청소년들의 적응 및 부적응과 연관이 있다(Olson, Sprenkle & Russel, 1979). 예를 들어, 부모가 자신들의 문제로 인해 잦은 다툼을 하는 가정은 부모 자신의 문제로 많은 스트레스를 받게 되고 자녀의 요구에 민감하게 반응하기 어렵다. 이 과정에서 부모-자녀 간 긍정적 상호작용이 어렵고, 가족구성원 간 결속력이 낮아지게 된다. 결속력이 낮다는 것은 부모-자녀 간 애착이 안정적으로 이루어지지 못하고 있다는 것을 의미하며, 불안정 애착을 형성한 청소년들은 타인과의 관계에서 친밀한 관계를 형성하는 것이 어렵다는 것을 의미한다. 따라서 역기능적인 가정환경에서 성장한 청소년들은 학교 내 교사 및 또래관계에서 친밀한 관계 형성이 어려워 학교생활 적응을 위협받는 것이다. 그러나 부모가 자녀에게 온정적이고 비강압적인 양육태도를 보이며 부모-자녀관계가 친밀한 가정, 즉 가족기능이 건강한 가정에서 성장한 청소년들은 학교생활 적응의 중요한 요인인 학업수행능력이나, 정서 및 사회적 적응력이 높지만, 공격성이나 충동성 및 비행행동과 같은 문제행동을 할 가능성은 낮은 것으로 알려져 있다(Steinberg, Lamborn, Dornbusch, & Darling, 1992). 이 외에도 부모-자녀 간 상호작용 수준과 자녀에 대한 부모의 일관적인 태도 등도 청소년들의 학교생활 부적응과 관련이 높다.

3) 학교환경요인

학교환경요인은 크게 학교의 구조적 요인과 조직적 요인으로 구분될 수 있다. 먼저 구조적 요인은 학교의 소재지와 같은 지역과 학생 수 및 학교 계열, 교사 1인당 학생 수, 설립 유형 등을 의미하는 것으로 외국의 경우 도시지역의 청소년들이 농촌지역의 청소년들보다 학교부적응 현상이 더 높고, 학교규모가 클수록 학교부적응 수준이 더 높다는 주장이 제기되고 있지만(Brookmeyer et al., 2006; Rumberger & Thomas, 2000), 국내에서는 읍면지역에 거주하는 청소년들의 학교부적응이 도시 지역보다 더 높고, 교사 1인당 학생 수가 적을수록 청소년들의 학교부적응 수준이 더 높다(류방란 외, 2008)는 다소 상반된 의견이 제기되고 있다. 이렇듯 상반된 주장에 대해 보다 구체적인 검증이 필요하겠지만, 문화적 차이를 고려한다고 하더라도 교사 1인당 학생 수가 많을 경우 학생들의 부적응문제에 민감하게 대응하기 어렵고, 교사 1인당 학생 수가 적을 경우라고 하더라도 교사와의 관계가 부정적인 경우 청소년들의 학교생활 적응을 보장할 수 없다는 것이다. 따라서 학교 구조적 요인이 청소년들의 학교생활 적응 및 부적응과 깊은 관계가 있다는 것은 간과할 수 없는 것이다.

두 번째로 학교 교칙에 대한 강제성이나 불공정성, 성적 중심의 학교 분위기, 교사와의 관계와 같은 학교 조직적 환경이 학교부적응에 중요한 요인으로 지목되고 있다(박창남, 2010; Croninger & Lee, 2001). 특히, 학교 교칙의 불공정한 처우는 청소년들의 학교생활 적응을 위협하게 된다. 즉, 학교생활에 적응하지 못하는 청소년들 대부분은 교칙의 불공정성과 강제성 그리고 학생에 대한 교사의 부당한 대우를 통해 자신에 대한 무가치감과 무기력감을 경험하고(Wilkins, 2008), 이러한 문제가 반복될 경우 정규 교육과정을 일탈할 가능성이 높기 때문에 불공정한 교칙은 청소년들의 학교생활 적응을 위협하는 요인이 된다. 학교교칙과 함께 교사와의 관계도 청소년들의 학교생활에 깊이 관여하게 되는데, 교사와의 관계는 학교성적이 낮거나 교우관계가 좋지 않은 청소년이라고 하더라도 학교수업에 참여하며 무단결석을 하지 않는 등 학교부적응 수준을 감소시키고 학교생활 적응력을 높이게 함으로써 학교생활 적응에 많은 영향을 미치게 된다. 그러나 일각에서는 교사와의 관계가 청소년들의 학교부적응 수준을 감소시키는 데 한계가 있다는 주장도 있다. 즉, 교사와의 관계가 청소년들의 학습에 대한 동기부여를 통해 학업성취에 긍정적 영향을 주지만, 학교부적응 수준을 감소시키는 것과 무관하다는 주장을 하면서 교사와 학생 간 긍정적 관계와 학교부적응 간 관련성을 부정하기도 하였다(류방란 외, 2008). 이러한 상반된 주장이 제기되고 있지만, 교사요인이 청소년들의 학교생활 적응에 영향을 준다는 것에는 공통된 의견을 제시하고 있어 학교조직요인, 특히 교사요인의 중요성은 강조될 필요가 있다.

이상에서 살펴본 바와 같이 학교환경이 청소년들의 학교부적응에 영향을 미치는 요인으로 주목받고 있지만, 학교구조와 조직의 각 요인들이 개별적으로 청소년들의 학교부적응에 영향을 주기보다는 이러한 요인들이 서로 복잡하게 연결되어 청소년들의 학교생활에 영향을 미치게 된다. 따라서 청소년의 학교부적응과 관련하여 학교환경요인에 대한 개입이 이루어질 때는 학교구조 및 조직적 요인들 간 관계성을 함께 살펴보고 이에 대한 대책 마련 및 개입이 이루어져야 할 것이다.

4. 학교부적응 관련 정책

1) 한국의 학교부적응 청소년정책

정부는 학생들의 학교일탈을 예방하고 건강한 성인으로의 성장을 지원하기 위해 다양한 정책적 시도를 하고 있다. 현재 우리나라에서 수행하고 있는 학교부적응 청소년을 위해 시행되는 정책으로는 교육복지우선사업과 Wee 프로젝트 그리고 위탁형 대안학교와 대안교실이 있다.

가. 교육복지 우선사업

정부는 교육취약 청소년들의 학업성취와 신체·정서·사회성발달 등 전인적 성장을 지원하기 위해 교육복지 우선사업을 수행하고 있다. 교육복지 우선사업은 청소년들이 갖추어야 할 기본생활습관을 비롯하여 기초학습능력과 사회적 기술 향상 등을 지원하기 위해 가정과 학교 그리고 지역사회를 연계하는 통합지원체계이다(한국교육개발원, 2013). 교육복지 우선사업의 기본 취지는 다음과 같다.

첫째, 청소년들이 자신의 삶을 스스로 계획할 수 있도록 하고,

둘째, 삶에서 직면하게 될 다양한 상황에서 문제해결능력을 높여 주며,

셋째, 사회적 상호작용능력을 향상시켜 줌으로써 건강한 시민을 양성하는 것이다.

〈표 3-1〉 교육복지 지원사업의 내용

영역	사업 내용	사업 예시
학습	• 교육과정과 연계한 학습결손 예방 프로그램 • 기초학습부진학생 지도 • 저소득가정 우수학생 지도 • 학력신장과 사교육비 경감을 위한 프로그램 • 학생수준별, 맞춤식 소그룹 지도 프로그램 • 학교도서관 사업 운영 • 학습의욕 고취를 위한 다양한 프로그램 운영	• 소집단학력증진 프로그램 • 1:1 학습 멘토링 • 경계선아동 지원을 위한 인지학습 프로그램 • 독서멘토링, 독서교실 • 리더십 프로그램 • 난독증 개선 프로그램 등
문화체험	• 문화체험 프로그램 • 문화, 예술, 스포츠 등 특기적성 개발 • 동아리 활동 • 토요 프로그램 • 교과연계 체험활동	• 토요휴업일 문화탐방 • 박물관 견학 • 요리활동 • 텃밭가꾸기 • 계절학교 • 동아리 활동 • 진로직업체험 활동
심리정서	• 개별상담 및 집단상담 • 부적응학생 진단 및 치료, 학교적응활동 지원 • 가족관계 및 또래관계 향상 프로그램 • 교사 등의 정서 멘토링 • 진로 진학 프로그램 운영	• 상담 및 심리치료 • 학교부적응 예방 프로그램 • 학습장애요소 진단 및 치료 • 사제 멘토링
보건복지	• 교육복지실 운영 • 가족 캠프 및 가족 지원 • 건강검진 및 치료 지원 • 초등학교 종일 돌봄교실과 연계	• 치과, 안과 치료 • 개별학생 맞춤형 지원 • 개인 성장 지원 활동 • 가정방문 • 가족 캠프, 부모교실

출처: 서울특별시교육청(2014), 「2014학년도 교육복지특별지원사업 기본계획」.

나. Wee 프로젝트

Wee 프로젝트는 학교와 교육청 그리고 지역사회가 연계하여 청소년들의 건강한 학교생활을 지원하는 다중통합지원 서비스망으로 2007년 Wee 프로젝트에 대한 정책안이 마련된 이후 학교상담망 구축과 학교 내 대안교실인 '친한 친구 교실'의 운영을 시작으로 출발하였다(한국교육개발원, 2007). 이렇게 시작된 Wee 프로젝트는 학교와 지역교육청 그리고 시·도교육청이 상호 유기적인 협력을 통해 학교부적응 청소년뿐만 아니라 일반 청소년들까지 포함하여 학교적응을 지원하고 있다(김인규, 2012).

이에 따라 학교에서는 Wee 클래스가 운영되고 있고 지역교육청에서는 Wee 센터, 시·도 교육청에는 Wee스쿨이 운영되고 있다. 2015년에는 Wee 프로젝트 사업관리 운영에 관한 시행령을 일부 개정하여 「초·중등 교육법 시행령」 제54조 제1항에 따른 학생에 대하여 종합적인 진단과 상담 그리고 치유 프로그램 등을 제공하는 사업으로 확대 시행하고 있다(교육부, 2015).

〈표 3-2〉 Wee 프로젝트 구축도

<table>
<tr><td rowspan="2">• 학교단위에 설치한 학교상담실
• 학교부적응 학생 조기 발견·예방 및 학교 적응력 향상 지도</td><td>1차 안전망</td><td>Wee 클래스</td></tr>
<tr><td colspan="2">학교폭력, 학습부진, 대인관계미숙, 비행 등으로 인한 학교부적응 학생 및 징계대상자</td></tr>
<tr><td rowspan="2">• 교육지원청 또는 특별시·광역시·특별자치시·도 및 특별자치도 단위에 설치한 학생상담지원시설
• 전문가의 지속적인 관리가 필요한 학생을 위한 진단·상담 치유 원스톱 서비스 제공</td><td>2차 안전망</td><td>Wee 센터</td></tr>
<tr><td colspan="2">단위학교에서 선도 및 치유가 어려워 학교에서 의뢰한 위기학생 및 상담 희망 학생</td></tr>
<tr><td rowspan="2">• 시·도교육청 단위에 설치한 위탁교육시설
• 장기적인 치유가 필요한 고위기군 학생을 위한 기숙형 대안(위탁)교육 지원</td><td>3차 안전망</td><td>Wee 스쿨</td></tr>
<tr><td colspan="2">전문적인 상담·치유와 학업이 동시에 요구되는 학생 및 학업중단 위기 학생</td></tr>
</table>

출처: 경상남도 교육청(2015). 2015. Wee 프로젝트 사업 추진 계획; 교육부(2015). 위(Wee) 프로젝트 사업 관리·운영에 관한 규정 일부 개정령.

〈표 3-2〉에 제시된 바와 같이 Wee 클래스와 Wee 센터 그리고 Wee 스쿨은 그 활동 영역에서 다소 차이가 있다. 이에 대해 구체적으로 살펴보면 〈표 3-3〉과 같다.

〈표 3-3〉 Wee 프로젝트 세부 내용

구분	내용
Wee 클래스	• 부적응 학생 예방 등을 위해 필요한 계획 수립·시행, 통계관리, 평가 및 개선 • 학부모 및 교사에 대한 상담, 자문, 교육 지원 • 학교 내·외 상담자원 및 유관기관과의 연계·협력 활성화 • 학교보건법에 따른 상담 지원 • 학교 내 부적응 학생 등에 대한 상담을 일차적으로 담당하며, 상담 내용 및 위기 수준에 따라 Wee 센터, Wee 스쿨, 전문상담기관 등에 학생을 의뢰
Wee 센터	• 학교폭력 가·피해 학생 등 위기학생에 대한 진단·상담·치유 등을 위해 필요한 사업계획 수립·시행, 통계관리, 평가 및 개선 • 학업중단숙려제 • 상담 내용 및 위기수준에 따라 보호자와 협의하여 위기학생 치유 등을 타 전문기관에 의뢰하는 사항사업 • 종사자 연수, 컨설팅 등 전문성 신장에 관한 사항, 시·도교육청, 교육지원청 내·외 상담자원 및 유관 기관과의 연계·협력 활성화 • 학교보건법에 따른 후속 상담 지원
Wee 스쿨	• 학교로부터 위탁받은 학생 등의 교육을 위해 필요한 계획 수립·시행, 통계관리, 평가 및 개선 • 지역사회 상담자원 및 유관기관과의 연계·협력 활성화

출처: 교육부(2015). 위(Wee) 프로젝트 사업 관리·운영에 관한 규정 일부 개정령 재구성.

다. 위탁형 대안학교와 대안교실

위탁형 대안학교는 학교생활에 적응하지 못해 제적당하는 학생들을 보호하고자 하는 목적으로 학교생활에 적응하지 못하는 학생들로 하여금 자신이 원하는 교육기관에서 학습을 받을 수 있도록 지원하는 것을 말한다. 이러한 위탁교육은 다른 학교로 전학하는 것과 달리 기존 학교에 학적을 두고 위탁교육을 받음으로써 출결과 성적부분은 위탁형 대안학교에서 취득한 것을 인정받기 때문에 위탁형 대안학교의 교육과정을 모두 마치게 되면 소속 학교에서 졸업장을 받을 수 있다(교육부, 대인교육백서, 92-93).

이는 청소년들의 학업중단을 예방하기 위한 목적으로 학업중단숙려제도의 일환으로 진행되고 있다. 현재 우리나라는 일반학생들을 위한 위탁형 대안학교와 함께 다문화가정 자녀를 위한 대안학교와 장애가 있는 학생들을 위한 대안학교를 포함하여 전국에 약 40여 개의 위탁형 대안학교가 운영되고 있다.

위탁형 대안학교와 함께 학교부적응 청소년들의 적응유연성을 높이기 위해 학교 내 대안교실이 운영되고 있다. 학교 내 대안교실은 2013년부터 공교육 내 대안교육 확대의 일환으로 도입된 제도로 정규교육과정에서 일부 또는 전부를 대체하여 대안적 교육 프로그램을 편성하여 별도로 운영되는 학급을 말한다(교육부, 2014). 우리나라는 현재 약 1,500여 개의 대안교실이 운영되고 있다. 대안교실의 교육과정은 전일제 운영과 부분제 운영으로 구분되는데, 전일제는 정규교과시간 전부를 대안적 교육 프로그램으로 편성하는 것을 말하고 부분제 운영은 정규교과 시간 중 일정 시간에 대안교실 프로그램을 운영하는 것을 말한다(교육부, 2014). 대안교실 교과과정 운영 모형은 〈표 3-4〉에 제시하였다.

〈표 3-4〉 대안교실 운영 모형

진로 · 직업 중점 모형	치유 중점 모형
• 인턴십을 통한 배움(LTI : Learning Through Internship) • 바리스타 자격반, 제과제빵 자격반, 농기계 · 지게차 자격반 등 • 직업현장 탐방, 자기 주도적 진로설계 • 관심 있는 직업분야에 대한 장 · 단기 프로젝트	• 자기이해, 자아성찰, 자아존중감 향상 • 글쓰기, 독서, 체험을 통한 심신치유 • 상담치료활동: 자아발견 프로그램, 개인 · 집단상담, 심리검사, 원예치료, 독서치료, 미술치료, 음악치료, 청소년 상담지원센터 연계 상담활동, 분노조절 · 감정코칭 등
체험 중점 모형	**교육 · 자기계발 중점 모형**
• 농사체험: 텃밭 가꾸기, 화초 키우기, 옥상농장, 농어촌체험 등 • 문화예술체험: 영화제작 및 제작보조, 연극 시나리오 제작 및 시연, 음악연주 · 댄스공연, 도자기 제작, 미용체험, 역사 연구, 캠프활동 등 • 봉사활동: 노인정, 경로당, 급식봉사, 장애시설 방문, 연탄배달 등	• 수준별 맞춤 교육활동: 학업부적응, 학습의욕 저하 학생들에게 수준별 교육 제공, 소규모 팀 티칭 등 • 자기계발: 스포츠, 예술, 인문학, 공학, 자연과학 등에 대한 재능 발굴 • 학습부적응 학생 대상 교과수업 외 특화교육 추진(예: 영어 · 중국어 등 외국어 커뮤니케이션 능력 향상과정, 영어 웅변 특화과정)

출처: 교육부(2014). 학교 내 대안교실 1,582개교 17,949명 참여. 보도자료

진로 및 직업 중점 모형은 학생의 진로탐색에 중점을 두고 있고, 치유 중점 모형은 심리적 문제해결에 초점을 두어 불안이나 정신적 기능을 회복하는 것에 초점을 두고 있으며, 체험 중점 모형은 다양한 체험활동을 통해 학생의 감수성과 상상력을 촉진시키는 등 체험 중심의 교육을 진행하고 있다. 마지막으로 교육 및 자기계발 중점 모형은 학습에 대한 의욕은 있지만, 교과성취 수준이 상대적으로 낮은 청소년들을 대상으로 수준별 보강 및 특화교육 서비스를 제공하고 있다(교육부, 2014).

2) 외국의 학교부적응 청소년정책

청소년 학교부적응문제는 비단 우리 사회만의 문제는 아닐 것이다. 여기서는 미국과 핀란드 그리고 일본의 학교부적응 청소년 관련 정책을 우리 사회와 비교하여 살펴보고자 한다.

가. 미국

미국에서는 학령 초기 부적응문제가 청소년기 이후 삶의 적응에 많은 영향을 미친다는 문제의식이 나타나면서 학교부적응 청소년에 대한 관심이 높아졌고 학교부적응 청소년들을 위한 다양한 정책적 시도가 이루어지고 있다(Alexander, et al., 2001; Huffman, et al., 2000). 때문에 학교 부적응과 관련되어 미국의 정책을 살펴보는 것은 한국사회 학교부적응 청소년들을 위한 대책 마련에 시사점을 줄 수 있을 것으로 본다. 미국에서 수행되고 있는 학교부적응 청소년정책으로는 학교 중도탈락 예방 지원(High School Graduation Initiative)과 위기 아동·청소년 지원(Prevention and Intervention Programs for Children and Youth Who Are Neglected, Delinquent, or At Risk), 소규모 학습공동체 지원(Smaller Learning Communities), 초·중등학교 카운슬링프로그램(Elementary and Secondary School Counseling Programs) 등 다양한 정책과 서비스가 진행되고 있다.

〈표 3-5〉 위기학생에 대한 개입 지원정책

정책	주관 부처	법령	내용
학교 중도탈락 예방 지원	초・중등 교육부 (OESE)	미연방법전 (20 U.S.C)	• 학업중단 위험학생 조기발견 및 지속적 진단 • 위기학생들의 학교등교를 위한 사업진행 • 중도탈락 학생들의 재입학 및 졸업을 돕기 위한 사업 • 상급학교로 진학하는 것을 돕는 프로그램 시행
위기 아동・청소년 지원	초・중등 교육부 (OESE)	개정초・중등 교육법 (ESEA)	아동 및 청소년의 교육 지속성을 제공하기 위한 보조교육 제공 방임이나 비행아동 및 청소년을 위한 지역사회 프로그램 제공 읽기, 수학, 개인교습, 상담 및 전환지원 등에 재원이 사용됨
소규모 학습 공동체 지원	초・중등 교육부 (OESE)	개정초・중등 교육법 (ESEA)	• 모든 학생들이 중등 이후 교육 및 진로 준비를 성공적으로 할 수 있도록 하기 위해 소규모 학습공동체를 만들거나 확장하려는 지역교육기관에 지원함 • 통합적 시간운영, 멘토링 프로그램, 교사 자문시스템
초・중등학교 카운슬링 프로그램	초・중등 교육부 (OESE)	개정초・중등 교육법 (ESEA)	• 초・중등학교의 상담 프로그램을 실시, 확대하기 위해 지원 • 지원 및 보조 프로그램의 상당부분이 학교환경개선에 할애하고 있음 • 교사 및 교직원의 질, 학습환경, 교육 여건 등 학교환경을 형성하는 다양한 측면의 변화를 시도하고 있음

출처: 한국교육개발원(2013). 학생의 학교 부적응 진단과 대책(II) 재구성.

나. 핀란드

핀란드는 모든 국민의 학습권을 보장하는 것을 기본권으로 하고 있다. 핀란드는 낙오자 없는 교육, 성별이나 연령 그리고 출신, 언어, 종교, 도덕적 신념이나 건강상태 등에 제약을 받지 않고 교육을 받을 권리의 제한을 받지 않아야 한다는 것을 기본적인 교육철학으로 두고 기초의무교육과정에서 교과능력이 미흡한 학생들에게 졸업장 대신 수료장을 발급하고 있으며 이후 추가시험이나 보충수업을 이수한 후 전 과목에서 합격했을 때 최종적으로 성적증명서를 발급하여 상급학교로 진학할 수 있도록 하고 있다(한국교육개발원, 2013). 이는 기초학습능력이 부족하여 사회적 낙오자가 되는 것을 미연에 방지하기 위한 정책으로 학생들이 교과과정을 통해 최소한의 사회가 요구하는 지식을 습득하고 능력을 키우는 것을 기본으로 하는 핀란드 교육정책의 일면을 보여 주는 것이다.

〈표 3-6〉 핀란드의 학교부적응정책

정책	내용
취학 전 선제적 조치	• 유아기 부적응 예방대책 – 6세까지 아동을 돌보는 모든 기관에서는 아동의 성장과정을 관찰한 후 문제점이 발견되는 즉시 필요한 조치를 한다. 예) 언어발달의 어려움이 있는 아동에게 전문가를 투입하여 특수교육 서비스를 제공함 • 취학 전 학교맛보기 과정 – 기초학교에 입학하기 전 학교맛보기 과정이 운영됨 – 학교 맛보기 1년 과정은 아이가 만 6세가 되었을 때 정규학교생활에 잘 적응할 수 있도록 마련된 제도임 – 학교맛보기 과정은 의무교육이 아님 – 학교맛보기 교육을 받는 아동은 교육, 급식, 교육기자재는 무료 사용 등 기초학교에 다니는 학생과 동일한 권리를 가짐
기초 학교의 학교 부적응 대책	• 일반 지원 교육(Yleinen Tuki) – 핀란드 교사에게는 부모, 다른 교사 그리고 전문가들과의 대화를 통해서 학생 상호 간 협동을 통해 학습에 도움을 주는 방법, 학습의 어려움과 가능성, 학습 준비 상황과 목표 설정, 실행평가에 이르기까지 학생에 대한 전반적인 상황을 정확하게 파악할 책임이 있음 – 학생의 자존감 향상, 학습 동기부여, 과목에 대한 이해도와 수준 파악의 책임도 교사에게 있음 – 학생의 일반지원 교육에 대한 일차적인 판단은 교사가 내리고 교사는 부모, 학생과 상의해서 최종 결론을 내리게 됨 – 일반지원교육에는 보충지원 교육(Tukiopetus)과 파트타임 특수교육(Osa-aikainen erityisopetus)이 있음 • 집중 지원 교육(Tehostettu tuki) – 일반지원 교육으로 학습의 어려움을 해소할 수 없는 학생을 대상으로 진행됨 – 개인지도 원칙으로 함 – 일반지원 교육에서 받는 보충교육과 파트타임 특수교육의 강도를 높이고 기간도 길어짐 – 특수지원 교육 판정을 받은 학생이 받는 교육을 제외한 모든 종류의 지원을 받음 – 이 기간 동안 학생의 학습과 학교생활은 규칙적으로 평가되고 관찰되어야 함 – 학습 커리큘럼이 적절한지에 대한 지속적인 점검에 의해 변동이 가능 • 특수 지원 교육(Erityinen tuki) – 특수 지원 교육은 다른 지원 교육으로 학생이 성장, 발전, 학습의 진전이 어렵다고 판단될 때 이루어짐 – 연장의무교육을 받는 학생이 이 교육을 받게 됨 – 보통의 아이들도 성장과정에서 특수 지원 교육을 받을 수 있음 – 기초의무교육의 틀에서 받을 수 있는 모든 지원 수단을 제공받음 – 특수 지원 교육의 목적은 기초의무교육과정을 무사히 끝내고 상급학교에 진학해서 학습할 수 있는 능력과 지식을 쌓는 것이기 때문에 학생들에게 우수한 성적이나 능력을 기르는 데 목적을 두지 않고 학생의 자신감, 학습동기강화, 학습에 대한 책임감 향상에 초점을 둠

출처: 한국교육개발원(2013). 학생의 학교 부적응 진단과 대책(Ⅱ) 재구성.

다. 일본

일본에서는 학교 부적응 청소년이라는 용어보다는 이지메나 폭력 혹은 자살 등과 같은 행동을 '문제행동' 혹은 '부등교'라는 용어로 사용하고 있다(한국교육개발원, 2013). 일본은 이러한 문제행동을 하는 부등교 학생들은 어떤 상황에서든 발생할 수 있다는 가정하에 부적응 학생들을 조기에 발견하고 개입하는 것에 초점을 두고 학교부적응 청소년을 위한 정책을 수행하고 있다. 그중 우리 사회에서 적용 가능한 정책으로 School Support Network(SSN) 정비사업과 School Social Worker(SSW) 사업을 들 수 있다.

School Support Network 정비사업은 일본의 약 500개 지역에서 시행되고 있는 정책으로 등교거부 학생의 조기 발견과 개입을 목적으로 학교와 가정 그리고 관계기관이 연계하는 등 지역지원체제를 구축하고 있다.[1)] 또한 School Social Worker 사업은 청소년들의 생활지도 및 진로지도 등의 서비스를 제공하는 사업으로 일상생활에서 부딪히는 어려움에 대해 청소년들 관점에서 해결하기 위한 목적으로 시작되었다(한국교육개발원, 2013). School Social Worker 사업은 청소년들이 문제행동을 하는 원인을 발견하여 가정과 학교 그리고 상담소 등과 연계함으로써 문제를 해결하고자 하는 목적으로 시행되고 있다. 최근 일본에서는 이 사업에 대한 효과성이 곳곳에서 밝혀지면서 이를 확대 진행할 필요가 있다는 의견들이 높아지고 있다.

우리나라에서는 이와 유사한 사업으로 과거 학교사회복지사업이 시범사업으로 시행된 적이 있지만, 현재는 교육복지사업의 명칭하에 이와 유사한 사업이 진행되고 있다. 그러나 일본의 School Social Worker 사업과 우리의 교육복지사업의 차이점은 School Social Worker 사업은 앞에서 논한 바와 같이 청소년들의 문제행동의 원인을 분석하고 이에 대해 조기 개입하는 성격이 강한 반면, 우리나라는 교육 지원을 비롯하여 상담 및 문화체험 등 다양한 사업을 교육복지영역에서 담당하고 있어 일본의 사례와 같은 효과를 기대하는 데 한계가 있다.

1) 교육정책네트워크정보센터: http://edpolicy.kedi.re.kr

5. 학교부적응 청소년 대책

청소년들에게 학교는 지적 소양과 도덕성 및 사회적 규칙을 배울 수 있는 장(場)일 뿐만 아니라 다양한 사회적 관계망을 형성하는 곳이다. 때문에 청소년들에게 학교는 단순히 교육받는 곳일 뿐만 아니라 인생을 살아가는 데 요구되는 다양한 경험을 할 수 있는 작은 사회라고 볼 수 있다. 또한 학교에서의 다양한 경험은 청소년기를 지나 미래의 삶을 준비할 수 있기 때문에 청소년들에게 학교는 삶의 출발점이라고 해도 과언이 아닐 것이다.

그러나 현재 우리사회에서 청소년을 학교라는 울타리 안에 가두어 놓고 평가하려는 경향이 높아 한국사회 학생은 존재하지만 청소년은 존재하지 않는다는 말이 통용되고 있다. 이는 한국사회 입시 중심의 교육시스템 속에서 청소년들은 학생의 지위와 역할만 강요받을 뿐 청소년으로서의 권리는 인정하지 못하고 있다는 것이다.

더욱이 여기서 간과해서 안 될 것은 청소년들은 학업성취, 무단결석 혹은 가출의 유무 등 학교생활에 적응을 잘 하든 그렇지 않든 관계없이 모두 발달적 존재라는 것이다. 이는 학업 중단 혹은 학교폭력 가해 및 피해 청소년들의 부적응문제는 일시적인 학교부적응 문제로 끝나는 것이 아니라 성인기 삶의 부적응으로 확대될 수 있다는 것을 말한다. 때문에 학교부적응을 단순히 학생들 간 문제로 보고 낙오자로 치부하기보다는 가정과 학교 및 지역사회가 함께 참여하여 청소년들이 문제에 대응하고 그들이 자신의 미래를 준비할 수 있도록 해야 한다.

이에 앞에서 우리는 한국사회 학교부적응 청소년문제와 정책에 대해 살펴보고 외국의 학교부적응 청소년들의 정책들을 알아보았다. 이러한 내용을 토대로 하여 우리사회에 학교 부적응 청소년들을 위한 정책과 실천적 대책을 함께 생각해 보고자 한다. 먼저 학교 부적응 청소년들의 원만한 학교생활 적응을 위한 정책적 대안은 다음과 같다.

첫째, 제도적으로 학교에서 학생을 관리할 수 있는 시스템이 구축되어야 할 것이다. 이를 위해 학교에 교사와 상담사 그리고 사회복지사가 연계하여 학생들의 문제에 개입할 수 있는 시스템이 제도적으로 마련되어야 한다.

둘째, 이를 위해 안정된 지위를 보장받을 수 있는 학교사회복지 사업이 정책적으로 지원될 필요가 있다. 우리가 앞에서 살펴보았던 일본의 경우 학교사회복지사업이 청소년들의 문제행동에 효과적으로 나타나 이를 확대실시할 계획을 세우고 있다. 물론, 현재 우리나라의 경우도 교육복지사업이라는 명목하에 학교 사회복지사업이 수행되고 있지만, 이 사업의 주요 내용들은 학업부진 청소년들의 방과 후 교육에 초점을 두고 있고 이마저 시행하지 않은 학교들도 상당수 있어 전체 청소년들이 이 정책의 수혜자로 보기는 어렵다. 핀란드의 경우 교사가 부모 그리고 다른 전문가들과 상호 협력하여 학교 부적응 청소년들의 문제를 해결하기 위한 노력을 하고 있다. 이렇듯 두 나라의 사례를 우리나라에 반영하여 학교 내 교사와 사회복지사가 협력하여 위기학생을 발굴하고 상담 및 치료를 받을 수 있도록 연계하는 등 서비스 지원이 이루어질 필요가 있다.

학교부적응 청소년들을 위한 실천적 개입은 다음과 같다.

첫째, 학교부적응 청소년들을 위한 단계적 개입의 매뉴얼이 마련되어 일선 학교에 보급 및 교육이 이루어져야 한다. 학교부적응 청소년들이 건강한 사회인으로 성장할 수 있도록 지원하기 위해서는 이들의 문제에 대해 단계적으로 개입할 수 있는 프로그램이 마련되어야 한다. 핀란드의 사례와 같이 경미한 부적응문제부터 특수한 문제까지 포함하여 학교부적응 청소년들에 대한 대응책이 마련되어야 할 것이다.

둘째, 학교부적응 청소년에 대한 이해가 구체적으로 이루어져야 하고 각 사례에 적용 가능한 프로그램이 개발될 필요가 있다. 우리가 앞에서 살펴본 바와 같이 학교부적응은 그 정의가 광범위하고 경계가 모호하다. 또한 현장에 있는 교사 혹은 상담사 및 교육복지사 등 담당자에 따라 학교부적응문제에 대한 개입이 통일되지 못하고 있다. 즉, 어떤 사람의 관점에서는 부적응문제가 다른 사람의 관점에서는 일반적인 행동으로 보일 수 있기 때문에 학교부적응에 대한 정의개념이 명확하게 이루어질 필요가 있는 것이다. 이에 대한 대응방안이 마련된 후 각 사례에 적용 가능한 프로그램이 개발되어야 할 것으로 보인다.

참고문헌

경상남도 교육청(2015). 2015 Wee 프로젝트 사업 추진 계획.

교육부(2014). 학교 내 대안교실 1,582개교 17,949명 참여. 보도자료

교육부(2015). 위(Wee) 프로젝트 사업 관리 · 운영에 관한 규정 일부 개정령.

권순용(2006). 청소년의 학교적응 관련변인의 인과적 구조분석. **중등교육연구**, 54(3), 329-349.

권순용 · 양영숙(2007). 청소년의 심리정서 상태, 학업동기, 가족기능이 학교적응에 미치는 영향. **한국가족복지학**, 12(3), 115-129.

김경근 · 변수용(2007). 한국사회에서 상급학교진학 선택 결정요인. **교육사회학연구**, 16(4), 1-27.

김동배 · 권중돈(2006). **인간행동과 사회복지실천**. 서울: 학지사

김선숙 · 고미선(2007). 청소년의 학업성취 변화에 영향을 주는 요인: 잠재성장모형을 적용하여. **한국청소년연구**, 18(3), 5-29.

김성이(1994). **청소년복지론**. 서울: 인간과 복지.

김인규(2012). Wee 프로젝트 인력 구성 현황과 개선방안. **사회과학논총**, 27(2), 87-104.

김진화 · 송병국 · 고운미 · 이채식 · 최창욱 · 임형백 · 이창식 · 김경준 · 김진호 · 권일남 · 양승춘(2002). **청소년문제행동론**. 서울: 학지사.

류방란 · 신희경 · 이규재 · 최윤선(2008). 학교학습부적응에 미치는 가정과 학교의 영향력 분석. **教育學硏究**, 46(2), 179-208.

박창남(2010). 학교의 구조와 조직의 특성이 학교의 부적응수준에 미치는 영향. **미래청소년학회**, 7(3), 165-184.

서울시교육청(2014). 2014학년도 방과후학교운영 기본계획.

서울시교육청(2014). 2014학년도 교육복지특별지원사업 기본계획.

서울시교육청. http://www.daeancenter.or.kr/custom/custom.do?dcpNo=58654 대안교육센터.

양국선 · 장성숙(2001). 학교적응 유연성과 관련된 보호요인 특성연구: 야간실업고등학교 근로청소년대상. **한국심리학회**, 13(3), 127-148.

오승환(2009). 청소년의 학교 부적응 영향요인: 위험요인에 대한 학교보호요인의 매개효과 분석을 중심으로. **청소년복지연구**, 11(1), 161-181.

오정아 · 김영희 · 김정운(2014). 청소년 학업중단 과정에 관한 연구. **청소년학연구**, 21(5), 141-168.

이경은(1998). 학교생활부적응 유형과 요인에 따른 학교사회사업서비스 욕구에 관한 연구. **사회복지개발연구**, 4(3), 276-305.

이동훈 · 정원식 · 신효적 · 이창호 · 박관성 · 송은미 · 백윤미(2007). **위기청소년의 반사회적 행동예방 및 개입 프로그램 개발연구 II**. 서울: 한국청소년상담원.

이봉주 · 김예성 · 김광혁(2008). 교육복지투자우선지역지원사업 효과 분석. **한국청소년연구**, 50, 169-195.

이해경 · 김수연 · 김혜원(2013). 남녀 특성화고등학생들의 진로의사결정유형, 진로결정자기효능감, 자아존중감 및 우울/불안이 학교생활부적응에 미치는 영향. **청소년복지연구**, 15(4), 129-156.

이혜영 · 류방란 · 김정원 · 장명림(2005). 교육복지투자우선지역 지원 사업 효과 분석과 발전 방안. 한국교육개발원 연구보고서.

임수경 · 이형실(2007). 청소년의 자아존중감, 부모와의 관계, 친구관계가 학교생활적응에 미치는 영향. **한국가정과교육학회지**, 19(3), 169-183.

전재일 · 전현주(2007). 청소년의 학교생활 부적응의 요인 연구. 사회복지개발연구, 13(3), 225-256.

정영화(2003). 집단상담이 학교 부적응 중학생의 대인관계 및 부모-자녀 간 의사소통에 미치는 효과 : Satir 가족치료이론 中心으로. 인제대학교 대학원 석사학위논문.

정유진(1999). 청소년 학교생활 적응의 관련 변인. 연세대학교 대학원 석사학위논문.

조영달(2006). 다문화가정의 자녀 교육 실태 조사. 교육인적자원부.

한국교육개발원(2013). 2013, 교육복지우선지원사업 성과관리 매뉴얼.

한국교육개발원(2013). 학생의 학교 부적응 진단과 대책(Ⅱ).

한국교육개발원(2015). 교육통계분석자료집. 유 · 초 · 중등 교육통계편.

한국청소년정책연구원(1997). 가정폭력이 자녀의 비행에 미치는 영향.

한국청소년정책연구원(2000). 비행청소년의 학교 재적응에 관한 연구.

한국청소년정책연구원(2004). 청소년 비행 및 범죄 응답패턴에 대한 종단 분석.

한국청소년정책연구원(2005). 청소년 아르바이트 참여경험의 실태 및 학교부적응 관련 효과.

한국청소년정책연구원(2006). 청소년비행에 있어 경찰과 보호관찰기관의 상호협력에 관한 연구.

한국형사정책연구원(1995). 비행의 조기예측요인에 관한 연구.

허미정 · 장석진(2012). 가족기능과 아동의 문제행동과의 관계에서 자아탄력성의 매개효과. **상담학연구**, 13(3), 1211-1231.

현명선 · 김경희 · 김선아(2004). 청소년의 문제행동에 영향을 미치는 관련 요인에 관한 연구 : 서울지역 중학생을 중심으로. **대한간호학회지**, 34(2), 252-260. 한국간호과학회.

Alexander, K. L., Entwisle, D. R., & Kabbani, N.(2001). The dropout process in life course perspective : early risk factors at home and school. *Teachers College Record, 103*(5), 760 - 822.

Bower, E.(1970). *Early identification of emotionally handicapped children in school*. 2nd. ed. Springfield: Charles C. Thomas.

Bronfenbrenner, U. (1989). Ecological system theory. *Annals of Child Development, 6, 187-249.*

Brookmeyer, K. A., Fanti, K. A., & Henrich, C. C.(2006). Schools, parents, and youth violence: A multilevel, ecological analysis. *Journal of Clinical Child and Adolescent Psychology, 35*(4), 504 - 514.

Croninger, R. G., & Lee, V. E.(2001). Social capital and dropping out of high school: Benefits to at-risk students of teachers' support and guidance. *Teachers College Record, 103*(4), 548-581.

Diener, E., Suh, E., Lucas, R., & Smith, H.(1999). Subjective well-being: Three decades of progress. *Psychological Bulletin, 125,* 276-302.

Finn, J. D. (1989). Withdrawing from school. *Review of Educational Research, 59*, 117-142.

Hirschi, T. (1969). *Causes of delinquency*. Berkeley, CA: University of California Press.

Huffman, L. C., Mehlinger, S. L., & Kerivan, A. S.(2000). Risk factors for academic and behavioral problems at the beginning of school. In Huffman, L. C., et al.(2000). *Off to* *a good start : Research on the risk factors for early school problems and selected federal policies affecting children's social and emotional development and their readiness for school(*pp. 1-93). Chapel Hill : University of North Carolina, FPG Child Development Center.

Lyubomirsky, S., King, L., & Diener, E. (2005). The benefits of frequent positive affect: does happiness lead to success? *Psychological bulletin, 131*(6), 803-855.

Maslow,A.(1970). *Motivationandpersonality*(2nd ed.). New York: Harper & Row.

Olosn, D. H., Sprenkle, D., & Russell, C.(1979). Circumplex model of marital and family systems: I. Cohesion and adaptability dimensions, family types, and clinical applications. *Family Process, 18*(1), 3-28.

Rumberger, R. W., & Thomas, S. L.(2000). The distribution of dropout and turnover rates among urban and suburban high schools. *Sociology of Education, 73*(1), 39-67.

Schechtman, Z.(1994). School adjustment and small-group therapy: An Israeli study, *Journal of Counseling and Development, 72*(1), 40-61.

Veenhoven, R.(1988). The utility of happiness. *Social indicators research, 20(*4), 333-354.

Veenhoven, R.(1989). *How harmful is happiness. Consequences of Enjoying Life or Not?* Rotterdam, The Netherlands: Universitaire Pers Rotterdam, Rotterdam.

Yamanaka, H., & Baek, U. H.(2001). 日本における 學校不適応予\防の ための ストレスマ.ネジメント教育. *Journal of Rehabilitation Psychology, 8(1), 1~14.*

4장 청소년 성문제

1. 청소년의 성과 성의식

성은 인간이 지닌 본능으로 인간생활에 많은 영향을 미친다. 때문에 성은 인간이 지닌 가장 기본적인 욕구이며 타인과 관계 속에서 이루어지는 행위로 성적 행위를 통해 자신의 존재를 확인하기도 한다(Van Ooijen & Charmock, 1994). 그러나 우리 사회는 청소년들을 무성적인 존재로 인식하려고 애쓰고 있고 성에 대한 관심을 갖는 것을 통제하고 될 수 있는 한 억제할 것을 강요하면서 학교는 성에 대해 매우 가부장적인 태도를 보이고 있다(이혜숙, 2006). 이러한 사회적 분위기로 성적 호기심을 충족시키지 못하거나 도움이 필요할 때 제대로 도움을 받지 못할 경우 개인적인 발달장애를 일으키거나 사회적으로 용납될 수 없는 일탈행위를 하게 될 가능성이 높기 때문에 청소년기 성의식의 발달에 대해 고찰하고 건강한 성의식 고취를 위한 노력이 이루어져야 한다(이돈희, 1987).

청소년기는 신체적 성장과 함께 성에 대한 관심도 증가하는 시기로 성적인 호기심과 충동이 강하게 발현된다는 것은 우리가 이미 알고 있는 사실이다. 이 시기 경험하는 성에 대한 지식과 가치관 형성은 이후 성행동에 많은 영향을 미치기 때문에 청소년기 올바른 성태도를 기르는 것의 중요성은 거론의 여지가 없다. 그렇다면 청소년들의 건강한 성이란 무엇을 말하는 것인가? 청소년기 건강한 성에 대한 의미를 논할 때 가장 많이 거론되는 것이 성 정체성이다. 정체성이란 내가 누구인지? 그리고 무엇을 해야 하고 어떻게 해야 하는가에 대한 판단 기준이 되는 것으로 이러한 정체성은 일생 동안 만들어 가지만 특별히 청소년기는 급격한 신체적·인지적 변화를 경험하기 때문에 정체감 형성이 그 어느 시기보다 중요하다(안재희, 2007).

성 정체성은 생물학적 성(sex)과 사회문화적 성(gender), 그리고 행위로서의 성(sexuality)으로 구별되는데, 생물학적 성(sex)은 태어나면서 신체적으로 획득되는 성을 말한다. 반면, 사회문화적 관점에서 성(gender)은 인간이 사회화를 하는 과정 속에서 형성되고 남성 혹은 여성의 역할을 구별하며 인식하는 사회문화적 개념으로(Egan & Perry, 2001), 사회가 남성 혹은 여성으로서 기대하는 규범, 가치관, 역할 등이 이에 속한다. 행위로서 성(sexuality)은 인간의 성적 욕구를 충족시키는 다양한 신체적·성적 접촉을 의미하며 이성과의 신체적 접촉에 의한 성행위 외에 자위행위와 관련된 내용을 포함한다(홍봉선, 남미애, 2007). 즉, 성은 남성과 여성의 관계 속에서 실현되는 문제라는 점에서 관계적 차원을 포함하고 있고, 이는 그 사회의 영향에서 벗어나기 어렵다는 점에서 사회문화적 속성을 지니고 있다고 볼 수 있다. 따라서 인간의 성은 생물학적, 정신적, 사회문화적 차원 등 전인격적 의미를 담고 있다. 때문에 청소년기 신체적, 사회문화적, 행위적 성에 대한 정체감을 어떻게 받아들이고 표현할 것인가를 습득하는 성정체감 확립은 이들의 청소년기 발달과업인 자아정체감 확립과 함께 생애 전반에 걸쳐 영향을 미치게 된다.

청소년기 건강한 성적 발달과 올바른 성정체성 확립은 이성교제 및 대인관계 등 다양한 삶의 영역에서 많은 영향을 미치기 때문에 건강한 성의식 및 성정체성 확립은 이들의 삶에서 매우 중요한 변인이 된다(나명숙, 2004). 이러한 이유로 많은 학자들은 청소년기 건강한 성의식발달에 관심을 갖게 되었고, 특히 행위로서의 성(sexuality)에 초점을 두어 청소년들의 성문제를 고찰하였다. 그중 먼저 우리가 관심을 가져야 하는 것은 인간의 성장주기에 따라 성적 발달단계를 제시한 Hurlock(1973)의 주장이다. 그는 이성에 대한 관심과 성에 대한 의식은 예측 가능한 단계를 거치면서 성장한다고 주장하면서 연령에 따른 성적 발달단계를 제시하다. 그 첫 번째 단계는 1~5세로 이 시기는 초기 성적 단계라고 보았다. 또한 6~12세는 성적 대항단계, 13~14세는 성적 혐오단계, 14~15세는 애착단계, 16~20세는 이성애단계로 규정하면서 연령이 증가함에 따라 성에 대한 관심의 정도가 변화하고 있다는 것을 확인시켜 주었다.

〈표 4-1〉 Hurlock의 성적 발달단계

성적 발달단계		내용
1~5세	초기성적단계	아동기 초기에는 남녀구별 없이 어울리다가 아동기 후기에 오면서 같이 놀기를 꺼려하며 상호 간에 자주 부딪히고 싸우며 남녀의 놀이가 분리되어감
6~12세	성적 대항단계	
13~14세	성적 혐오단계	• 사춘기 생리적 변화가 자신의 신체에서 일어날 때 성 일반에 대한 불안, 수치, 혐오의 현상이 나타남 • 이성으로부터 멀어지려고 하는 시기로 생리적 원인에서 오는 현상으로 소년보다 소녀에게서 두드러지게 나타남
14~15세	애착단계	• 동성에 대하여 강한 애착을 느낌 • 또한 연장자를 동경하는 시기로 자신보다 나이가 많은 연장자에게 애착을 느끼는 영웅숭배의 심리가 강하게 나타남
16~20세	이성애 단계	동년배의 이성에 관심을 쏟게 되는 시기로 이 시기 남녀는 서로에게 주목을 받기 위해 노력하고 이성에게 접근하고자 하는 용기도 보이지만 지나치게 이상주의적이고 과잉된 자아의식을 가지고 있어 잦은 충돌을 보이며 이성 교제 상대를 쉽게 바꾸는 약한 면이 있음

출처: Hurlock(1973); 정인석(1988); 주경숙(2001) 참고하여 재구성.

뿐만 아니라 Hurlock은 사춘기에 형성된 성에 대한 태도가 일생 동안의 성태도를 좌우한다고 주장하면서 사춘기 건강한 성의식발달도 함께 강조하였다(Hurlock, 1973). 성의식(Sexual Attitude)은 성(性)에 대한 개인의 견해와 감정, 지식 등을 통틀어 의미한다. 채규만과 정민철(2004)은 성에 대한 가치관과 태도 그리고 행동과 지식 등을 포함하여 성의식이라고 규정하였고, 주경숙(2001)은 신체와 정신, 지식, 태도, 사회적 성기능 등을 성의식이라고 하였다. 또한 채규만과 정민철(2004)은 성의식을 전통적 도덕성, 새로운 도덕성, 반도덕성으로 세분하여 설명하였는데, 먼저 전통적 도덕성에 따른 성의식은 성을 부끄러운 것, 드러내서는 안 되는 것으로 성에 대한 거부적인 태도가 내포되어 있다. 반면, 새로운 도덕성에 근거한 성의식은 당사자 간의 애정, 즉 혼인관계가 아니더라도 합법적으로 서로 애정만 있으면 성관계를 맺을 수 있다고 보는 것으로 성을 낭만적인 것으로 보는 경향이 있다. 마지막으로 반도덕성은 신념으로 성행동이 자유롭게 허용될 때 개인의 행복과 만족이 더 증대되고 긴장, 불안, 좌절을 감소시킬 수 있다고 본다. 또한 Reiss(1960)는 절제, 애정적 허용성, 비애정적 허용성, 이중적 기준 등 4가지로 구분하였고, Rubin은 이러한 성의식을 억압적 금욕주의, 계몽적 금욕주의, 인간적 자유주의, 인간적 진보주의, 쾌락적 도구주의, 성적 허무주의 등 6가지로 구분하여 설명하였다(함종한, 1982 재인용).

〈표 4-2〉 Rubin의 성의식

구분	내용
억압적 금욕주의	결혼을 통한 성관계 외에 어떤 유형의 성행위도 금지하는 공식적 조례와 법률을 준수하며 성에 대한 공식적이고 과학적인 논의를 터부시하는 행동
계몽적 금욕주의	자제와 금기를 배울 것을 강조하는 행동
인간적 자유주의	도덕성의 기초로서 대인 간의 가치에서 벗어난 준거나 기준을 중시하는 행동
인간적 진보주의	비교적 성적 자유를 추구하는 행동
쾌락적 도구주의	성은 즐거움을 위한 도구이기 때문에 쾌락이 많으면 많을수록 인간은 자신의 생활에 더 잘 적응할 수 있을 것이라는 신념
성적 허무주의	성의 비도덕성을 거부하며 정절, 처녀성, 일부 일처주의 등을 비난하고 성에 대한 모든 터부를 종식시키는 태도나 행동

출처: 함종한(1982) 재구성

청소년기 형성되는 성의식은 자신의 신체적인 변화와 함께 주변 환경의 영향을 받게 된다. 가정을 비롯한 학교 및 주변환경 경험은 청소년들의 성의식발달에 많은 영향을 미친다. 또한 청소년기 형성된 성의식은 이후 성행동에 많은 영향을 미치기 때문에 청소년기 새로운 사회성발달과 함께 건강한 성의식을 형성하는 것은 책임감 있는 성행동을 위해 매우 중요하다(문선화 · 이선애, 2003). 만약 건강한 성의식이 형성되지 못했을 경우, 향후 성매매와 성폭력의 가해자가 될 수도 있고 그로 인한 원치 않는 임신과 낙태, 동성애 등 다양한 영역에 부정적 영향을 미칠 수 있기 때문에 청소년기 건강한 성의식 확립은 청소년들이 이루어야 할 중요한 발달과업이 되는 것이다.

2. 청소년 성문제 유형

1) 성매매

청소년 성매매는 성인이 청소년에게 금품을 주고 성관계를 맺는 행위를 말하는 것으로 초기 원조교제라는 용어가 사용되었지만, 이 용어만으로 청소년 성매매문제의 심각성이 부각되지 않을 뿐만 아니라 잘못된 관계를 미화할 가능성이 높아 청소년 성매매라는 용어를 사용하게 되었다(정규석 · 김영미 · 김지연, 2013). 즉, 원조교제 행위는 원조와 교제의 의미보다는 일회성 성행위를 목적으로 이루어지는 경우가 많고, 성을 사고파는 사람들의 행동을 교제라는 용어를 통해 정당화시키는 의도가 이 용어 속에 반영되기 때문에 원조교제라는 용어가 부적절하다고 판단되어 성매매 용어로 대체되었다(박이숙, 2006; 홍현정, 2007).

우리 사회는 성매매로 인해 발생하는 문제들을 근절하기 위해 2004년 「성매매특별법」과 「청소년 성보호법」(2000)을 시행하고 청소년 성매매에 대한 단속을 강화하였지만 여전히 성매매 행위를 하는 청소년들이 있어 사회적 문제가 되고 있다. 이에 정부는 아동 · 청소년들을 성범죄로부터 보호하고 건강한 사회인으로 성장하도록 지원하기 위해 「아동 · 청소년 성보호에 관한 법률」을 개정하여 피해아동 및 청소년을 위한 지원 절차 마련, 성범죄자의 체계적 관리 등을 통해 성범죄로부터 아동 · 청소년들을 보호하고자 노력하고 있다. 특히, 2016년 일부 개정된 「아동 · 청소년 성보호에 관한 법률」에서는 청소년 성매매를 다음과 같이 명시하여 아동 · 청소년의 성문제에 구체적으로 접근하고 있다.

즉, 성매매는 성(性)을 사는 행위를 알선한 자 또는 아동 · 청소년을 실질적으로 보호 및 감독하는 자 등에게 금품이나 그 밖의 재산상 이익, 직무 · 편의제공 등 대가를 제공하거나 약속하고 다음 각 목, 즉, 성교행위, 구강 · 항문 등 신체 일부 또는 전체를 접촉 노출하는 행위로 인해 성적 수치심이나 혐오감을 일으키는 행위를 하거나, 아동 · 청소년을 대상으로 자위행위를 하는 등 이 중 어느 하나에 해당하는 행위를 아동 · 청소년을 대상으로 하거나 아동 · 청소년으로 하여금 하게 하는 것으로 규정하고 있다(아동 · 청소년의 성보호에 관한 법률, 2016). 여기서 아동·청소년이란 19세 미만의 경우가 이에 속하고 19세에 도달하는 연도의 1월 1일을 맞이한 경우는 이 법의 적용을 받지 아니한다. 즉, 19세가 되지 않은 아동과 청소년들이 이 법의 적용을 받는 것이다.

이상의 내용을 토대로 청소년 성매매를 정의하면, 청소년 성매매는 성인과 미성년자가 금품 등을 수수하면서 성 관계나 유사성행위를 맺는 것으로 요약될 수 있다. 이러한 성매매는 주로 여자 청소년들과 남자 성인 간 관계에서 많이 이루어지고 있고 이로 인해 원치 않는 임신과 출산 그리고 낙태 등 다양한 문제가 발생할 뿐만 아니라 더 나아가 잘못된 성의식의 형성으로 청소년기 이후 삶에 부정적 영향을 미치게 된다.

성매매로 유입된 청소년들은 신체적 질병과 임신 그리고 낙태 및 출산 등의 위험과 함께 학업지속과 중단의 기로에 서게 되어 이는 향후 학교 밖 청소년문제로 확산될 가능성이 높다. 더욱이 자의든 타의든 성의식이 확립되지 못한 상황에서 경험하는 성매매는 외상 후 스트레스 장애를 비롯하여 많은 심리적 문제를 겪게 된다. 또한 사회적으로 용인되지 않는 행위에 대한 내면의 갈등으로 인한 죄책감을 비롯하여 자신에 대한 부정적 자아개념이 형성되는 등 심리적 갈등을 겪게 된다. 뿐만 아니라 왜곡된 성의식을 갖게 되어 향후 이성교제 혹은 결혼생활에서 어려운 상황에 직면할 가능성이 높고, 약물남용, 반사회적 행동 및 대인관계 어려움 등으로 인해 고통을 받게 되며, 이들 중 상당수가 교육기회가 차단되어 노동 가치의 저하와 함께 미래에 대한 의지를 잃게 되는 등 순탄치 않은 삶을 살게 될 가능성이 높다(김성경, 1997; 김현선, 2002; 조정자, 2002).

그렇다면 청소년들은 왜 이러한 행위를 하는가? 청소년들이 성매매 행위를 하는 이유는 두 가지로 생각해 볼 수 있다. 첫째는 생계비 마련이고, 둘째, 성적 호기심 및 욕구충족이다. 먼저 생계비 마련을 위한 성매매는 과거 1960년대와 1970년대 성행했지만, 최근에는 주로 가출청소년들에서 찾아볼 수 있다. 가출청소년들의 경우 일정 기간이 지나면서 경제적 어려움에 봉착하게 되고 이러한 문제를 해결하기 위한 수단으로 성매매를 선택하게 된다.

또한 성매매는 성적 호기심을 해결하는 수단으로 작용될 뿐만 아니라 성매매 행위로 취한 금전적 이익이 자신의 물질적 욕구를 충족시키는 수단으로도 이용되기도 한다. 특히, 물질에 대한 욕구가 청소년들의 성매매 행위를 유도하게 된다. 앞에서도 논한 바와 같이 청소년들이 성매매를 하는 가장 큰 이유 중 하나는 경제적 이익을 위해서이다. 이는 무분별한 상업주의의 영향으로 청소년들이 대량 소비사회의 유행에 뒤지지 않기 위해 이러한 물질적 욕구를 충족시키기 위한 목적으로 성매매를 하는 것이다(이민희, 2001).

경제적 이유든 혹은 물질적 욕구를 충족시키기 위함이든 우리 사회 청소년들이 어떤 경로를 통해 성을 매수하고 매도하는가? 그 경로는 크게 두 가지로 요약될 수 있다. 하나는 인터넷 채팅이나 전화방 그리고 휴대전화 등을 이용한 개인형 성매매 유형 다른 하나는 유흥업소에 고용된 업소형 성매매 유형이다.

전자의 경우, 정보통신이 발달되면서 인터넷 채팅이나 휴대전화 앱을 통하여 성매수 및 매매행위가 증가하고 있다. IT 산업의 발전은 우리 사회에 많은 편리함을 제공하였지만 청소년 성매매문제와 같은 사회적 문제를 양산하는 장(場)으로 활용되는 등 양면성을 보이고 있다. 특히, 가출청소년들이 경제적 문제를 해결하기 위해 이러한 앱이나 인터넷을 사용하여 성매매 행위를 하게 될 경우, 경제적 어려움을 해결할 수 있는 비상구를 마련해 주기 때문에 가출이 장기화될 가능성이 높다. 또한 가정이나 사회로부터 보호를 받아야 하는 청소년들이 성매매 행위를 하는 동안 신체적 혹은 정신적으로 위험한 상황에 내몰릴 수 있고, 이는 청소년 성매매 이상의 또 다른 문제를 초래할 수 있기 때문에 사회적 문제가 아닐 수 없다.

반면, 업소형 성매매는 대중음식점이나 유흥업소 등을 매개하여 이루어지는 성매매를 의미하는 것으로 이는 1990년대 이전까지는 활발하였지만, 1990년대 후반부터 점차 감소하기 시작하였다. 그러나 최근 인터넷 사이트와 휴대전화가 보편화되면서 개인형 성매매와 함께 다시 주목을 받고 있다. 즉, 인터넷 사이트나 휴대전화 앱을 활용해 청소년들이 성을 매도하는 중개자로 나서고 있고 성을 매도하는 소녀들과 그 중개를 업으로 삼는 소녀들 중 기업형 윤락업소식의 사업수완을 발휘하는 등 과거 업소형 성매매가 정보통신의 발달로 또 다른 형태의 기업형 혹은 직업형 성매매로 변화되고 있는 것이다(민가영, 2009). 인터넷 혹은 휴대전화 앱이 성매매를 위한 수단이 된다는 것은 성에 대한 의식이 확립되지 못한 청소년들이 쉽게 접근할 수 있다는 점과 그러한 행위를 하는 청소년들의 현황을 구체적으로 확인하기 어렵다는 점에서 문제의 심각성이 있다.

2) 성폭력

「성폭력범죄의 처벌에 관한 법률」(제2조)에서는 성도덕 또는 건전한 성적 풍속에 배치되는 행위, 추행이나 간음 또는 추업에 사용할 목적으로 사람을 약취 유인하여 자기 또는 제3자의 실력적 지배하에 둠으로써 개인의 자유를 침해하는 행위, 혹은 성적 자기결정의 자유를 침해하는 것을 내용으로 하는 범죄, 강도가 부녀를 강간하는 때에 성립되는 범죄, 「성폭력 특별법」에 규정한 가중, 수정 구성요건적 범죄와 통신매체 이용음란 등 새로 규정한 범죄 등을 성폭력범죄로 보고 있다.

한편, 양동욱과 그의 동료들(2012)은 상대방이 허락하지 않은 상황에서 강제적으로 성과 관련된 행위를 하는 것을 성폭력이라고 정의하였고, 감광준(2005)은 강간과 성희롱, 성기노출, 음란전화, 사이버 성폭력 등 상대방이 원하지 않는 성적 언어와 행동을 함으로써 상대에게 신체적·정신적 고통을 느끼게 하는 것이 성폭력이라고 하였다. 뿐만 아니라 이영숙과 박경란(2004)은 성폭력 피해자로 하여금 불쾌감을 유발하는 추행이나 성희롱, 강간, 신체·언어·정신적 폭력 등 광범위한 개념으로 정의하고 있다.

이상의 내용을 토대로 볼 때 성폭력이란 물리적·사회적 폭력 및 위협을 통해 육체와 심리 혹은 경제적 압력을 가하고 성적 결정권을 침해하는 행위를 의미하는 것으로(고선영·양종희·이수정, 2004), 언어적 희롱, 음란전화, 메일이나 통신매체를 이용한 음란행위, 성기노출 및 성희롱, 신체접촉, 강간시도 및 강간행위 그리고 일방적으로 상대방에게 행하는 성 관련 언어나 행동을 표출하는 행위 등을 포함하는 광범위한 개념으로 이해될 수 있다. 즉, 강간이나 강제추행 그리고 준강간, 미성년자 의제 강간 및 강제추행, 상해 등 상대방의 의사에 반(反)하여 성적 언어와 행동을 함으로써 상대방에게 수치심이나 불쾌감 그리고 굴욕적인 감정이나 신체 및 정신적 고통을 경험하게 하는 모든 행위를 성폭력으로 볼 수 있다.

청소년 성폭력은 이들의 신체 및 정서적 발달에 매우 부정적인 영향을 미치는데, 상당수의 성폭력 피해자는 불안이나 두려움 그리고 분노 및 적대감과 같은 정서적 문제를 표출하거나 무단결석 및 가출 등 학교부적응문제를 보이게 된다(정규석·김영미·김지연, 2013). 또한 이들은 자기부정과 자기비난, 수치심, 죄의식, 두려움, 절망감 등을 느끼고 심리적 불안과 공포심이 매우 높다(한국형사정책연구원, 1990). 구본용 등(1997)은 성폭력 피해자들은 성폭력이 발생했을 당시 감정의 동요가 별로 없다가 시간이 지날수록 화가 나고, 그 다음에는 두려움, 수치심, 남성에 대한 혐오감, 공포, 자신이 잘못했다는 생각을 하는 자기비난, 우울증, 정신분열증, 대인기피증, 자포자기, 낮은 자아존중감이 고착되고 공격적 성향이 보이며 자살충동 등 정서적 변화가 순차적으로 나타난다고 보았다. 더욱이 여성에게 엄격한 성적 윤리를 부여하는 한국사회에서 성폭력 피해여성들은 자신의 순결을 지키지 못했다는 자괴감과 이들을 바라보는 사회의 시선으로 인해 이중적 고통을 받게 된다.

특히, 청소년기는 건강한 성의식 확립과 성적 발달을 위해 매우 중요한 시기이지만, 성폭력피해경험은 이들의 성적 위축과 성행위에 대한 혐오감, 증오감 등으로 인해 향후 배우자와의 관계에서 성관계 어려움 및 성적 불안감 등 삶의 전 영역에서 다양한 문제를 유발하게 된다(구본용 외, 1997). 뿐만 아니라 일이나 공부에 몰입을 방해하고 심리적으로 극도의 불안과 공포심에 시달리게 하며 사람에 대한 불신과 회피,

섭식장애 및 수면장애와 같은 다양한 적응장애(박용순, 2000)를 겪는 등 성폭력증후군(Sexual violence syndrome)과 손상된 상품증후군(Damaged goods syndrome)을 겪게 된다(Burgess, 1985).

더욱이 [그림 4-1]에 제시된 바와 같이 약 22%가 청소년 성폭력 현황으로 집계되고 있고 후기 청소년기인 만 24세까지 포함한다면 그 수치는 더 높을 것으로 예측된다. 이는 우리 사회 청소년들의 성폭력문제가 심각하다는 것을 단적으로 보여 주고 있다.

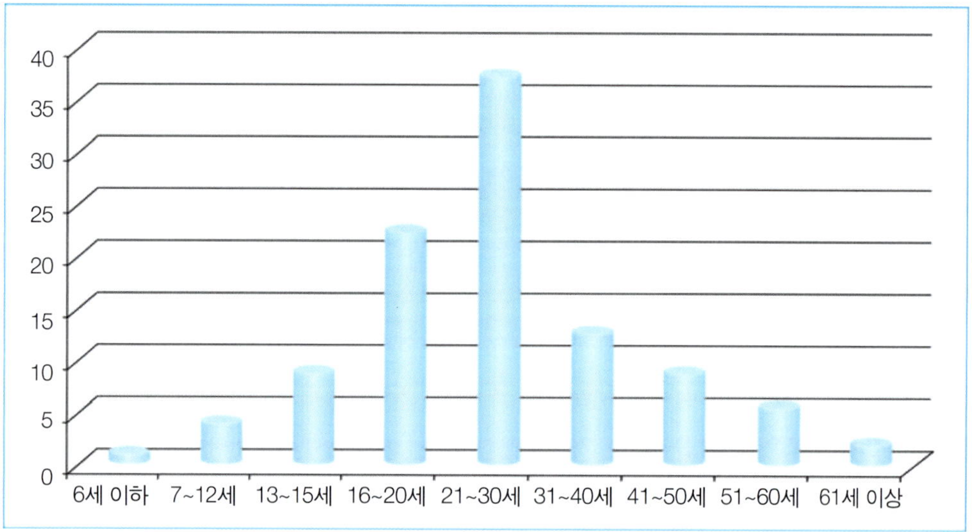

[그림 4-1] 연령에 따른 성폭행 추이[1]

뿐만 아니라 [그림 4-2]에서 보듯이 아동청소년 성폭력 발생시간이 13세 미만은 오후 12시부터 오후 3시 사이 성폭력 발생이 전체 51.6%를 차지하고 있고, 13세 이상에서는 밤 8시부터 새벽녘에 성폭력 발생이 전체 42%를 보이고 있다. 특히, 청소년들 성폭력범죄가 저녁 10시부터 새벽녘에 발생되는 것으로 나타나는 것을 알 수 있는데, 대부분 청소년들이 입시 준비로 인해 늦은 시간까지 학원과 독서실에서 시간

1) 출처: 대검찰청(2015) 성폭력 통계.

을 보내고 귀가시간이 저녁 10시 이후라는 것을 고려해 볼 때 우리 사회 청소년들이 성폭력범죄에 무방비로 노출되어 있다는 것을 추론하게 한다.

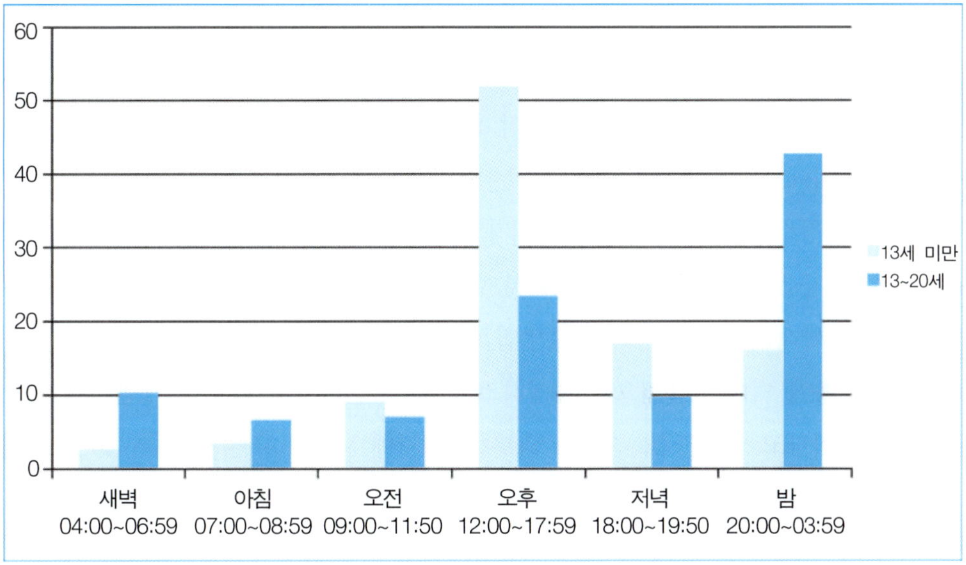

[그림 4-2] 아동 · 청소년 성폭력 발생 시간[2)]

성폭력의 유형은 피해대상에 의한 분류와 피해자와 가해자의 관계에 의한 분류, 발생공간에 의한 분류로 구분할 수 있다(이원숙, 2003). 먼저 피해대상에 의한 분류는 청소년 성폭력과 장애인 성폭력 등이 이에 속한다. 「아동 · 청소년 성보호에 관한 법률」(2016)에서는 청소년 성폭력을 19세 미만의 청소년들을 대상으로 하는 성폭력으로 명시하고 있고, 동법 제3조는 19세 이상의 사람이 정신적인 장애로 사물을 변별하거나 의사를 결정할 능력이 미약한 13세 이상의 아동 · 청소년을 간음하거나 이들로 하여금 다른 사람을 간음하게 하도록 강요하는 경우에는 3년 이상의 유기징역에 처하고 있다. 그러나 사회적으로 성에 대해 개방성이 높아지면서 청소년들을 대상으

2) 출처: 대검찰청(2015) 아동청소년대상 성폭력범죄의 발생시간 통계

로 한 성범죄가 상호 간에 합의된 행위로 포장될 가능성이 있어 청소년 성폭력 문제 해결을 어렵게 한다. 예를 들어, 교사에 의한 성폭력문제와 가정이 있는 남성의 청소년을 대상으로 한 성범죄에서 볼 수 있듯이 성폭행 이후 법적 처벌을 면하기 위해 상호 간에 합의하에 이루어진 행위이고 더 나아가 사랑이라는 단어로 포장하여 자신의 행위에 대한 면죄부를 받으려는 경향이 있다는 것이다. 또한 영화 '도가니'와 같이 장애인을 보호할 의무가 있는 당사자들이 오히려 이들의 성을 착취하는 행위는 우리 사회에서 약자에 대한 보호가 미흡하다는 것을 단적으로 보여 주고 있다.

두 번째로 청소년 성폭력 유형은 가해자와 피해자 유형이다. 이 유형은 가정 내에서 발생하는 근친성학대와 이성관계에서 이루어지는 데이트 성폭력으로 구분될 수 있다. 근친성학대의 경우 「성폭력 특별법」(2014) 제5조에서 4촌 이내 혈족·인척과 동거하는 친족에 의한 성폭력으로 규정하고 있고, 강간은 7년 이상, 추행은 5년 이상 유기징역에 처하고 있다. 즉, 친부나 의부, 형제자매, 삼촌, 사촌, 고모부 및 이모부, 할아버지 등에 의한 성폭력을 말한다. 또한 데이트 상대에 의한 강제적 강간, 즉 데이트 강간도 사회적 문제가 되고 있는데, 청소년기 성에 대한 관심의 증가와 함께 이성교제에 대한 관심이 증가하면서 데이트 강간으로 인한 문제도 심각한 수준에 이르고 있다. 더욱 심각한 것은 데이트 관계에서 이루어지는 성폭력은 앞에서 논한 것과 같이 서로 합의하에 이루어졌다는 인식이 높아 성폭력 가해자가 데이트 강간에 대한 문제의 심각성을 인식하지 못한다는 것이다.

셋째, 발생 공간에 의한 분류의 유형은 청소년을 보호하는 시설이나 사이버상의 폭력, 공중밀집장소에서 발생하는 폭력을 들 수 있다. 특히, 청소년들을 보호해야 할 의무가 있는 사람이 자신의 지위를 이용해 강제적 성추행이나 폭력을 행하는 경우 이러한 환경에 노출되어 있는 청소년들은 이들의 강제적 행위에 반항하는 것이 어렵다. 더욱이 이러한 행위가 더 문제가 되는 것은 시설 혹은 장소의 특수성 때문에 외부에 쉽게 노출되지 못한다는 것이다. 뿐만 아니라 인터넷과 휴대전화 보급이 증가하면서 사이버상 성폭력 행위도 급증하고 있다. 정보통신의 발달로 사이버상에서 많은 정보가 교류되지만, 성과 관련된 원치 않는 메시지가 전송되는 등 상당수의 청소년들이 사이버 세상에서 성폭력을 경험하게 된다. 즉, 상대의 허락을 받지 않은 무작위 전송메시지부터 의도적으로 상대방의 성적 수치심을 유발하기 위한 행위 등 성의식이 확립되지 못한 청소년들에게 걸러지지 않은 성적 표현이나 행위들이 전송됨으로써 이들의 정서는 심각한 피해를 받는다. 이에 「성폭력범죄의 처벌에 관한 특례법」(2014)에서는 이러한 통신매체를 이용한 성범죄에 대하여 2년 이하의 징역 또는 500만 원 이하의 벌금에 처하고 있다.

3) 임신과 낙태

청소년기는 만족할 만한 대인관계를 형성하는 데 필요한 사회적 기술이 미흡하고 정서적으로 임신이나 부모가 되는 것에 대한 준비가 되어 있지 못하며 부모역할에 대한 책임의식도 상대적으로 약하다(김만지, 2001). 또한 청소년기 임신은 성 경험과 인간관계를 포함하여 정서적으로 불안정한 모습을 보이게 되는데, 많은 청소년들은 계획되지 않은 임신으로 인해 심리적 우울과 불안, 혼란 그리고 또래집단과 다른 경험을 하는 것에 대한 좌절감 등 부정적 정서를 겪게 된다(Webb, 1994). 뿐만 아니라 청소년들은 임신과 함께 학업지속의 어려움에 직면하게 되고, 결국 출산과 학업중단 간 사이에서 중대한 결정을 해야 하는 상황에 놓이게 된다. 더욱이 낮은 교육수준으로 인해 경제적으로 안정된 직업을 갖기 어렵고, 이러한 문제가 해결되지 못하면 빈곤으로 인해 복지서비스에 대한 의존을 높일 뿐만 아니라 또 다른 이성을 만나 결혼으로 이어질 확률이 낮아지게 된다(Pasley et al., 1993). 이러한 이유로 청소년기 임신이 이들의 삶의 전반에 걸쳐 매우 부정적인 영향을 미치게 되는 것이다. 청소년기 임신이 이들의 삶에 좋지 않은 영향을 미친다고 하여 낙태가 이들에게 긍정적인 것은 아니다.

낙태에 대한 의견은 분분하다. 일각에서는 생명존중을 이유로 낙태를 반대하는 반면, 한편에서는 여성의 임신과 출산에 대한 자율권이 보장되어야 한다는 의견으로 나뉜다. 특히, 경제적으로나 심리적으로 독립되지 못한 청소년들이 출산할 경우 위에서 논의한 바와 같이 출산으로 인한 정서적 고통과 경제적 빈곤 그리고 학업지속의 문제 등 다양한 심리사회적 문제에 직면하기 때문에 청소년기 임신에 대한 논쟁은 더욱 뜨거울 수밖에 없다. 때문에 여기서는 낙태와 관련된 논쟁의 폭풍 속에서 청소년 낙태를 살펴보기보다 낙태가 청소년들의 신체·심리적 문제에 미치는 영향에 초점을 두어 알아보고자 한다.

「모자보건법」(2015) 제2조에서는 태아가 모체 밖에서는 생명을 유지할 수 없는 시기에 태아와 그 부속물을 인공적으로 모체 밖으로 배출시키는 수술을 낙태라고 하였고, 도미향과 김영희(2004)는 잉태된 태아를 자연분만시기에 앞서서 인위적으로 모체로부터 분리시킴으로써 생명을 소멸시키는 것을 낙태라고 규정하였다. 신체적 발달이 완성되지 못한 청소년기 낙태는 신체적 질병을 유발할 가능성이 있을 뿐만 아니라 이후 불임으로 이어질 수 있어 매우 위험하다고 볼 수 있다. 또한 낙태를 한 청소년들은 죄책감으로 인한 우울이나 심리적 불안 그리고 자신의 행위를 잊기 위해 이후 임신이나 출산을 거부하는 등의 행동을 보이거나, 주변에 자신의 임신과 낙태가 알려질 것에 대한 두려움으로 사회에서 스스로 소외되는 등 문제가 나타날 수 있다.

4) 동성애

동성애는 생래적(生來的)으로 부여된 생물학적 성에 대한 정체성을 가지고 있으면서 동성애적 성적 지향성을 갖는 것을 말한다. 청소년기는 성적 발달이 이루어지는 시기인 만큼 성에 대한 호기심이 많다는 것은 우리가 앞에서 이미 이야기한 바가 있다. 사춘기 청소년들의 동성애 경험은 단순한 우발적 성유희나 호기심으로 시작되지만 동성애적 지향(orientation)으로 동성을 향해 지속적으로 성적 매력을 느끼는 것으로 발전할 수 있다(이영선·권보민·이동훈, 2012).

그러나 청소년들은 동성애 혹은 동성연애에 대해 명확하게 알지 못해 혼란스러워할 수 있다. 실제로 동성애적 감정으로 인해 상담을 받는 청소년들의 수가 증가하고 있다는 한국청소년상담원(2009)의 보고는 청소년들에게 동성애 경험이 소수만의 문제가 아니라는 것을 확인시켜주고 있다. 동성애에 대한 부정적 시각이 강한 사회적 분위기로 동성애 경향을 보이는 청소년들은 동성애 경험으로 인한 양가감정으로 인해 매우 혼란스러워하며 자신에 대해 혐오감을 갖고 또래집단에 소속되지 못하고 소외된다(이영선 · 신효정 · 김소라, 2010). 이러한 동성애는 성주체성 문제와 연관이 있고 동성애 경향을 보이는 청소년들은 낮은 자아존중감을 보이게 된다(이영식 외, 2005).

Fergusson과 Horwood 그리고 Beautrais(1999)는 동성애 청소년들이 자살사고나 우울증 등과 같은 정서적 문제를 경험한다고 하였다(천정웅 외, 2015). 또한 동성애자들은 이성애자들보다 심리적 부적응이 심각한 수준에 이르고 있고, 사회적 오명으로 인한 자기혐오와 함께 강박적 불안이 높다(Allport, 1954; Meyer, 1995). 실제로 동성애 경험이 있는 청소년들이 동성애를 극복하고 치료해야 할 문제로 지각하고 있고 이러한 스트레스로부터 벗어나기 위해 동성을 피하거나 혹은 동성애문제에 대한 도움을 요청하지 못하고 혼자 해결하려고 하면서 매우 혼란스러워하며 이러한 현실을 회피하기 위한 수단으로 약물이나 게임 등 일탈행동을 한다(이영선 · 신효정 · 김소라, 2010). 이는 사회적 합의가 되지 않는 동성애 경험이 청소년들의 심리적 혼란을 야기하게 되고 이러한 심적 갈등이 심각한 수준의 우울로 확대되면서 자살에 대한 충동으로 이어지는 것으로 이해될 수 있다. 또한 동성애는 또래집단에서 적응력을 떨어뜨릴 뿐만 아니라 학교적응력을 떨어뜨려 청소년기 이루어야 할 발달과업 수행을 저해하게 된다.

그러나 여기서 우리는 일시적인 동성애 경향성과 동성연애의 개념을 혼동해서는 안 된다. 즉, 청소년기는 성에 대한 호기심이 급증하기도 하지만, 이 시기 동성친구에 대한 감정도 함께 발달된다. 때문에 청소년기에 발현되는 동성애적 성향을 성적인 행위로 연결되는 동성연애로 확대 해석하는 것은 문제가 있다는 것이다. 즉, 청소년기 발현되는 동성친구에 대한 감정을 동성애로 확대해석해서는 안 될 것이다. 아울러, 청소년 동성애 성향을 단순히 청소년기에 나타나는 동성친구에 대한 감정으로 쉽게 치부해서도 안 될 것이다. 또한 우리 사회에서 청소년 동성애와 관련된 연구가 미흡하기 때문에 동성애 청소년들의 고통과 문제를 명확하게 알기는 쉽지 않다. 때문에 향후 청소년들의 동성애와 관련하여 보다 면밀하게 탐색해 볼 필요가 있다.

3. 청소년 성문제의 원인

성에 대한 인식은 개인의 성장과정에서 경험하는 학습에 기초를 둔다는 것이 많은 학자들의 공통된 의견이다(Kreuter, Sullivan & Siöteen-a, 1996). 이윤선과 이근후(1987)도 청소년기 성의식은 어린 시절 경험에 영향을 받는다고 보면서 성장과정에서 경험한 성지식의 중요성을 강조한 바 있다. 이러한 학자들의 의견은 청소년들의 성장과 발달에 영향을 주는 가정과 학교 그리고 사회문화적 환경들이 청소년의 성문제에 많은 영향을 미칠 수 있다는 추론을 가능하게 한다. 이를 토대로 청소년들의 성문제 발생의 원인을 가정과 학교 그리고 사회문화적 요인을 중심으로 살펴보고자 한다.

1) 가정요인

청소년들의 성의식 형성에 가정은 매우 중요한 자원이다. 청소년기 혹은 그 이전에 습득한 성지식에 따라 성의식이 결정되기 때문에 가정은 청소년들의 성의식을 성장시키는 중요한 역할을 한다(이윤선 · 이근후, 1987). 즉, 청소년들의 성문제는 태어나면서부터 가지고 태어난다기보다 환경의 영향을 많이 받기 때문에 청소년들의 성문제와 관련하여 가정환경과 주변환경, 청소년의 신체 및 심리적 문제와 연계하여 살펴보면 다음과 같다.

가. 위험요인

가정환경의 위험요인으로는 가정의 경제적 빈곤과 가족구조, 성학대 그리고 부모의 양육행동을 들 수 있다. 먼저 물질만능주의가 팽배한 현 시대에서 청소년들은 자신들의 물질적 욕구를 충족시키기 위해 성매매를 할 수 있다. 청소년기는 또래친구들과 유사한 경험을 하고 이를 통해 상호 간에 유대관계를 형성하게 된다. 그 안에 물질적 욕구도 포함되어 있다. 그러나 가정의 빈곤은 이러한 부분에서 욕구를 충족시키지 못하기 때문에 물질적 욕구가 강하고 또래집단에서 소외되기를 거부하는 청소년들 중 성매매를 통해 자신의 욕구를 해결하려는 성향을 보이게 된다. 가족 경제가 어려운 모든 청소년들이 이와 같은 행동을 하는 것은 아니지만, 일부 청소년들 사이에서 자신의 물질적 욕구를 충족시키기 위한 수단으로 성매매와 같은 성문제행동을 할 가능성이 높다고 본다.

두 번째로 가족구조가 청소년들의 성문제에 영향을 미친다는 것이다. 홍봉선과 남미애(2009)는 가족구조가 청소년의 성문제에 직간접적인 영향을 미친다고 보았다. 이는 한부모가족, 이혼가족과 같은 가족구조가 양부모 가족보다 자녀에 대한 관리 감독이 소홀하게 되고 이러한 문제가 지속될수록 성매매 혹은 성폭력과 같은 문제를 촉발시키는 문제가 나타난다는 것이다. 더욱이 이러한 환경에 놓여 있는 청소년들은 성매매와 같은 문제행동을 하는 집단과 접촉할 기회가 많아지고 이러한 빈도가 높을수록 성매매 행위로 이어질 가능성이 높아 성매매 혹은 성폭력가해행위 등과 같은 문제행동을 할 가능성이 높다.

세 번째로 아동기 성적 학대가 성매매와 같은 성문제 유발요인이 된다. 특히, 근친성학대 경험이 성문제에 직접적인 영향을 미치게 되는데, 이는 근친성학대는 발생시기가 어리고 장기간 지속적으로 발생할 가능성이 높기 때문에 더 심각하다(Earls & David, 1990). 즉, 어린 시절 성매매 혹은 성학대를 경험한 청소년들은 자신이 타인의 성을 위한 착취와 성학대의 대상이 될 수 있다는 생각을 할 가능성이 높고 성적 존재로서 자신의 가치를 낮게 인식할 가능성이 높기 때문에 어린 시절 성적 학대가 청소년기 성매매와 성착취 등에 직간접적인 영향을 미치게 되는 것이다(McMullen, 1987).

마지막으로 부모의 양육행동이다. 청소년기에 나타나는 많은 문제현상들을 논할 때 부모의 양육행동의 적절성 문제는 청소년 성문제에서도 빠질 수 없다. 언어 및 비언어적 학대, 물리적 폭력 그리고 정서적 방임 등 부모의 역기능적 양육행동은 청소년들의 성문제와 깊은 관계가 있다(조아미 · 이명화, 2001). 예를 들어, 부모가 자녀에 대해 온정적 양육행동을 보이지 않고 언어적 학대와 방임 그리고 폭력을 높게 행사할 경우 자녀는 부모와 불안정한 애착을 형성하게 되고 부모를 신뢰하지 않으며 스스로 사랑받지 못한다는 생각을 강하게 하며 스스로에 대해 부정적으로 인식하게 되면서 성매매의 유혹에 쉽게 빠질 가능성이 있는 것이다. 뿐만 아니라 가족 내 의견충돌, 다툼, 가정폭력 등의 문제로 가출한 경우에도 성매매와 성폭력의 위험에 노출될 가능성이 높다(이춘화 · 조아미, 2004). 실제로 성매매 행위를 하는 청소년들 가운데 상당수가 가족 간 잦은 갈등과 불안정한 애착, 그리고 의사소통의 질이 떨어지는 것으로 보고되고 있다(남미애, 2001; 조아미 · 이명화, 2001).

나. 보호요인

가정환경의 보호요인으로 건강한 가족기능, 부모의 양육행동을 들 수 있다. 먼저 가족기능은 가정 내에서 구성원들 간 역할과 규칙 그리고 규범 및 가족 내 의사소통이 원만한 상태를 의미하는 것으로 건강한 가족기능은 가족구성원 간 응집성과 적응성을 높여 궁극적으로 청소년 성문제와 같은 행동을 감소시키게 된다(최혜연 · 곽윤영 · 배주미, 2015).

두 번째로 부모-자녀관계, 부모의 온정적 양육행동, 자녀에 대한 관리감독이 청소년 성문제의 보호요인이 될 수 있다. 부모가 자녀에 대해 온정적 양육행동을 보이고, 부모-자녀 간 친밀감이 높을수록 자녀들은 부모와의 관계에서 신뢰를 지키고 부모를 실망시키지 않기 위해 성문제와 같은 비행행동을 할 가능성이 낮아지게 된다. 즉, 부모와 안정적인 애착이 청소년의 성문제 유발을 예방하는 보호요인이 된다는 것이다(Kidd, 2008; 김준호 · 김은경, 1994). 뿐만 아니라 부모가 자녀의 학습이나 또래관계 또는 일상생활에 대한 관리감독이 높을수록, 자녀에 대한 교육적 관심이 높을수록 성문제와 같은 문제행동이 나타날 가능성이 낮다(Neal & Johnson, 1996). 이는 건강한 가족환경과 친밀한 부모-자녀관계, 자녀에 대한 온정적 양육행동이 청소년들의 성문제에 있어서 보호요인이 된다는 것을 의미한다.

2) 학교요인

학교환경이 청소년들의 성문제에 미치는 영향요인을 살펴보기 위해서는 학교 내에서 형성되는 또래관계를 빼놓을 수 없을 것이다. 이에 여기서는 학교 내 또래관계와 교사관계 그리고 학교환경을 포함하여 청소년들의 성문제에 대한 위험요인과 보호요인을 살펴보고자 한다.

가. 위험요인

또래관계는 청소년 성문제에 있어서 위험요인이 되기도 하고 보호요인으로 작용되기도 한다. 즉, 성매매 혹은 성폭행 가해행동과 같은 문제행동을 많이 하는 친구들과의 접촉은 청소년 성문제의 위험요인으로 작용되는 반면, 학업수행능력이 높고, 자아존중감이 높으며 청소년기 발달과업을 충실하게 이행하는 청소년들과의 관계는 성문제의 보호요인이 되는 것이다.

Jorgensen과 Dusek(1991)은 사회학습이론을 적용하여 청소년들에게는 적절한 역할모델이 있는데, 이들은 자신들이 관심을 갖고 있는 사람을 관찰하고 이들의 행동을 모방한다고 보았다. 이는 성문제와 같은 문제행동을 하는 청소년들과 친밀한 관계를 유지하고자 하는 생각이 높은 청소년들의 경우 자신이 역할 모델로 선택한 친구의 행동을 모방하기 때문에 성매매 혹은 성폭행 가해행동 등과 같은 성문제에 노출될 가능성이 높은 것이다. 또한 성매매와 같은 행동을 하는 청소년들 중 다수가 학교에서 집단따돌림을 경험하였고(장필화 외, 2002) 이러한 집단따돌림이 성폭력 피해와 함께 성매매 경험에 직간접적인 영향을 주는 것으로 알려져 있다(한미령 · 김현중 · 이혜란, 2013).

한편, 학교 내 교사와의 관계가 부정적일수록 청소년들의 문제행동이 높아진다는 것은 많은 학자들을 통해 검증되었다. 교사와 친밀한 관계를 형성하지 못하고 지지를 받지 못한 청소년들이 성문제의 유혹에 빠지는 것으로 알려져 있다(조아미 · 이명화, 2001). 또한 학교생활 부적응, 즉, 낮은 학업수행능력과 학교 규칙에 대한 부적응 등 학교요인이 청소년들의 학교부적응과 함께 성문제에 영향을 미치게 된다(Baumgartner et al., 2012).

나. 보호요인

청소년기 특성 중 하나가 또래집단과 밀접한 관계를 맺는 시기라는 것은 너무나 잘 알려진 사실이다. 이러한 특성 때문에 또래집단은 청소년들 성문제의 보호요인으로 주목받는다. 때문에 청소년기 좋은 친구를 만드는 것은 이들의 성문제를 예방할 수 있는 보호요인이 될 수 있다고 본다. 또한 학교에서 생활하는 시간이 많은 청소년들에게 교사의 적극적 지지는 이들의 삶의 적응력을 높이는 중요한 자원이 된다.

폭력과 같은 문제행동에 있어서도 교사의 적극적 중재가 청소년의 폭력을 예방할 수 있는 것처럼(오정아 · 김영희 · 김현숙, 2016), 교사가 청소년들의 행동에 대해 민감하게 반응하고 지원한다면 이들의 문제를 미연에 예방할 수 있을 것으로 본다. 실제로 교사의 적극적 지지가 높을수록 청소년들의 사회적응력을 비롯하여 학교적응력이 높아진다는 연구(유봉애 · 옥경희, 2013; 박수현 · 이창환, 2011)들은 학교 내 교사와의 관계가 청소년들의 일탈을 예방할 수 있는 중요한 요인이라는 것에 의견을 모으고 있다.

3) 사회문화적 요인

모든 인간은 자신이 생활하는 환경과 상호작용을 하며 성장하게 된다. 특히, 지역사회를 포함하여 국가 등 개인이 생활하는 사회문화적 환경은 성의식 형성에 많은 영향을 미치게 된다. 더욱이 청소년기 형성된 성 의식은 이후 성 행동을 결정짓는 중요한 요인이 되고 이는 청소년들의 성문제에 깊이 관여할 수 있기 때문에 사회문화적 요인이 청소년들의 성의식 형성에 어떠한 영향을 미치는가에 대해 탐색할 필요가 있다. 이를 위해 가장 대표적인 사회문화적 요인이라고 할 수 있는 대중매체와 지역사회 환경을 포함하여 사회문화적 요인으로 명명하고 이에 대한 위험요인과 보호요인을 살펴보고자 한다.

가. 위험요인

먼저 인터넷과 휴대전화 보급의 확산으로 많은 부분 생활의 편리함이 있지만, 청소년들의 성적 호기심을 자극할 수 있는 유해영상들을 쉽게 접할 수 있다는 점에서 대중매체가 청소년들의 성문제에 위험요인이 될 수 있다. 대중매체는 공공영역으로 많은 사람들은 이러한 대중매체를 이용하여 다양한 정보를 획득한다. 그러나 TV와 같은 대중매체를 통해 성행위를 하는 장면을 과도하게 방영한다거나, 인터넷 혹은 휴대전화를 통해 성과 관련된 내용 혹은 영상들이 무분별하게 발송되는 경우 청소년들은 무방비상태에서 유해영상에 노출되고 이는 곧 청소년들에게 성학대로 이어질 수 있는 것이다. 홍봉선과 남미애(2012)는 인터넷과 같은 매체를 통해 음란물에 접촉한 청소년들이 일탈적 성행동을 더 많이 한다는 주장을 하면서 인터넷 공간에서 여과 없이 쏟아지는 각종 음란물이 성에 대한 의식이 확립되지 못한 청소년들에게 잘못된 성 가치관을 심어주어 성매매 혹은 성폭력 등과 같은 성문제를 유발하게 된다고 보았다.

우리 사회의 경우 과거 1980년대는 방송 검열을 통해 연예인들의 이러한 의상과 행위가 국민들에게 부정적 영향을 준다고 하여 많은 규제를 가했지만, 최근에는 연예인, 특히 청소년 연예인의 지나치게 짧은 의상, 선정적인 춤과 콘텐츠가 유포되는 것에 대해 허용적인 태도를 보이고 있다. 「청소년 보호법」 제9조에서는 청소년에게 성적인 욕구를 자극하는 선정적인 것이거나 음란한 것을 유해매체로 정의하고 있다. 이와 같은 맥락에서 볼 때 지나치게 선정적인 대중매체의 행위는 청소년들의 관점에서 유해매체가 될 수 있는 것이다. 또한 성의식이 확립되지 못한 청소년들이 이러한 유해매체에 무방비로 노출되는 것은 왜곡된 성의식을 고착시킬 수 있어 매우 위험하다고 본다.

대중매체와 함께 지역사회 환경도 청소년들의 성문제에 직간접적인 영향을 미치게 된다. Ducan은 지역사회 해체현상이 청소년들의 성행동과 임신을 촉진시킨다고 보면서 지역사회 환경과 청소년 성문제 간의 관계성을 언급하였다(김성이 외, 2013 재인용). 이를 사회학습이론을 적용하여 설명하면, 청소년들이 거주하는 지역에 유흥업소가 많고 폭력과 강도 등 지역사회 내 법과 규범이 통하지 않을 경우 청소년들은 자신이 생활하는 곳에서 자연스럽게 잘못된 성의식을 학습하게 되고 이는 성 일탈행동을 하는 데 거부감을 낮추게 하여 결국 성매매 혹은 성폭력과 같은 문제행동을 하는 것으로 이해될 수 있다. 뿐만 아니라 지역사회구성원들과 결속력이 낮은 경우 지역사회 내에서 청소년들의 문제행동을 통제하거나 이들의 정서적 어려움에 도움을 줄 수 있는 지지적 자원을 획득하기 어렵기 때문에 결핍된 지역사회 자원은 청소년들의 성문제와 관계가 있는 것이다.

나. 보호요인

지금까지 대중매체와 지역사회 환경이 청소년들의 성문제에 미치는 영향을 살펴보았다면, 여기서는 이러한 요인들이 청소년들의 건강한 성의식 확립에 미치는 긍정적 측면을 살펴보고자 한다. 특히, 지역사회구성원들과 긍정적 관계 형성은 청소년들의 성매매를 비롯하여 성폭력 등과 같은 문제행동을 예방하는 중요한 요인으로 주목받고 있다. 일찍이 사회유대이론을 주장한 Hirsch(1969)는 유대관계가 높을수록 청소년들의 일탈행동이 낮다는 주장을 한 바 있다. 이를 청소년 성문제에 적용했을 때, 지역사회구성원들과 긍정적인 관계를 형성하거나 지역사회활동에 적극적으로 참여할 경우 청소년들은 사회제도와 유대관계가 높아지게 되고 이러한 유대관계가 높을수록 성매매를 비롯한 성과 관련된 일탈행동을 할 가능성이 낮아지는 것이다.

정보화 사회로 진입하면서 지역사회구성원과 유대관계는 많이 약해졌다고 해도 과언이 아닐 것이다. 이러한 문제에 대응하기 위해 정부는 마을복지사업을 통해 지역사회 자원을 연계하고 지역사회문제에 적극적으로 대응하기 위한 노력을 하고 있다. 뿐만 아니라 일부 지역에서는 마을공동체를 형성하여 마을구성원 간 결속력을 높이고 마을구성원들의 행복을 추구하기 위해 다양한 노력을 하고 있다. 이러한 일들은 모두 지역사회가 구성원들의 성장과 발달에 많은 영향을 미친다는 것이 전제되어 있기 때문에 가능한 것이다. 따라서 지역사회구성원들과의 유대관계가 청소년들의 성매매를 비롯한 일탈행동을 예방하는 보호요인이 될 것으로 본다.

4. 청소년 성문제의 개입방안

지금까지 청소년 성문제에 대한 개념을 비롯하여 유형 그리고 보호요인과 위험요인을 살펴보았다. 그렇다면 청소년들을 성문제로부터 보호할 수 있는 건강한 성의식 함양을 위한 대안은 무엇인가에 대해 함께 고민해 보고자 한다. 먼저 정책적 대안을 함께 생각해 보고자 한다.

첫째, 관련 법규의 개정이 요구된다. 현재 우리나라 「성폭력특례법」에서는 성폭력 피해 대상을 13세 미만으로 규정하고 있다. 그러나 청소년들의 경우 신체적으로는 성인과 유사하지만, 성의식은 확립되지 않았기 때문에 이들에 대한 법적 보호도 필요하다고 본다. 특히, 조기 성 경험이 청소년 성매매 혹은 임신과 낙태에 영향을 미친다는 것은 이미 많이 알려진 사실이다. 때문에 청소년들이 자발적이든 혹은 비자발적이든 성 접촉으로 인해 신체적으로나 정서적으로 고통을 받지 않도록 청소년들도 함께 「성폭력특례법」의 적용을 받을 필요가 있다고 본다.

두 번째는 서비스 전달체계의 개편이다. 청소년 성문제는 성인과 동일한 선에서 다루면 안 된다고 본다. 우리가 앞에서 논의했던 것처럼 청소년기는 아동기에서 성인기로 전환되는 중간 시점임과 동시에 이성과 성에 대한 호기심도 증가하는 시기이다. 때문에 청소년의 성문제에 대한 서비스 개입은 이들의 발달단계에 대한 전문지식을 갖추어야 한다. 또한 청소년들이 성매매 혹은 폭력, 임신과 낙태 등으로 인해 스스로를 비난하고 좌절하지 않도록 이들의 신체와 심리적 부분에까지 함께 접근할 수 있어야 할 것이다. 이와 함께 각기 다른 기관을 통해 서비스를 제공하는 것은 자칫 이들로 하여금 수치심을 느끼게 할 수 있기 때문에 청소년 성문제에 대한 서비스 접근이 원스톱으로 이루어질 필요가 있다. 이에 성매매를 비롯하여 청소년 성문제에 대처하기 위해서는 청소년들만을 전담할 수 있는 기관을 창설하고 이에 대한 개입이 이루어질 필요가 있다.

세 번째로 청소년 성의식에 유해요인이 되는 인터넷과 대중매체를 정책적으로 통제할 필요가 있다. 특히, 최근 TV 프로그램들에서 지나치게 노출이 많고, 청소년들로 하여금 성적 호기심을 유발시키는 내용이 여과 없이 방영되는 경향이 있다. 비록, 성인의 관점에서 문제가 되지 않는다고 하더라도 성에 대한 의식이 확립되지 못한 청소년들에게는 왜곡된 성의식을 형성하게 할 가능성이 높다. 때문에 청소년들에게 건강한 성의식을 고취시키고 성매매 혹은 성폭력, 임신과 낙태 등의 위험으로부터 청소년들을 보호하기 위해서는 문화예술에서 표현의 자유를 침해하지 않는 범위 내에서 대중매체를 통제할 필요가 있다.

네 번째로는 청소년들은 미래 우리 사회를 이끌어 갈 중요한 자원이다. 때문에 청소년들이 건강하게 성장하는 것은 우리의 미래를 예측하게 한다. 따라서 청소년을 위한 예산을 확보함으로써 청소년 관련 정책이 안정적으로 이루어질 수 있도록 지원할 필요가 있다.

청소년들의 성문제를 예방할 수 있는 실천적 대안은 다음과 같다. 첫 번째로 부모교육이다. 우리는 일반적으로 부모교육을 한다면 결혼한 성인을 먼저 떠올린다. 그러나 인간의 가치관이나 행위는 성장하는 환경과 상호작용의 결과로 나타나게 된다. 그럼에도 불구하고 지금의 부모교육은 대부분 결혼한 성인들을 대상으로 단기적으로 이루어지고 있다. 물론 이러한 교육도 일부 효과가 있겠지만, 이미 성장한 개인의 습관을 바꾸는 것은 쉽지 않을 것이라 생각한다. 건강한 부모가 되는 것은 건강한 자녀 출산 및 양육과 직접적인 연관이 있다. 때문에 유아기부터 성인기까지 각 발달단계에 맞는 부모교육 프로그램을 제공하고, 여기에 성교육을 포함할 필요가 있다.

두 번째는 교사와 학생을 위한 성교육 프로그램 개발과 함께 성교육 전문가 양성이다. 특히, 청소년들과 오랜 시간 함께 생활하는 교사들이 성교육을 받는 것은 청소년들의 성문제에 대응력을 높일 것으로 기대한다. 또한 청소년들의 발달단계에 맞는 성교육 프로그램을 개발하여 제공함으로써 건강한 성의식을 발달시킬 수 있을 것으로 본다. 아울러 성교육 전문가의 경우 청소년 관련 지식이 있거나 사회복지, 상담 그리고 의학적 지식이 있는 전문가들로 제한하여 성교육 전문가를 양성할 필요가 있다. 성교육 전문가는 청소년뿐만 아니라 교사 그리고 부모들을 대상으로 이러한 서비스를 제공해야 한다. 그러나 전문가의 자질이 이에 미흡하다면 성교육의 효과성을 기대하기 어려울 것이다. 때문에 청소년 성교육 전문가 양성뿐만 아니라 충분히 자질을 갖춘 전문가를 양성할 필요가 있다.

참고문헌

고선영 · 양종희 · 이수정(2004). 성폭력 범죄의 원인과 개입전략에 대한 고찰. **한국심리학회지: 문화 및 사회문제**, 10, 117-146.

구본용 · 이숙영 · 금명자 · 김영철 · 임은미(1997). **청소년의 폭력 및 성폭력**. 한국청소년상담원.

김광준(2005). 청소년 성폭력: 성폭력 전문의료기관에서의 경험. Obstetrics & Gynecology Science, 50(1), 173-179.

김만지(2001). 청소년 미혼모의 스트레스에 관한 연구. **청소년학연구**, 8(1), 219-241.

김성경(1999). **성산업 유입 청소년의 사회복귀에 대한 대안**. 서울: 한국여성개발원.

김성이 · 조학래 · 노충래 · 신효진(2013). **청소년복지학**. 경기: 양서원.

김준호 · 김은경(1996). **법의식과 비행과의 관계**. 한국형사정책연구원.

김현선(2002). 성매매의 폭력적 특성과 성매매 여성의 외상후 스트레스 장애. 성공회대학교 대학원 석사학위논문.

나명숙(2004). 중학생의 성 의식과 성 행동에 관한 연구. 한국교원대학교 대학원 석사학위논문.

남미애(2001). 청소년의 매춘에 영향을 미치는 요인에 관한 연구. **청소년학연구**, 8(1), 271-306.

모자보건법(2015). 국가법령정보센터.

문선화 · 이선애(2003). 가족체계와 청소년 성의식 · 성행동에 관한 연구. **社會福祉硏究**, 12, 77-97.

민가영(2009). 청소년 성매매 행위의 '자발성'과 그 맥락에 대한 질적연구를 통한 성매매 청소년의 자발성 논쟁에 대한 비판적 검토. **한국청소년연구원**, 20(1), 173-202.

박수현 · 이창환(2011). 학교 적응유연성의 위험요인과 보호요인: 전문계 고등학생을 중심으로. **한국산학기술학회**, 12(2), 653-664.

박이숙(2006). 사회복지적 개입을 위한 청소년 성매매의 문제 해결방향. 동아대학교 대학원 석사학위논문.

성폭력범죄의 처벌에 관한 특례법(2014). 국가법령정보센터.

성매매알선 등 행위의 처벌에 관한 법률(2014). 국가법령정보센터.

아동・청소년의 성보호에 관한 법률(2016). 국가법령정보센터.

안재희(2007). 학교의 사회자본에 기반한 청소년 성 정체성 형성에 대한 시론적 연구. **청소년문화포럼**, 16, 178-200.

양동욱・국혜윤・백현경・윤가현(2012). 참가자의 성별, 피해 여성의 옷차림 종류와 음주량 수준에 따른 성폭력 책임 귀인의 차이. **한국심리학회지: 여성**, 17(3), 323-345.

오정아・김영희・김현숙(2016). 청소년의 학교폭력 가해행동에 관한 영향요인. **청소년학연구**, 23(9), 27-51.

유봉애・옥경희(2013). 사회적 지지가 다문화가족의 학교적응력, 정서조절력, 사회적응력에 미치는 영향. **한국가족복지학회**, 18(4), 511-538.

윤가현(2006). **성문화와 심리**. 서울: 학지사.

이돈희(1987). 현대의 한국사회와 청소년의 이데오르기 문제. 청년연구, 유네스코 한국위원회, 3-17

이민희(2001). 청소년 성매매의 원인에 관한 고찰. **한국청소년연구**, 12(2), 99-130.

이영선・권보민・이동훈(2012). 청소년의 동성애 경험, 성의식, 동성애 혐오, 우울의 관계. **재활심리연구**, 19(1), 129-147.

이영선・신효정・김소라 (2010). **사이버상담에 나타난 여자 청소년의 동성애 상담사례 분석**. 한국청소년상담원.

이영숙・박경란(2004). 청소년의 성폭력 개념 및 원인에 대한 인식 연구. **한국가정과교육학회지**, 16(4), 157-166.

이영식・전창무・김소연・고복자(2005). 성주체성 문제 혹은 동성애적 성향을 보이는 청소년들의 자아 존중감과 성 개방성. **소아・청소년정신의학**, 16(2), 231-238.

이원숙(2003). **성폭력과 상담**. 서울: 학지사.

이윤선・이근후(1987). 청소년기 性태도 형성과 그 중요성에 관한 통계적 관찰. **神經精神醫學**, 26(1), 54-61.

이춘화・조아미(2004). **청소년 성매매의 상습화 예방 및 치료 프로그램 개발 연구**. 서울: 한국청소년개발원.

장필화・김애령, 백재희, 원미혜(2002). **성매수 대상 청소년 심층조사 연구**. 서울: 청소년보호위원회.

정규석 · 김영미 · 김지연(2013). **청소년복지의 이해**. 서울: 학지사.

정인석(1988). **청년심리학**. 서울: 대광사.

조아미 · 이명화(2001). 성매매 청소년의 과거, 현재 그리고 미래. **청소년복지연구**, 3(2), 57-71.

조정자(2002). 미술치료가 성폭력에서 성매매로 이어진 청소년의 자아개념증진에 미치는 효과. **미술치료연구**, 9(2), 139-169.

주경숙(2002). 집단상담식 성교육 프로그램이 보호시설 청소년의 성의식과 자아존중감에 미치는 효과. 인제대학교 교육대학원 석사학위논문.

채규만 · 정민철(2004). 한국대학생의 성에 대한 태도와 행동 및 피해경험에 관한 연구. **한국심리학회지: 건강**, 9(4), 869-886.

천정웅 · 이지민 · 성윤숙(2015). **청소년문제와 보호**. 경기: 양서원.

최해연 · 곽윤영 · 배주미(2015). 청소년 성매매피해의 심리사회적 결정요인. **재활심리연구**, 22(1), 223-236.

한국청소년상담원(2003). **청소년의 고민 : 내가 동성애자인가요?**. 서울: 한국청소년상담원.

한국형사정책연구원(1990). 청소년범죄피해에 대한 연구.

한미령 · 김현중 · 이혜란(2013). 교사와 또래 지지가 가출청소년의 사회적 탄력성에 미치는 영향. **재활심리연구**, 20(2), 397-415.

함종한(1988). 청소년 이해를 위한 접근. 서울: 상조사.

홍봉선 · 남미애(2007). 성매매 피해청소년 교육사업 효과성 검증 및 성과분석. 국가청소년위원회.

홍봉선 · 남미애(2009). 성매수피해 청소년의 현황과 사회적 지원체계 점검, 보건복지가족부.

홍봉선 · 남미애(2012). 청소년의 인터넷음란물 접촉정도가 성폭력과 성매매에 미치는 영향. **한국아동복지학**, 40, 1-39.

홍현정(2007). 가출청소년의 성매매 경험과 사회복지서비스에 관한 연구. 서울시립대학교 대학원 석사학위논문.

Allport, G. W.(1954). *The nature of prejudice.* Reading, MA: Addison-Wesley.

Baumgartner, S .E., Sumter, S. R., Peter, J., & Valkenburg, P. M.(2012). Identifying Teens at Risk: Developmental Pathways of Online and Offline Sexual Risk Behavior. *Pediatircs.*

130(6). 1-8.

Burgess, A. W.(1985). *Rape and Sexual Assault III: A Research Handbook.* New York: Garland Publishing.

Earls, C. M., & David, H.(1989). Male and female prostitution: A review. *Sexual Abuse, 2*(1), 5-28.

Egan, S. K., & Perry, D. G.(2001). Gender identity: A multidimensional analysis with implications for psychosocial adjustment. *Developmental Psychology 37(*4), 451-463.

Fergusson, D. M., Horwood, L. J., & Beautrais, A. L.(1999). Is sexual orientation relared to mental health problems and suicidality in young people. *Archives of General Psychiatry, 56*, 876-880.

Hirschi, T. (1969). *Causes of delinquency*. Berkeley, CA: University of California Press.

Hurlock, E. B.(1973). *Adolescent development.* International Student Edition.

Jorgensen, R. S., & Dusek, J. B.(1991). Adolescent adjustment and coping strategies. *Journal of Personality, 58*(3), 503-514.

Kidd, S., and Shahar, G.(2008). Resilience in Homeless Youth: The Key Role of Self Esteem. *American Journal of Orthopsychiatry, 78*(2), 163-172.

Kreuter, M., Sullivan, M., & Siöteen, A.-a,(1996). Sexual adjustment after spinal cord injury-comparison of partner experiences in pre-and post injury relationships. *Paraplegia, 32*(1), 759-770.

McMullen, R. J.(1987). Youth protitution: A bakance of power. *Journal of Adolescence, 10*(1), 35-43.

Meyer, I. H. (1995). Minority stress and mental health in gay men. *Journal of health and social behavior, 36*, 38-56.

Neal, D., & Johnson, W.(1996). Black-White differences in wages: The role of pre-market factors. *Journal of Political Economy, 104*(5), 869-895.

Pasley, K., Langfield, P. A., & kreutzer, J. A.(1993). Predictors of stress in adolescents an exploratory study of pregnant and of parenting females. *Journal of Adolescent Research, 8*(3), 326-347.

Reiss, I. L.(1960). *Premarital sexual standards in America*. New York: The Free Press.

Van Ooijen, E., & Charmock, A.(1994). S*exuality and patient care: A guide for nurse and teachers*. London: Chapman & Hall.

Webb, W.(1994). Teen sexuality: Empowering teens to decide. *Review of Policy Research, 13*(1-2), 127-140.

5장 청소년 가출과 중독

1. 청소년 가출과 보호

1) 청소년 가출에 대한 이해

청소년 가출의 개념은 명확히 일치된 것은 없고 가출기간, 가출의 목적, 부모의 허락 여부 등에 따라 학자들마다 조금씩 다르게 정의하고 있으나 일반적으로 가출은 부모의 허락 여부, 연령, 기간 등의 요소를 고려하여 정의하며, 기본적으로 부모의 동의나 허락 없이 집에서 벗어나는 행위로서 보호자가 소재를 알지 못하는 경우여야 한다(조성연, 2012). 즉, 가출은 부모나 보호자의 허락을 받지 않고 24시간 이상 집밖에서 지내는 것, 또는 10~17세의 청소년이 부모 또는 보호자의 승인 없이 적어도 하룻밤 내내 집에 없는 현상 등으로 정의된다(홍봉선 · 남미애, 2009 재인용).

이와 같이 전통적인 관점에서는 가출의 원인을 단순히 청소년 개인의 행동문제에만 주목함으로써 가출을 야기하는 환경적 요인을 파악하지 못한 한계가 있다고 평가되는데, 청소년 가출은 가족, 개인, 또래, 사회와 같은 다양한 개인 · 환경적 요인들의 복합적인 결과물이다(고순청, 2016). 실제적으로 부모나 가족환경문제와 관련되는 경우가 많고 가출 후 귀가를 원하지만 돌아갈 가정이 없거나 돌아갈 상황이 아닌 청소년들이 증가하고 있다. 이에 따라 청소년 가출에 대한 정의는 비자발적 원인에 의한 가출과 집으로 돌아갈 수 없는 상태에 있는 청소년을 모두 포괄하며, 가출요인으로 작동하는 청소년의 다양한 욕구에 대한 이해를 폭넓게 제공하는 방향으로 발전했다고 볼 수 있다(김지혜 외, 2006).

미국은 일찍부터 청소년의 환경적 특성에 주목하려는 의도에서 가출청소년을 가출

청소년(runaway youth), 노숙청소년(homeless youth), 버려진 청소년(throwaway youth), 길거리 청소년(street youth), 보호체계 청소년(system youth)으로 구분하였으며, 우리나라 청소년 가출연구에서도 최근 가출의 원인을 도피나 충동성 등 청소년 개인의 책임을 강조하기보다 가출청소년을 환경에 의한 피해자로 간주하여 보호의 대상으로 다루고 있다(정규석 외, 2013; 홍봉선·남미애, 2009).

〈표 5-1〉 청소년 가출의 유형

연구자	유형
Homer(1973)	• 탈출형: 가정적 문제, 대인적 갈등, 학대와 방임으로 뛰쳐나옴 • 쾌락추구형: 즐거움과 향락, 다양한 경험을 찾고자 함
Miller 등(1980)	• 희생자: 부모로부터의 신체적 학대와 폭행으로 가출 • 추방자: 부모로부터 버림받고 쫓겨남 • 반항자: 부모와의 심각한 싸움과 갈등으로 가출 • 도망자: 문제행동에 대한 처벌과 구속으로부터 도망나옴 • 피난자: 가족이 없고 위탁가정, 시설에서 도망나옴 • 이민자: 즐겁지 않은 가정과 학교에서 벗어나 자유와 모험을 찾음
Roberts(1987)	• 가출탐험가와 사교추구자: 부모와의 갈등 적음 • 가출조작자: 부모와의 잦은 갈등 • 가출 피난자: 부모와의 심한 갈등 • 위험에 처한 가출: 반복된 학대와 폭행에 의한 습관적 갈등
English(1999)	• 뜨내기: 집 떠나는 것을 즐기나 이내 돌아옴 • 반복가출자: 가족으로부터 관심을 끌거나 문제가 해결될 때까지 돌아오지 않음 • 분열자: 사소한 문제로 영원히 집을 떠남 • 심각한 거리족: 집과 완전히 단절하고 거리를 떠돎
박부일(1992)	• 개인적 가출: 홀로 가출 • 집단가출: 여러 명이 함께 가출 • 줄줄이 가출: 가출한 청소년이 가출하지 않은 친구를 끌어내는 것
이용교 외(2005)	• 노숙형: 거리생활에 익숙하고 보호시설, 보호기관, 서비스와 상관없음 • 거부형: 보호기관 서비스는 필요로 하나 구속이 싫어 입소를 거부함 • 탐색형: 자활과 재활을 이해하나 귀가 후 생활에 확신이 없음 • 전환형: 미래계획과 노력의 필요성을 인정하나 귀가와 가출을 반복 • 안정형: 성장과정이 안정적이나 갑작스런 가정해체로 집을 떠남 또는 전환형, 탐색형의 청소년이 보호시설의 돌봄 속에 안정을 찾음 • 치료형: 정신질환, 정신지체, 중독, 공격성으로 대인관계에 어려움을 겪음

연구자	유형
홍봉선 · 남미애 (2009)	• 시위형: 가출을 통해 가족이나 주위환경을 변화시킬 목적을 가짐 • 유희형: 단순히 친구들과 놀고 싶은 충동에 의해 가출함 • 방랑형: 밖에서 생활하는 것이 좋아 1~2년 배회하면서 살아감 • 추방형: 가족의 무관심이나 방임으로 인해 가족으로부터 떠밀려 나옴 • 생존형: 가족의 학대를 견디지 못해 생존을 위해 도망쳐 나옴

2) 가출 설명 이론

(1) 사회유대이론

Hirschi(1969)의 사회유대이론은 기본적으로 개인과 사회 사이의 유대가 약하거나 깨졌을 때 범죄가 발생한다고 본다(고순청, 2016 재인용). 모든 사람들은 원초집단의 구성원들, 예를 들면 친구나 부모와의 관계가 약화되거나 깨지는 것을 두려워하며 원초집단에 속한 사람들과의 유대관계를 위하여 법, 도덕, 사회적 관습, 주위의 평판 등을 해치지 않고 건전하게 살아간다는 것이다. 사회유대이론에서는 애착(attachment), 관여(commitment), 참여(involvement), 신념(belief)에 초점을 맞추어 범죄와 비행을 설명한다.

먼저, 애착은 부모, 교사, 또래친구와 같이 원초집단과 관계를 맺는 애정적인 결속관계를 의미하는 것으로 부모에 대한 애착(parental attachment), 친구들에 대한 애착(peer attachment), 부모의 감독(parental supervision)과 종교적 애착(religious attachment)으로 구성된다. 애착개념에서는 청소년 자신이 부모나 친구와의 애착이 약하다고 생각할수록, 부모님이 내가 밖에 있거나 외박할 때 어디에서, 누구와, 무엇을 하며, 언제 돌아올지 잘 모를수록, 종교활동을 위해 교회 등에 자주 나가지 않을수록 범죄 및 비행을 저지를 가능성이 많아진다. 둘째, 관여는 사회에서 요구하는 전통적인 교육이나 직업에 얼마나 많은 비중을 두고 참여하는지에 대한 것으로 청소년의 경우 학생의 신분에 맞게 학교 공부를 얼마나 중요하게 생각하는지, 학교 성적이 얼마나 뛰어난지에 대한 것이 관여를 측정하는 잣대가 된다. 따라서 학생의 신분에서 관여의 정도가 높으면 높을수록 비행이나 불법 행위를 저지를 가능성을 통제할 수 있다.

셋째, 참여는 관여와 연관된 개념으로 자신이 중요하다고 생각하는 인습적인 활동에 얼마나 열중하는가를 의미한다. 청소년이 중요하게 생각하는 활동에 참여할수록 비행친구들과 만나 범죄를 저지를 시간이 줄어들기 때문에 인습적 활동에 참여하는 것 자체가 비행을 억제하거나 차단하는 효과를 지닌다. 넷째, 신념은 일반적이며 통상적인 사회의 가치를 받아들이고 이를 지켜야 한다는 믿음을 측정하는 개념으로 부모세대의 법 준수에 대한 신념과 종교적 신념의 두 가지 지표로 구성되어 있다. '내 부모 세대가 지켜온 규칙이나 도덕적 신념들은 나에게도 역시 좋은 것들이다'라는 것이 부모세대의 법 준수에 대한 신념이라면 '종교는 내 생활에 중요한 역할을 한다'는 것은 종교적 신념이라고 할 수 있다.

결론적으로 청소년들이 부모, 친구와의 애착이 강할수록, 전통적인 교육이나 직업에 깊은 관심을 가지고 투자를 많이 할수록, 각종 활동 등에 많은 시간을 할애할수록, 법 준수에 대한 신념 및 종교적 신념이 강할수록, 범죄 및 비행을 저지를 가능성이 낮아진다고 할 수 있다. 부모 지지, 교사의 지지, 낮은 학업성적과 낮은 부모의 감독이 청소년의 가출충동에 유의미한 영향을 주거나 교사가 학생에 대한 애착이 낮을 경우 청소년 가출충동에 영향을 미치는 것으로 나타난 선행연구들(김영순 · 김혜원, 2007, 박영호 · 김태익, 2002), 그리고 참여가 비행과 영향관계에 있다거나 부모와의 높은 결속이 비행을 억제한다는 실증적인 연구 결과들이 있다(기광도, 2011; 윤우석, 2010; Agnew, 1993).

(2) 일반긴장이론

Agnew(1992)는 범죄발생의 원인으로 목표달성의 실패, 긍정적 자극의 소멸, 부정적 자극의 발생을 제시하였는데, 그에 따르면 긴장이나 스트레스의 유형은 다양하지만 범죄와 비행은 모두 스트레스의 결과이며 이렇게 긴장이나 스트레스가 발생하면 해소를 위한 방안으로 범죄행위를 한다. 목표달성의 실패는 긍정적 가치를 지니는 목표를 달성하지 못했을 때 생기는 긴장으로 세 가지 단계로 진행된다. 첫째, 열망과 기대 간의 괴리가 발생하고, 둘째, 기대와 실제 성취 사이의 격차가 그 다음 단계로 발생하며 셋째, 공정치 못한 결과로 인해 긴장이 생기는 것으로 진행되는 것이다.

또한 긍정적 자극의 소멸이란 자신에게 희망이나 삶의 목표에 긍정적으로 작용하는 중요한 타자(significant others)나 본인의 사회적 지위를 잃게 되는 상황을 의미하며 부정적 자극의 발생은 긍정적 자극의 소멸과 동시에 발생할 수도 있는 것으로 일상생활에서 자신의 통제 밖에 있는 사건이 발생하는 현상을 의미한다. 부정적 자극이 발생하면 우울, 불안, 절망감과 같은 부정적 감정을 낳으며 이 때문에 범죄와 비행을 저지르게 된다. 일반긴장이론은 세 가지 중 어느 한 가지의 긴장이 발생하면 절망감, 분노 등에 휩싸이고 이런 감정을 해소하기 위하여 범죄를 저지른다고 보는 입장이다.

청소년 가출을 설명한 선행연구를 보면 불안감, 우울감 등의 충동성과 같은 부정자극발생이 가출에 유의미한 영향을 주고 있으며 목표달성 실패라고 볼 수 있는 낮은 경제적 수준이 영향을 주는 것으로 나타난다(오승환, 2010; 김경희 · 김지수, 2007). 부모긴장, 학교긴장, 외모긴장, 분노감정은 청소년비행을 잘 설명해 주는 것으로 보고되고 있다(이순례 · 이경상, 2010).

(3) 사회학습이론

사회학습이론은 "비행이나 이탈은 사회구성원들 간의 상호작용을 통해 학습된다"는 명제로부터 출발한다. 사람들은 자신들에게 중요한 다른 사람이나 집단과 상호작용을 통해 스스로의 행동을 평가하도록 학습되는데, 그 집단이 비행 또는 범죄에 우호적인 경우 자신도 그 집단의 가치에 따라 범죄에 우호적인 태도 및 가치관을 가지게 되고, 범죄를 합리화하는 과정을 거쳐 결국 범죄행위를 하게 된다(고순청, 2016).

사회학습이론에서 중요한 핵심개념은 차별적 접촉(differential), 정의(definition), 차별적 강화(differential reinforcement), 모방(imitation)이다. 차별적 접촉은 개인이 위법행동이나 준법행동을 선호하거나 선호하지 않는 규범적 정의에 노출되는 과정으로서 특정 행위를 하는 사람과 직접, 간접적으로 접촉하는 것을 모두 포함한다. 차별접촉집단 중 가장 중요한 집단은 가족, 친구와 같은 원초집단이며 이들과의 접촉에서 접촉의 우선성(priority), 지속성(duration), 빈도(frequency), 강도(intensity)가 높을수록 개인이 일탈행위에 빠지는 데 영향력이 커진다. 정의란 행위에 대한 옳고 그름, 정당함 또는 부당함 등에 대한 스스로의 평가, 즉 주어진 행위에 대해 개인이 부여하는 의미와 태도라 할 수 있다.

범죄에 대한 우호적 정의는 적극적 또는 중화적일 때 가능하다. 차별적 강화는 어떤 행위의 결과로 예상되는 보상이나 실제적인 보상과 처벌 간의 균형을 의미하는 것으로 비행행위로부터 얻어지는 돈, 음식, 즐거운 감정 등의 보상이 체포, 범죄자로 낙인, 발각될 가능성과 같은 부정적인 처벌보다 클 경우에 비행행위는 강화된다. 모방은 타인의 행동을 관찰한 후 그것과 유사하게 행동하는 것을 의미한다. 원초집단이 주로 모방의 대상이 될지만 언론이나 미디어 등의 대중매체를 통해서도 발생하며 모방은 새로운 행위의 시도나 수행에 중요한 영향을 미친다.

3) 청소년 가출에 대한 보호 대책

첫째, 청소년 가출 예방을 위해 가출에 대한 환상을 갖지 않도록 가출의 위험성을 알리는 예방적 측면에서의 대책이 마련되어야 한다. 가출위험이 있는 청소년과 일반 청소년을 대상으로 가출 예방 프로그램을 제작하여 교육하게 한다든지, 부모나 의미 있는 타인으로부터의 안정적인 애착과 지지를 이끌어 내는 대인협상전략과 관리기술, 스트레스 대처법 등을 익히게 하여 문제 상황에서 가출 선택의 가능성을 줄여주는 방법도 있다. 무엇보다 가출의 원인이 되는 가정에서의 부모와 가족 전체의 기능을 강화할 수 있는 프로그램, 부모교육은 의무화될 필요가 있다(정규석 외, 2013).

둘째, 가출 전후에 활용할 수 있는 지원체계에 대한 정보를 제공해야 한다. 가출 후 활용할 수 있는 쉼터와 같은 기관과 쉼터 실무자들이 가출청소년을 위해 어떤 일을 하는지 정보를 제공하여 이해할 수 있도록 도와야 한다. 일부 청소년들은 타인과 간접적이라도 연결이 됨으로써 집으로 돌아갈 수 있는 방법을 안내받는다든지, 가출 청소년을 돕고자 하는 비공식적인 체계와 연결시켜주는 등의 도움만으로도 자신들의 욕구를 충족시킬 수 있다(천정웅 외, 2013).

셋째, 상담실, 사회복지관, 학교, 보건소, 경찰, 자원봉사단체 등 지역사회에 산재한 자원의 유기적 연결을 통해 보다 통합적인 서비스를 지원해야 할 것이다. 이들 유관기관들의 네트워크가 제대로 구축되지 않으면 가출청소년을 조기 발견하여 신속하게 개입하는 것도 어렵다. 쉼터에서 제공되는 개별, 집단상담 프로그램 개발과 상담과정을 지원하는 상담실, 지역사회 중심의 프로그램과 활동을 통해 입소생활과 퇴소 후 적응을 돕는 사회복지관, 가출청소년의 발견과 문제 예방 그리고 해결에 가장 중요한 지지체계인 학교 등이 지속적으로 협력해 나가야 한다. 가출청소년이 발생했을 때 신속하게 개입할 수 있는 hot-line 시스템과 유관기관들의 신고체계, 연계체계의 구축도 필요하다(홍봉선 · 남미애, 2009).

넷째, 현재 가출청소년을 위한 지원은 지역사회 청소년 통합지원체계(CYS-Net), 아웃리치동반자사업, 청소년전화 1388, 청소년쉼터 등을 통해 실시되고 있으며 이러한 다양한 전달체계들이 확충될 필요가 있다(정규석 외, 2013; 조성연 외, 2012). 예를 들어, 직접 거리로 나가 가출청소년이나 가출위험이 있는 청소년을 찾아서 정보와 상담을 제공하는 아웃리치사업 등의 현장 지원 서비스는 직접적이고 즉각적이며 개별적인 서비스 제공이 가능하다. 또한 길거리를 배회하는 가출청소년에게 가장 시급하게 필요한 샤워, 세탁, 간단한 음식, 구급약품 등의 서비스를 제공하는 일시보호쉼터인 drop-in center는 하루 중 일정 시간 동안 문을 열어놓고 찾아온 청소년이 요구하는 서비스를 최대한 지원해 준다. drop-in center는 현장에서 부담없이 서비스 제공자를 만나도록 함으로써 유해환경의 접촉을 조기에 차단하도록 도울 수 있다.

다섯째, 우리 사회는 가출청소년을 통제와 선도의 대상으로 바라보며 가정복귀를 일차적인 대응책으로 강조해 왔으나 현실적으로 가출청소년들은 부모의 학대와 폭력, 가정해체 등으로 생존을 위해 가출을 하며 가정으로 복귀하더라도 가족환경 내에 여전히 동일한 문제가 반복되고 있기 때문에 재가출을 시도하는 경우가 많다(정규석 외, 2013). 가출청소년이 정상적인 사회화과정에서 일시적으로 실패하였다하더라도 비행청소년이라는 낙인적이고 병리적인 관점이 아니라 이들을 강점관점으로 이해하는 새로운 시각의 전환이 필요하다. 가출청소년의 권리와 복지를 보장하는 사회적 책임을 강조하고 이들이 처한 다양한 상황과 욕구에 기초한 접근이 실천되어야 한다.

2. 청소년 중독과 보호

일반적으로 중독(addiction)은 의존적 행동장애로서 알코올, 카페인, 마약류 등과 같이 인체에 흡수되는 화학물질의 남용, 구갈행동, 금단현상, 내성 등의 증상을 의미한다. 정신분석학에서는 과도한 특정행위에 대한 집착이나 이러한 행위에 대한 충동조절장애도 일종의 중독에 해당한다고 하였다. 청소년기의 중독문제로 약물 중독, 인터넷 중독, 스마트폰 중독에 대해 살펴보자.

1) 청소년 중독에 대한 이해

(1) 약물 중독

약물 중독은 약물의 과다한 사용을 의미하는 전문용어로서 인간의 약물사용 행위에 관련된 개념으로 약물 사용, 약물 남용, 약물 오용, 약물 의존, 내성 등이 있다(조성연 외, 2012; 홍봉선·남미애, 2009). 약물 중독은 약물 사용에 대한 강박적 집착, 스스로의 의지에 의한 자기조절 불능, 해로운 결과가 있을 것을 알면서도 강박적으로 사용하는 상태를 말하며 매우 심한 심리적·신체적 의존상태이다. 약물 사용이란 의사의 처방 유무에 상관없이 질병치료 효과가 있고 위험성이 적은 약물을 사용하는 것이다. 약물 본래의 효과 이외에 다른 효과는 개인이나 사회에 별다른 위험이나 해악을 주지 않는 경우의 약물 사용을 말한다. 또한 약물 남용은 의학적 상식, 법규, 사회적 관습으로부터 벗어나 쾌락이나 사용자의 기분을 전환할 목적이라든가 주변의 상황이나 자신에 대한 인식을 바꾸기 위해 또는 새로운 경험을 얻고 사회적·개인적·성적으로 어떠한 능력을 발휘하기 위해 의료의 목적과는 관계없이 약물이나 어떤 화학물질을 한 번 이상 사용하는 것이다. 약물 오용이란 처방된 약을 제대로 사용하지 않는 경우를 뜻하며 사용하는 약물의 용량이나 상황 면에서 그 개인에게 위험을 줄 수 있다. 한편, 약물 의존은 마약류 및 약물을 지속적·주기적으로 사용한 결과 정신적·신체적으로 변화를 일으켜 사용자가 마약류 및 약물을 중단하거나 조절하는 것이 어렵게 된 상태를 뜻하는 것이며 내성은 약물을 사용했을 때 효과가 점차 감소하거나 동일한 효과를 얻기 위하여 약물의 용량을 점점 증가시켜야 하는 경우을 의미한다.

(2) 인터넷 중독

10대의 청소년 인터넷 사용 비율이 20~30대의 사용 비율보다 높고 사이버 공간에서의 사회집단 속에서 자신의 존재를 의미 있게 인식하는 이들 청소년들은 오프라인 공간을 마치 사이버 공간으로 착각하여 일반 범죄로까지 이르는 문제들이 발생하고 있다. 현실 공간에서 해결하지 못한 괴리감들을 사이버 공간에서 해결하려 함으로써 사이버 공간에 대한 신뢰가 높으며 원만한 대인관계가 불가능해진다.

인터넷 중독은 ① 인터넷 사용자가 인터넷의 사용행위가 삶에서 가장 중요한 위치를 차지하고 있고 오로지 인터넷만을 생각하며 계속 사용하기 위해 노력한다. ② 인터넷을 사용하지 않을 경우 다음의 인터넷을 사용하기까지의 시간 동안의 무능력상태가 동반되며 인터넷을 사용하는 시간만큼은 만족감과 행복감을 갖게 된다. 인터넷을 사회생활과 개인, 집단과의 문제해결을 위한 주체로 이용한다. ③ 인터넷을 이용할 때 나타나는 일종의 쾌감 지속시간을 연장하기 위하여 사용시간을 점차 확대한다. ④ 만약 인터넷 사용을 중지하거나 그 행위를 줄일 경우 불쾌감, 불안감, 우울감, 불면 등의 정신의학적 증상이 나타난다. ⑤ 인터넷을 사용하는 다른 사용자와의 관계만을 지속할 경우 사회화가 늦어지거나 왜곡될 수 있다. ⑥ 인터넷 사용자가 사용조절을 한 후에도 언제든지 중독증을 보일 수 있는 여건이 발생할 경우 같은 형태로 재발이 가능하다(김현수, 2012).

(3) 스마트폰 중독

청소년에게 휴대폰은 항상 몸에 부착되어 다양한 정보습득과 신속한 의사소통을 가능하게 하므로 컴퓨터를 통한 인터넷 사용보다 더 매력적이고 자극적일 수 있다. 청소년들은 휴대폰을 활용하여 자신만의 네트워크를 구성하고 또래들과의 유대를 강화하며, 무선인터넷 접속으로 다양한 정보와 게임, 동영상을 즐기고 있다. 휴대폰은 또래와의 소통을 위한 메신저이며 자신의 욕구와 취향을 표현하는 수단이기도 하다. 이러한 다양한 기능과 스마트폰의 급증으로 인해 일부 청소년들은 휴대폰에 과다하게 집착하며 몰입하는 현상을 보이고 있다(정규석 외, 2013).

스마트폰 과다 사용은 초조와 불안, 내성, 의존, 금단의 증상을 보이는데, 여기서 의존은 스마트폰을 사용하지 않았을 때 우울하거나 초조함과 답답한 기분이 들고 습관적으로 스마트폰을 사용하며 심리적으로 의존하는 상태에 이르는 것을 말한다. 또한 내성은 스마트폰을 사용하는 데 점점 더 많은 시간을 사용해야만 만족감을 느끼는 증상을 의미하며 금단은 스마트폰에 대해 강박적인 사고나 환상을 갖고 스마트폰 사용을 멈추면 초조하거나 짜증이 나는 현상을 말한다(금창민, 2013).

2) 중독 설명 이론

(1) 인지행동이론

인지행동 접근을 활용한 인터넷 중독 원인 모델에 따르면 부적응적 행동의 유지와 인지능력 부족에 의해 중독이 야기된다(Davis, 2001). 부적응적 인지는 중독의 필요충분조건으로 자신에 대한 사고와 세계에 대한 사고 두 차원에서 나타난다. 또한 반추, 자기의심, 낮은 자기효능감, 부정적 자기평가와 같은 인지적 왜곡은 중독 행동을 초래하거나 강화, 유지하는 경향이 있다. 인지적 왜곡은 충동조절장애를 가진 사람들이 충동적으로 행동하고자 하는 강렬한 갈망과 충동을 없애기 위한 것이기도 하다(Jon, 2009). 스마트폰 중독자의 경우 충동적 행동에 대한 갈망과 내적 갈등을 제거하고자 인지적 왜곡을 발생시켜 지속적으로 스마트폰을 사용하게 되는 악순환을 야기할 가능성이 높다. 특히, 과다한 스마트폰 사용으로 인한 시간적·학업적 손해보다 그로 인해 얻게 된 정보나 즐거움만을 기억하는 선택적 기억, 또는 스마트폰 사용으로 인한 스트레스 해소와 높은 학업성적이 우연히 함께 발생한 것임에도 인과적으로 이해하는 착각적 상관이 발생할 수 있다.

한편, Abrams와 Kushner(2004)에 따르면 인지적 오류는 문제성 도박행동을 야기하는데, 예를 들어 도박문제로 고통을 받는 행동중독자는 ① 미신적 믿음(자신에게 행운을 주는 사건이나 물건을 믿는 것), ② 해석적 편향(성공은 자신의 능력으로, 실패는 운으로 돌리는 것), ③ 시간적 망원경(다른 사람에 비해 자신은 확률적으로 예상되는 승리가 더 빨리 다가올 것이라는 기대), ④ 선택적 기억(돈을 잃은 기억은 무시하고 딴 것만 기억함), ⑤ 착각적 상관(우연히 함께 발생한 것인데도 자신이 돈을 잃거나 딴 사건의 맥락에 함께 있었던 자극을 인과적인 힘을 가진 것으로 믿는 것) 등의 인지적 왜곡을 보인다(우상우 외, 2010 재인용).

(2) 자기결정성 이론

자기결정성 이론에 따르면 행동의 원인이 자기결정적일수록 내재적 동기가 더 유발되며, 인간의 내재적 동기를 유발하기 위해서는 기본적인 심리적 욕구인 자율성(autonomy), 유능감(competence), 관계성(relatedness)을 통해 독립심과 통제감을 추구할 수 있다. 즉, 이 욕구들이 충족되었을 때 내재적인 동기가 촉발되어 창의적 행동, 긍정적인 반응, 자아존중감, 융통성 있고 합리적인 일 처리, 삶의 만족, 수행, 끈기 등이 촉진될 수 있다고 본다. 자율성은 행동을 시작하고 유지하고 조절할 때에 자기결정성을 가지고 행동하려는 욕구이며 유능감은 환경 속에서 능력을 발휘하고 효율적으로 행동하려고 하는 욕구이며 관계성은 대인관계적 유대를 안정적으로 형성하려는 경향성이다(Baumeister & Leary, 1995).

한편, 동기의 유형인 외재적 동기와 내재적 동기는 명확히 구분되기보다는 자기결정성 수준에 따라 하나의 연속선상에 존재할 수 있는 속성을 가지고 있다. 내재적 동기가 자신의 흥미, 가치관과 일치하는 행동을 하려는 동기로 자발적으로 능력을 발휘하여 목표를 이루고자 하는 성향을 의미한다면 외재적 동기는 자율성의 정도에 따라 세분하여 자기결정성이 낮은 순서부터 무동기(amotivation), 외재적 조정(external regulation), 부과된 조정(introjected regulation), 확인된 조정(identified regulation), 내재적 조정(intrinsic motivation)으로 구분한다(Ryan & Connell, 1989).

무동기는 내재적 · 외재적 동기가 없는 상태로 자신의 행동과 그 행동 결과 간의 관계를 전혀 지각하지 못하는 상태이다. 나머지 네 개의 동기적 개념들은 자율성을 측정하기 위해 사용될 수 있는데, 내재적 조정과 확인된 조정에 의해 행동하는 사람은 자율성이 생기면서 더 큰 만족을 얻게 되지만 부과된 조정과 외재적 조정에 의해 행동하는 사람은 자율성이 감소되고 어려움을 경험할 수 있다. 외재적 동기를 내재화하는 능력은 기본적인 심리 욕구가 얼마나 충족되느냐에 달려 있다. 선행연구에서는 자기결정성의 자율성, 유능감, 관계성 등의 세 가지 욕구와 스마트폰 몰입과의 관계(김효정 · 안현숙, 2015), 인터넷 중독과의 관계(김은영, 2016)를 경험적으로 탐색하고 있으며 자기결정성 동기이론을 기초로 중독에서의 상담이론과 방법들을 발전시켜 나가려는 노력들이 시도되고 있다.

(3) 선택이론

선택이론에서 인간은 생존, 사랑, 성취, 즐거움, 자유에 대한 다섯 가지 기본적 욕구에 따라 행동하고 삶을 영위한다고 본다. Glasser(1985)에 따르면 인간이 할 수 있는 일은 행동하는 것이며 이 다섯 가지 욕구 중 하나 혹은 그 이상의 욕구를 충족시키기 위해 행동한다. 그러나 그 행동이 항상 바람직한 선택으로 이어지는 것은 아니기 때문에 인간은 긍정적이고 바람직한 방법으로 욕구충족을 할 수 있는 행동을 찾아야 하며 그 행동이 다른 사람들의 욕구충족 기회를 방해하지 않아야 자신들의 삶을 잘 통제한 것으로 보았다.

중독에는 긍정적 중독과 부정적 중독이 있으며 힘이 강한 사람은 긍정적 중독을 선택하며 이로 인해 개인의 삶에 활력을 얻지만 힘이 약한 사람은 부정적 중독을 선택하여 본인의 삶을 파괴하게 된다(김인자, 2008 재인용). 부정적 중독은 현실에서 충족되지 않은 욕구와 관련된 부적응을 의미하는 것으로 더 나은 선택을 할 만한 능력을 본인들이 가지지 못했다고 믿음으로써 포기, 증상, 중독 등 세 가지 중 한 가지를 선택하게 된다.

청소년들은 인간관계에서 자신이 억제해왔던 욕구나 갈등을 표현하는 하나의 쉬운 현실적 대안으로 사이버 공간을 선택하고 충족되지 않은 욕구로 인한 스트레스를 해소하려 하지만 그것은 일시적이고 결국 다시 고통을 경험하게 된다. 현실에서의 소외된 의사소통에서 벗어나려 하지만 인터넷에 대한 과도한 의존이 결국은 사회적 참여의 감소로 이어져 오히려 심리적 안녕을 위협하게 되며 가족 간의 의사소통에도 부정적 영향을 미쳐 고독과 우울을 증가시키게 된다(김동현, 2010).

(4) 몰입이론

몰입(Flow)이란 어떤 활동에 깊이 빠져 있을 때에 느끼는 의식상태를 의미한다. 몰입상태에서 인간은 모든 신체기관과 의식의 초점을 한 가지에 집중하고 그 과정에서 쾌락과 자기충족감을 느끼게 된다. 몰입은 학습, 여가, 직업 등 일상의 다양한 측면에서 긍정적인 모습으로뿐만 아니라 부정적인 모습의 중독 형태로 나타날 수 있다. 예를 들어, 스마트폰 중독에서의 몰입이란 개인이 스마트폰을 사용하면서 느끼는 주관적인 최적 경험(optimal experience)이라고 할 수 있다. 몰입현상은 그것이 촉진되는 조건과 그 상태에서 경험하는 현상으로 구분하며 다음과 같은 특징이 있다(진미령, 2015 재인용).

몰입상태가 촉진되는 조건으로 ① 과제의 난이도가 개인의 기술과 능력수준에 적절하고, ② 뚜렷한 목표가 있으며, ③ 피드백이 분명하고 즉각적으로 주어질 때 몰입상태가 촉진된다. 몰입상태에서 한 개인이 경험하는 현상으로는 ① 행동과 자각이 분리되지 않고 통합되며, ② 자신과 과제에 대해 통제감과 자신감을 느끼고, ③ 자의식이 점차 사라져서 과제수행에 두려움이 크게 감소하고 자기경계가 넓어지며, ④ 과제에 대한 집중력이 증가하고, ⑤ 시간의 흐름이 빠르게 느껴지며, ⑥ 활동 그 자체가 목적을 가지게 되는 자기목적적인 특징을 띠게 된다.

3) 청소년 중독에 대한 보호 대책

첫째, 청소년을 대상으로 무엇보다 중독을 사전에 예방하는 체계적인 교육이 실시되어야 한다(조성연 외, 2012). 청소년들이 약물 중독, 인터넷 중독, 스마트폰 중독의 위험성을 인지할 수 있도록 학교 단위의 정규적인 예방교육을 실시하되 청소년의 발달단계와 성, 연령, 청소년의 다양한 욕구를 반영한 맞춤형 프로그램을 개발하고 보급하는 시도가 이루어져야 한다. 청소년뿐 아니라 부모와 교사를 대상으로 인터넷과 스마트폰의 사용 조절 프로그램, 중독 예방을 위한 윤리교육이 함께 병행된다면 예방교육의 효과를 극대화할 수 있다.

대다수의 청소년이 학생임을 감안하여 학교교과과정에 별도의 교육 내용을 둔다든지, 교육 내용은 연령 또는 학년별로, 중독 경험과 청소년의 욕구에 따라 청소년들이 적극적으로 참여할 수 있는 교육이 이루어져야 한다. 교사와 학부모를 포함한 일반국민이 중독의 문제를 심각하게 인식하고 생활 주변에서 이러한 문제를 대처할 수 있는 능력을 갖추도록 하는 것이 필요하다.

둘째, 중독 청소년들에게는 더 이상 악화되지 않도록 체계적이고 전문적인 치료와 재활대책이 필요하다(홍봉선·남미애, 2009). 중독 청소년의 치료단계에 적합한 목표와 개입전략 등 구체적이고 실제적인 전문적 접근이 개별 차원에서 이루어져야 한다. 예를 들면, 청소년 전용 약물치료센터를 설치·운영하여 성인이나 다른 질병을 가진 사람들 속에서 치료를 받을 경우 나타나는 부작용을 막을 수 있다. 또한 인터넷 중독과 스마트폰 중독의 위험 정도를 신속하게 선별해서 지역의 전문기관을 통해 위험수준에 따라 차별적인 치료서비스와 상담을 받도록 해야 할 것이다.

약물 중독, 인터넷 중독과 스마트폰 중독 청소년은 대체로 사회에서 생활해 나가는데 필요한 사회기술, 대인관계기술, 의사소통, 문제대처기술 면에서 심각한 장애를 경험한다. 중독에서 집단상담과 치료는 청소년에게 유용할 수 있으나 때로 집단을 활용하기에 장애물이 많고 집단에서 자신의 문제를 토의할 준비가 되어 있지 않거나 치료관계의 향상 또는 대인관계의 문제와 취약점을 해결할 필요가 있을 때에는 개인

상담과 치료를 받도록 권장해야 한다(김성이 외, 2010).

셋째, 청소년 중독문제에 대해 사회적·제도적으로 차단하거나 통제하는 장치만을 강구하는 것은 중독문제를 예방하고 해결하는 근본대책이 되기 어려운 시기에 와 있다. 사실상 인터넷과 휴대폰은 청소년들의 일상적 삶과 분리될 수 없기 때문에 청소년들이 온라인 게임이나 채팅, 쇼핑, 음란동영상 이용을 줄이고 보다 생산적으로 인터넷을 활용할 수 있는 방안들을 제시해 주어야 한다. 예를 들면, 또래집단과 함께 할 수 있는 콘텐츠 개발이나 UCC 제작, 가족이 함께 참여하는 게임이나 스트레스 관리 콘텐츠 등을 개발하는 것이 방법이 될 수 있다(정규석 외, 2013).

한편, 스마트폰의 경우 1인 1스마트폰 시대는 누구든지 마음만 먹으면 쉽게 스마트폰을 이용할 수 있게 만들었으며 면대면 소통 대신 미디어 매개 커뮤니케이션으로 소통의 욕구를 실현하게 하고 있다. 최근 스마트폰의 웹애플리케이션의 확대로 청소년들은 채팅과 SNS(Social Networking Service), 게임 등을 언제 어디서든 신속하게 즐길 수 있기에 중독위험군의 연령은 더 낮아지고 있다. 따라서 사회 트렌드가 되고 있는 미디어 테크놀로지 변화에 대응하는 지속적인 개입전략들을 마련해야 할 것이다(권상희·최윤정, 2016).

참고문헌

고순청(2016). 청소년 가출에 영향을 미치는 요인. 동국대학교 대학원 석사학위논문.

권상희 · 최윤정(2016). 스마트폰 중독 연구: 근거이론 접근법을 활용한 중독위험군의 특성 도출을 중심으로. **인터넷중독연구**, 1, 1-18.

금창민(2013). 중고등학생의 스마트폰 '중독 경향성'과 정신건강문제에 관한 연구. 서울대학교 대학원 석사학위논문.

기광도(2011). 자기통제력의 형성요인에 관한 분석. **형사정책**, 23(2), 7-60.

김경희 · 김지수(2007). 고등학생의 가출에 영향을 미치는 위험요인. **아동간호학회지**, 13(3), 338-348.

김동현(2010). 선택이론의 관점으로 바라본 인터넷 중독 관련 변인 연구. 고려대학교 대학원 석사학위논문.

김범구 · 조아미(2013). 잠재계층분석(LCA)을 이용한 학업중단 청소년의 유형과 특성. **한국청소년연구**, 24(3), 5-31.

김성이 · 조학래 · 노충래 · 신효진(2010). **청소년복지학**. 경기도: 양서원.

김영순 · 김혜원(2007). 청소년가출의 실태 파악과 가정, 학교, 성격 및 자아개념과의 관련성 분석. **한국청소년시설환경학회지**, 5(2), 43-55.

김영지 · 김경준 · 김지혜 · 이민희 · 유설희 · 최윤호(2013). **한국 아동청소년 인권실태연구III**. 한국청소년개발원 연구보고서.

김은영(2016). 자기결정성 동기 이론과 중독상담에의 적용가능성. **한국심리학회지**, 1(1), 17-30.

김인자(2008). 당신의 삶은 누가 통제하는가. Glasser, W. 1976. 한국심리상담연구소.

김지혜 · 김기남 · 박지영 · 정경은 · 조규필(2006). **단기청소년쉼터 운영모형에 관한 연구**. 국가청소년위원회.

김현수(2012). 청소년의 인터넷 중독과 해결방안에 관한 고찰. **한국중독범죄학회보**, 2(1), 73-86.

김효정 · 안현숙(2015). 스마트폰 이용자의 자기결정성 이론이 플로우 및 스마트폰 중독에 미치는 영향. **컴퓨터교육학회논문지**, 18(2), 35-45.

박영의(2013). 학업중단숙려제 상담의 실제. **한국심리학회 연차 학술발표 논문집**, 2013(1).

박영호 · 김태익(2002). 가출예측척도에 의한 여중생들의 가출요인분석. **청소년 상담연구**, 10(2), 81-89.

서우석 · 정철영 · 이광호 · 재영병 · 허영준 · 김재호(2007). 실업계 고등학교 학생의 중도탈락 개선을 위한 진로지도 및 상담활성화 방안. **직업교육연구**, 26(1), 106-133.

오민숙 · 이은하(2016). 학업중단숙려제 상담에 대한 고찰. **사회복지경영연구**, 3(1), 73-90.

오승환(2010). 청소년가출에 대한 생태체계적 영향요인: 가출충동과 가출경험을 중심으로. **청소년복지연구**, 12(3), 301-324.

우상우 · 박기쁨 · 정성훈 · 장문선(2010). 행동중독의 예측인자로써 인지특성, 정서특성, 자아특성. **한국동서정신과학회지**, 13(1), 19-36.

유진이(2009). 학교중도탈락 청소년의 심리적 지도방안. **청소년학 연구**, 16(11), 229-259.

윤우석(2010). 청소년 지위비행과 부모의 양육행위에 지역사회의 생태학적 특성이 미치는 영향. **형사정책연구**, 81(3), 175-202.

윤철경 · 류방란 · 김선아(2010). **학업중단현황 심층분석 및 맞춤형 대책 연구**. 교육과학기술부.

이순례 · 이경상(2010). 생활긴장이 소년비행에 미치는 영향에 관한 연구. **형사정책연구**, 21(4), 5-32.

이해주 · 이미리 · 모경환(2006). **청소년 문제론**. 서울: 한국방송통신대학교출판부.

이희갑(2017). 학교 밖 청소년의 교육소외 극복을 위한 학교변인에 대한 연구: 대구방송통신중고등학교 청소년반 사례를 중심으로. 한국교원대학교 대학원 석사학위논문.

전경숙(2013). **경기도 학교 밖 청소년 지원방안 연구**. 경기도가족여성연구원.

정규석 · 김영미 · 김지연(2013). **청소년복지의 이해**. 서울: 학지사.

조성연 · 유진이 · 박은미 · 정철상 · 도미향 · 길은배 · 김민정(2012). **청소년복지론**. 서울: 창지사.

천정웅(2012). **청소년복지론: 발전적 관점**. 경기도: 양서원.

천정웅 · 이지민 · 성윤숙(2013). **청소년보호와 문제**. 경기도: 양서원.

최동선 · 이상준(2009). **학교중단 청소년을 위한 진로개발 지원 방안**. 한국직업능력개발원.

최상근 · 양수경 · 남기곤(2010). **학업중단위기 학생의 실태와 지원 방안 연구**. 한국교육개발원. 연구보고 RR 2010-12.

한국청소년개발원 편(2007). **청소년육성제도론**. 경기도: 교육과학사.

허철수(2004). 학교밖청소년을 위한 서비스 자원개발 및 적용. 학교밖청소년 길찾기. 학교밖청소년지원센터 현판식 및 학술세미나. 한국청소년상담원.

홍봉선 · 남미애(2009). **청소년복지론**. 경기도: 공동체.

Agnew(1992). Foundation for a general strain theory of crime and delinquency. *Criminology, 30*(4), 47-88.

Baumeister, R. F., & Leary, M. R.(1995). The need to belong: Desire for interpersonal attachments as a fundamental human motivation. *Psychological Bulletin, 117*, 497-529.

Ryan, R. M., & Connell, J. P.(1989). Perceived locus of casuality and internalization: Examining reasons for acting in two domains. *Journal of Personality and Social Psychology, 57*, 749-761.

Davis, R. A.(2001). A cognitive-behavioral model of pathological internet use. *Computers in human behavior, 17*(2), 187-195.

Glasser, W.(1985). *Positive addiction*. New York: Harper Perennial.

Jon E. Grant.(2009). Impulse Control Disorder: A clinician's guide to understanding and treating behavioral addictions. W.W. Norton & Company.

Saleebey, D.(Ed.)(2005). *The strengths perspective in social work practice* (4th ed.). Boston, MA: Pearson Education, Inc.

6장

청소년 자살과 트라우마

1. 청소년 자살

청소년문제 중에는 성인기로 가기 위한 자연스러운 현상 때문에 일어나는 다양한 문제가 발생할 수 있다. 갑작스러운 생물학적 발달로 인한 호르몬의 변화가 정서에 영향을 주고 정서가 반응하여 행동에 영향을 미치는 자연스러운 변화를 문제삼을 수도 있다. 하지만 대부분 청소년기에 겪고 나면 사라지는 과정이기도 하다. 예를 들어, 중·고등학교 때는 욕을 하는 학생이라고 할지라도 대학에 진학을 하거나 직장에 취업을 했을 경우에는 욕설을 삼가거나 아예 달라질 수 있다. 청소년을 둘러싼 생태적 환경이 달라지면 생활방식도 달라지기 때문이다. 청소년기의 소소한 문제들은 성인기로 가는 과정에서 일어나는 과정이며 어쩌면 그 시기가 아니면 경험해 볼 수 없는 행동의 일탈이라고 볼 수 있다.

다양한 청소년들의 문제행동들이 있지만 그중에서 청소년들이 성인기까지 갈 수 있는 건강한 발달을 가로 막는 '문제'행동이 있다. 바로 청소년의 자살행동이라고 본다. 여러 가지 청소년문제들은 행동수정을 통해 바로 잡을 수 있지만, 자살행동은 한 순간에 소중한 목숨을 잃어버릴 수 있는 극단적 문제행동이기에 보다 세심한 보호와 교육이 필요하다. 특히, 대한민국의 청소년 자살률에 대한 미디어의 보도 내용과 OECD국가 중의 순위는 충격을 준다. 무엇보다 청소년 자살의 원인에 대한 실제적인 접근을 하여 청소년의 심각한 문제행동인 자살생각, 자살행동을 방지해야 할 것이다.

1) 우리나라 청소년 자살의 특징과 실태

우리는 종종 미디어에서 대한민국의 청소년 자살률에 대한 보도를 듣게 된다. 특히, OECD국가에서 순위를 매겨 보도하는 자료를 종종 보았을 것이다. OECD국가 중에서 1위를 했든 5위를 했든 순위가 중요한 것이 아니다. 자살이라는 순위에서 상위권을 달리고 있는 대한민국의 현실을 직시하고 그 대처방안을 모색하는 것이 중요하다. 2016년 여성가족부에서 발표한 청소년 통계자료에 의하면 2014년 9~24세 청소년의 사망원인은 '고의적 자해(자살)'가 가장 많고, 다음은 '운수사고', '악성신생물(암)' 순으로 나타났음을 알 수 있다. 10년 전(2004년) 청소년의 사망원인으로 '교통사고'가 가장 많았으나, 2007년부터 '고의적 자해(자살)'이 가장 많은 비중을 차지하고 있다. 2014년 고의적 자해(자살) 사망률은 7.4명으로 전년 7.8명보다 감소한 반면, 운수사고는 4.9명으로 전년 4.4명보다 증가함을 보여 준다(여성가족부, 2016).

'대한신경정신의학회'에 따르면 대략 청소년의 15~46%가 일 년 동안 한 번 이상 자살을 생각해본 적이 있다고 하고, 3~11%의 청소년이 자살을 시도한 적이 있다고 보고되었다. 또한 대학생 자살시도자의 73%가 대학 진학 이전에 첫 번째 자살시도를 했다는 결과를 미루어 볼 때, 청소년기부터 초기 성인기까지(9~24세) 이르는 청소년기의 위기를 극복할 수 있도록 돕는 실제적인 노력이 필요하다.

우리나라 청소년 자살과 자살시도는 우울, 불안 및 분노, 적대감 등과 연관성이 있는 것으로 나타나고 있다. 청소년들은 미성숙하기에 이러한 부정적 감정을 적절히 다스리지 못하고 파괴적 행동으로 표현하며, 파괴적 행동이 자신을 향할 때 충동적인 자살시도로 이어질 수 있다는 것이다.[1]

박병금, 노필순(2007)은 청소년의 자살생각의 원인으로 우울을 가장 높은 변인으로 보고 있다. 청소년기 자살에 대한 생각은 우울만이 변인으로 작용하는 것은 아니다. 하지만 청소년기에 우울을 유발하는 생물학적, 사회적, 정서적인 다양한 변인들이 상호작용하기 때문에 우울을 다루는 것은 청소년 자살에 대한 이해와 대처방안을 위해

1) '정신이 건강해야 삶이 행복합니다' 참조함(http://terms.naver.com)

서 필요하다.

김기헌 · 오병돈 · 이경숙(2013)의 '청소년 자살 예방정책 연구'에서 드러난 대한민국의 청소년 자살에 대한 실태에서 보면 남자 청소년의 자살사망률이 최근 증가하는 양상을 보여 주고 있다. 이는 남자 청소년의 경우 보다 위험한 자살도구를 사용하는 경향이 있는데, 최근 고층의 아파트 주거가 늘어나면서 치명적인 자살방법에의 접근성이 높아졌기 때문으로 풀이해 볼 수 있다. 자살실태와 관련하여 간접적인 자살 원인과 관련한 결과는 통계청에서 실시한 「사회조사」 자료를 통해 살펴볼 수 있다(통계청, 2013). 2012년 결과를 살펴보면, 13~19세는 12.1%가 자살 충동을 느낀 적이 있다고 응답하고 있으며 자살 충동 원인에서 성적이나 진학 때문이라는 응답이 39.2%로 가장 높았고 이어서 가정불화가 16.9%, 경제적 어려움이 16.7%로 나타났다. 다음으로 20~29세는 9.3%가 자살 충동을 느낀 적이 있다고 응답하였으며 자살 충동 원인과 관련하여 경제적 어려움 때문이라는 응답이 28.7%로 가장 높았고 이어서 직장문제가 21.4%, 외로움, 고독이라는 응답이 17.0%로 나타났다. 전반적으로 볼 때 10대는 성적이나 진학 문제가, 20대는 경제적 어려움과 직장문제가 자살 충동의 주된 원인임을 알 수 있다.

자살생각과 관련된 원인분석을 실시한 한국청소년정책연구원의 2012년 「아동 · 청소년 정신건강 증진을 위한 지원방안 연구」의 아동·청소년 정신건강 실태조사 자료를 분석하면 보다 실제적인 한국 청소년의 자살생각과 관련된 연구 결과들을 알 수 있다(최인재 · 모상현 · 이선영, 2012). 아동 · 청소년 정신건강 실태조사는 초등학교 4학년부터 고등학교 3학년까지를 대상으로 했으며 표본 수는 총 9,435명으로 이중 초등학생은 2,943명(31.2%), 중학생은 2,844명(30.1%), 고등학생은 3,648명(38.7%)이다. 구체적으로 살펴보면, 여학생이 남학생보다 자살을 생각할 가능성이 다른 요인을 모두 통제한 상태에서도 1.7배(≒Exp(0.505))나 높게 나타났다. 이 결과는 선행연구들과 일치하는 것으로 실제 자살은 남학생이 많지만 자살에 대한 생각이나 충동, 시도 등은 여학생이 높게 나타나고 있다. 다음으로 청소년 자살 위험요인으로 고려한 변수들 중에서 주관적 불안은 다른 요인을 모두 통제한 상태에서 주관적 불안(1~4점)이 1점 높아질 경우 자살을 생각할 가능성이 4.9배(≒ Exp(1.584))나 높게 나타났다. 스트레스(1~4점) 역시 통계적으로 유의미한 결과를 보여 주고 있는데, 스트레스가 1점 높아지면 자살을 생각할 가능성이 1.3배 높게 추정되었다. 반면, 게임 중독은 통계적으로 유의미한 결과를 보여 주지 않았다. 청소년 자살 보호요인으로 고려한 변수들 중에서 자기효능감과 생활만족도는 통계적으로 유의미한 결과를 보이지 않았으나 자아존중감(1~4점)은 다른 요인을 통제해도 통계적으로 유의미한 결과를 보여 주었다. 곧 자아존중감이 1점 높아지면 자살을 생각할 가능성이 0.6배나 낮게 추정되었다. 이어서 가정요인들은 모두 통계적으로 유의미했는데, 가정형편이 좋을수록 자살을 생각할 가능성이 높게 추정되었다. 한부모나 조손가정인 경우가 부모가 다 있는 경우보다 자살을 생각할 가능성이 높았고 가족관계가 좋을수록 자살을 생각할 가능성이 낮게 추정되었다. 이러한 결과는 가족의 경제적인 수준이 자살 생각에 부가적인 효과를 보여 주지 않고 오히려 역효과가 있으며 가족의 정서적인 수준이나 가족 구성 등이 자살생각에 한 보호요인으로 작용하고 있음을 알 수 있다. 한편, 학교요인을 살펴보면, 학업성적이나 교사 및 친구관계는 자살생각과 관련이 없는 것으로 나타났으며 초·중학생보다는 고등학생일 때 자살 생각 가능성이 높게 추정된다.

2) 청소년 자살문제 인식의 중요성과 사회적 영향

청소년 자살문제는 청소년을 둘러싼 환경에 지속적인 영향을 미친다. 자살을 경험한 후, 친구와 형제자매 중 약 30% 이상이 우울증이 발병하였다. 가장 취약한 사람은 희생자의 계획을 알고 있었던 사람, 자살 전 24시간 내에 희생자와 대화를 나눈 사람, 그 죽음에 책임을 느끼는 사람이었다. 자살 희생자의 친구와 가족은 그 자살 경험 후 오랜 시간 후유증을 겪는다(Brent외 2011; 지승희·김보아 역, 2016).

자살 경험을 겪은 주변의 고통뿐 아니라 청소년 자살문제가 논의되어야 하는 주요한 원인은 다음과 같다. 먼저 청소년은 질병 등 자연적 요인에 의해 사망하는 숫자가 많지 않은 연령이다. 사망원인의 1, 2위가 대부분 외적 요인에 의해서 일어나기 때문에 예방적 노력에 의해 충분히 사망률을 낮출 수 있다. 두 번째로 최근 10여 년간 출생률이 계속 감소하면서 출산장려를 위해 국가는 많은 재정과 인력을 투자하고 있다. 이러한 현실에서 청소년의 자살을 예방하는 것은 국가의 미래인 젊은 인력을 보호한다는 측면에서 반드시 필요한 정책일 것이다. 마지막으로 청소년기에 주변 사람의 자살사건을 경험한 경우 일생을 통해서 자살에 대한 위험도가 경험하지 않은 청소년에 비해 크게 증가하기 때문에 청소년기 자살을 예방하는 것은 비단 청소년기 문제를 해결하는 것 이상의 사후 예방적 중요성을 갖는다(조인희, 2012, 8-9).

3) 청소년 자살의 원인

박병금(2007)은 "청소년의 자살생각 관련 요인"에서 생태체계요인과 청소년의 자아존중감 그리고 우울에 대한 분석을 하였다. 무엇보다 청소년의 주변인들인 가족, 친구, 학교관계와 자아존중감, 우울의 매개효과를 연구하였는데, 무엇보다 청소년의 자살생각은 자아존중감과 우울이 가장 중요한 매개로서 역할을 하고 있음을 결과적으로 보여 준다. 특히, 우울이 자살생각에 더 큰 영향을 주는 변인으로 작용하고 있음을 밝혔다. 김현순(2009)의 "청소년의 스트레스, 자기효능감, 우울과 자살생각의 관계"에서도 자살생각과 가장 상관이 높은 변인은 우울이며, 그 다음이 스트레스, 자기효능감이었다.

청소년 자살은 서구 선진국에서는 감소하는 추세인 데 반해서 한국에서는 증가하고 있으며, 특히 여아에서 증가 폭이 크다. 청소년 자살의 위험요인은 사회인구학적 요인, 정신건강요인, 개인 및 가정적 요인으로 나누어 볼 수 있다. 정신건강문제인 우울증, 불안장애, ADHD, 알코올 및 약물오남용의 문제를 조기에 발견해 치료하고, 부모가 제대로 돌보고 있는지 학대를 당하고 있는지 확인하여 도움을 제공하는 것이 청소년 자살률을 감소시키는 데 중요하다고 할 수 있다(전홍진 · 배주미 · 우종민, 2013).

〈표 6-1〉 청소년 자살 위험요인

사회인구학적 요인	정신건강요인	개인 및 가정적 요인
• 자살기도 및 자살을 성공한 사람들 • 낮은 사회경제적 상황 • 낮은 교육 상황	• 우울증, 불안증, 주의력 결핍, 과잉행동장애 • 약물, 및 알코올 오남용 • 절망 • 자살기도 경험 • 충동적이고 공격적인 성향(기질) • 유전적인 정신장애 • 자살방법에 쉽게 접근 • 다른 사람들의 자살행동에 노출	• 부모의 별거 및 이혼 • 부모의 죽음 • 불우한 어린시절 환경 및 아동학대 경험 • 대인관계의 어려움 • 유폐(감금, 투옥)

출처: 전홍진 · 배주미 · 우종민(2013). p. 95. Table 1 번역.

최연희, 장정남(2014)은 우리나라 중학생을 표적모집단으로 하여 설문조사를 통해 "청소년의 생활 스트레스, 우울 및 자살생각의 관계"를 분석하였는데, 생활 스트레스가 자살생각에 직접적으로 유의미한 영향을 주지 않고 우울을 통해 간접적으로만 영향을 미친다는 연구 결과를 도출하였다. 즉, 생활 스트레스가 높을수록 우울을 많이 느끼고 따라서 자살생각도 많이 하는 것으로 나타났다.

2012년 한국보건의료연구원이 청소년 자살의 위험요인에 대해 연구한 결과 청소년 우울증 치료율(우울증 치료 중인 청소년 수/전체 청소년 인구수, %)을 청소년 자살률과 비교해 볼 때 우울증 치료율이 자살률보다 더 낮은 것으로 나타났다. 청소년 건강행태온라인조사 및 국민건강영양조사 자료 분석에서도 우울증이 청소년 자살의 주요 원인으로 나타나는 점을 감안하면 청소년 자살 생각 및 자살 시도의 가장 큰 위험요인은 우울증이라고 볼 수 있다. 따라서 청소년 우울증에 대해 체계적으로 관리할 필요가 있다. 최근 청소년 자살 관련 예방요인에 대한 연구도 활발히 이루어지고 있다. 스트레스 대처능력과 가정 및 사회적 지지 등이 제시되고 있으며 몇몇 국내 연구에서는 청소년들의 자살생각 감소에 가족의 지지, 부모-자녀 간의 애착관계, 가정환경 내 부모 및 가족과의 긍정적인 관계, 친구와의 애착관계 등이 영향을 끼치는 요인임을 밝히고 있다. 이는 스트레스 대처능력과 사회적 지지의 중요성을 시사한다(전홍진 · 배주미 · 우종민, 2013).

4) 청소년 자살예방을 위한 국내외 활동의 역사와 현황

조인희(2012, 4-5)는 '청소년 자살'에 관한 특별기고문에서 청소년 자살 예방을 위한 국내외의 활동들을 역사적으로 정리하였다. 먼저 청소년 자살이 처음 주목받게 된 것은 1774년 괴테(Gothe)가 쓴 소설 "젊은 베르테르의 슬픔"이 출간된 후부터이다. 소설 속에서 주인공이 자살로 생을 마감하는데, 이후 이를 모방한 자살사건이 유럽 전역에서 유행하면서 모방 자살에 대한 관심을 불러일으켰다.

1890년대 들어서 자살에 대한 미디어의 태도와 모방자살의 관계가 주목을 끌면서 모방자살에 대한 경험적 연구가 이루어졌다. 1910년 Vienna Psychoanalytic Society에서 Freud를 포함한 당대 유명한 정신분석가들이 모여 청소년 자살에 대한 특별 회의를 개최하고 청소년 자살이 증가하는 이유와 예방법에 대하여 논의를 하였다.

미국에서는 1960~1970년 사이에 15~24세 남성의 자살이 급증하면서 1980년 대부터 효과적인 청소년 자살 예방전략에 대한 요구가 급증하기 시작했다. 1985년 「Youth Suicide and Prevention Act」(1985) 법안이 제정되었으며 이를 기반으로 학교 기반의 자살 예방 프로그램들에 대해 기금이 조성되고 다양한 예방 프로그램을 개발하여 구조화, 매뉴얼화하는 과정이 이루어졌다. 또한 US Department of Health and Human Services는 2001년 National Strategy for Suicide Prevention을 통해 학교 기반의 자살 예방계획에 대한 국가전략의 가이드라인을 제시하였으며 2002년 조지 부시 대통령에 의해 설립된 The New Freedom Commission on Mental Health는 청소년 정신건강과 자살 예방정책의 중요성을 재차 강조하였으나 이러한 정부기관의 관심이 포괄적이고 표준화된 국가 주도의 청소년 자살 예방 프로그램의 수립으로 이어지지는 못했다. 그러나 이러한 노력과 자원들을 중심으로 학교기반 자살 예방 프로그램 개발과 이에 대한 근거 중심 효과 판정을 위한 다양한 연구들이 활발히 진행되었으며 그 결과로 현재 미국에서는 공립학교의 약 77%가 자살 예방 프로그램을 운영하고 있으며 주정부 및 교육청이 적극적으로 자살 예방교육 및 학교폭력 예방을 위해 노력하고 있다.

우리나라의 경우, 그동안 청소년 자살 예방을 위한 학교기반 예방 프로그램의 개발은 거의 전무하였으며 최근 몇 년간 청소년 관련 단체나 관련 학회, 한국자살예방협회를 중심으로 학교 대상 자살 예방프로그램이 개발되었으나 과학적 효과성 검증을 실시한 프로그램은 없는 실정이다. 2011년 「자살예방법」이 제정되고 교육과학기술부에서 '학생 자살 예방 및 위기관리' 방안을 마련하여 학생자살위기 대응 프로토콜을 개발하였으며 전국의 학교와 담당교사를 대상으로 학생 자살 예방교육을 지속적으로 실시하기 위한 체계를 마련한 것은 매우 고무적인 현상이다.

2011년 12월 학교폭력과 관련된 학생 자살사건이 크게 조명되면서 학생 자살 예방을 위한 정부 주도의 포괄적인 정책에 대한 각계각층의 요구가 커졌으며 이에 교육과학기술부에서는 '학생 자살 예방 종합 대책'을 마련하고 이를 추진하기로 하였다.

학생 자살 예방 대책은 학생 및 교원대상 자살 예방교육 강화, 학교 내외 조기발견 및 관리체계구축, 집중관리 우선학교 및 지역집중 지원, 관계부처－민간협력체제 운영을 그 주요 내용으로 한다. 그러나 2012년 학교폭력 근절과 학생 자살 예방을 위해 이루어진 학생정서행동특성 전수조사와 초중고 학생 자살 예방교육 의무화 정책은 충분한 사전조사와 적절한 준비단계, 시뮬레이션과 문제점 보완, 실행과 효과성 검증과 같은 과학적이고 체계적인 과정 없이 행정적으로 단시간에 이루어짐으로써 정부의 신속한 대처와 노력에도 불구하고 역학자료로서의 가치나 프로그램의 실효성 면에서 많은 문제점을 보여 주고 있다. 현재 청소년 자살 예방정책과 프로그램 개발 및 실행에서 드러난 여러 가지 문제점을 잘 보완하면 향후 우리나라 청소년에게 보다 적합하고 효율적인 자살 예방 대책들이 실행될 수 있을 것이다.

5) 청소년 자살 예방을 위한 대처방안

송인한, 권세원, 박단비(2012)의 '친구의 자살시도가 청소년의 자살생각에 미치는 영향: 사회적 지지의 조절효과 분석의 결과'[2]를 통해 살펴본 실천 방안 중 중요한 요

2) 본 연구는 서울과 인천 지역에서 할당 표집(서울 4개 권역, 인천 2개 권역/권역당 1개교)을 통해 서울 4개 학교, 인천 2개 학교의 총 6개 학교를 선정하였으며, 2011년 5월 6일부터 5월 23일까지 약 20일 동안 총 553명을 대상으로 진행하였음

소는 다음과 같다. 친구의 자살시도가 청소년 자살생각을 증가시킨다는 것에 대한 이해의 증진이 청소년 부모와 교사 등 청소년들의 주변인이 인식해야 할 중요한 부분이다. 친구의 자살시도가 청소년의 자살생각을 증가시킨다는 것에 주의를 기울여야 한다는 것은 매우 심각하게 받아들여져야 하는 인식이며 이는 청소년 자살감소를 위한 출발점이 될 수 있다. 학교나 지역사회에서 청소년의 자살 관련 행동이 발생되었을 때, 청소년 스스로 문제의 가능성을 인지하고, 본인이 받는 영향력에 대해 인식하여 대처하며 필요시 도움을 구할 수 있도록 교육하는 것이 필요하다. 또한, 부모와 교사 등 보호자는 상황의 심각성에 민감하게 반응하고 효과적으로 대처할 수 있도록 청소년이 친구의 자살로 인해 받을 수 있는 영향에 대한 충분한 인식을 가지고 있어야 한다. 자살은 위기 상황으로서 부모나 교사가 기존에 정보를 가지고 있음으로써 상황에 적극 대처할 수 있을 것이다. 청소년 자살 상황 발생 시 즉각적인 개입이 청소년의 주변 환경인 학교 지역사회를 중심으로 이루어져야 할 것이며, 친구의 자살 관련 행동이 주는 정신 충격을 완화시킬 수 있도록 관련된 청소년에 대한 집단상담 체계가 즉시 이루어질 수 있도록 평상시에 준비함으로써, 청소년 자살을 예방하여야 한다.

자살 예방교육에 있어 청소년들의 자살행동을 바르게 이해하고 이를 예방하기 위한 바람직한 태도를 형성할 수 있도록 도와주어야 자살 예방에 효과를 볼 수 있다. 자살에 대한 조기 발견을 위한 단순한 위험요인의 확인에만 초점을 맞추는 것이 아니라 기본적으로 생명에 대한 소중함을 인식하고 청소년들의 생애관 정립과 의지를 고취시키면서 구체적이고 실제적인 생명 존중에 대한 교육이 필요하다. 무엇보다 자신의 존재 의미를 생각하고 자신의 소중함을 깨달아 자신을 사랑하며 그를 통해 생명의 소중함 및 생명존중의식을 높여 힘들고 괴로워하는 친구들에게 도움을 주는 실천적인 태도를 갖도록 하는 데까지 교육 목표를 삼아야 할 것이다.

자살 예방을 위한 간단한 활동으로 “Before I Die”라는 캠페인을 소개한다. 이 캠페인은 자살 예방을 위한 캠페인은 아니다. 미국에서 시작한 글로벌 캠페인으로

Before I Die 벽에 내가 죽기 전에 하고 싶거나 이루고 싶은 것을 적고 다른 사람들의 꿈을 공유하는 캠페인이다. 버킷리스트와 유사하다. 내가 죽기 전에 하고 싶었던 것들을 떠올리며 자신이 꿈꾸었던 것들을 다시 떠올리고 소셜네트워크를 통해 다른 사람들의 꿈과 공유하며 서로 공감해주고 격려하고 응원하는 것으로 생각을 전환해 보는 것이다.

〈표 6-2〉는 감정코칭 집단상담 프로그램 구성의 사례이다(김미애 · 유가효, 2014). 감정코칭을 기본으로 미술치료와 독서치료를 포함하여 더욱 효율성을 증대시켜 미술치료, 독서치료 활동을 통해 집단원이 자신의 감정과 욕구를 알고 억눌린 분노 감정을 정당하게 표현하는 방법을 다양하게 사용한 프로그램이다. 학생들이 스스로 자신에 대해 솔직하게 표현하는 환경을 만들어 타인을 인식하고 자기정체감을 형성하며, 높은 자아존중감을 갖도록 하기 위한 활동에 초점을 둔 활동사례이다.

〈표 6-2〉 감정코칭 집단상담 프로그램 구성

회기	제목	프로그램 목적	회기 내용
1회기	감정코칭	구조화 및 자기소개	감정 읽어주기, 마인드맵, HTP/KFD 사용
2회기	자기표현 친밀감 쌓기	나를 표현하기 자기탐색	감정코칭(감정 읽어주기, 칭찬, 변화, 장점 나누기) 아름다운 나(가장 기쁜 일, 소중한 것, 나의 희망, 내가 자랑할 만한 것, 가장 슬펐던 일)
3회기	자기주장 훈련	자기수용 및 자기이해	감정코칭(감정 읽어주기, 칭찬, 변화, 장점 나누기) 나의 위치, 독서치료(아름다운 감정학교 감정 책)
4회기		문제해결력 기르기	감정코칭(감정 읽어주기, 칭찬, 변화, 장점 나누기) 자신이 버리고 싶은 것(지점토 만들어 던짐)
5회기	자기, 정체성 형성	색채로 자기표현	감정코칭(감정 읽어주기, 칭찬, 변화, 장점 나누기) 색채심리(전체적인 대표적인 색, 부모님에게 느끼는 자신의 색, 기쁨, 슬픔을 느낄 때 나의 감정 색, 미래에 내가 가지고 싶은 색)
6회기		가치관 기둥	감정코칭(감정 읽어주기, 칭찬, 변화, 장점 나누기) 가치관(나의 정체성에 필요한 3가지 기둥)
7회기		나의 나무로 자기표현	감정코칭(감정 읽어주기, 칭찬, 변화, 장점 나누기) 나의 나무(과거성격, 습관, 현재, 미래소망, 성격)

회기	제목	프로그램 목적	회기 내용
8회기		자신의 현재, 미래계획	감정코칭(감정 읽어주기, 칭찬, 변화, 장점 나누기) O・A・T(자신의 현재, 미래 계획 세우기 및 적용)
9회기	종결	자서전	감정코칭(감정 읽어주기, 칭찬, 변화, 장점 나누기) 인생이야기 책 만들기(자서전)
10회기		피드백 격려하기	감정코칭(감정 읽어주기, 칭찬, 변화, 장점 나누기) 친구끼리 장점 적어주기 & 선물, HTP/KFD

생명존중, 자아존중감 향상 등 청소년들의 집단을 활용한 다양한 청소년 자살 예방 활동이 실시되고 있다. 이제까지 청소년 자살 예방과 관련된 사례는 청소년상담의 영역에서 대부분 진행되었다. 이제 청소년의 참여와 역동성이 요구되는 활동 중심의 청소년 자살 예방 프로그램이나 청소년 생명존중 프로그램 등의 개발이 요구된다.

2. 청소년 트라우마

한국은 조선 말기를 거쳐 일제 강점기인 근대, 그리고 한반도의 가장 큰 상처인 한국전쟁 등을 치르며 치열하고 불안정한 시대를 지내왔다. 오랜 시간에 걸쳐 우리 국민들은 생존을 위한 치열한 투쟁을 벌이며 결핍과 불안의 대상을 경제 발전이라는 물질적 가치로 승화시켜 급속도로 발전시키는 데 매몰되어 왔다. 단기간의 국가 성장을 이루어 냈지만 많은 사회적 문제를 안고 있다.

2014년 4월 16일에 발생한 세월호 사건은 한국사회 전체에 큰 충격을 안겨주었다. 이는 문제의 발생과 대응과정에서 사회의 역사적이고 구조적인 모순들이 응축된 채 드러난 참혹한 사건이었다. 이는 한국전쟁이 남긴 심리적 외상에 비교할 만큼 깊은 상처를 남겼다.

우리나라 속담에 '자라보고 놀란 가슴 솥뚜껑보고 놀란다'라는 말이 있다. 아직 미성숙의 상태에 있는 청소년들의 정신적 충격으로 인한 혼란과 혼돈의 경험은 전인적 성장에 부정적인 영향을 주며 기성세대를 향한 신뢰는 무너지고 사회와 국가 공동체의 질서는 어지럽고 혼란스러워 공동체를 향한 긍정적인 비전을 세우기가 어렵게 된다.

1) 트라우마의 정의

트라우마(trauma)의 그리스어 어원은 "몸에 가해진 상처"이다. 그러나 트라우마가 몸이 아닌 '정신에 가해진 상처'로 널리 쓰이게 된 것은 Freud에서부터이다. 그럼에도 트라우마를 '외상(外傷)'으로 번역하는 것은 그만큼 외부의 충격적 상처가 마음의 심리적 상처인 트라우마의 직접적 원인임을 강조하기 위해서이다. 트라우마는 감당하기 힘든 외부적 자극으로 생긴 내적 상처를 의미한다고 볼 수 있다. 먼저 Freud는 여성의 히스테리를 연구하는 과정에서 트라우마를 발견하였다. Freud의 히스테리 연구는 프랑스의 내과 의사인 Jean Martin Charcot와 그의 제자인 Pierre Janet의 영향을 받았다.

인문학의 대표적인 트라우마 이론가인 Cathy Caruth는 Freud의 트라우마와 DSM의 PTSD 정의를 토대로 트라우마의 개념을 더욱 정교화시켰다. Caruth에 의하면 트라우마는 "갑작스런 또는 파국적인 사건의 압도적인 경험을 나타내고, 이 외상적 사건에 대한 반응은 지연되며, 제어되지 않고, 반복적인 환각과 여러 침투적인 현상으로 나타난다"라고 정리하였다. 외상적 기억(traumatic memory)은 기존 경험과 의미망을 형성할 수 있는 서사적 기억(narrative memory)과 달리 자신이 겪은 사건이지만 기존의 의미체계와 연결망을 형성하지 못하고 파편으로 떠돌다가 신체적 증상, 플래시백, 악몽 등의 형태로 반복적으로 나타난다. Kai Erikson은 트라우마에 대한 일반적인 반응은 초조함에서 감정적 마비에 이르기까지 그 범위가 다양하다고 밝히고 있다. 트라우마를 입은 사람들은 또 다시 발생할 수 있는 위험의 신호를 찾아 주변을 걱정스럽게 살펴보며 보통의 광경과 소리에도 깜짝 놀라거나 감정이 폭발하기도 하며 때로는 앞으로 발생할 수 있는 위험으로부터 스스로를 차단하기 위해 마음의 문을 닫거나 무기력해진다(이진숙, 2013).

트라우마를 일으키는 충격적인 사건들은 생명의 위협 혹은 신체의 위협과 관련되어 있고 공포와 무기력감 그리고 통제 불능의 느낌을 갖게 하며 개인이나 사회가 가지고 있는 삶의 질서와 의미를 거부하도록 만든다. 사건의 외견만으로 트라우마를 일으킨 상황이 어느 정도로 압도적인지 판단할 수 없다. 아무리 작게 보이는 스트레스라도 동일 사건이 한 사람 혹은 공동체 내의 여러 사람에게 그리고 여러 복잡 미묘한 상황에 의해 주변의 다른 사람들에게까지 엄청난 충격으로 다가올 수 있다. 그러므로 트라우마는 누구에게나 일어날 수 있는 일로 다룰 필요가 있다. 객관적인 기준의 강도 있는 위협이 아니더라도 개인의 주관적 경험과 취약성, 발달적 측면을 고려하여 보다 넓은 영역에서 트라우마를 다루는 추세이다.

트라우마는 개인과 그 사람이 속한 사회 간의 역동적인 상호작용이라는 맥락에서 발생한다. 개인의 경험에 대한 사회적 의미와 사회적 상황들이 종종 트라우마를 유발시킨다. 그들이 살고 있는 사회적 환경에 의해 야기된 것이라고 할 수 있다는 것이다. 지속되는 일상의 사건이나 구조적인 환경들에 의해 발생할 수 있다. 한 충격적인 사건이나 혹은 연속되는 사건이 많은 사람들에게 영향을 미치게 될 때 사회적 혹은 집단적 트라우마가 발생할 수 있으며 인생 전반 또는 여러 세대로 연결되어 일어나는 세대 간으로 전이되는 역사적 트라우마가 나타나기도 한다. 또 일차적으로 충격을 받은 직접적인 피해자를 돌보는 사람들에게 발견되는 이차적 혹은 대리적 트라우마도 발생되며 트라우마를 일으키도록 적극적으로 참여한 사람들, 가해자 또한 트라우마를 경험할 수 있다(캐롤린 요더, 2014).

그러므로 트라우마의 고통은 '개인적 경험'이 아니라 사회가 응답하고 함께 극복해야 하는 사회적 고통이다. 트라우마는 우리가 위협에 대응할 수 있는 능력을 압도하는 충격적이며 고통스럽고 해로운 경험으로 개인이나 집단의 건강한 삶을 위협하고 안전이나 삶의 예측 가능성, 신뢰에 대한 우리의 신념을 흔들어 놓는 개별 또는 일련의 사건(Levine, 1997)인 것이다.

2) 청소년과 트라우마

아동과 청소년 시기는 급격한 발달적 변화를 겪으며 뇌와 몸이 성장한다. 아동기 스트레스와 해결되지 않은 트라우마는 장기간에 걸쳐 신경학적 영향을 미치게 되어 자기 조절, 주의 집중, 만족 지연능력의 발달을 방해하며 행복한 삶을 위한 다양한 많은 것을 하지 못하게 한다. 트라우마는 생애 초기에 일어나면 날수록 손상이 더 심각하다. 그 과정을 보면 트라우마를 일으키는 공격과 관련된 사건들이나 행동들의 자극을 통해 생리학적 현상으로 스트레스를 유발하는 화학성분과 호르몬을 증가시켜 생명을 보존하도록 몸을 초강력 각성상태로 만든다. 외상적 경험과 반복되는 스트레스는 뇌가 기능하는 방식을 바꾸어 버린다. 각성된 뇌는 위험한 상황에서 민첩하게 신체가 반응하도록 준비시키는데, 외상적 사건의 반복은 사고하는 뇌를 닫히게 하고 대신 행동하는 뇌가 대체되어 싸우기, 도망가기, 혹은 얼어붙기의 반응을 반사적으로 나타낸다. 외부 자극은 최초 손상이 일어난 상태로 데리고 가서 몸과 정신이 저절로 마치 현재 일어나는 것처럼 반응하도록 만든다. 충격적인 경험은 뇌 속에 영속적인 생화학적 변화를 가져와 심각한 후유증을 만드는 원인이 된다는 것이다. 해결되지 않은 공포와 트라우마는 어른이 되어서도 지속된다.

학대 혹은 폭행, 사건 사고, 집단 따돌림, 경제적인 어려움 및 가난, 각종 재해의 경험, 방임 및 무관심, 부모의 별거 및 이혼, 가까운 사람의 자살과 죽음, 사회적 문제(폭력사태, 전쟁 등) 등등 수없는 트라우마의 유형과 원인이 있다. 이런 발병요소나 위험요소를 가지고 있거나 사회적 지지가 부족하거나 그런 사건을 반복적으로 당했거나 했을 경우 트라우마를 겪게 될 확률이 높다. 잘 알고 지냈거나 신뢰하던 사람이 가해자일 경우 신뢰감 상실에 의해 정신적 후유증은 더 깊고 오래갈 수 있다.

트라우마는 생리학적으로 영향을 미치며 극심한 공포와 두려움, 염려와 부정적인 삶의 태도를 갖게 하고 슬픔과 두려움을 억누르게 되면 무감각과 고립감에 빠지기도 하며 반대로 통제 불가능한 화와 분노를 표출하기도 한다. 트라우마를 일으킨 사건에서의 생존자는 죄의식과 수치심 그리고 굴욕감을 갖게 될 수 있으며 습득된 무기력감에 빠진다. 삶의 의미를 산산조각 내버려 삶을 무질서하고 무능력하게 만든다.

트라우마 에너지를 자기 자신으로 투사하게 되면 약물남용, 과식 혹은 먹지 못함, 자해, 우울증, 불안, 일 중독, 신체적 질병, 자살로 나타나며 트라우마 에너지를 다른 사람에게 투사하게 되면 가정폭력, 아동학대, 폭력행위, 범죄행위, 위험수위의 행동, 공격적 행동, 반복적인 갈등, 전쟁을 야기시킬 수 있다. 개인 혹은 사회에 나타나는 또 다른 징후들로는 냉담, 왜곡된 의사소통(침묵, 진리 부인), 차이를 인식하지 못하고 동정심이 없음, 이분법적인 사고, 불신, 환경 훼손, 성적 기능장애 및 음란한 성생활, 약물 오남용 비율이 높아진다(캐롤린 요더, 2014).

김미애(2010)는 '가정폭력(성폭력) 트라우마를 입은 아동에 대한 상담 개입'에서 아동학대가 아동에게 미치는 영향은 매우 오래 지속된다고 보고하고 있다. 학대를 경험한 아동은 건전한 사회인으로 성장하는 데 많은 어려움을 겪으며 그 영향이 사회로 확대되기도 한다. 아동학대는 피해아동에게 신체적, 정신적으로 직접적인 피해를 주는 것 외에 다양한 부작용을 초래하고 있다. 학대를 당한 아동은 공격적이거나 철회적인 행동 양상을 보이며 학대는 가출의 동기를 강화시켜 많은 문제의 연결고리가 된다. 또한 학대받은 아동은 불안과 악몽, 공포 등의 정신장애를 나타내며 자신의 능력을 발휘하지 못하게 된다고 밝히고 있다.

한유경 외(2016)는 학교폭력 중복 경험 학생이 다시 중복 경험을 하고 피해 경험 학생이 다시 피해 경험을 하며 가해 경험 학생이 다음해에도 가해 경험을 하고 미경험학생이 지속적으로 미경험을 하는 경우가 높은 것으로 보았다. 학교폭력을 경험한 학생들은 경험하지 않은 학생들에 비해 자신에 대한 긍정적인 생각 수준이 낮으며 분노 성향이 높고 친구들과의 관계에서 긍정적이지 못하고 다시 폭력에 노출되는 정도가 높으며 학교폭력에 대한 학교와 선생님의 노력을 긍정적으로 인식하지 않는 것으로 나타났다.

온 국민에게 충격을 안겨주었던 세월호의 사건은 국가적 재난이었다. 이에 관련된 연구들을 보면 이동훈(2016)은 세월호 참사로 친구들을 잃은 경기 안산시 학생들이 다양한 신체적·정서적 트라우마(외상경험)를 겪고 있음을 밝혔다. '신체', '정서', '인지 및 학업', '행동 및 대인관계' 등 4가지 차원의 외상 경험 특성을 보였다고 분류했는데, 신체 차원에서 청소년들은 '심적 고통이 신체증상으로 나타남', '환시와 환청 등 지각 이상 경험' 등을 겪고 있으며 정서 차원에서는 '격해져 가는 슬픔과 분노', '불안과 무서움, '우울', '미안함과 죄책감'을, 인지 및 학업 차원에서는 '사람들도 싫어지고 학교 다니기도 싫어짐', '세상에 대해 불신과 부정적인 시선', '자신에 대한 부정적 신념', '인지기능의 저하와 학업의 중단'을 경험했다. 행동 및 대인관계 차원에서는 '슬픔과 상실에 대응하는 방식', '외현화 행동문제', '또래관계 어려움', '아이들만의 방식으로 애도하기' 등을 보였다. 손승희(2015)는 세월호 사건을 직접 경험하지 않은 청소년들을 대상으로 청소년들의 심리적 반응을 연구한 결과 연구 대상 57.5%가 간접 외상 완전 PTSD 집단에 속하였고 슬픔과 분노 감정을 가장 높게 경험한 것으로 밝혔다. 세월호 사건에 직접적으로 관련있는 사람들뿐 아니라 지켜보는 것만으로도 큰 고통을 안겨주었고, 특히 또래집단인 청소년들에게 심한 충격을 주었다.

3) 청소년 트라우마 극복의 필요성

적당한 스트레스는 삶의 활력을 가져오고 창조성과 생산성을 높여준다. 하지만 스트레스가 증가하여 일정 수준을 넘기면 짜증이 나고 피로감이 몰려오며 집중력이 떨어지고 부정적이고 비관적인 태도와 시각을 갖게 된다. 트라우마와 스트레스 모두 힘들게 하는 외부적인 상황에 대한 반응이지만 트라우마는 혼자서 대처할 수 없는 압도적인 외부적 상황에 놓이는 것이다. 정신적인 방어벽이 무너지고 무력감에 빠지게 된다. 도움 받을데가 없다고 생각하게 되고 내가 할 수 있는 것은 아무 것도 없다고 생각하게 된다. 이런 무력감으로 인해 스스로 이겨내지 못하는 자신에 대한 자책감에 빠지게 되고 타인도 신뢰할 수 없게 된다. 스트레스는 쉬면 해결되지만 트라우마는 그렇지 않다. 나이가 어릴수록 정신적인 방어벽은 약하고 더 쉽게 트라우마를 겪게 된다.

트라우마를 적절하게 다루지 못한다면 개인과 공동체는 함께 몰락한다. 말하지 않은 트라우마는 지속적인 피해를 만들며 피해의 장기화는 가해자와의 '외상적 유대'를 강화하여 벗어나지 못하고 순응하게 되며 존재가 파괴된다. 트라우마는 과민성에 따른 불안체계가 활성화되어 심리적 영향을 주며 의미의 상실과 가치체계의 붕괴로 기존 삶과 정체성이 단절되고 고통의 개인화와 고립에 따른 악순환으로 인해 필요와 욕구를 발생시킨다. 또한 신체적, 관계적, 직업적, 학습적 방해를 받게 된다.

트라우마를 무시하면 개인적으로는 알코올과 약물의 남용, 일에 대한 과도한 집착, 소란과 난리, 우울증, 무기력, 슬픔, 고민, 자책, 부끄러움, 수치심, 무감각, 두통, 소화불량, 자해, 자살에 이르게 되며 관계적으로는 공동체 파괴, 비난과 무책임, 인내와 융통성 상실, 타인공감능력 부족, 성적인 자기포기, 학교폭력과 괴롭히기, 반복되는 갈등 등을 야기시킨다.

그러므로 트라우마를 겪는 대상에 대한 심리적 이해를 바탕으로 경험적 이해와 함께 나아가 사회적 이해로 확대시킬 필요가 있다. 송리라, 이민아(2016)는 아동기 여러 트라우마 경험으로 장기간 정서적인 고통에 노출되어 있을지라도 긍정적인 사회적 관계로 인해 정서적 안녕감과 지지를 받을 수 있다면 우울감이 감소될 수 있다고 밝히고 있다.

청소년기는 자아정체성을 정립하는 시기이다. 세상에 대한 만족과 즐거움에만 집중하는 것이 아니라 세상과 자신에 대한 혼란스러운 마음과 생각의 질서를 세우고자 하는 의지가 생기며 인생의 어떤 의미를 진지하게 추구하게 된다. 트라우마를 겪은 청소년들에게 이런 의미 추구과정을 심화시켜 나갈 수 있는 가능성이 있다. 예를 들면, 자신을 다른 아이들과 다르다고 느끼고 세상과 자신의 불완전성 속에서 고독감을 느끼기도 한다. 반드시 이런 고독감을 병적인 것이라고 할 수 없으며 이 고독감은 하나의 부름, 소명이 되기도 한다.

4) 청소년 트라우마 극복을 위한 회복적 방안

(1) 회복적 정의에 근거한 공동체적 회복

캐롤린 요더(2014)는 트라우마 치유의 여정을 위해 '안전', '인정', '다시 연결하기' 이 세 가지 주제를 언급하고 있다. 안전은 트라우마 치유에 아주 기본적인 것으로 위협과 공포에 대한 최선의 대책이다. 안전을 찾아 안정시킴으로써 트라우마 자극에 대해 무조건적으로 반응하기보다는 많은 생각을 할 수 있도록 도울 수 있다. 트라우마의 부정적인 사이클을 끊으려면 충분히 슬퍼하며 애통해하는 것이 치유를 위해 반드시 필요하다. 그리고 휩싸였던 두려움의 실체와 직면하도록 돕고 그것이 무엇인지 밝혀내는 작업이 필요하다. 이것이 '인정'의 단계이다. 경험한 내용을 이야기로 표현하는 것은 사실과 감정 모두를 다루는 방식으로 사건에 대한 이유와 의미를 발견하고자 하는 데 효과적이다. 또한 나와 관련된 '다른 사람들'도 할 이야기가 있다는 것을 인식할 필요가 있다. 그들의 이야기를 통해 사건의 가해자나 원수들 또는 역사적이고 구조적인 사회환경을 이해하고 인정함으로써 근본적인 이유를 찾고자 하는 마음을 열게 만들어 준다. 이것은 결코 쉬운 일은 아니지만 이러한 위험을 감수하고자 결정하고 서로가 상호의존적 관계임을 인식하여야 한다(다시 연결하기). 안전한 세상을 만들어 간다는 것은 서로 간의 개인적·사회적 역사를 알아가며 외부의 도움을 받고 어떻게 개인과 집단의 기억이 사실과 인식에 의해 형성되는지 이해해야 하는 아주 긴 과정이다.

이미 일어난 피해에 관심을 집중하고 사건과 관련된 모든 요구와 책임이 무엇인지 주의 깊게 살피도록 하는 데 필요한 중심적인 개념으로 '회복적 정의'가 있다. 회복적 정의는 상호 책임에 많은 관심을 두고 있다. 문제를 해결하는 데 있어서 회복적 정의는 잘못한 사람뿐만 아니라 잘못한 사람에 의해 영향을 받은 사람들 모두에게 관심을 둔다. 가능한 상황하에서 가해자와 피해자를 만나게 하기도 한다.

(2) 회복 탄력성

스트레스나 도전적 상황, 역경을 딛고 일어서는 힘을 '회복 탄력성'이라고 한다. 넓은 의미에서 문제 대처능력, 적응력, 에너지 비축력과 수용력을 포함시키기도 한다. 이는 단지 역경을 극복하는 힘이 아니라 활력 있고 생동감 있게 즐겁고 진정성 있는 삶을 살 수 있는 능력을 뜻하며 마지못해 억지로 끌려가는 것이 아니라 주도적으로 자신의 삶을 살 수 있는 능력을 말한다.

회복 탄력성의 특징으로는 현실적인 계획을 세워 한 걸음씩 수행해 나가는 힘인 목적성과 인내심, 자신의 강점과 능력에 대한 긍정적이고 낙관적인 태도와 확신, 의사소통과 문제해결의 기술, 그리고 감정에 대한 이해와 조절능력을 들 수 있다. 그중에서 가장 중요한 것은 감정에 대한 이해와 조절능력으로 감정은 심장의 활동에 직접적이고 즉각적인 영향을 줄 뿐만 아니라 이에 따라 약 1,400여 가지의 신체화학적 변화를 일으킨다. 회복 탄력성은 신체적 영역, 정신적 영역, 정서적 영역, 영성적 영역 이렇게 네 가지 영역으로 이루어지는데, 이들의 공통점은 유연성이다.

회복 탄력성을 높이기 위한 두 가지 실천적 방법을 제안하면 다음과 같다.

첫째, 규칙적인 운동으로 쉽고 부담스럽지 않게 실천할 수 있는 걷기 등을 통해 신체적인 활동량이 증가하면 인지적으로 좀 더 폭넓고 유연한 생각을 가질 수 있으며 정서적으로는 여유와 차분함과 편안함을 느낄 수 있다. 그러면 타인의 입장이나 관점을 수용하고 타인의 실수나 부족함까지도 용서할 수 있는 아량이 생기는 영적 차원의 성장감도 느낄 수 있다.

둘째로는 '감사하기'이다. 하트매스 연구소의 McCraty 박사의 연구에 의하면 심장은 가장 큰 전기장과 자기장을 분출하는 기관이며 감정의 미세한 변화는 이 전자기장에 영향을 주면서 동시에 주변의 존재에게도 영향을 미친다고 한다. 심장은 단순히 혈액만을 공급하는 게 아니라 감정을 통해 두뇌와 정교하고 복잡한 의사소통을 한다는 사실을 밝혀냈다. '심장두뇌'의 뉴런 수는 두뇌의 뉴런 수보다 적지만 정보량을 보면 심장에서 뇌로 가는 정보의 양이 뇌에서 심장으로 가는 정보의 양보다 훨씬 많다고 한다. 대략 10배 정도 많다고 알려져 있다. 부정적인 감정일 때는 심박변동률이 불규칙한 패턴을 나타내고 긍정적인 감정을 느낄 때는 고른 패턴으로 뛴다. 또한 심박 변동률의 폭이 큰 사람이 더 건강하다고 한다. 이는 회복탄력성과 유연성이 크다는 것을 뜻한다. 또한 감사하는 마음을 많이 가질수록 심박변동률이 고른 패턴으로 폭이 크다고 한다. 이는 심박변동률에 탄력이 붙어 인지적·정서적·사회적 회복탄력성을 키우는 것이다. 감사하는 마음은 심신의 에너지를 증가시키고 회복 탄력성을 증가시키며 인지적 유연성, 기억력, 면역기능, 업무수행능력, 문제해결능력, 통찰력, 창의력, 행복 등이 모두 향상되게 한다.

회복 탄력성의 핵심은 '관계'이다. 사람들은 의식을 하든 안하든 심장을 통해 감정의 에너지를 주고받으므로 긍정적인 에너지를 주고받을 수도 부정적인 에너지를 주고받을 수도 있다. 또한 모든 인간에게는 누군가와 정서적으로 안전하게 결합하고 싶은 욕구가 있다. 관계에서 애착이 잘 형성되고 건강하게 유지되려면 정서적 조율, 정서적 공감, 유대감이 바탕이 되어야 한다.

(3) 목적이 이끄는 삶

심리학자 Alfrel Adler는 Frend의 트라우마의 이론을 두고 '과거의 사건이나 원인이 현재와 미래를 결정하고 규정시킨다(결정론)'고 보고 있다. 이에 대해 Adler는 삶은 과거의 원인이나 경험에 의해 결정되는 것이 아니라 '경험에 부여한 의미에 따라 결정하는 것'이라고 주장한다. 과거의 경험에 어떤 의미를 부여하는가에 따라 자신의 삶이 결정되며 인생은 누군가가 정해주는 것이 아니라 스스로 선택한 목적을 향해 살아간다는 것이다. 그는 무엇이 주어졌느냐가 중요한 것이 아니라 '주어진 것을 어떻게 활용하느냐'에 주목할 것을 역설하였다.

석영중의 저서 『자유: 도스토예프스키에게 배운다』에서 도스토예프스키가 말하는 자유란 한 인간이 이 세상에 태어나 사는 동안 인간의 존엄성을 방해하는 탐욕과 공포, 이기주의와 집착, 좌절과 절망, 증오와 분노와 불안을 딛고 일어나서 자기 자신에 대한 그리고 세상에 대한 진정한 이해를 거쳐 사랑과 용서와 인정과 나눔과 베풂의 상태에 도달하는 과정을 의미하는 것이라고 하고 있다. 그래서 도스토예프스키는 "최고의 자유는 '타인과 모든 것을 나누어 갖고 타인을 섬기는 것'이다"라고 단언하고 있다.

Parker J. Pamer는 '자아와 세계에 관한 지식을 온 마음으로 붙든다면 마음은 상실, 실패, 좌절, 배신 또는 죽음 등으로 인해 부서질 것인데, 그때 당신 안에 그리고 당신 주변의 세계에 무엇이 일어나는가는 마음이 어떻게 부서지는가에 달려 있다'는 것이다. 만일 그것이 수천 개의 조각으로 부서져 흩어진다면 결국에는 분노, 우울, 이탈에 이를 것이다. 그러나 마음이 경험이 지닌 복합성과 모순을 끌어안을 위대한 능력으로 깨어져 열린다면 그 결과는 새로운 삶으로 이어질 것이라고 말하고 있다.

갈등을 불편한 제거의 대상으로만 바라보는 것이 아니라 끌어안으며 갈등의 에너지를 창조성으로 전환시켜 건설적 변화를 이끌어 낸다면 삶의 역동성을 갖게 될 것이다. 갈등을 회피하지 않기로 선택하고 타자(사회)와의 관계 속에서 긍정적인 비전을 세우고 적극적으로 행동을 수정하며 사고의 전환을 유도한다면 전인적인 진정한 자유에 한걸음 다가갈 것이며 깨어진 마음 가운데서 열리는 새로운 삶을 기대할 수 있을 것이다.

참고문헌

[자살, 우울]

김기헌 · 오병돈 · 이경숙 (2013). 청소년 자살예방 정책 연구. 한국청소년정책연구원 연구보고서, 1-218

김미애 · 유가효(2014). 자살위기 청소년을 대상으로 한 감정코칭 집단상담프로그램의 효과 연구. **과학논집**, 40, 109-137.

김붕년 · 조수철(2000). 소아-청소년기 우울증의 치료전략. **대한정신약물학회지**, 11(3), 216-231.

김현순(2009). 청소년의 스트레스, 자기효능감, 우울과 자살생각의 관계. **한국청소년연구**, 20(1), 203-225.

박병금(2007). 청소년의 자살생각 관련 요인. **한국생활과학학지**, 16(3), 505-522.

박병금 · 노필순(2007). 우울에 따른 청소년의 자살생각 관련변인. **정신보건과 사회사업**, 26, 168~193.

박원명 · 민경준(2012). **우울증**, 서울: 시그마프레스.

송동호 · 진용탁 · 하은혜 · 송정은 · 박은영 · 최태규(2003). 청소년의 자살사고와 관련된 우울-불안 성향. **소아청소년정신의학**, 14(1), 95-102.

송인한 · 권세원 · 박단비(2012). 친구의 자살시도가 청소년의 자살생각에 미치는 영향 사회적 지지의 조절효과 분석. **정신보건과 사회사업**, 40(1), 352-376.

연합뉴스(2009. 9. 9). 사회질환 소아 우울증의 원인과 해결방안. http://app.yonha pnews.co.kr /YNA/Basic/article/Press/YIBW_showPress.aspx?contents_id=RPR200909 09015800353&from=search

윤가현 외(2012). **심리학의 이해**, 서울: 학지사.

이정선 · 이형실(2012). 청소년의 우울 관련 요인. **한국가정과교육학회지** 24(4),77-89.

전홍진 · 배주미 · 우종민(2013) 청소년 자살 관련 현황 및 위험요인. J Korean AedAssoc 2013 February, 56(2), 93-99

정영주 · 정영숙(2007). 청소년의 자살생각과 관련된 우울, 인지적 와해 및 친구지지 간의 관계 분석. 한국심리학회지: 발달, 20(1), 67-88.

조인희(2012). 청소년 자살. 정신건강정책포럼, 6, 3-31.

'청소년우울증' : http://ko.healthline.com/health/adolescent-depression#개요1

최연희 · 장정남(2014) 청소년의 생활스트레스, 우울 및 자살생각의 관계. 한국보건간호학회지, 28(2), 285-297.

통계청(2016). 2016청소년통계, 여성가족부.

[트라우마 관련]

기시미 이치로, 고가 후미타케(2014). 미움받을 용기. 인플루엔셜.

김미애(2010). 가정폭력(성폭력) 트라우마를 입은 아동에 대한 상담 개입.한국재활심리학회 학술대회, 2-24.

김홍중(2015) 마음의 부서짐. 사회와 이론, 26, 143-186.

송리라 · 이민아(2016) 아동기 트라우마 경험과 성인기 우울의 관계. 한국 인구학, 39(2), 1-24.

이동훈(2016) 세월호 재난으로 친구를 잃은 청소년의 외상경험에 관한 질적 연구. 한국심리학회지, 35(1), 89-120.

이주현(2015) 멘붕 탈출법 십대를 위한 9가지 트라우마 회복 스킬. 서울: 학지사.

이진숙(2013). 트라우마에 대한 소고. 여성연구논집, 24, 175-190.

존 폴 레더락 지음, 박지호 옮김(2014). 갈등 전환. KAP.

'청소년우울증' : http://ko.healthline.com/health/adolescent-depression#개요1

최성애(2014). 나와 우리 아이를 살리는 회복탄력성. 서울: 해냄.

캐롤린 요더(2014). 트라우마의 이해와 치유. KAP 정의와 평화 실천 시리즈 04.

한유경 외(2016). 학교폭력 경험 양상의 변동 실태 및 영향요인 분석. 아시아교육연구, 17(1), 145-168.

7 장 사이버 일탈과 사이버 불링

1. 사이버 일탈의 개념

청소년은 정보통신 활용능력이 다른 어떤 세대보다도 뛰어난 집단으로 사이버공간의 활용성도 가장 높은 계층이며 정보매체의 영향도 가장 많이 받는 세대로서의 특성을 갖는다(Tapscott, 1998). 이 점에서 인터넷의 비중이 커지고 있는 것과 함께 최근 컴퓨터게임 몰두, 음란물 접촉, 해킹과 바이러스 유포 등 청소년에 의한 컴퓨터 관련 일탈행동과 범죄가 크게 사회문제화되면서 청소년 관련 현안으로 새롭게 논의되고 있어 주목할 필요가 있다(천정웅, 1999).

사이버 일탈은 컴퓨터라는 매체의 고유한 특성과 그 매체가 담고 있는 내용물을 포함하는 사이버 공간의 특징과 그것을 이용하는 청소년들의 심리적·현실적 상태 등의 몇 가지 측면이 복합적으로 작용하는 현상에서 비롯되고 있다. 사이버 일탈의 의미를 이해하기 위해서는 먼저 '일탈'의 개념적 의미를 파악해 볼 필요가 있다. 일반적으로 일탈(deviance, deviant behavior)은 모든 규칙 및 규범위반행위를 의미하여 형법을 위반한 행위인 범죄(crime)를 포함하는 것으로 이해된다. 협의적 개념으로 사용될 때에는 법에 의해 규제되는 범죄를 제외한 규칙 및 규범위반행위를 일컫는 것으로 본다(박병식 외, 1999).

컴퓨터 이용에 따른 사이버 공간의 역기능현상에는 해킹이나 바이러스 유포 등 행위에 대한 처벌이나 규제 등의 사회적 반응이 매우 강하고 사회적 피해 정도가 크며, 많은 사람들이 바람직하지 않은 행동이라고 합의하는 '범죄행위'로 규정되는 것에서부터 불건전 정보유포, 인신공격, 비속어 사용 등 중간 수준의 행위들 및 컴퓨터게임에 지나치게 빠지는 현상이나 인터넷 몰입 등과 같이 다른 일탈현상에 비해 부정적 반응이 상대적으로 약하거나 물질적인 피해가 별로 없는 행위 등이 포함되어 있음을 알 수 있다.

이러한 점에서 여기에서는 일탈의 개념을 사이버공간의 특성과 연결지어 '사이버 일탈'로 용어화하고 "사이버공간에서 행하여지는 모든 일탈적 행위와 그 현상"을 의미하는 것으로 규정하기로 한다. 또한, 사이버 일탈의 범주는 컴퓨터 몰입과 인터넷 중독, 사이버 범죄와 청소년 일탈, 사이버 범죄와 청소년피해 유형, 부적절한 문제행위 등의 4가지로 구분한다. 사이버 공간에서의 일탈행동은 종류별로 사회적 반응과 피해 정도가 다르며 사람들이 바람직하지 않은 행동이라고 합의하는 정도가 다르다는 점에서 일탈수준별로 유형화한 것이다.

2. 사이버 일탈의 유형과 특성

1) 컴퓨터 몰입과 인터넷 중독

컴퓨터몰입 또는 인터넷중독(webholism)증은 청소년들이 장시간 인터넷 또는 컴퓨터 통신을 사용함으로써 정신건강을 해치고 대인관계에도 문제점을 발생시킬 수 있다는 우려에서 논의된다.

그러나 컴퓨터 중독이란 용어는 실제 정확한 정의와 뚜렷한 과학적인 근거가 없는 가운데 컴퓨터를 오랜 시간 사용하거나 자주 사용하는 현상을 일컫는 것으로도 사용되고 있는 경우가 많다. 이 점에서 일반적인 경우에는 컴퓨터 몰입, 인터넷 탐닉 등의 용어를 쓰는 것이 더욱 적합할 것이다. 실제로 '컴퓨터 중독'이란 용어는 학자들 간에도 심각한 논란을 겪다가 최근 들어서 인정되는 추세이며 이는 물질 중독과 달리 컴퓨터 자체로 인한 신체적 손상은 없지만 컴퓨터 사용을 함에 있어 본인이 스스로를 통제할 수 없고 시간이 지날수록 더 많이 컴퓨터를 사용해야 동일한 심리적 만족을 느끼는 내성이 형성된다는 점에서 중독(addiction)이라고 볼 수 있으며, 도박 중독과 유사한 증상을 갖는다는 것이다. 정신의학적인 중독증의 진단은 단순히 어떤 대상을 탐닉하는 것만으로는 부족하며, 의존성, 내성 및 금단증상이 나타나야 한다.

일반적인 경우, 컴퓨터 중독이 되면 컴퓨터의 장시간 몰입으로 일상생활을 제대로 하지 못하고 컴퓨터를 사용하지 못할 경우 심리적 불안감, 우울증 등을 경험하게 된다. 또한 수면부족과 불규칙한 생활습관으로 인해 체력 저하와 집중력 저하를 경험하고 개인의 면역체계가 약화되며 운동부족과 눈의 통증 등의 손상을 입을 수 있다. 학업이나 업무상의 손실, 통신비용 등의 경제적인 지출, 현실세계의 대인관계에서 소외와 함께 가족관계의 문제를 경험하는 등의 부작용을 겪게 된다(임은미, 1999).

그러면 지나친 컴퓨터 사용에 대한 위험신호는 무엇인가. 통신 중독의 증상과 함께 자신이 통신 중독인지 아닌지를 자가진단할 수 있는 점검 목록(checklist)들이 여러 학자들에 의해 제시되고 있는데, 그중 온라인중독연구센터(Center for On-line Addiction)를 운영하고 있는 영(Kimberly Young)은 ① 컴퓨터 사용시간이나 작업 내용에 대한 부인 또는 거짓말하기, ② 과도한 피로나 수면습관의 변화, ③ 성적 하락 등의 학업문제 ④ 실제 생활에서 친구와 멀어지고 취미에 대한 흥미감소, ⑤ 식욕상실, 컴퓨터 사용 차단에 따른 흥분적 반응, 외모와 위생상태의 퇴보, ⑥ 컴퓨터 사용에 대한 부모 관여에 대한 반항과 감정표출 등을 제시하고 있다(Young, 2000).

2) 사이버 범죄와 청소년 일탈

사이버 범죄는 기존의 범죄가 정보통신매체를 수단으로 하여 발생되는 것을 말한다(고영호, 1999). 사이버 공간에서의 정보화의 확대와 더불어 지식과 정보에 대한 불법적인 침해, 불건전 정보의 유통, 사생활 침해 등의 역기능이 나타나고 있다. 문제는 이러한 컴퓨터 관련 사건에서 청소년들이 자주 등장함으로써 사회문제화된다는 점이다.

사이버 공간과 관련하여 발생하는 컴퓨터 범죄에는 여러 가지 유형이 있다. 일예로 한국정보보호센터와 한국전산원에서는 컴퓨터범죄는 컴퓨터 주변 역기능행위, 컴퓨터 처리과정, 컴퓨터 활용 등과 관련한 역기능행위 및 기타 컴퓨터 관련 역기능행위 등 크게 4가지로 분류한다. 여기서 ① 컴퓨터 주변 역기능 행위는 개인정보 및 조직에서 보유한(기밀) 정보의 유출행위와 컴퓨터 기기의 파괴·절도, 밀반입·출 등의 행위를 가리킨다. ② 컴퓨터 처리과정 역기능 행위는 컴퓨터에서 다루는 데이터의 고의 또는 실수에 의한 변조 및 파괴행위, 그리고 상황의 변화에 따라서 갱신되어야 할 데이터들이 정확하게 갱신·관리되지 않는 등의 문제를 말한다. ③ 컴퓨터 활용 역기능 행위는 이른바 해킹(hacking)이라고 불리는 것으로 단순침입, ID 도용 및 통신망을 통해 타인의 시스템에 침입하여 자료를 해독·변조·파괴·절취하는 등의 행위를 말한다. ④ 기타 컴퓨터 관련 역기능 행위는 위의 범주에 포괄하기는 어려우나 현실적으로 컴퓨터 기술이 개입되어 많은 문제가 되고 있는 역기능 행위를 말한다. 여기에는 신용카드 위조 등의 금융범죄, 음란물 유포, 사기판매, 상대방에 대한 비방·협박 등의 비윤리적 행위, 컴퓨터 바이러스의 제작·유포 등의 역기능 행위 등이 포함되어 있다(한봉조, 1998).

(1) 컴퓨터 해킹

국내에서의 컴퓨터 해킹(hacking)은 주로 대학교나 연구소 등을 대상으로 대학생들에 의하여 이루어지고 있다. 그러나 최근에는 중·고등학교 청소년들이 해킹에 대한 공부를 하면서 호기심이나 실력과시 차원에서 초보적 해킹을 시도하는 경우가 많으며 해킹 대상도 교육전산망 외에 상용전산망, 국가기관 등에까지 확대되고 있어 주목할 필요가 있다. 청소년들은 컴퓨터 해킹을 별다른 죄의식 없이 행하는 경우가 많다.

(2) 컴퓨터 바이러스 유포

컴퓨터 프로그램을 배우는 청소년들 사이에서 호기심으로 생산하는 사례도 적지 않으나 때로는 군사적 목적, 경제적 목적, 정치적 목적 등으로 이용되기도 한다. 인터넷 등 네트워크상에 유포되는 컴퓨터 바이러스(virus)는 통신망의 특성상 급속히 확산될 가능성이 있어 매우 경계하여야 할 대상이다. 고의로 타인의 컴퓨터를 손상하게 하는 컴퓨터 바이러스를 만든 사람은 물론, 이러한 사실을 알면서 여러 사람에게 배포하는 경우도 형사처벌의 대상이 된다.

(3) 아이디 도용 및 개인신상 정보도용

요즈음 주로 청소년들 사이에서 천리안 등 상용 통신망의 무료 이용을 목표로 다른 사람의 아이디(ID)를 도용하거나 허무인의 아이디(ID)를 가짜로 만들어 사용하는 경우가 많다. 아이디(ID) 도용은 단순히 경제적인 피해만을 초래하는 것이 아니라 남의 아이디(ID)를 도용하여 컴퓨터 통신상으로는 자신의 얼굴이나 신분을 알리지 않고도 여러 가지 행위를 할 수 있다는 점을 이용하여 언어폭력을 행사하거나 사기행각을 하는 등 생각지 못한 여러 가지 문제를 발생시키고 있다.

또한, 일반적으로 개인신상정보의 도용은 상대방의 동의 없이 무단으로 도용하여 자신의 목적을 달성하고 도용당한 자에게 피해를 주는 행위라 할 수 있다. 청소년들의 개인신상정보 도용의 원인은 최근 대부분의 사이트에서 회원가입을 기본으로 요구하고 있으며 그중 성인 여부를 확인하는 사이트가 많기 때문이며 또한 각종 무료 아이템을 개인 한도를 초과하여 일명 주민등록번호 자동생성 프로그램까지 동원하고 있어 청소년의 개인신상정보 도용은 매우 심각한 실정으로 보인다.

(4) 사이버 절도

사이버 절도는 사이버상에서 고유한 개인의 재산권을 침해하는 것으로서 광의로는 타인의 컴퓨터에 저장된 데이터를 다양한 방법을 동원하여 빼내어 가는 정보처리장치와 관련된 절도행위를 말하지만 일반적으로 논의되는 협의의 사이버 절도는 인터넷상에서 발생하는 온라인 게임 아이템 절도, 정보통신시스템의 내부 절도, 컴퓨터 프로그램 절도를 의미한다. 사이버 절도 중 청소년들이 가장 많이 저지르는 형태인 아이템 절도에는 아이디 혹은 아이템 판매와 관련된 절도, 사기 또는 해킹이 있다. 아이디·아이템 판매와 관련된 절도 및 사기 행위로는 아이디나 아이템을 가로채는 경우, 다른 사람의 아이디나 또는 유사한 아이디로 접근하여 친구나 잘 아는 사람처럼 속여서 아이디나 아이템을 절도하는 행위, 운영자를 사칭하여 상대방의 비밀번호를 요구하여 아이디와 아이템을 절도하는 경우 등이 있다. 또한 해킹을 이용한 아이디·아이템 절도행위로는 온라인 게임업체에서 제공하는 게임 중 특정 프로그램을 이용하여 아이디를 크래킹하여 그 아이디와 아이템을 절도하는 행위, 온라인상에서 정보를 제공하여 준다는 것에 현혹하여 상대방에게 해킹툴을 보내고 그 프로그램을 이용하여 상대의 아이디와 아이템을 절도하는 행위, 타인이 가지고 있는 좋은 아이템을 빼앗기 위해 스스로 플레이어 킬러가 되어 아이디와 아이템을 절도하는 행위가 있다.

(5) 저작권 침해

인터넷상에서 업로드, 다운로드, 파일전송 등이 행해지는 과정에서는 일정 하드웨어 장치에 있던 파일이 다른 하드웨어를 기록매체로서의 유형물로 볼 수 있으면 업로드, 다운로드 등은 바로 복제가 가능한데, 이러한 특성으로 인하여 우리나라 저작권법의 보호 대상이 되는 각종 창작물이 청소년들 사이에서 불법 다운됨으로써 저작권의 침해가 이루어지고 있다. 또한 소프트웨어 불법복제의 경우도 청소년들 사이에서 경제적 자립도가 미약한 이유로 원하는 프로그램을 고가로 구매하는 것이 부담이 되기 때문에 성행하고 있는 것으로 나타나고 있다.

3) 사이버 범죄와 청소년 피해 유형

한편, 청소년이 사이버 범죄의 가담자로서만이 아니라 많은 경우 청소년은 피해자가 되는 사례가 빈발하고 있다. 다음은 특별히 청소년이 피해자가 될 수 있는 사이버 범죄의 유형을 제시한 것이다.

(1) 사이버 성폭력

현실공간에서의 성폭력 행위와는 달리 PC통신, 인터넷, e-mail 등 정보통신 수단을 이용하여 다수 또는 특정인을 성적으로 괴롭히는 행위(Sexual Harrassment)이며 사이버 스토킹도 이에 해당된다. PC통신과 인터넷 대화방에서 상대방과 대화 중 성적 수치심을 유발하는 내용의 대화를 유도하거나 성희롱 폭언을 행하는 사례가 있다. 사이버 성폭력은 정보통신매체 이용의 익명성으로 인해 그 증거 확보 등 수사에 어려움이 있으며, 직접적으로 피해자의 생명이나 신체의 안전과 연관되지 않는 관계로 법적 처벌이 곤란하며 게시된 정보가 빠른 시간 내에 광범위하게 확산되는 이유로 인해 그 피해의 정도가 심각하다.

(2) 사이버 스토킹(Cyber Stalking)

이는 사이버 성폭력의 대표적인 유형이다. SNS, e-mail 등 정보통신망을 통하여 특정인에게 원하지 않는 접근을 지속적으로 시도하거나 계속하여 성적 괴롭힘을 행사하는 경우를 말한다. 일반적으로 다양한 형태의 성폭력 행위가 동시에 행하여지며 연예인 등 유명인물은 물론 일반인에 대한 피해사례가 속출하고 있으며 현실공간에서의 스토킹과 병행하여 발생되는 경우가 많아 더욱 문제가 된다. 대표적인 예로 23세의 한 여대생은 동호회를 통해 알게 된 21세의 청소년으로 인해 본인도 모르는 새 자기 이름으로 개설된 인터넷 홈페이지에 의해 피해를 보았다. 만나 달라는 요청이 거절당하자 앙심을 품고 문제의 사이트에 전화번호와 이름을 게재하는 스토킹을 저질렀던 것으로 판명났다. 결국 「성폭력 범죄 및 피해자 보호에 관한 법률」 위반 혐의로 구속되었다.

(3) 인터넷 매매춘 알선

이는 주로 PC통신의 게시판이나 대화방을 중심으로 독립적인 매춘알선이 진행된다. 매춘희망자를 인터넷 등을 통해 모집하거나 폰섹스 사이트를 개설, 운영하며 아동을 약취, 유인하여 음란물을 제작하거나 아동매매춘 알선행위를 하는 경우도 있다.

(4) 인터넷 도박

도박사이트는 미성년자에게 여과 없이 개방되어 사행심을 조장하는 등의 문제를 일으킨다. 인터넷상에서 이루어지므로 현실적으로 규제가 어렵다는 점에서 더욱 심각한 문제가 된다.

(5) 보이스 피싱

피싱(phishing)은 '개인정보(private data)'와 '낚시(fishing)'를 뜻하는 영어를 합성한 조어로서 전화를 통하여 상대방의 신용카드 번호 등의 개인정보를 불법으로 알아낸 뒤 이를 범죄에 이용하는 전화금융사기 수법을 말한다. 처음에는 국세청 등 공공기관을 사칭하여 세금을 환급한다는 빌미로 피해자를 현금지급기(ATM) 앞으로 유도하는 방식이었으나, 이같은 수법이 널리 알려진 뒤에는 피해자가 신뢰할 수 있도록 하기 위하여 사전에 입수한 개인정보를 활용하는 등 다양한 수법들이 등장하였다.

그 유형은 ① 국세청이나 국민연금관리공단 등을 사칭하여 세금·연금 등을 환급한다고 유혹하여 현금지급기로 유인하는 형태, ② 신용카드사·은행·채권추심단을 사칭하여 신용카드 이용대금이 연체되었다거나 신용카드가 도용되었다는 구실로 은행 계좌번호나 신용카드 번호를 입력하도록 요구하는 형태, ③ 자녀를 납치하였다거나 자녀가 사고를 당하였다고 속여 부모에게 돈을 요구하는 형태, ④ 검찰·경찰 또는 금융감독원 직원을 사칭하여 범죄에 연루되었다는 구실로 개인정보를 요구하는 형태, ⑤ 동창회·종친회 명부를 입수한 뒤 회비를 송금하도록 요구하는 형태, ⑥ 택배회사나 우체국을 사칭하여 우편물이 계속 반송된다는 구실로 개인정보를 요구하는 형태, ⑦ 가전회사나 백화점 등을 사칭하여 경품행사에 당첨되었다는 구실로 은행 계좌번호를 알려달라는 형태, ⑧ 대학입시에 추가로 합격하였다며 등록금을 입금할 것을 요구하는 형태 등 다양하다.

사이버 범죄에는 정보통신매체가 가지고 있는 특성이 그대로 반영된다. 원격지에서 범죄를 행할 수 있으며, 범죄행위가 용이하고 간편하며, 피해가 발생할 경우 짧은 시간에 광범위하게 퍼져 피해규모가 크며, 신원확인수단이 미비하여 익명성을 악용할 수 있으며, 불특정 다수인을 대상으로 범죄행위가 가능한 사이버 공간의 특성상 국가 간 국경이 없는 범죄가 활동 가능하며, 물리적 공간에서 행하는 범죄에 비해 사이버 공간에서 행하는 범죄에 대하여 죄의식이 부족하다는 것 등이 그러한 특성이다. 이에 따라, 대책을 마련하기가 어렵고 기존의 법제도와 사법권, 범죄 예방, 진압 시스템만으로는 사이버 범죄에 대처할 수 없다는 문제점을 갖는다(천정웅 외, 2012).

4) 문제행동으로서의 "부적절한 행위"

청소년의 사이버 일탈에는 앞서 언급한 해킹, 바이러스 유포 등과 같이 현실사회의 권위체에 의한 처벌의 대상이 되는 범죄행위가 있는가 하면, 그에 못지 않게 인터넷이나 컴퓨터통신상에서 이용자들 간에 비난, 질책, 무시 등의 비공식적 제재를 당하는 일상적으로 행해지고 있는 문제행위들도 있다.

절제되지 않은 욕설과 인신공격, 음란외설 등의 불건전한 정보의 만연, 소수에 의한 컴퓨터 통신 공간의 지배, 부정확한 정보 및 사실의 유포로 인한 정보의 진실성의 저하, 상업적·이기적 목적으로의 컴퓨터 통신의 사용 등 비범죄적인 문제행동은 개방적인 인간관계의 형성을 방해하며 컴퓨터의 제한적 사용 및 호혜적인 정보 제공의욕의 감소를 초래한다. 오늘날 사이버 공간에서는 이러한 '부적절한 행위'들이 점차 만연됨으로써 이에 대한 규제방식이 다양한 방법으로 제기되고 있다.

부적절한 행위에 포함될 유형으로는 다음 몇 가지를 들 수 있다. ① 동일하거나 특별한 내용적 차이가 없는 정보의 연속적 게재행위(일명, 도배), ② 정보의 내용과 다수 동떨어진 제목의 게재, ③ 정보의 중복게재 및 동일한 질문의 게재, ④ 지나치게 긴 장황한 글의 게재(대역폭 낭비), ⑤ 자신의 정보게재물의 조회 횟수를 임의적으로 늘리는 조회 수 조작행위, ⑥ 출처가 불명확하거나 부정확한 정보의 게재, ⑦ 욕설 등의 무례하거나 적대적인 언어의 사용, ⑧ 인신공격 및 인격모독적인 발언, ⑨ 과대허위광고게재, ⑩ 이기적 목적으로 불특정다수에 대한 무분별한 전자우편발송, ⑪ 상업적 소프트웨어나 지식정보의 무단게재, ⑫ 공공게시판에서의 상업적 광고 및 개인적 용도의 사용, ⑬ 타인의 개인편지 및 개인정보의 게재 및 배포행위, ⑭ 음란, 외설, 폭력 등의 불건전 정보의 게재 등이다(정희태, 1998).

이러한 '부적절한 행위'와 관련하여 청소년에게 특히 문제가 되는 것은 적대적 언어, 인신공격적 발언과 허위사실 유포 및 음란폭력물 등 불건전 정보의 게재 등이다.

(1) 유언비어와 타인 비방

사이버 공간에서는 아무나 자신의 생각을 글로 표현할 수 있으므로 그 과정에서 검증되지 않은 사건, 우발적인 오보, 오해로 인한 유언비어도 빈번히 일어난다. 가장 흔한 것은 PC 통신의 토론방 등에서 욕설을 하면서 상대방에 대한 비방을 하거나 갖가지 유언비어, 악성 루머를 전파하는 경우가 있다.

(2) 비속어와 언어폭력

또한 가상공간에서 이루어지는 인권 침해 중 가장 광범위하게 이루어지는 것이 언어폭력이다. 반말과 욕설, 비속어로 이루어지는 대화나 메일은 가상공간에서 다반사로 일어난다. 이것이 청소년에게 특히 문제가 되는 것은 이러한 "언어 습관"이 그대로 사회생활로 연장될 수 있기 때문이다.

(3) 음란폭력물의 접촉, 게재와 배포

사이버 공간이 청소년에 갖는 역기능의 또 다른 하나는 음란폭력물 등의 유해정보에 쉽게 접할 수 있다는 것이다. 음란폭력물 등의 불건전 정보는 특히 최근에는 청소년층에 의해 게재되는 사례가 급증하고 있으며, 때로는 일부 기성세대에 의해 청소년들이 음란물 판매의 중간매체로 이용되는 현상도 보이고 있어 우려되고 있다.

대체로 청소년들이 음란폭력정보에 상습적으로 탐닉할 경우 규범의식과 성범죄 유발에 영향을 주거나 일탈의 잠재성이 있는 청소년들의 경우 마약, 폭력 관련 정보 등에 무차별적으로 접촉하고, 일탈을 위한 동료결성 등을 용이하게 함으로써 범죄를 직접 유발하도록 만드는 요인을 제공한다는 점에서 청소년 일탈에 영향을 끼친다고 본다(류승호, 1999). 보다 중요한 사실은 많은 청소년들이 이러한 환경에 노출되어 있고 유해매체물을 많이 접하고 있다는 것이다. 특히, 청소년들이 음란정보를 구입하기 위해 서로 거래하는 것은 비일비재하고, 최근의 음란 소프트웨어들은 통상의 교육용과 식별이 어렵고 주로 심야에 컴퓨터를 통해 전파된다는 점과 완전한 규제가 현실적으로 어렵다는 점이 문제점으로 되고 있다. 또한, 폭력물에 관한 내용으로 근래에 들어 인터넷에 끔찍한 사고장면이나 엽기적인 범죄, 가학행위 등을 담은 홈페이지(잔혹사이트)가 급속히 늘어 청소년에 미칠 해악이 우려되고 있다.

이렇게 사이버 공간의 확대는 청소년의 모습을 정보화의 수혜자와 유해정보의 보호 대상자로서 간주하는 동시에 정보의 창출자이며 정보사회의 변화를 주도하는 중심계층으로 자리매김하게 하고 있다. 컴퓨터와 관련된 청소년문제는 다른 어느 세대보다도 컴퓨터활용 정도나 능력 등에서 앞서고 있는 청소년의 특성을 고려할 때 점차 더 중요한 의미를 갖게 될 것이다.

3. 사이버 일탈로서의 사이버 불링

1) 사이버 불링의 정의

페이스북이나 트위터 등의 SNS가 스마트폰 등의 모바일을 통해 확산되고 있는 현실에서 누구나 사이버 따돌림 또는 사이버 불링(cyber bullying)의 피해자가 될 수 있다. 이러한 잠재적 위험은 청소년집단에서 크게 나타나는 경향이 있는데, 사이버 불링이 SNS를 중심으로 하나의 새로운 폭력현상으로 등장하고 있다. 사이버 불링은 네트워크상 또는 가상이란 의미를 가지고 있는 사이버(cyber)와 괴롭힘으로 번역되고 있는 불링(bullying)의 합성어이다(홍경선, 2014:350). 한 개인이나 집단이 주로 핸드폰 등의 디지털 도구를 이용하여 정보 및 의사소통을 통해 다른 개인이나 집단에게 잔인한 문자, 글, 그림 등을 보내거나 포스팅함으로써 고의적이고 반복적인 괴롭힘 또는 협박을 가하는 행위를 말한다(Patchin & Hinduja, 2007; 박하정, 2016:10).

사이버 불링의 개념에 대해서는 학자마다 다양하게 정의하고 있는데, Willard(2006)는 사이버 불링을 인터넷 또는 그 외 전자기기를 사용하여 나쁜 내용을 전송하거나 공격적인 행동에 동참함으로써 타인을 괴롭히는 것으로 보았다. Belsey(2006)은 사이버 불링은 고의적으로 다른 사람에게 피해를 줄 의도로 개인이나 그룹에 의해 적대적인 행동들을 이메일, 핸드폰, 문자메시지, 웹사이트 등과 같은 도구를 사용하는 모든 것을 포함한다고 정의했다. Hinduja와 Patchin(2012)은 온라인 공간에서 다른 사람을 지속적으로 우스꽝스럽게 하거나, 이메일 또는 메신저로 타인에게 해를 가하고, 타인이 원하지 않는 것을 온라인에 유포하며, 전자화된 글자를 이용 수단으로 고의적이고 지속적으로 누군가에게 해를 가하는 것이라고 정의하였다.

국내에서 한국정보화진흥원(2013)은 사이버 불링이란 주로 정보통신망을 통하여 신체적·정신적 폭력을 가하는 것으로 이메일, 메신저, 휴대폰으로 보내진 이미지나 문자, 웹 페이지, 블로그, 채팅방, 토론장, 온라인 게임, 다른 정보 커뮤니케이션 기술 수단을 이용한 괴롭힘으로 정의하였다. 김은경(2012)은 컴퓨터 또는 스마트폰 등의 전자화기기를 통해 사이버상의 커뮤니케이션 기능을 이용해 타인에게 손해를 주기위해 고의적 목적으로 욕설, 굴욕 및 이미지나 글을 사용해 거짓 정보나 소문내기 하는 일회성 행동뿐 아니라 반복적인 행위까지 포함하는 개념으로 사이버 불링을 정의하였다.

미국이나 캐나다와 같은 외국의 경우 사이버 불링이라는 용어를 불링의 개념에 사이버 공간을 적용한 개념으로 통칭하여 사용하고 있으나, 유독 우리나라에서는 집단따돌림과 왕따 등의 용어들을 혼용하여 사용하다가, 최근에는 사이버 폭력과 사이버 왕따라는 용어를 혼용하였으며, 2013년에 「학교폭력 예방 및 대책에 관한 법률」을 개정하면서 '사이버 따돌림'이라는 신조어를 법률용어로 채택하여 사용하고 있다(임상수, 2013). 그러나 청소년을 대상으로 하는 용어라고 하더라도 사이버 불링을 사이버 집단따돌림이나 사이버 괴롭힘으로 지칭하기에는 지나치게 제한적이라는 의견이 있다. 또한 법학자들이 사이버 불링을 단순히 따돌림으로 정의하는 것은 문제가 있다고 파악하며(한국정보화진흥원, 2014), 당분간은 사이버 불링이라는 용어를 그대로 사용하는 것이 타당할 것이라는 학자들의 의견이 수렴되고 있다(임상수, 2011).

2) 사이버 불링의 특징과 유형

사이버 불링의 특징에 대해서 Hinduja와 Patchin(2007)은 우연적인 것이 아니라 고의로 일어나는 의도성이 있으며 일회성의 사건이 아니라 반복된 행동의 패턴을 보이고 피해자가 해를 입었다고 자각해야 그 피해가 드러나며, 컴퓨터나 핸드폰 등의 기기를 사용한다는 점에서 일반적인 불링과 차이가 있다고 하였다(박하정, 2016).

사이버따돌림은 익명성, 전파성, 신속성, 가상성, 시각적 충격성 등의 특징을 지닌다. 따라서 현실공간의 따돌림보다 피해가 심하다. 피해자의 상처는 심리적인 것부터 장기간 그리고 삶 전반에 걸쳐 광범위하게 발생한다. 시작단계에서는 피해자의 자존감이 낮아진다. 피해자들은 왜 이런 일이 일어났는지 해결하고자 애쓰지만 혼란만 가중되고, 불필요한 죄책감으로 고통스러워한다. 이러한 상황이 도움 없이 계속 진행되면 사회성은 더욱 감소하게 되고, 극단적인 경우 자살을 초래한다. 자살까지는 아니더라도 많은 불링 피해자들은 성인시기까지 정상적 사회화과정에서 실패하게 된다. 결국 사이버 폭력은 구체적인 공간에서 물리적으로 가해지는 직접적인 폭력보다 심각한 문제임을 알 수 있다(천정웅 외, 2012).

사이버 불링 또는 사이버 따돌림의 일반적인 유형은 가해자들이 인터넷이 연결된 컴퓨터를 사용하면서 온라인 게시판이나 SNS를 통해 해로운 이메일을 보내거나 인스턴트 메시지, 음란성 우편, 모욕, 비방적 메시지를 보내는 것이다. 악의적인 메시지는 모바일을 통해서 보내질 수 있고, 위협적인 문자메시지 외에도 사진 또는 동영상 촬영을 하기도 한다(성윤숙, 2011). 사이버 불링의 유형을 가장 먼저 분류한 Willard(2006)에 따르면 사이버 불링은 플레이밍(flaming), 괴롭히기(harassment), 사이버 스토킹(cyber stalking), 명예훼손(denigration), 사칭하기(impersonation), 아웃팅과 사기(outing and trickery), 배제하기(exclusion) 등 7가지 유형으로 나누어진다(김수진, 2015).

〈표 7-1〉 Willard의 사이버 불링 유형

유형		정의
1	플레이밍 (flaming)	온라인상에서 상대를 성나게 하거나, 불순하고 저속한 메시지를 전송하거나 문자 메시지나 이메일을 보내어 서로 격렬하게 논쟁하는 것
2	괴롭히기 (harassment)	다른 사람에게 반복적으로 불쾌하고 비열하고 모욕적인 내용을 전자메일이나 휴대전화 메시지 등 전자통신을 매체로 지속적으로 전송하는 것
3	사이버 스토킹 (cyber stalking)	인터넷 및 정보 통신망을 이용하여 상대가 원치 않는 연결을 계속적으로 시도하거나 폭언, 위협, 공갈이 내포된 내용으로 사이버상에서 지속적으로 피해를 가하는 것
4	명예훼손 (denigration)	타인에 대한 허위사실을 온라인 알림판에 왜곡시켜 사진 또는 글 등을 이메일로 보내는 것
5	사칭하기 (impersonation)	본인의 정체를 나타내지 않고 다른 사람인 것처럼 위장해 남의 평판이나 또래관계에 해를 끼치고, 곤경에 빠지게 하거나, 난처한 상황을 겪게 만들기 위해 자료 보내기, 또는 게시물을 올리는 것
6	아웃팅과 사기 (outing and trickery)	의식적으로 타인에게 알리고 싶지 않은 부끄럽거나 아주 예민한 개인적인 정보가 까발려지는 것
7	배제하기 (exclusion)	온라인상에서 어떤 대상을 무리에서 의도적으로 따돌리거나 가혹하게 거부하는 것

한편, 국내에서는 조윤오(2013)가 사이버 불링의 유형을 새롭게 12가지로 분류하였고, 요인분석 결과로 한국형 사이버 불링을 4대 유형으로 나누었다. 사이버 불링의 12가지 유형으로는 사이버 스토킹(cyber stalking), 사이버 비방(cyber slander), 이미지 불링(image bullying), ID 도용(ID theft), 사이버 갈취(cyber extortion), 사이버 성폭력(sexting), 사이버 감옥(cyber jail), 사이버 따돌림(cyber exclusion), 플레이밍(flaming), 사이버 명령(cyber-order), 안티카페(anti-cafe), 사이버 왕따놀이(cyberbullying play) 등이 있다. 한국형 사이버 불링 4대 유형으로는 집단적 모욕형, 반복적 협박형, ID 도용 익명형, 콘텐츠·루머 유포형 등이 있다.

3) 청소년의 사이버 불링

2000년대 초반까지는 사이버 폭력이라는 용어가 많이 사용되었지만 사이버 폭력은 명예훼손 등 일탈행위와 사이버 공간에서의 욕설, 인신공격 등 분노와 적대감을 나타내며 표현하는 것들을 포괄하는 반면(오승희, 2014), 사이버 불링은 일반적으로 학교 폭력 중 사이버상에서 벌어지고 있는 집단따돌림 현상을 의미한다. 국내에서는 2012년 8월 대구에서 자살한 여중생이 그동안 사이버 불링을 당해왔던 것이 알려지면서 심각한 사회문제로 대두되기 시작하였다(김수진 · 강현아, 2016). 2014년 한국청소년정책연구원에서 중 · 고등학생 4,000명에게 사이버 불링 실태를 조사한 결과 3명 중 1명 이상(34%)이 최근 3개월간 사이버 불링의 피해 또는 가해, 혹은 두 가지 모두를 경험한 적이 있는 것으로 나타났다(이창호 · 신나민 · 하은빈, 2014).

사이버 불링이 청소년기에 쉽게 나타나는 원인으로는 크게 세 가지를 볼 수 있다. 첫째, 청소년기의 발달단계적 특성이다. 청소년의 뇌는 신중한 결정을 내리고 자기통제와 억제를 할 수 있는 것과는 거리가 멀다고 하였다(Gruber&Yurgelun-Todd, 2006). 또한 청소년기는 SNS를 이용하여 재미를 추구하는 성향이 강한 시기로, 입시위주 교육제도로 인한 과도한 학업, 교우관계 및 정서적인 불안 등으로 스트레스를 받을 경우 그 압박에서 탈출할 목적으로 사이버 불링을 일으킬 수 있다(성윤숙, 2012). 또래동조 욕구가 강한 청소년들은 또래집단에 소속되기 위해 사이버 불링에 참여하거나 방관자가 되는 경향이 있다는 것이다(김은경, 2012).

둘째, 환경적 원인으로 후기정보화 사회의 심화이다. 인터넷 사용의 보편화, 스마트폰 등 개인미디어의 광범위한 보급, 트위터나 페이스북 등의 SNS 서비스 확산으로 인간관계를 비롯해 많은 사회활동이 사이버 공간을 통해 이루어지고 있다. 이러한 변화는 현실공간에서 발생했던 사회관계적 갈등이나 각종 문제들이 사이버 공간으로 이동하게 됐음을 의미한다. 즉, 스마트폰과 인터넷의 발달로 사이버 불링이 쉽게 발생할 수 있는 환경이 조성된 것이다(성윤숙, 2012).

셋째, 사이버 공간의 특성으로 익명성, 비대면성 및 가상성이다. 익명성은 규범을 강조하는 사회, 양심, 도덕성 및 윤리의 압박으로부터 청소년을 자유롭게 한다. 자신을 드러내지 않고 괴롭힘을 지속할 수 있는 환경은 온라인에서 우세한 상태를 점유할 수 있는 독특한 수단이 된다(정여주, 2010). 또한 컴퓨터나 스마트폰을 통해 의사소통할 때, 피해자는 가해자의 얼굴을 알지 못한다. 사이버 공간의 가상성은 가해자들로 하여금 그들이 피해자에게 실제로 직접·물리적 피해를 주는 게 아니라고 착각하게 한다. 반면, 피해자에게는 현실 상황에서는 약자일지라도 온라인상에서 보복할 수 있는 가능성을 갖게 한다(Patchin & Hinduja, 2009; 김은경, 2012). 그리고 사이버의 특성상 접속 장소나 시간의 제한이 없기 때문에 인터넷이 연결된 곳이라면, 스마트폰과 테블릿 PC 등의 테크놀로지를 통해 24시간 접속이 가능하다.

청소년문제와 관련한 사이버 따돌림의 중요성은 최근 그 발생빈도가 급증하고 있다는 점이다. 방송통신위원회·한국인터넷진흥원(2015)의 2015 사이버 폭력 실태조사 자료에 따르면, 최근 1년간 초·중·고 학생 17.2%가 사이버 폭력 피해 경험이 있었으며, 17.5%가 사이버 폭력 가해 경험이 있는 것으로 나타났다. 이 중 고등학생 22.0%, 중학생 20.5%, 초등학생 10.1%가 사이버 폭력 가해 경험이 있는 것으로 나타났고, 고등학생 18.6%, 중학생 18.5%, 초등학생 14.6%가 사이버 폭력 피해 경험이 있는 것으로 나타났다. 2014년 대비 모든 학년과 성별에 걸쳐 사이버 폭력 가해 경험은 증가했는데 피해 경험은 감소한 것으로 나타났다. 특히, 학년이 높을수록, 여학생 대비 남학생의 피해 및 가해 경험이 높게 나타났다. 유형별로는 사이버 언어폭력이 15.8%로 가장 높게 나타났고, 사이버 따돌림(2.4%)이 그 뒤를 이었다.

4. 청소년 사이버 불링과 스마트폰 과다 사용

1) 청소년의 스마트폰 과다 사용

스마트폰 과다 사용이란 병리적 용어인 중독 대신, 스마트폰 과다 사용이라는 용어를 사용하여 스마트폰에 의존하고 몰입한다는 의미로 사용하면서, 스마트폰 사용량과 시간을 제어할 수 없고, 스마트폰 부재 시 불안함과 초조함을 호소하는 행동을 말한다(정경호, 2014). 또한 스마트폰 사용시간을 자신의 의지대로 조절하지 못하고 몰입하며, 그로 인해 자신과 주변에 피해를 입히는 상태로 정의하고, 그러한 상태가 지속적으로 발생하는 상태라고 할 수 있다(이창민, 2014).

청소년에게 있어 스마트폰은 서로의 감정과 정서를 쉽고 빠르게 공유하고 또래 간 의사소통을 가능하게 하며, 또래집단의 유대감을 형성하고 강화시키는 도구로서 활용된다. 또 사회적 관계망 속에서 그들의 친화 동기 및 소통 욕구를 채워주는 역할을 한다(윤혜정 · 권경인, 2011; 나혜연, 2015 재인용). 청소년들이 스마트폰을 통해 그들만의 또래문화를 구축하는 도구로 활용한다는 점은 다른 매체들보다 스마트폰이 청소년문화와 밀접한 관계가 있음을 나타낸다(성윤지, 2013).

하지만 청소년의 스마트폰 중독실태를 보면, 스마트폰 사용위험군은 2011년 이후 11.4%에서 2012년 18.4%, 2013년 25.5%로 꾸준히 상승하는 추세이다(한국정보화진흥원, 2013). 즉, 청소년의 스마트폰 사용은 많은 시간을 스마트폰 속에서 할애하게 하고, 결국 스마트폰 과몰입으로 인해 청소년의 생활환경 전반에 안 좋은 영향을 미치며 청소년문제를 야기할 수 있다(나혜연, 2015).

2) 청소년의 스마트폰 과다 사용과 사이버 불링의 관계

스마트폰이 확산되면서 초래되는 또 하나의 청소년문제는 스마트폰을 사용한 따돌림이다. 스마트폰 속 채팅서비스나 소셜네트워크 등 타인과의 관계를 기반으로 한 연결망 안에서 따돌림 현상이 빈번하게 일어나고 있다(이창호 · 이경상, 2013).

스마트폰 과다 사용과 사이버 불링에 대한 기존 연구들은, 인터넷 과다 사용과 비행행동에서부터 뿌리를 시작한다. 이성식과 정신현(2004)은 인터넷 과다 사용과 비행과의 관계를 인터넷에 과도하게 몰입하여 현실세계와의 유대관계가 깨져버린 청소년들이 사이버공간에서 새롭게 자아를 형성하고, 그 안에서 새로운 자아정체성대로 행동하는 과정으로 보았다. 또 중학생의 인터넷 중독이 사이버 비행의 직접적 원인이 된다고 밝혔으며(차은진, 2012), 인터넷에 중독될수록 사이버 일탈행위, 현실에서의 폭력비행 가능성이 높아지는 것으로 나타났다(남수정, 2011; 정승민 · 박영주, 2012).

스마트폰 과다 사용은 인터넷 과다 사용과 유사한 개념으로 간주되는데(전호선 · 장승옥, 2014), 기존 연구들에서는 인터넷 및 휴대폰 이용시간이 사이버 불링 가해행위에 유의한 영향력을 미치는 것으로 나타났고(김경은, 2011; 김봉섭 외, 2013), 스마트폰 중독에서 소셜미디어를 중심적으로 사용하는 청소년들은 대인공격성이나 대물공격성에 유의미한 영향을 미치며(신성철 · 백석기, 2012), 스마트폰을 사용한 채팅에서도 사이버 불링 가해와 피해행위에 가담할 가능성이 높아진 것으로 나타났다(신나민 · 안화실, 2013). 이렇듯 선행연구의 결과를 토대로 살펴보면, 스마트폰을 과하게 사용하게 되면 사이버불링에 영향을 미친다는 결과를 알 수 있다.

5. 청소년 사이버 일탈과 사이버 불링의 대응과제

정보기술(IT)시대의 청소년세대는 사이버 공간의 이용 정도가 가장 높으며 다른 어떤 세대보다도 활용능력이 뛰어난 집단으로 정보매체의 영향을 가장 많이 받는 세대로서의 특성을 갖는다. 그러나 여기서 우리가 관심을 가져야 하는 것은 컴퓨터 관련 사건에서 청소년들이 자주 등장하는 것도 사실이지만 보다 많은 다수의 우리 청소년들이 사이버 일탈의 피해자로서 노출되어 있다는 점이 간과되고 있으며 일탈행동의 가능성이 있는 것과 동시에 컴퓨터를 통한 사이버 참여의 주체로서 새로운 청소년문화를 창조하고 있다는 사실 또한 과소평가되고 있다는 점이다. 이런 인식에서 우선,

청소년의 사이버 일탈을 규제하기 위한 전통적인 노력으로는 다음과 같은 몇 가지를 생각할 수 있을 것이다.

첫째, 부모들이 함께 컴퓨터를 해야 한다(Shall We Games?). 청소년의 인터넷 활용에 부모가 관여해야 하며 청소년과 부모가 함께하는 인터넷 활용 프로그램을 개발·운영할 필요가 있다. 청소년의 건전한 사이버 활동을 위해서는 부모의 관심이나 인터넷 이용능력이 매우 중요한 요소이지만 대부분의 경우 청소년의 인터넷 이용에 무관심한 것이 현실이다.

둘째, 자율정화와 규제노력을 촉진해야 한다(Let It Be). 사이버 공간의 유해정보와 역기능은 이를 공유하는 네티즌(netizen)의 자율적인 노력으로 차단되고 예방되어야 한다. 자율규제를 통한 청소년의 사이버 일탈 방지가 필요하다. 자율규제는 정보화 역기능 대응방안 중에서 최선의 대응방안으로 논의된다. 예를 들면, 음란폭력물의 경우 즐기고자 하는 수요가 있는 한 유통을 완전히 통제하려는 시도가 성공할 수는 없다. 그러나 최소한 손쉽게 정보를 접할 수 있는 환경은 막아야 한다.

셋째, 사이버 공간을 바람직하게 만들기 위한 네티켓 강화가 필요하다(netiquette). 네티켓(netiquette)은 법규처럼 명시되어 있는 것이 아니지만 네트워크를 이용하는 네티즌들이 가상공간에서 자율적으로 지키고 행하는 에티켓을 말한다. 정보통신윤리에 대한 조기 교육, 일반인 교육, 교재 개발 및 보급은 아무리 강조하여도 지나침이 없을 것이다. 청소년을 위한 조기 네티켓 교육과, 건전하고 재미있고 유익한 프로그램 및 웹 사이트의 개발 보급이 필요하다.

한편, 청소년의 사이버 불링을 예방하기 위한 노력으로는 법제도적 대책, 사회문화적 대책, 가정과 학교에서의 대책 등을 생각해 볼 수 있다(성윤숙, 2011).

첫째, 법제도적 대책으로는 다소 늦게 시작되었지만, 「사이버 따돌림 방지법」이 2012년 1월에 발의한 바가 있으며, 이를 바탕으로 2012년 3월 21일에 사이버 따돌림을 학교폭력으로 규정하는 개정이 이루어진 바 있다. 신체적 폭력행위와 마찬가지로 사이버상에서 행해지는 모든 폭력행위에 대해서도 엄격히 처벌하고 철저한 예방 대책을 수립할 수 있도록 해야 한다는 내용을 담고 있다.

둘째, 사회문화적 대책으로는 장기적 차원에서 사회의 모든 영역에 내재되어 있는 물질주의, 쾌락주의, 이기주의 그리고 폭력과 성인 중심의 문화를 수정해 나갈 필요가 있다. 이를 위해서는 미디어윤리를 강화하여 미디어는 상업적 이윤추구와 인성, 그리고 사회성을 강조하는 목적론적 가치추구와 조화를 이루도록 유도되어야 한다.

셋째, 기술적 대책으로 '거름장치'의 확대 활용을 들 수 있다. 거름장치는 일부 포털사이트에서 이미 활용되고 있다. 이는 검색창에 특정 단어를 입력하여 정보를 검색하고자 할 경우 정보검색을 차단하는 장치이다. 욕설이나 모욕적인 단어를 입력할 경우 이를 자동적으로 차단할 수 있다.

넷째, 가정과 학교에서의 대책을 마련할 필요가 있다. 가정에서는 부모들이 적극적으로 나서서 디지털 미디어에 대한 학습을 하고, 이를 바탕으로 자녀들에게 미디어교육을 해줌으로써 올바른 인터넷 습관을 일찍부터 길러주는 것이 필요하다. 학교에서는 관련 교과시간이나 창의적 체험활동시간을 통해 사이버 윤리를 강화하는 방안과 장기적으로 공교육 내에서 미디어교육을 정규과목으로 채택하는 것이 바람직하다. 또한 학생들의 자존감을 높여주는 방향으로 교육이 진행되어야 한다. 가정과 학교에서는 또한 인성교육으로 남을 존중함, 책임감, 신뢰성, 공평함, 남에 대한 배려, 올바른 행동 등의 항목을 가르치는 것이 필요하다.

참고문헌

구자관(2007). 언어폭력이 카지노딜러의 소진, 직무만족, 이직의도에 미치는 영향: 분노조절기제의 조절효과를 중심으로. 경기대학교 대학원 박사학위논문.

김금녀(1996). "사이버 스페이스, 사이버문화의 탄생", 방정배 편, **현대매스미디어 원론**. 서울: 나남

김옥순 · 홍혜영(1999). **정보사회와 청소년 I : 통신중독증**. 서울: 한국청소년문화연구소.

김은경(2012). 청소년의 사이버 불링에 영향을 미치는 관련 변인 연구. 명지대학교 대학원 박사학위논문.

김정주(1999). 청소년참여. 한국청소년학회 편. **청소년학총론**. 서울:. 양서원.

나혜연(2015). 고등학생의 스마트폰 과다사용이 사이버불링 행동에 미치는 영향: 학교폭력태도, 폭력성의 매개효과를 중심으로. 명지대학교 대학원 석사학위논문.

노성호(1999). **컴퓨터통신을 통한 음란물 접촉실태와 대책**. 서울: 한국형사정책연구원.

라도삼(1999). **비트의 문명, 네트의 사회**. 서울: 커뮤니케이션북스.

박예슬(2016). 중학생의 학교폭력 피해경험이 사이버불링 가해행동에 미치는 영향과 자기통제력의 조절효과. 연세대학교 대학원 석사학위논문.

박하정(2016). 청소년의 SNS 또래문화 인식과 사이버불링 잠재성 연구. 전북대학교 대학원 석사학위논문.

방송통신위원회 · 한국인터넷진흥원(2015). 사이버폭력실태조사 요약 보고서.

백문숙(2015). 어머니의 심리적 통제가 초기 청소년의 사이버 불링에 미치는 영향: 관계적 공격성의 매개효과. 상명대학교 대학원 석사학위논문.

성윤숙(2011). 사이버왕따 어떻게 해결할 것인가?. 소리 없는 폭력, 사이버 따돌림 진단과 해법 세미나 주제발표. 한국정보화진흥원.

성윤숙(2012). 학교폭력 예방을 위한 사이버 따돌림 대응방안, 2012 교육정책네트워크 교육현장 순회토론회.

성윤숙(2012). SNS를 중심으로 한 사이버 따돌림 대응 방안, 한국 청소년정책연구원 ·한국소통학회 기획세미나.

신민정 · 강명주 · 정익중(2014). 초등학생의 사이버언어폭력에 대한 혼합연구. **학교사회복지,** (29), 483-510.

신소라(2015). 청소년의 긴장과 사이버 불링 가해행동의 관계에 대한 연구. 동국대학교 대학원. 박사학위논문.

이복희(2016). 초등학교 고학년 학생의 또래동조성이 사이버 괴롭힘에 미치는 영향: 자아존중감 및 도덕적 실행력의 중재효과. 가톨릭대학교 대학원 박사학위논문.

이종근(2015). 사이버 따돌림(cyberbullying) 방지와 학생의 표현의 자유: 미국에서의 논의를 중심으로. **유럽헌법연구**, 17, 407-438.

이창호 · 신나민 · 하은빈 (2014). **청소년 사이버불링 실태 및 대응방안 연구**. 세종: 한국청소년정책연구원.

정보사회학회 편(1999). **정보사회의 이해**. 서울:. 나남

정보통신윤리위원회(1999). **정보화역기능 방지대책공청회자료집.**

정희태(1998). 사이버스페이스에서의 부적절한 행위양식에 관한 연구. 고려대학교 대학원 박사학위논문.

천정웅(1998). **청소년참여의 방향과 과제, IMF시대 청소년의 소외와 참여**. 서울: 한국청소년학회.

천정웅 · 김영지 · 임지연(1997). **청소년참여의 세계적 동향**. 서울: 한국청소년개발원.

천정웅 · 김영지 · 임지연(1997). **청소년 참여증진방안 연구**. 서울: 한국청소년개발원.

최숙영(2014). 사이버불링에 대한 국내외 연구 동향 및 대응 방안 연구. **컴퓨터교육학회 논문지,** 17(6), 35-48.

하종원 · 백욱인(1998). “컴퓨터와 청소년문화:현황과 전망”. 한국언론학회 · 한국사회학회 편. **정보화시대의 미디어와 문화**. 서울: 세계사.

한국정보보호센타(1996). 정보화역기능 영향분석, 정책연구보고서

한국청소년상담원(1999). **청소년의 사이버문화**. 서울: 한국청소년상담원.

한봉조(1996). **정보사회와 청소년범죄: 정보사회와 청소년**. 서울: 한국청소년문화연구소.

황진구(1999). **청소년인터넷 이용실태에 관한 연구**. 서울: 한국청소년개발원.

Clarke, Roger, "Net-Ethiquette:Mini case Studies of Dysfunctional Human Behaviour on the Net", http://www.anu.edu.au/people/Roger.Clarke/Ⅱ/Netetiquettecases.html

Habermas, J.(1989) *The Structural transformation of the Public Sphere,* Cambridge : MIT Press

Hart, Roger A.(1997). *Children's Participation: The Theory and practice of Involving Young Citizens in Community development and Environmental Care.* New York: UNICEF

Jordan, Tim, and Taylor, Paul(1998) "A Sociology of hackers", *The Sociological Review,* pp. 757-780

Kieser, S., Siegel,J., and Mcguire T.(1984). "Social Psychological Aspects of Computer-Mediated-Communication", *American Psychologist,* Vol. 39, No. 10.

Lea., M. & spears, R.(1992) "Paralanguage and Social Perception in Computer-Mediated Communication", *Journal of Organizational Computing,* 2. (3&4)

Rheingold, Howard(1993). "A Slice of Life in My Virtual Community", Harasim, L. H. et al., Global Network : *Computer and International Communication,* The MIT Press, Cambridge, Mass.

Tapscott, Don(1998). *Growing up Digital: Net Generation,* McGraw-Hill. 허운나 · 유영만 역 (1999). N세대의 무서운 아이들. 서울: 물푸레.

Young, Kimberly, S.(2000). "What Is Internet Addiction", Center for On-Line Addiction. http://www.netaddition.com/whatis.htm

Young, Kimberly, O'Mara, James, & Buchanan, Jennifer(2000). Cybersex and Infidelity Online: Implications for Evaluation and Treatment. http://www.netaddition.com/article/articles.htm

Wang, F. & Van Loo, J. A.(1998). Citizen participation in the North Delta Mississippi Community Development Block Grants, Empowerment Zones and Enterprise Communities. *Planing Practics & Research.* vol. 13, No. 4, 443-451

8 장

학교폭력과 회복적 정의[1)]

"민주시민역량은 독립된 개인으로서가 아니라 공동체의 구성원으로서 생활하는 것이다. 공동의 목적달성을 위해 타인과 협력하고 갈등을 관리하는 능력을 포함하고 있기 때문에 공동체 발전에 기여하는 역량이라고 할 수 있다"(장근영 · 박수억, 2011). 평화가 구체화되고 실제가 되기 위해서는 개인의 내적인 힘만으로는 불가능하다. 사회를 구성하는 구성원 전체가 정의와 평화를 위해 노력해야 하며 그 가치를 추구해야 한다. 사회가 정의롭지 못하면 개인은 정당한 권리를 실질적으로 누릴 수 없다(김현정 · 유재봉, 2013, 60). 국가와 사회가 정의를 추구하지 않는다면, 학교를 운영하는 운영진들의 가치가 정의롭지 못하다면, 부모들의 양육방식이 정의롭지 않다면, 학생 개인의 권리와 정의를 보장받기 어렵다. 이 같은 공동체적 상호작용을 알아야 올바른 방향으로 학교폭력을 해결할 수 있는 것이다.

이를 위해 제시하고자 하는 회복적 정의는 하나의 패러다임으로서 갈등이 일어나는 상황에 대한 기준을 제시해 준다. 또한 인식적인 수준을 넘어서 갈등이 발생하고 있는 공동체 가운데 실행 가능한 실천행동이 된다. 따라서 현대사회문제의 가장 큰 갈등과 문제를 일으키고 있는 '학교폭력'의 실제적인 대처방안을 모색하고자 하는 노력이 필요하며 이를 위해 철학적 · 인식적 접근보다 실제적인 예방과 대안이 될 수 있는 방안을 제시하고자 한다.

1) 본 장의 내용은 김세광, 박소영(2014) 논문을 골자로 수정/보완하였음을 밝힘

1. 학교폭력의 현황에 대한 고찰

청소년폭력예방재단(2013, 이하 청예단)이 발표한 '2012년 전국 학교폭력 실태 조사'에 따르면 학교폭력 피해로 인한 자살생각은 44.7%로 조사되어 학교폭력 피해자 10명 중 4.5명이 피해 후 자살을 생각해 본 경험이 있는 것으로 나타났다. 이는 2011년 실태조사에서는 31.4%가 자살생각을 해본 적이 있다고 한 것보다 무려 13.3%나 증가한 것으로 학교폭력으로 인하여 자살을 생각하는 청소년이 늘어나고 있음을 알 수 있다.

학교폭력이 가진 기본적인 특성 중에는 상대에게 상처를 주기 위해 정서적·신체적으로 고통을 주려는 '의도성'을 볼 수 있다. 상대가 고통받는 것을 보면서 즐거움을 느낀다는 것이다(Coloroso, 2003; 김규태 외, 2013 재인용). 실제로 학교폭력의 원인 중에 상당한 부분을 차지하는 것이 '재미' 혹은 '장난'이다. 학교폭력 피해를 준 이유로 '장난'(33.1%)이 2011년에 이어 2012년에도 여전히 1순위로 조사되어 학교폭력이 범죄라는 심각성을 모르고 있는 경우가 많았다. 타인의 고통을 즐거움으로 여기는 학교폭력은 인간의 죄성이 극대화된 비참한 현상이라고 볼 수 있다. 다음으로 '오해와 갈등' 18.4%, '상대방 학생이 잘못해서' 17.3% 등의 순으로 학교폭력 가해의 이유들이 조사되었다. 이는 청소년들의 의사소통능력과 갈등조절 역량이 부족하다는 것을 보여 주는 것이다(청예단, 2013, 20). 즉, 타인과의 교감능력이 부족하여 다른 사람의 감정이나 생각을 인지하는 능력이 부족한 것이다. 뿐만 아니라 타인의 고통에 대한 민감성도 떨어져서 학교폭력 상황에서 벌어지는 피해자의 고통을 감지할 수 있는 능력이 부족하다.

학교폭력의 원인이 될 수 있는 청소년의 공감능력 부족이나 의사소통능력 부족과 대인관계 역량의 문제에 대한 접근이 필요한 시점이다. 하지만 현재 학교폭력에 대한 국가적 차원의 방안은 폭력을 행사한 학생에 대한 '처벌'에 초점을 맞추고 있다. 국가와 공교육의 현장에서는 올바른 학교폭력에 대한 대처방안에 대한 필요성을 인식하고 좀 더 강력한 법안을 구성하는 등 노력을 하고 있다. 하지만 처벌의 강도가 높아진다고 해서 학교폭력문제가 줄어들고 있지 않고, 더욱 치밀해지고 죄질이 악화되고 있다. 전통적으로 실시되었던 응보적 정의의 방식이 해답이 되지 못한 것이다. 바른 대처방안과 예방이 필요한 현 시점에서 청소년의 상황에 대한 이해를 바탕으로 청소년이 진정으로 변화하는 방향으로 전환될 수 있는 대처방안이 필요하다.

2. 학교폭력의 개념과 학교 상황

1) 학교폭력의 개념

학교폭력이란 '학교'와 '폭력'이라는 용어의 결합으로서 '학교'의 의미는 학교 주변을 중심으로 일정한 거리 이내에 위치한 지리적 · 공간적 장소를 지칭하는 것이며(김창군 · 임계령, 2010, 175), '폭력'은 다른 사람에게 상해나 피해를 입히기 위해 사용되는 물리력을 지칭하지만, 자신의 이익을 관철시키기 위한 힘과 권력의 부당한 사용도 폭력의 의미에 포함될 수 있다. 따라서 폭력에는 단순한 물리력의 행사로 인한 신체적 피해뿐만 아니라(박상도, 2001, 7), 정신적인 것도 포함하고 있다(이상원 · 이승철, 2006, 6). 즉 "학교폭력"이란 학교 내외에서 학생을 대상으로 발생한 상해, 폭행, 감금, 협박, 약취 · 유인, 명예훼손 · 모욕, 공갈, 강요 · 강제적인 심부름 및 성폭력, 따돌림, 사이버 따돌림, 정보통신망을 이용한 음란 · 폭력 정보 등에 의하여 신체 · 정신 또는 재산상의 피해를 수반하는 행위를 말한다(학교폭력예방 및 대책에 관한 법률 제2조).

청소년의 학교폭력이 종전에는 일부 학생들의 일시적인 일탈행동 정도로 치부되어 왔지만, 그 양상이 갈수록 흉포화, 교묘화되고 있을 뿐만 아니라, 저연령화, 집단화, 그리고 광역화되고 있는 추세마저 보이고 있다. 또한 학교폭력이 과거에는 주로 물리적 폭력을 수반하는 위압적 태도, 폭행 등을 통하여 피해학생들에게 금품을 갈취하는 사례가 주종을 이루었지만, 최근에는 학교폭력이 물리적 폭력을 넘어 다수의 학생이 한 학생을 지속적으로 괴롭히는 집단적 · 정신적 괴롭힘으로 이어지는 추세를 보이고 있다(김창군 · 임계령, 2010, 175). 이로 인해 스스로 목숨을 끊는 학생들이 줄을 잇고 있다(청예단, 2013, 2).

장금순(2005)은 학교폭력의 유형을 신체적 폭력, 언어적 폭력, 심리적 폭력, 집단 따돌림, 금품갈취 등 5가지 유형으로 나누고 있다. 신체적 폭력이란 신체적 고통이나 상해를 가할 의도나 그러한 의도가 있다고 인식된 행위를 말하고, 언어적 폭력은 학교폭력의 가장 일반적인 형태로서 상대방을 놀리거나 비꼬는 행위, 욕설을 하거나 단점을 말하는 행위 등을 통하여 괴롭히는 폭력을 말한다. 그리고 심리적 폭력은 언어적 · 상황적 협박과 강요, 고립시키거나 모욕을 주는 일, 두려움을 주는 일, 좌절감을 주는 일 등이 해당되며, 거부하기, 겁주기, 무시하기, 따돌리기 그리고 타락하도록 만드는 행위 등도 포함된다. 또한 집단따돌림은 한 집단의 소속원 중 자기보다 약한 상대를 대상으로 또는 집단이 암묵적인 규칙을 어긴 자를 대상으로 여럿이 함께 또는 개인이 돌아가며 신체적 · 심리적 공격을 지속적으로 가하여 반복적으로 고통을 주는 행위를 말한다. 마지막으로 금품갈취는 학교폭력에서 물질적 이익을 목적으로 이루어지는 폭력이다.

학교폭력은 공격적이고 의도적으로 괴롭히는 행동으로, 반복적이고 지속적인 경향을 가지며, 자신보다 육체적으로 혹은 심리적으로 약자라고 인식될 때 행해지는 힘의 불균형에 의한 관계로 때로는 분명한 이유 없이 행해지기도 한다(Olweus, 1997; 염영미, 2012, 6 재인용). 이처럼 학교폭력은 강자나 권위에 대한 저항이라기보다는 의존대상에 대한 플레이적 또는 불만 발산적인 공격반응이라 할 수 있는 점에 주목할 필요가 있다. 따라서 학교폭력은 더불어 사는 공동체의식의 결여와 정서생활의 불안을 초래하게 하였다(장금순, 2005, 14).

2) 학교 상황

학교폭력의 성격이 비행의 차원을 넘어서 내용이 잔인하고 집요해서 범죄수준에 이르고 있고, 보편화되면서 다수의 학생들이 이를 심각하게 생각할 뿐만 아니라 심리적으로 위협감을 느끼고 있으며, 6개월 이상 지속되는 학대성 폭력으로 복합외상을 초래하여 피해학생들의 심각한 정신장애뿐만 아니라 자살로까지 이어지고 있다. 그러나 학교폭력에 대해 학생들이 적극적으로 보고하지 않기 때문에 정책적으로 아무 도움을 받지 못하고 있으며, 학교폭력에 대한 학교와 교사들의 은폐와 소극적인 태도로 인해 더 큰 폭력을 야기하고 있다. 또한 학교폭력을 가해자 처벌과 당사자 간 합의 위주의 단기적 해결방법으로 대처하기 때문에 근본적인 문제해결에 접근하지 못하고 있으며, 학교폭력에 대한 구체적이고 체계적인 예방교육과 상담이 실행되지 못하고 있는 실정이다(강경미, 2011, 87). 더구나 학교폭력 발생의 구조적, 근본적 문제해결 없이 개인에 대한 상담만으로는 재발을 방지하고, 피해자를 보호하고 가해자의 행동을 교정하기는 어렵다. 따라서 근본적 문제해결을 위해서는 사건으로 인한 피해와 그에 따른 폐해를 해결하고 교육적 차원에서 당사자들이 화해하게 하고, 이들의 삶을 회복하도록 하는 복합적이고도 종합적인 개입이 요청되고 있다(서정기, 2011, 9). 이러한 요청에도 불구하고 학교폭력에 대하여 전통적인 방식으로 갈등 상황을 처리하고 있는 현재 학교 상황에 대한 분석이 필요하다. 지식과 정보 전달이 교육이라는 협소한 관점에서 벗어나 전인적인 인간의 성장을 교육 목적으로 삼고 학교의 역할을 학생 개개인의 성장뿐만 아니라 타인과 함께 공존하는 공동체적인 생존방식을 가르치는 것으로 해야 할 것이다.

학교는 일정한 지역을 기반으로 교육이라는 공동의 목적을 공유하는 집합이자 공동체로서의 특성을 지닌 사회적 제도이고 조직이다. 즉, 교사와 학부모, 지역사회가 상호 긴밀한 관계 속에서 학생들의 올바른 성장을 지원하도록 설계된 제도이다. 따라서 학교가 교육적 책임을 다하고, 본연의 역할을 수행하기 위해서는 교육 주체들 간의 신뢰에 바탕을 둔 협력이 중요하다. 그럼에도 불구하고, 교육 주체들 간의 대립과 갈등, 이로 인한 불신으로 오늘날 학교교육의 기능은 더욱 약화되고 있다. 따라서 갈등을 처리하는 것만이 아니라 갈등으로 인해 대립하고 반목하는 공동체를 원상회복시키는 것 또한 학교의 중요한 역할이다(서정기, 2011, 1). 이처럼 학교의 역할에 대한 명확한 인식에서부터 출발하는 것이 학교폭력의 원인을 직시하고 대처방안을 실천할 수 있는 근간이 될 수 있을 것이다.

3. 학교폭력의 실태

청소년폭력예방재단(청예단, 2013)에서 실시한 학교폭력 실태조사에 의하면, 최근 1년간 학교폭력이 얼마나 자주 일어나는가에 대한 질문에 35.8%의 학생들이 학교폭력이 일어난다고 응답했다. 2012년 학교폭력 피해율은 12.0%로 2011년의 18.3%에 비해 감소한 것으로 조사되었으나 2011년에 비해 2012년에는 학교폭력 피해 후 고통 정도가 33.5%에서 49.3%로 높아져, 피해 청소년들의 고통은 과거에 비해 더욱 증가한 것으로 밝혀졌다. 이는 학교폭력이 양적으로 다소 감소하였으나, 질적으로 학생들이 체감하는 학교폭력은 심각해졌음을 의미한다. 또한 학교폭력 심각성 질문에 대한 응답이 40.8%로 나타나 학생들은 학교폭력이 심각하다고 여기고 있는 것으로 드러났으며, 학교폭력을 경험한 학생들 중 44.7%가 폭력의 고통으로 인해 자살을 생각해 본 적이 있다고 응답했다. 이는 2011년 31.4%에 비해 13.3% 증가한 수치로 최근 자살이라는 극단적인 생각을 하는 청소년들이 점차 많아지고 있음을 알 수 있다. 따라서 적극적인 사회안전망 확충이 시급히 요구되는 시점이다. 또한 학교폭력 피해를 당한 후 등교거부 충동을 가진 학생이 39.3%로 학교에서 많은 시간을 보내야 하는 학생이 등교거부 충동을 느껴 학교생활의 어려움을 가지는 심각한 양상을 보여 준다.

학교폭력 피해 이후 가해학생에게 복수를 하고 싶은 충동을 느낀 적이 있는지에 대한 질문에 70.7%가 있었다고 응답했다. 즉, 피해학생 10명 중 7명은 모욕감, 분노, 억울함, 증오 등으로 학교폭력 피해에 대한 보복심리를 가지고 있음을 의미한다. 이 같은 복수충동은 가해학생에 대한 보복심리 및 행동으로 이어져 또 다른 학교폭력을 발생시킬 수 있다.

그런데 학교폭력 피해 후 도움을 요청하지 않는 경우가 33.8%로 나타났다. 이유는 '일이 커질 것 같아서'가 29.8%, '이야기해도 소용 없을 것 같아서'가 25.8%의 순으로 나타났다. 그리고 도움의 효과성을 묻는 질문에 '도움이 되었다'고 응답한 학생은 27.9%, '도움이 되지 않았다'고 응답한 학생은 41.8%로 나타나 실질적인 도움을 받지 못하고 있음을 알 수 있다.

학교폭력을 목격한 적이 있는 학생은 전체의 41.7%로 나타났는데, 그 학생 중 목격 후 모르는 척 한 학생은 44.5%로 나타났다. 즉, 학교폭력의 방관자는 절반가량을 차지했는데, 이들에게 목격 후 적극적인 대처가 중요함을 인식시켜줄 필요가 있다. 이들에게 방관 이유에 대해 질문했을 때 '같이 피해를 당할까봐'라고 응답한 학생이 30.6%로 가장 높게 나타났다. 이는 학교폭력 예방 및 근절을 위해 학교폭력 목격자에 대한 보호체계 마련이 시급함을 뜻하며 나아가 방관자를 방어자로 만드는 변화의 움직임이 필요함을 시사한다. 즉, 학교폭력을 목격하고 답답하다고 느끼거나 무기력하다고 느끼는 방관자들을 대상으로 피해학생을 도울 수 있는 조력자로 만드는 교육 및 인식전환이 필요하다.

학교폭력 가해 이유를 살펴보면 '장난'(33.1%)이 2011년에 이어 여전히 1순위로 조사되어 학교폭력이 범죄라는 심각성을 모르고 있는 경우가 많았다. 다음으로는 '오해와 갈등' 18.4%, '상대방 학생이 잘못해서' 17.3% 등의 순으로 응답했다. 따라서 청소년들이 또래와의 관계에서 의견 차이로 발생하는 갈등을 적절하게 조율할 수 있는 능력이 부족함을 짐작할 수 있다.

그리고 학교폭력 가해행동을 그만 둔 이유를 묻는 질문에 '스스로 나쁜 행동임을 알게 되어서'라고 응답한 학생은 전체의 48.5%로 나타나 다른 학생을 가해하는 행위가 범죄임을 스스로 깨우치게 하는 것이 무엇보다 중요함을 알 수 있다.

학교폭력 가해 후 일어난 일로 '아무 일도 일어나지 않았다'고 응답한 학생은

27.6%로, 정부의 지속되는 대책마련에도 불구하고 현장에서는 적절한 조치가 이루어지지 않고 있음을 알 수 있다. 즉, 공정하고 일관된 조치가 필요하다.

이후 2016년 교육부에서 '학교폭력실태조사'를 실시하였는데, 조사 대상 학생의 94.7%인 374만 명이 참여하였고, 1차 조사와 마찬가지로 2012년 이후 학교폭력 피해 응답이 5년째 감소하여 학교현장의 학교폭력 감소 추세가 지속되고 있는 것으로 나타났다. 학교폭력 피해를 겪었다고 답한 학생은 2만 8,000명으로, 지난해보다 6,000명 감소하였고, 지난 2012년 이후 학교폭력은 5년째 지속적으로 감소 추세를 보이고 있다. 반면, 학교폭력 피해를 입었다고 응답한 학생은 초등학생이 가장 많아서 학교폭력의 저연령화 현상을 보여 준다.

초등학생은 1.3%인 1만 6,000여 명의 학생이 학교폭력을 경험했다고 답했는데, 중학생이나 고등학생보다 배가 넘었다. 학교폭력 피해는 교실과 복도 등 학교 안에서 그리고 쉬는 시간에 가장 많이 발생했고, 대다수가 같은 학교, 같은 학년 학생에게 피해를 입은 것으로 조사되었다. 피해 유형은 언어폭력이 34.8%로 가장 많았고, 집단 따돌림과 신체폭행 등이 뒤를 이었다. 교육부는 관계부처 합동으로 종합대책을 추진한 결과 학교폭력이 지속적으로 감소하고 있다고 보고 앞으로 학교폭력 유형별 맞춤형 대책을 추진할 계획이다(교육부, 2016).

4. 학교폭력 대처 현황

1990년대 초반 학교폭력이 사회문제로 부각된 이후 교육부, 경찰청, 검찰청 등 정부 차원에서 학교폭력 근절 대책을 수립하고 시행하였다. 더불어 민간 차원에서는 1995년 학교폭력예방재단이 설립되고 2002년 학교폭력대책국민협의회가 구성되는 등 여러 측면의 노력으로 2004년 「학교폭력 예방 및 대책에 관한 법률」이 제정되었다. 이에 따라 교육인적자원부가 학교폭력 대책수립의 중심부처로서 학교폭력 예방 및 근절 대책에 관한 5년 단위 기본계획을 수립하고 점검하는 임무를 맡게 되었다.

그러나 학교폭력은 그 범위나 정도에 있어서 지속적으로 확산되고 심각해지면서 정부 차원의 대처방안의 효과성에 의구심이 들게 되었고 급기야 2011년 대구 학교폭력 피해학생의 자살사건 등으로 학교폭력문제가 악화되고 심각한 국가사회 이슈로 대두되면서 2012년 2월 '학교폭력근절 종합대책'을 서둘러 발표하게 되었다(김광수, 2013, 7-8).

2012년에 정부가 발표한 학교폭력 근절 7대 실천정책은 '학교폭력 없는 행복한 학교'를 목표로 학교폭력에 철저히 대응하는 4가지 직접 대책과 학교, 가정, 사회가 함께 하는 인성교육을 위한 3가지 근본대책으로 구성되어 있다. 그런데 학생들의 인성교육을 강화하는 근본 대책이 포함되어 있기는 하지만, 폭력 발생 시 가해학생에 대한 처벌과 격리 등 외부적 강제와 규제 중심의 방안에 집중되어 있다. 특히, 학교폭력 예방 및 대책 5개년 기본계획의 정책 추진전략 중의 하나로 '무관용 원칙'을 명백히 택하고 있다(류영숙, 2012, 627-628).

한편, 현재까지 정부가 주도한 학교폭력에 대한 예방 및 대응방안은 법 중심적 접근과 인본주의적 접근으로 나누어 볼 수 있다. 법 중심적 접근은 학교가 규정하는 일련의 규칙을 학교폭력에 적용하는 접근으로 사후적 대응과 절차에 치중한다. 다른 하나는 인본주의적 접근으로서 학교폭력 발생 시 폭력 가해학생의 입장을 이해하고 그들의 이야기를 들어주는 등 상담과 소통을 통해 문제에 접근하려는 접근법이다. 그런데 정부 및 학교가 추진한 학교폭력에 대한 예방 및 대처는 거의 대체적으로 법 중심적 접근에서 이루어져 왔다. 하지만 이러한 법 중심적 접근은 그 효과에 있어, 초기에는 학교폭력의 감소에 일정한 영향력을 발휘하나 장기적 관점에서 보면 크게 영향력을 미치지 못하면서 다양한 문제점을 나타내는 것으로 지적받았다(정희태, 2011, 187-188). 특히, 지금까지의 대처방안들은 주로 가해자의 관점에서 가해자의 수를 줄이는 정책에 주안점을 두었을 뿐, 피해자의 관점에서 그들의 회복이나 재발방지를 위한 대책은 미흡했다(김창군 · 임계령, 2010, 188).

학교폭력은 가해학생과 피해학생뿐만 아니라 가정, 학교 그리고 지역사회에 이르기까지 모두가 일정한 역할을 가지고 있다(김창군 · 임계령, 2010, 188). 따라서 가해자 처벌 위주의 응보적 정의가 아닌 피해자와 가해자 사이의 진정한 화해와 더 나아가 반 전체, 학교 전체 등 공동체 전체의 회복을 가져오는 대처방안이 요구되고 있다.

정부는 2016년 8월에 「학교폭력 예방 및 대책에 관한 법률」 제17조, 같은 법 시행령 제19조에 의거 학교폭력 가해학생 조치별 적용 세부 기준을 고시한 바 있다. "제2조(조치의 결정)에 보면 ① 학교폭력대책자치위원회(이하 "자치위원회"라 한다)는 가해학생이 행사한 학교폭력의 심각성, 지속성, 고의성의 정도와 가해학생의 반성 정도, 해당 조치로 인한 가해학생의 선도 가능성, 가해학생 및 보호자와 피해학생 및 보호자 간의 화해의 정도, 피해학생이 장애학생인지의 여부 등을 고려하여 [별표]에 따라 법 제17조 제1항 각 호의 조치 중 가해학생별로 선도 가능성이 높은 조치(수개의 조치를 병과하는 경우를 포함한다)를 할 것을 학교의 장에게 요청하여야 한다."라고 명시하였다. 본 결정을 보면 가해학생에 대한 다양한 조치 수준을 제시하고 있다.[2)]

5. 학교폭력 해결을 위한 새로운 패러다임: 회복적 정의

1) 새로운 패러다임의 필요성

일반적으로 학교에서 학교폭력이 발생한 경우 이를 처리하는 과정은 대체로 응보적(retributive) 패러다임에 따라 피해자에 대한 물질적 보상과 가해학생에 대한 처벌을 중심으로 이루어진다. 피해자 보호와 가해자의 교육적 선도라는 목표를 가지고 학교폭력 대응체계가 구성되어 있기는 하지만, 실제 학교에서의 처리과정은 가해학생에 대한 처벌과 피해에 대한 가해자와 피해자 간의 물질적 보상 합의로 사건을 마무리 짓는 것이 현실이다(서정기, 2011, 3).

2) '학교폭력 가해학생 조치별 적용 세부기준 고시' 참조.

응보주의적 정의관은 잘못을 한 그 사람에게 잘못한 만큼 되돌려 주어야 한다는 것이다. 응보적 정의가 추구하는 목적은 범죄로 인해 발생한 불평등을 조정하여 평형을 다시 회복하려는 것이며, 이를 통해 정의를 실현하려는 것이다. 피해자가 입은 손해나 고통을 동일한 정도로 가해자에게 되돌려 줌으로써 도덕적 균형을 회복시키려는 것이다(이종원, 2011, 884-887). 그러나 실제적 피해 당사자는 사법과정에서 배제되고 피해자의 요구와 회복은 부차적이 된다. 피해자는 사법절차에서 증언자로서 부수적인 존재로 인식될 뿐이며, 사법과정에서 소외된다. 가해자 역시 피해자가 어떠한 고통을 겪는지 알지 못할 뿐 아니라 자신의 행동의 결과에 대해서도 규범의 위반이라는 추상적 이해에 머물게 된다. 나아가 응보적 사법에서는 가해자와 피해자의 관계가 중요하지 않기에 사법절차에서 양자의 관계적 화해가 추구되는 것도 아니다(Zehr, 1990/2011, 19 재인용). 이런 식의 응보는 피해자가 가진 분노의 감정을 해소할 수 있을지는 몰라도 결과적으로 폭력의 악순환만 초래하게 된다(이종원, 2011, 887).

이러한 처벌 중심의 사안처리로 인해 가해자는 잘못된 행위와 직접 관련 없는 응보적 처벌로 책임을 다하게 되고, 그에 따라 당사자 간의 직접적인 용서와 화해, 피해자의 실질적인 피해회복과 이를 위한 가해자의 구체적인 책임수행은 이루어지지 못하였다(서정기, 2011, 3). 오히려 바람직한 응보의 정신은 피해자와 그 가족의 슬픔과 상실감을 이해하고, 삶을 새롭게 시작할 수 있도록 용기와 소망을 주며, 현실적인 도움을 제공하는 것이다. 즉, 가해자를 교화하고, 상처를 겪은 피해자와의 관계를 회복시키는 것이 중요하다 하겠다. 이러한 목적을 충족시키기 위해 제시된 개념이 회복적 정의이다(이종원, 2011, 888). 회복적 정의(Restorative justice)에 대한 가장 대중적인 정의는 "범죄에 이해관계를 가진 사람들이 해악을 치유할 목적으로 함께 모여 논의하는 것(김은경 · 이호중, 2006, 173)"이다.

회복적 사법은 전통적인 처벌적 · 응보적 형사사법체계가 지닌 비효율성과 적대성 및 피해자 필요에 대한 배려부족 등에 반론을 제기하며, 대립적 소송과정을 통한 강제적 해결책의 '부과(imposing)'보다는 당사자들 상호의 이해와 합의에 근거한 문제의

'해결(solving)'과 '치유(healing)'를 강조한다(김은경, 200, 1170). 응보적 사법은 대립적 과정을 통한 "공공의 복수", "제재", "처벌"에 초점을 두는 반면 회복적 사법은 "타협", "조정", "피해자권한 강화(empowerment)", "피해회복(reparation)"을 통한 피해자 및 지역사회에 행해진 해악과 손해를 회복·개선하는 데 관심을 둔다(김은경·이호중, 2006, 174-175).

응보적 정의는 적대적으로 가해자를 비난하고, 응보라는 목적과 절차로 정의에 접근하는 반면, 회복적 정의는 가해자와 피해자의 관계가 중심이 되어 상호 간의 관계 회복을 목적으로 한다. 따라서 응보적 정의관이 과거 지향적이라면, 회복적 정의관은 미래지향적인 특징을 지닌다. 과거는 되돌릴 수 없는 반면, 미래는 현재의 선택과 결단을 통해 무한한 가능성이 열려 있기 때문이다(이종원, 2011, 888). 일상적으로 적용해온 응보적 정의를 대체할 만한 패러다임으로서 회복적 정의를 이해하고자 한다.

2) 회복적 정의의 개념

회복적 정의에서는 범죄를 단지 법의 위반에 초점을 맞추기보다는 가해자가 피해자나 지역사회 또는 그 자신에게 입힌 피해에 초점을 맞추어 이해한다. 즉, 범죄는 피해자뿐만 아니라 지역사회와 가해자 모두에게 손해를 초래하는 개인 간의 갈등이라는 것이다. 따라서 온전한 회복을 위해서는 범죄로 인해 야기된 상처를 치유하면서 피해자, 가해자 및 지역사회 모두를 회복시키는 데 역점을 두어야 한다는 것이다(이종원, 2011, 889). 회복적 사법 실천의 목적은 자신들의 인생에 범죄가 미친 전체적 영향에 대해 이야기하고, 연관된 문제들을 다루며 야기된 해악을 대응하기 위한 계획을 발전시키기 위하여 서로 직접적 대화를 가질 기회를 가지도록 특정 범죄활동으로 가장 영향을 받은 사람들에게 안전한 공간(safe place)을 제공하는 것이다(김은경·이호중, 2006, 173).

회복적 정의의 최대 관심은 관계성에 있다. 정의를 추구하기 위해서는 피해자, 가해자, 공동체 구성원 모두의 노력이 요구됨을 볼 수 있다. 회복적 정의와 관련된 관계의 구조를 보면, 회복적 정의 조정자 혹은 단체를 중심으로 피해자와 피해자와 관련된 사람들, 가해자와 가해자와 관련된 사람들, 그리고 지역공동체와 연결이 되어 있다. 만일 학교폭력이라는 사건이 거주지 주변에서 발생했다면 그 사건은 나와 관련이 없는 일이 아니라는 것이다. 학교폭력 발생으로 인하여 지역주민들은 안심하고 자녀를 학교에 보낼 수 없는 정신적 피해가 발생하고, 그 지역에 거주하는 사실만으로 불안감을 호소할 것이다. 이러한 단적인 예를 통해서 보더라도 정의의 회복적 실천은 단순한 관계의 구조가 아닌 공동체적 관계 구조라고 볼 수 있다.

공동체적 관계 구조라는 맥락은 회복적 사법의 실천 원리가 뉴질랜드의 마오리족과 북미의 원주민 등의 토착 전통에 그 기원을 두고 발전한 것을 보면 알 수 있다. 오늘날 전 세계적으로 각국의 사법환경과 문화적 토대에 근거하여 다양한 형태의 실천 모델들이 개발되고 발전해 왔다. 따라서 같은 특징을 가진 실천 모형이라 하더라고 진행주체, 조정자, 사건의 특성 등에 따라 다양하게 창조적으로 변형되어 활용되어 왔다. 모델은 다양하게 분류될 수 있는데, McCold(1999)는 조정(mediation), 회합(conference) 그리고 서클(circle)모형으로 나누고 있다(서정기, 2011. 22-24).

조정 모형은 전문적으로 훈련된 조정자가 중립적 3자로서 피해자와 가해자 사이에서 일정한 진행절차에 따라 대화를 조정한다. 조정 모형의 가장 큰 특징은 조정을 통해 당사자가 사건에 대한 자신의 입장과 경험, 이 사건으로 인해 받은 자신들의 영향에 대해 이야기하고 피해회복을 위해 함께 협의하고 화해한다는 것이며 이를 위한 구체적인 실천 내용은 합의문으로 작성된다.

회합은 핵심 당사자인 피해자와 가해자를 포함하고, 비전문가적 배경하에 논쟁을 해결한다는 점에서 조정과 유사하다. 하지만 조정 모델과 달리 당사자의 가족과 친구, 필요한 경우 친척, 후견인 등 관련된 공동체 구성원들이 참가하므로 그 규모가 크다. 가족회합은 단순히 손해배상이 아니라 피해자와 가해자가 직접 사건의 전체 결과에 관한 권고를 하게 된다. 그리고 회합의 결정은 만장일치로 이루어져야 하는데, 놀랍게도 대부분의 사건에서 만장일치의 결정이 이루어진다.

대체로 서클은 지역 간의 문제, 학생의 퇴학, 정학, 어린이 보호사건 등을 주된 대상으로 한다. 대표적인 서클 모형은 양형 서클(sentencing circle)이다. 양형 서클은 가해자에게 양형에 대한 논의를 하는 장일 뿐 아니라 동시에 공동체의 전반적인 원인과 문제를 처리하는 공간이 되고 있다. 양형 서클은 가해자, 피해자(또는 대리인), 지원기관 및 기타 이해관계자가 모여서 어떤 일이 일어났는지, 왜 일어났는지, 어떻게 해결해야 하는지 등을 논의하며 그 범위 또한 원인과 공동체의 책임, 치유의 필요성 등 포괄적이다.

권위적이고 응보적인 훈육문화는 전통사회에서는 별 문제없이 적용되어 왔으나, 탈권위적이고 다양성과 자율성의 가치가 중요시되는 현대사회에서는 더 이상 작동되지 않는 패러다임이다. 이제는 훈육의 방식에 대한 전면적인 반성과 대안이 요구되는 때이다(박숙영, 2012, 10). 회복적 사법은 21세기 새로운 형사정책적 대안으로 전 세계의 주목을 받고 있다. 그것은 가해자와 피해자의 자발적인 참여와 대화를 통하여 화해를 도모하는 일종의 갈등해결 절차로서 가해자 반성과 재범방지에 긍정적인 효과가 있으며, 형사절차와 전과자라는 낙인을 피할 수 있는 장점이 있고, 피해자에게는 가해자로부터의 사과 및 피해배상 등을 통해 신변안전감 확보 등 피해극복에 긍정적 효과가 있는 것으로 평가되고 있다(Miers, 2001; 김은경, 2007, 1171 재인용).

3) 회복적 정의의 실천방식

회복적 정의를 실천하는 것이 복잡하거나 거창한 것이 아니다. 사건의 당사자들이 함께 문제가 일어난 사건에 대하여 이야기할 수 있는 중재적 역할을 하는 것이 회복적 정의의 실천이며 프로그램의 핵심이다(류혜옥 · 박옥식 · 김세광, 2014). 회복적 정의의 진정한 목적은 "피해자가 입은 피해와 폐해의 회복, 가해자가 다시 사회에 재통합하도록 하는 회복, 범죄로 인해 피해를 입은 공동체의 회복(서정기, 2011, 22)"이다. 따라서 사건의 발생과 관련된 상황과 문제에 대하여 피해자와 가해자가 공동의 이해를 갖게 함으로써 문제 자체를 공유하는 가치를 만들어 가는 것이 회복적 정의의 실천방식이다(배임호, 2007, 153).

(1) 피해자-가해자 대화모임

다양한 갈등 상황에서 활용할 수 있는 회복적 절차와 유형이 있다. 그중에서 실제 학교폭력의 상황에서 활용할 수 있는 유형에는 간접적 대화와 피해자, 가해자 사이의 조정(중재)된 대화가 있다. 간접적 대화는 피해자와 가해자의 간접적 상호작용을 다양한 매체를 통해 도와주는 것이다. 셔틀외교, 편지, 비디오 등을 활용한다. 과정 중심이라기보다는 해결에 초점을 맞춘 것이다. 예를 들어, 유럽의 일부 피해자, 가해자 조정 프로그램과 같은 것이 있는데, 이는 심각한 폭력범죄에서 피해자와 가해자의 대화를 돕는 것이다. 직접 대면하여 대화하는 것이 어려운 심각한 힘의 불균형이 있는 상황에서 활용할 수 있다. 학교폭력의 경우에는 가해자의 힘이 피해자에 비해서 지나치게 클 경우 혹은 피해자가 가해자를 대면하기 어려운 경우 매체를 통한 대화를 시도할 수 있다. 피해자와 가해자 사이의 조정(중재)된 대화란 말 그대로 피해자와 가해자 사이의 대화이다. 조력자는 안전한 환경을 마련하고, 양 당사자들을 준비시키며 동의서를 작성한다. 예로 피해자, 가해자 조정 프로그램과 화해 서클(회복적 서클)을 들 수 있는데, 이것은 가장 일반적인 회복적 정의 프로그램이다(Johnson & Van Ness, 2006; UN, 2006 재인용).

(2) 회복적 생활교육[3)]

회복적 정의가 갈등 상황에서 취할 수 있는 방식이라면, 일상교육에서의 실천은 '회복적 생활지도'를 통해 가능하다. 회복적 생활지도 혹은 교육이란 "잘못된 행동을 방지하고 차단하려는 기존 학생생활지도방법에 더해 삶을 보다 책임감 있게 살도록 가르치는 방식이다(Amstutz and Mullet, 2005/2011, 28)." 한마디로 정리하면, '회복적 정의의 가치와 신념에 기초한 생활지도를 의미'한다. 회복적 생활교육은 잘못한 것에 대한 반성과 잘못한 행동을 다시 하지 않는 것뿐만 아니라, 자신과 타인을 존중하고

3) 본문은 좋은 교사운동이 주최한 '2012년 좋은교사운동 교육실천 사례 발표 연속 토론회1.' 『학교폭력과 생활지도의 새로운 대안 "회복적 생활교육", 현장 적용 사례를 통한 확산방안을 말한다』에서 박숙영(좋은교사운동 교육실천위원장)의 토론문을 중심으로 정리한 것임을 밝힘

책임 있는 행동을 하는 학생으로 성장하는 것을 목적으로 한다. 회복적 생활교육에서 "잘못"이란 '관계를 훼손시키는 것'으로 보고 공동체 구성원이 피해 회복의 과정에 참여하도록 하여 개인과 공동체 모두가 성장하는 것을 목적으로 한다. 따라서 피해자의 삶의 정황과 맥락에 근거한 종합적이고 구체적인 피해의 회복을 추구하고, 사건으로 인한 당사자뿐 아니라 이로 인해 영향을 받는 모든 구성원들이 함께 해결과정에 참여하며, 자발적 참여를 통해 당사자가 책임 있는 결정을 내리고 수행하는 과정을 거친다.

회복적 생활교육에서의 교사는 지배자 모델이 아닌 파트너 모델로 답을 주며 가르치기보다는 통찰과 경험의 나눔을 가능하게 하는 촉진시키는 자의 역할, 갈등 상황에서 옳고 그름을 판단하는 자에서 관계를 회복시키는 평화적 중재자로서의 역할을 한다. 그리고 교사 권한 강화의 의미는 학생을 징계하는 강제력 강화가 아닌, 공감과 평화의 소통능력 강화로서 이해한다. 또한 공동체의 구성원으로 학생의 영역을 대신하지 않으며, 학생의 공간과 영역을 존중한다.

회복적 생활교육에서의 배움의 방식은 비폭력적 방식이며, 비폭력은 상대를 패퇴시키는 것이 아니라 상대방/적대자 안에 있는 선함의 가능성을 끌어와 선을 행하도록 하는 것이다. 이는 두려움과 강제를 통한 방식이 아닌, 적극적인 경청과 수용의 방식으로 자발적 동기를 이끌며, 관계적 배움의 방식이다. 즉, 힘을 빼앗는 방식이 아닌, 힘을 주는 방식이다.

회복적 생활교육에서는 갈등에 대해 회피하거나 공격하지 않고, 갈등을 환영하고 드러내어 성장과 배움의 기회로 삼는다. 갈등은 잠재된 문제를 드러내고 해결하는 것을 통해 건설적인 대안을 찾을 수 있는 기회이므로 교육현장에서의 갈등은 대립과 분열의 위험요소가 아니라 공동체 구성원으로서 규범을 익히고 책임을 배우며 서로가 협력하여 건강하게 문제를 해결하는 과정을 통해 공동체적 문제해결 역량을 기르는 기회가 되어야 한다. 갈등 자체는 파괴적이거나 부정적이지 않으며 동시에 긍정적인 것도 아닌 자연스러운 현상으로 이해된다. 사회가 갈등을 어떻게 해결하느냐에 따라 관계의 단절과 사회적 손실 및 피해를 발생시키는 부정적 결과를 가져오기도 하고 반대로 사회발전을 이루는 변화의 기회가 되기도 한다.

(3) 회복적 생활교육의 실천원리

Lorraine Stutsman Amstutz와 Judy Mullet에 의하면 회복적 생활교육의 원칙을 다음과 같이 정리할 수 있다(Amstutz & Mullet, 2005/2011, 50-54).

① 관계가 공동체 형성의 중심이라는 점을 인식할 것
② 관계를 강화하는 방향으로 잘못된 행동과 피해를 해결할 수 있는 시스템을 고안할 것
③ 단순히 규범을 어긴 부분이 아니라 피해가 발생한 부분에 초점을 맞출 것
④ 피해자에게 목소리를 낼 수 있게 할 것
⑤ 공동으로 참여하는 문제해결방식을 활용할 것
⑥ 변화와 성장이 가능하도록 힘을 실어줄 것
⑦ 책임감 키우기

회복적 생활교육은 잘못된 행동을 한 학생들이 개인과 학교 공동체에 끼친 피해를 회피하지 않고 직면하여 직접 문제를 다룰 수 있게 도와준다. 또한 회복적 생활교육의 목표는 단지 잘못된 행동에 연루되고 직접 영향을 받은 사람들에게만 아니라, 더 넓은 차원의 교육공동체에게도 적용될 수 있다.

좋은교사운동에서는 회복적 생활교육의 실천 모델로 다음을 제시하였다.
① 교사의 평화적 의사소통능력 강화를 위한 비폭력대화
② 공동체의 갈등을 다루는 회복적 서클
③ 학교폭력 발생 시, 가해자-피해자 대화모임
④ 학생들의 평화감수성 교육과 또래조정훈련 프로그램

많은 경우, 학생들에게 공감능력을 키워주면, 용서의 마음이 향상되고 옳은 선택을 하게 된다. 비폭력대화기법이나 Dominic Barter의 회복적 서클의 핵심 코드는 '공감'이다. 나를 공감하고, 상대를 공감하는 순간, 갈등의 전환이 일어난다. 그 상대에 대한 적 이미지가 사라지고, 연민의 마음으로 상대를 바라볼 수 있게 된다. 무엇보다 학교폭력은 '공감'이 왜곡되었을 때 나타나는 행동이라고 할 수 있다. 공감이 없으면 용서도 돌봄도 일어날 수 없는 것이다(Cram, 2003/2013, 128). 이 같은 맥락에서 회복적 생활교육을 위한 기본 소양으로서 학생들의 공감능력을 향상시키는 것이 필요하다. 갈등 상황 앞에서 학생들이 공격하거나 도피하는 것이 아니라, 자신의 갈등을 대면하고 문제를 건강하게 다룰 수 있도록 지도해야 한다. 이것이 갈등대처능력이고, 문제해결능력이다. 학생들에게 학교폭력이 발생했을 때, 방관자의 태도를 갖는 것에 대해 매우 우려와 걱정을 하고 있다. 그러나 학생들은 방관자를 선택할 수밖에 없다. 갈등이 일어났을 때, 어떻게 대처해야 하는지 배운 적이 없고, 본 적도 없다. 그들이 할 수 있는 일이라곤 자신의 안전을 위해 공격하거나 침묵하는 것뿐이었다. 방관자가 되지 말라고 학생들에게 설교하기보다는 갈등을 조정할 수 있는 기술을 가르쳐 주는 것이 훨씬 현실적인 대안이다.

(4) 회복적 생활교육 실천을 위한 시스템 구축

회복적 생활교육 실천을 위해서는 첫째, 공동체의 동의와 시스템 구축이 필요하다. 왜냐하면 회복적 생활교육으로 지도하는 교사와 학교의 응보적 시스템과의 충돌로 일관성 있는 생활지도를 어렵게 할 수도 있다. 이처럼 회복적 생활교육은 공동체의 이해와 합의, 그리고 협력이 중요하다. 학교 공동체가 회복적 생활교육에 대한 이해를 가지고, 학교에 회복적 시스템을 구축해야 한다. 즉, 학교는 회복적 생활교육을 교육과정으로 학기 초부터 기획하고, 준비하는 것이 필요하다. 학교 공동체가 갈등에 대해 어떻게 대응할 것인지에 대해 구체적으로 논의하고, 이를 위해 필요한 자원과 시간, 공간 확보를 어떻게 준비할 것인지 합의해야 한다.

둘째, 교사의 평화적 의사소통 및 갈등해결능력에 대한 역량 강화가 요구된다. 학생들의 경험을 위해 교사는 평화적 문제해결능력을 갖추고, 존중과 배려의 방식으로 학생들과의 관계 세우기를 실천해야 한다. 이를 위해 교사는 소통과 공감능력, 평화적 문제해결 역량을 강화할 필요가 있다. 하지만 교사도 권위적인 문화 속에서 배우고 자랐고, 교사가 처한 교직문화도 여전히 경직되어 있으며 소통이 잘 되지 않는 구조이다. 교사가 역량을 강화하는 것도 중요하지만, 교직문화도 평화적이고 민주적이어서 교사가 자신의 역할을 잘 할 수 있도록 지지받고 지원받을 수 있어야 한다.

셋째, 회복적 정의의 패러다임 전환이 요구된다. 회복적 생활교육을 실천하고자 했을 때, 교사에게 가장 어려운 것은 응보적 신념이나 습관과의 싸움이다. 우리에게 익숙하고 당연하게 여겨온 것들과의 싸움이 제일 힘들다.

따라서 회복적 생활교육을 위해서는 교육청 차원에서 회복적 생활교육지원센터 운영 등의 지원이 필요하다. 교사들이 충분히 훈련되고 또 여기에 시간을 쏟을 수 있는 상황이 마련되기까지는 아무래도 잘 훈련된 외부 전문가가 학교를 순회하는 것이 좋다. 교육청 차원에서 회복적 생활교육지원센터를 만들고 여기에 외부 전문가를 고용할 수 있는 상황이 아니라면, 회복적 생활교육과 관련된 외부 전문가 자원을 활용할 수 있는 일정한 재정을 투입하는 것도 한 방법일 것이다. 그러나 무엇보다 회복적 생활교육을 위한 교사 연수 및 여건을 제공하는 것이 필요하다. 학교폭력을 포함한 학교 내 다양한 갈등 상황에 대한 회복적인 대응은 결국 교사에 의해 이루어져야 한다. 물론 교사의 범위를 넘어서는 심각한 갈등이나 교사가 갈등의 당사자가 되는 경우는 외부 전문가의 도움을 받아야 하지만, 학교의 일상에서 발생하는 크고 작은 갈등들은 결국 교사가 해결해야 한다. 이를 위해서 우선 교사들이 회복적 생활교육에 대한 충분한 인식 전환이 있어야 하고 이를 실천할 수 있는 훈련을 받아야 한다. 그리고 회복적 생활교육은 단순한 기술이나 기법이 아니라 갈등을 대하는 태도와 마인드가 바뀌어야 하는 부분이기 때문에 후속적인 도움이 필요하다. 무엇보다 필요한 것은 교사들이 충분한 시간을 가지고 아이들을 만나서 이야기를 할 수 있는 여건을 마련해 주어야 한다(박숙영, 2012, 15-52).

4) 회복적 패러다임 적용 사례

(1) 캐나다 엘마이라 사건

'회복적 정의'가 구체적인 회복적 정의 실천 프로그램으로 나타난 것은 1974년이라 할 수 있다. 첫 번째 회복적 정의 실천 프로그램으로 기록된 엘마이라 사건은 다음과 같다.

1974년 캐나다 온타리오(Ontario)주 키치너(Kitchener)의 작은 마을 엘마이라(Elmira)에서 십대 소년 두 명의 고등학생은 스물두 곳의 집을 돌며 창문을 깨고 자동차 타이어를 찢는 등 난동을 부린 혐의로 체포되었다. 이들은 기물파손과 난동으로 체포되어 재판을 기다리고 있었다. 당시 이 지역의 보호관찰관이었던 메노나이트(Mennonite) 교회 교인 마크 얀치(Mark Yantzi)와 동료 데이브 월스(Dave Worth)는 이들에 대한 보고서를 작성하면서 이들이 피해자와 대면하는 것이 치유적인 면에서 도움이 될 것이라는 의견서를 첨부하여 제출하였다.

법적 근거도 없었고 전례가 없는 이들의 제안은 판사에 의해 받아들여졌고 가해소년들은 보호관찰관과 함께 당사자들과 직접 만나 합의할 것을 선고받았다. 이들은 직접 피해자의 집을 일일이 찾아가 자신들이 누군지 밝히고 사과하고 피해에 대해 합의하는 시간을 가졌다. 이들은 이사를 가서 연락이 끊긴 한 집을 제외한 스물 한 곳을 직접 방문하여 피해자의 이야기를 듣고 직접 사과하고 피해 회복을 위해 합의하였다. 그들은 봉사활동과 현금 배상을 통해 피해를 회복하기 위해 노력했으며 몇몇 가정은 이들의 직접적인 사과만으로 용서하고 합의를 해주었다.[4)]

이 사건 이후 작은 시골마을에서 일어난 사건에 주민들은 충격을 받았으며 막연한 공포로 두려웠지만 가해소년들의 직접적인 방문과 사과는 마을에 안정을 가져다 주었으며 가해소년들은 계속 마을과 지역사회의 구성원으로 살아갈 수 있게 되었다.

4) 한국평화교육훈련원 회복적정의 워크숍 자료집(2013)

일반 재판이었다면 유죄판결을 받고 수감되어 소년들은 범죄자로 마을 공동체와 격리되어야 했지만 이 작은 사법 실험은 당사자의 직접적 갈등해결, 피해의 회복과 지역사회 공동체의 재통합이라는 결과를 가지고 왔다. 캐나다 작은 마을의 사법실험은 캐나다 사법계에 큰 반향을 일으켰고 이후 캐나다에서는 다양한 회복적 사법 실무와 모델들이 개발되고 발전하였다. 오늘날 전 세계적으로 약 1,200개의 회복적 정의 실천 프로그램이 진행되고 있으며 미국에서만 약 500여 개의 프로그램이 운영되고 있다. 이들 프로그램의 참여자와 사건의 특징들을 분석한 결과 대체로 경미한 사건을 중심으로 진행되고 소년사건에 적용되는 비율이 높았다(서정기, 2011).

(2) 경기도 남양주 사례

남양주시의 경우 남양주청소년상담복지센터와 한국평화교육훈련원의 도움으로 2011년부터 '회복적 정의에 기초한 학교폭력예방 및 갈등조정센터'를 신설하여 관내의 학교들과 학부모에게 '회복적 생활교육' 강의와 훈련을 실시하고 있다. 또한 3개의 초중고 학교를 '회복적 통합시스템 학교'로 지정하여 교사, 학부모, 학생들이 회복적 생활교육에 기초한 다양한 교육을 받고 있다. 이 3개의 학교는 학교 내에서 폭력의 문제가 발생할 경우 학교폭력대책자치위원회를 열지만 청소년상담복지센터에 의뢰하여 전문진행자들의 도움을 받아 회복적 대화모임을 열 수 있는 기회도 갖고 있다.[5]

그중에서 남양주 와부초등학교는 2014년 4월 1일부터 5학년을 대상으로 남양주 청소년 문화센터와 MOU를 통한 청소년 인성 프로그램을 시작했다. 이 프로그램은 혁신학교 프로그램의 일환이지만 예비 혁신학교 지정 후 해마다 와부초등학교 5~6학년의 고학년을 대상으로 실시하고 있다. 프로그램은 1, 2차로 나뉘어 진행되는데, 1차 올틘품성 프로그램은 주1회 2시간씩 총 4회에 걸쳐 진행되고, 1차 올틘품성 프로그램을 마치면 2차 친친톡 프로그램이 새롭게 시작되는 내용으로 4월 1일부터 6월 1일까지 이루어진다.

1차 올틘품성 프로그램은 친구들과의 배려와 소통을 중심으로 다양한 소그룹활동

5) 자료 제공: 한국평화교육훈련원(www.kopi.or.kr)

으로 구성되며 '내가 ~~라면', '너는 배려왕' 등의 아이들이 함께 참여하는 활동 속에서 아름다운 마음을 기를 수 있도록 돕는다. 1차에 이어 진행되는 2차 친친톡 프로그램은 학급 내에서 벌어지는 다양한 갈등 상황에 어떻게 대처해야 하는지에 대한 해결책을 함께 찾고 치유하는, '회복적 생활 프로그램' 중심으로 주 1회 2시간씩, 총 3회 진행되고 있다.[6)]

이와 더불어 남양주 내 시민들을 대상으로 기초, 기본, 심화교육으로 나누어 총 36시간의 교육이 2014년 9월부터 12월 5일까지 진행되었다. 교육은 회복적 정의에 기초한 학교폭력의 이해, 갈등전환의 이해, 갈등분석기술, 회복적 의사소통, 회복적 질문 만들기 등의 주제로 진행되었다. 교육에 참여했던 시민들은 회복적 대화 진행자 양성교육을 통해 학교폭력에 접근하는 매우 희망적인 관점을 갖게 되었고 학교폭력뿐만 아니라, 가정과 지역사회 안에서 일어나고 있는 다양한 갈등문제들을 바라보는 새로운 관점을 갖게 되었다고 전했다. 또한, 지역 공동체에 대한 인식이 더욱 뚜렷해졌다. 이를 계기로 좀 더 많은 시민들이 교육을 받을 수 있는 기회가 마련되길 바라는 참석자들의 피드백도 전해졌다. 이들은 향후 3년간 학교폭력 없는 남양주를 만들기 위해 자원봉사자로 활동할 것을 서약했으며, 학교폭력 예방 및 갈등조정센터의 친친톡지원단으로 활동하게 된다.[7)]

본 사례의 회복적 생활 프로그램은 학교와 지역사회 민간단체가 연합하여 진행하는 국내의 실제적인 모범 사례라고 볼 수 있다. 특히, 회복적 정의 워크숍을 통해 역량을 개발한 지역의 학부모들이 주체가 되어 경기도 교육청에 제안한 민주시민 프로그램이 선정되어 실시되고 있다.

(3) 세계 최초의 회복적 도시 영국의 헐(Hull)시티[8)]

헐시티 Collingwood 초등학교의 Eastelle Macdonald 교장은 "헐 시티에서는 9세

6) http://www.gurinet.org/sub_read.html?uid=17220&section=section3 구리, 남양주넷(2014.5.23)
7) http://kgmaeil.net/detail.php?number=57309&thread=22r12 경기매일 (2014.12. 9))
8) 자료 제공: 한국평화교육훈련원(www.kopi.or.kr)

이상의 학생들은 누구나 회복적 정의가 무엇인지 설명할 수 있습니다."라고 한다. 영국의 헐시티 한 초등학교에서부터 일어난 회복적 패러다임의 실천은 도시 전체를 회복적 도시로 변화시켰다.

헐시티가 회복적 도시로 전환된 후 소년 범죄재범률이 50% 이상 경감되었다고 한다. 회복적 정의는 결코 약한 처벌을 의미하지 않으며, 범죄 초기에서부터 직접적이고 실질적인 책임을 지게 하는 접근이다. 헐(Hull)시티의 회복적 도시로서의 성과를 정리해 보면 다음과 같다.

첫째, 시 예산 절약효과이다. 새로운 회복적 정의 관련 교육과 훈련을 위해 25만 9,000파운드(약 4억 5,000만 원) 예산이 추가로 발생하였다. 그 결과 350파운드(약 60억원)의 시 예산 절감효과를 가져왔다. 이는 소년범 감소와 사법 및 교정비용의 감소로 인한 것이다.

둘째, 학교문제의 감소효과를 가져 왔다. 문제학생에 대한 학교의 적극적 대책마련이 95% 이상으로 향상되어 수업방해 행동은 90% 가까이 감소하였고, 한 학기당 약 6,000파운드(약 1억 원)의 절약효과와 교사의 수업의 질이 향상되었다.

셋째, 주민 간의 분쟁이 비사법적 방식으로 풀어지는 문화가 형성되었다. 훈련된 진행자/조정자가 양성되어 지역분쟁에 개입하게 되었다. 청소년문제에 대한 인식전환으로 학교와 지역 공동체의 안정성이 향상되었다.

6. 학교폭력 해결을 위한 회복적 패러다임의 적용

학교폭력은 적어도 일 년 동안 동급생들과 같은 학급에서 생활하면서 장기간 대인폭력으로 진행되기 때문에 단순외상이 아닌 복합외상을 초래하게 된다(강경미, 2011, 65). 그러나 현재 가해청소년에 대한 징벌 및 당사자들 간의 합의 위주로 진행되고 있는 학교폭력의 해결방법은 근본적인 대처 및 예방방안이 되지 못하고 있다. 따라서 피해자의 안전 확보 및 재발방지를 위하여 전면적인 반성과 대안이 요구되고 있다.

이제 학교폭력에 대한 개념을 재정의하고, 사회적 시각과 사고가 전환되어야 한다. 또한 가정과 학교에서 폭력 청소년을 선도하고 수용할 수 있는 토대가 조정되어야 하며, 폭력을 조장하는 사회 분위기의 쇄신 및 청소년의 지도와 보호에 학교뿐만 아니라 민간단체와 지역주민 등도 함께 협력체계를 구축해서 종합적이고, 체계적인 해결책이 마련되어야 한다(강경미, 2011, 77).

처벌의 진정한 목적은 단순히 피해자에게 고통을 가하는 것을 넘어 궁극적 화해와 회복을 향한 수단이 되어야 한다. 회복적 정의는 범죄자가 일단 자신의 범죄를 인정함을 전제로 하고, 그에 대한 적절한 대응방법을 논의한다. 따라서 회복적 정의는 범죄로 인한 피해와 그에 따른 요구 그리고 책임과 의무를 강조함으로써 그 초점을 회복에 둔다. 회복적 정의는 범죄를 사람과 관계에 대한 침해로 본다. 정의가 추구하는 목적은 피해자, 가해자, 공동체의 잘못을 바로잡고, 화해를 촉진시키는 해결책을 모색하는 것이다. 그런 점에서 정의는 손해를 배상하고 치유를 촉진하는 것이다. 정의란 피해자와 가해자 그리고 공동체가 함께 해결책을 찾는 것과 동시에 손해의 회복, 화해, 안심할 수 있는 상태의 촉진 등 그 일련의 과정을 의미한다.

회복적 정의가 요구하는 바는 가해자로 하여금 자신이 저지른 해악을 이해하고 인정하여 비록 불완전하거나 상징적이더라도 그러한 잘못을 바로잡을 수 있는 조치를 취하도록 자극하는 것이다. 가해자가 자신의 행동이 피해자에게 어떠한 영향을 미쳤는지 이해하지 못하거나 혹은 피해를 회복하지 않는 한 진정한 의미에서의 사회복귀가 이루어질 수 없다. 그러한 회복의 과정에서 공동체의 적극적인 지원과 참여가 반드시 필요하다. 공동체는 피해자와 가해자가 화해할 수 있도록 적극적으로 지원하고 도와야 한다(이종원, 2011, 890-891).

학교폭력 예방교육 유형에 대한 질문에 여전히 대단위 교육으로 진행되고 있는 경우가 많았다. 또한 학교폭력 예방교육이 효과적이었는지에 대한 질문에 30.3%의 학생은 도움이 되지 않았다고 응답했다. 일방적인 강의식 교육이 아닌 학생들의 흥미와 욕구를 고려한 소그룹단위 또는 학급단위의 활동 위주의 교육과 프로그램으로 구성되어야 할 것이다(청예단, 2013, 25).

안전하고 평화로운 공동체를 구성하기 위해서는 학교폭력 예방과 해결을 위한 회복적 접근과 더불어 가해청소년의 재범방지를 위한 노력이 필요하다. 뿐만 아니라, 학업중단 청소년, 중도 입국 청소년, 탈북 청소년을 포함한 다문화 청소년 등 소외되고 관심이 필요한 청소년들이 지역공동체 속에서 행복하게 살아갈 수 있는 다양한 실천방안과 진정한 회복을 위한 연구가 요구된다.

참고문헌

강경미(2011). 청소년 학교폭력의 예방과 기독교 상담. 복음과 상담. 16, 64-92.

김광수(2013). 긍정심리학에 기반한 학교폭력 예방과 대처의 방향과 과제. 한국초등교육, 24(1), 1-23.

김기헌 · 장근영 · 조광수 · 박현준(2010). 청소년 핵심역량 개발 및 추진방안 연구 III: 총괄보고서. 서울: 한국청소년정책연구원.

김은경(2007). 21세기 소년사법 개혁과 회복적 사법의 가치 21세기 소년사법 개혁과 회복적 사법의 가치. 형사정책연구, 18(3), 1159-1188.

김은경 · 이호중(2006). 학교폭력 대응방안으로서 회복적 소년사법 실험연구(1). 연구총서. 36. 1-464.

김창군 · 임계령(2010). 학교폭력의 발생원인과 대처방안. 법학연구. 38. 173-198.

김현정 · 유재봉(2013). 월터스토프의 평화교육 관점에서의 초등학교 도덕과 사회교과서 내용분석. 신앙과 학문, 18(2), 33-65.

류영숙(2012). 학교폭력의 실태와 대처 방안에 관한 연구. 한국교원교육연구, 29(4), 615-636.

류혜옥 · 박옥식 · 김세광(2014). 회복적 정의와 실제적 대처방안을 중심으로 한 학교폭력 예방 및 대책. 서울: 학지사.

박보영(2005). 한국의 평화교육 연구사－1980년대 이후를 중심으로. 기독교교육논총. 11. 157-196.

박상도(2001). 청소년 학교폭력의 원인과 대처방안에 관한 연구. 대전대학교 대학원 박사학위논문.

박숙영(2012). 학교폭력과 생활지도의 새로운 대안 "회복적 생활교육", 현장 적용 사례를 통한 확산 방안을 말한다. 서울: 좋은교사운동 문서출판부.

배임호(2007). 회복적 사법정의(Restorative Justice)의 배경, 발전과정, 주요 프로그램 그리고 선진교정복지. 교정연구, 37, 137-169.

서정기(2011). 학교폭력에 따른 갈등경험과 해결과정에 대한 질적 사례연구: 회복적 정의

(restorative justice)에 입각한 피해자-가해자 대화모임(victim-offender mediation)을 중심으로. 연세대학교 대학원 박사학위논문.

염영미(2012). 학교폭력 가해 청소년을 위한 명상활용 집단상담프로그램 개발. 숙명여자대학교 대학원 박사학위논문.

오현선(2009). 다문화 사회에서 '차이'를 '차별'화하는 폭력성의 극복의 위한 기독교 평화교육의 한 방향. 기독교 교육 논총, 20, 301-329.

이상원 · 이승철(2006). 학교폭력현황 및 영향요인에 관한 연구. 한국민간경비학회보, 8, 2-32.

이종원(2011). 응보적 정의와 회복적 정의 : 사형제도를 중심으로. 신학과 실천, 28, 879-901.

이종원 · 김준홍(2012). 아동 · 청소년의 민주시민역량 국제비교 및 지원체계 개발연구 II: 연구총괄 · 2012청소년민주시민역량실태조사. 서울: 한국청소년정책연구원.

장근영 · 박수억(2011). 아동 · 청소년의 민주시민역량 국제비교 및 지원체계 개발연구 I : 총괄보고서. 서울: 한국청소년정책연구원.

장금순(2005). 민속놀이를 활용한 초등학생 학교폭력 예방 프로그램 개발 연구. 숙명여자대학교 대학원 박사학위논문.

정희태(2011). 학교폭력 예방과 갈등해결 방안: 인성 교육적 접근. 윤리연구, 83, 123-162.

청소년폭력예방재단(2013). 전국 학교폭력 실태조사 발표. 서울: (재)청소년폭력예방재단.

Amstutz, L. S. and Mullet, J. H. (2011). 학교현장을 위한 회복적 학생생활지도(이재영, 정용진 역). 서울: KAP. (원전은 2005에 출판)

Haugen, G. (2011). 정의를 위한 용기(이지혜 역). 서울: Ivp CLF. (원전은 2008에 출판)

U.N(2006) *Handbook on Restorative Justice Program. Criminal Justice Handbook Series. United Nations office on Drugs and Crime.* Now York; U.N.Publication.

Zehr, H. (2011). 회복적 정의란 무엇인가?(손진 역). 서울: KAP. (원전은 1990에 출판)

http://www.ktv.go.kr/content/view?content_id=529939 학교폭력 실태조사 발표…5년째 감소 (2016. 12. 5).

9 장

청소년문제의 이론적 관점

청소년문제를 보는 이론적 관점에는 여러 가지가 있다. 여기에서는 이러한 다양한 접근들 가운데, 먼저 청소년문제행동을 설명하는 이론으로 개인에 초점을 둔 생물학적 · 심리학적 접근과 환경적 설명이론, 사회구조적 원인론, 사회통제적 접근과 비행과정이론, 문화일탈적 이론 등을 중심으로 고찰하고 이 가운데, 특히 사회통제이론과 문화적 일탈이론은 사이버 일탈문제를 설명하는 데 적용하여 제시하기로 한다. 청소년문제와 문제행동을 설명하는 여러 가지 설명이론과 접근법들은 현안이 되고 있는 다양한 청소년문제의 원인을 분석하고 대책을 마련하는 데 활용할 수 있기 때문이다.

1. 생물적 · 심리적 변인 및 환경적 설명이론

청소년문제의 원인을 설명하기 위한 이론은 일반적으로 개인변인과 환경변인 그리고 양 변인의 상호작용으로 구분된다. 유전과 환경 가운데 어떤 변인도 청소년문제행동을 완전히 설명해 줄 수 없지만, 양 변인의 어느 것도 그 설명력이 과소평가될 수 없을 만큼 중요성을 지니고 있다. 그러나 양 변인이 청소년의 문제행동을 설명한다고 하더라도 그 책임과 대책을 마련하는 데는 유전과 환경변인만으로는 한계가 있다(한상철, 2008).

1) 생물학적 이론

먼저, 생물학적 이론에서 청소년문제는 개인의 신체적 특징, 체형, 낮은 지능, 특정한 기질이나 체질, 염색체나 신경학적 이상 등 타고난 생물학적 요인의 영향을 받는다로 주장한다(김진화 외, 2002). 문제행동이 청소년 개인의 내부에 존재하는 일정한 메커니즘(mechanism)으로 발생된다고 본다.

첫째, 생물학적 이론은 청소년문제의 원인으로 유전 및 생물학적 변인을 강조한다. 여기에는 유전적 결함, 체형, 건강 및 선천적 질병, 자율신경계의 활동성과 비행 간의 관계, 반응성 및 자극추구성향, 과잉행동과 주의력 결핍, 염색체 이상 등의 요인들이 상당한 관련성이 있는 것으로 지적된다.

둘째, 개인의 성격심리적 요인, 즉 지적 장애와 성격적 장애도 청소년문제행동의 많은 부분을 설명해 주고 있다. 지능과 비행과의 관계, 비행과 기질적인 특성 간의 관계가 연구되었으며 성격이론에 따르면 비행은 개인의 특수한 성격과 관련이 있으며 정신병적 요소 간의 관련성도 주장되고 있다.

셋째, 최근 인지주의자들은 문제행동의 원인으로 개인의 자유의지를 중요하게 생각한다. 청소년이 문제행동에 개입하는 것은 문제행동에 대한 그들 자신의 의사결정과정이 왜곡되어 있기 때문이며 비행의 선택은 지각과정에 의한 것이며 사건에 대한 해석이라는 것이다.

2) 정신분석적 이론

Freud의 정신분석적 이론은 비행을 저지르는 사람은 내면의 정신세계를 조종해주고 있는 잠재의식이 건전하지 못할 뿐만 아니라 비행행동을 통제해 줄 수 있는 분별력이 약한 상태로 잠재해 있기 때문에 그것이 외부로 나타날 때 비행반응을 보이게 된다는 것이다. Freud(1948)는 인간에게 성욕과 공격욕이라는 두 가지 기본적인 동기가 있다고 믿었다. 이러한 동기는 생래적인 것일 뿐만 아니라 무의식상태에 잠재되어 있는 것으로 비도덕적이고, 충동적이며, 비논리적이고, 사회적으로 금기시되는 특징을 지니고 있다.

Freud는 인간의 성격을 구성하는 세 가지 요소로서 원욕(id)과 자아(ego) 그리고 초자아(superego)를 가정하였으며, 이 세 가지 요소들의 역동적 상호작용에 의해 개개인의 성격이 결정된다고 하였다. 그런데 어떤 사람의 경우 어린 시절에 정신적 외상(trauma)이나 근심, 걱정, 부정적 사건 등을 많이 경험함으로써 자아나 초자아의 발달이 건강하지 못함과 동시에 원욕을 내포하고 있는 무의식의 세계는 더욱 불건전하게 억압되어 있을 수 있다. 따라서 청소년의 많은 문제행동은 직접적인 공격이나 성폭력으로 나타나기도 하지만, 위장된 공격(절도, 거짓말, 괴롭힘 행동, 학대 등)이나 상징화된 성행위(도벽, 몽정, 공상, 대리 경험 등)로 나타난다.

3) 행동주의이론

행동주의이론은 비행이 환경적 자극에 따라 학습된 결과로 본다. Skinner에 의한 조작적 조건화이론에서는 인간의 모든 행동이 보상과 무관심의 방법에 의해 습득된 것임을 설명해준다. Bandura(1977)는 청소년의 비행이 모방과 관찰의 결과라고 주장한다. 그는 실험을 통해 공격행동이 모방과 모델링을 통해 학습될 수 있음을 증명하였는데, 모델의 공격적 행동에 강화를 주었을 때 관찰자의 공격 반응률이 더욱 증가한다는 사실을 보여 주고 있다. 대부분의 청소년비행은 모방과 모델링을 통해 학습되는 것이라고 볼 수 있다. 모방학습은 동기나 정서의 영향을 받기도 하는데, 특정 범죄자가 부득이한 상황에서 높은 동기수준을 갖고 범죄행위를 저질렀다면 나중에 그와 유사한 조건일 때 동일한 범죄를 일으킬 가능성이 높아진다.

4) 생태학적 이론

한편, 생태학적 이론에 의하면 비행은 인간과 환경의 역동적 상호작용을 전제로 하는 생태학적 조건에 의해 발생한다고 본다. 다시 말하면, 청소년비행은 청소년만이 가지고 있는 독특한 개성과 자신만이 접하게 되는 고유한 환경의 상호작용의 산물인 것이다. 가족 간의 관계, 부모와의 상호관계, 교우관계 등은 청소년의 대표적인 생태적 환경으로서 그들 개인의 고유한 특성에 적합하지 않은 생태적 환경, 즉 가족기능의 약화나 가정의 불화, 부모 간의 지속적인 대립, 교우집단의 폐쇄성, 열등감을 확산시키는 집단분위기 등은 그들로 하여금 갖가지 문제행동을 유발시키게 된다.

2. 사회구조, 사회통제, 문화적 일탈이론

1) 사회구조이론

청소년에 의한 일탈행동이나 비행은 그 원인이 비제도화된 수단(불법)에 의존할 수밖에 없도록 만든 사회구조에 더 많은 문제가 있다는 관점이 있다. 일탈의 원인을 문화적 목표와 제도화된 수단 간의 불일치라는 사회구조적 모순에서 찾는 아노미이론은, 특히 일탈행위가 왜 하층에 집중되어 있는가를 설명해주고 있다. 문화적 이상 혹은 목표와 이를 실현할 수 있는 경제적 기회구조가 통합되지 않은 사회에서는 개인적 목표와 수단의 괴리가 불가피하고 이와 같은 목표, 수단의 괴리는 규범체계의 와해 혹은 비행을 저지르게 하는 구조적 압력으로 작용한다고 본다.

(1) 듀르켐의 아노미이론

아노미(anomie)이론은 Durkheim에 의해 시작되었으며, Merton에 의해 일탈행위에 대한 일반이론으로 정립되었다. Durkheim(1949)은 현대사회와 같이 분업화된 상태에서 사회 각 부분 간에 서로 밀접한 관계를 갖지 못하거나 공통으로 받아들일 수 있는 규칙을 만들지 못하면 사회 각 부분 간에 부조화가 존재하거나 사회적 연대가 약화되어 결국에는 사회해체현상을 야기시킬 수 있다고 본다. 사회해체로 인한 이러한 무규범(normlessness) 혹은 규칙붕괴(deregulation)의 상태를 아노미(anomie)라고 하였다.

특히, 그는 청소년기의 자살원인을 아노미로 보았다. 그는 자살론에서 자살의 원인이 개인보다는 사회에 있다고 생각하여, 유럽 각국들과 미국에서의 자살률을 여러 사회학적 변인들상에서 비교하였는데, 그 결과 자살률은 개인이 속한 사회의 통합된 정도에 반비례한다는 결론에 도달하였다. 평상시의 인간은 그를 둘러싸고 있는 규범에 의해 욕망을 제어받고 있으나, 사회가 급격히 변동하여 이제까지 그의 욕망을 규제해 주던 규범이 와해되면 욕망은 한없이 치솟게 되어 그 결과 자살에 이르게 된다고 하였다(아노미적 자살).

(2) 머튼의 아노미이론

한편, Merton(1957)은 사회의 규범적 통제력의 부재가 아노미상태를 이끈다는 뒤르켐의 개념을 버리고 구조기능주의의 이론을 배경으로 '문화적으로 규정된 목표'와 이 목표를 달성하게 하는 '제도화된 수단' 사이에 간극이 있을 때 긴장이 생기고 이러한 긴장이 아노미를 초래하게 된다고 하였다. 즉, 사회가 문화적 가치에 너무나 큰 비중을 두는 반면에 이를 성취할 수 있는 방법은 소수의 인구에게만 제한되어 있을 때 높은 일탈 또는 범죄율이 초래된다는 것이다.

여기서 '문화적으로 규정된 목표'란 한 사회에서 거의 모든 성원이 바람직하다고 규정한 것이며 동시에 소유하기를 원하는 대상인 것이다. 예를 들면, 부귀영화나 권력, 명예와 같은 것을 말한다. 제도화된 수단이란 그러한 문화목표를 달성하는 데 합당한 방법을 말하는 것으로 부자가 되기 위해 열심히 노력하여 돈을 버는 것과 같은 것이다. 이때 문화목표는 수용하였으나(즉, 돈을 벌고 싶으나) 제도화된 수단이 결여되면(합법적인 방법으로는 원하는 돈을 벌 수가 없으면) 아노미를 경험하게 되며, 그 결과 비합리적인 방법으로라도 원하는 문화목표를 달성하려고 할 때 사회적 일탈행위 또는 범죄를 저지르게 된다.

머튼은 개인이 목표달성을 위해서 주어진 사회의 각종 규범에 적응하여 나가는 양식(modes of adaptation)이 각각 다르다고 보고 다섯 가지 유형의 적응 양식, 즉 동조형(conformity), 혁신형(innovation), 의례형(ritualism), 도피형(retreatism), 반항형(rebellion)을 제시하였다. 이 유형 중에서 가장 중요한 유형은 혁신형인데, 화이트칼라 범죄나 하층의 일탈행위를 설명하는 데 유용한 개념 틀이 되고 있다. 이들의 경우 문화목표를 달성하기 위하여 그들에게 비효과적인 제도화된 수단보다는 효과적이며 손쉬운 비제도화된 수단에 호소하게 됨으로써, 이러한 계층에 일탈이 집중된다고 해석하였다.

2) 사회통제이론과 비행과정이론

(1) 사회유대 · 사회통제이론

Hirschi는 가정에서 시작되어 다른 사회기관들로 확대되는 사회에 대한 개인의 유대(bond)가 통제력이 되어 사람으로 하여금 법을 지키게 한다고 주장한다. 개인의 사회에 대한 유대가 약하거나 손상될 때 범죄나 비행이 생겨난다는 것이다. 그는 모든 사람이 잠재적으로 비행, 일탈을 감행할 수 있게 동기화되어 있다고 보았지만, 이러한 행동으로 인해 받을 해악에 대한 두려움에 의해 비행, 일탈행동이 통제된다고 보았다. 이 점에서 사회통제이론(social control theory)으로 불리기도 한다.

Hirschi(1977)는 청소년들의 비행원인을 규명해내기보다는 어떤 이유로 모든 청소년이 비행을 저지르지 않으며 자제하게 되는지에 대해 관심을 가지는 데 그 원인을 사회유대(social bond)로 보았다. 그에 의하면 비행자들은 친밀한 애착, 포부 그리고 법규로 사람들을 결속시키는 도덕적 신념으로부터 구애받지 않는 사람들이다. 즉, 비행은 개인이 젊은 시절에 그를 사회에다 묶어 두는 결속이 약했기 때문이라고 하였으며 모든 사람은 잠재적인 법률 위반자라고 보고 있다. 그러나 비합법적인 행동이 친구, 부모, 이웃 그리고 학교, 직장 등과 같은 사회제도들과의 관계에 회복할 수 없는 해를 가져다 줄 수 있다는 두려움에 의해서 통제를 받고 있다고 확신하고 있다.

Hirschi에 따르면, 사회화와 순응을 조장하는 사회통제는 애착(attachment), 통상적인 목적과 수단에의 관여(commitment), 통상적인 활동에의 참여(involvement), 전통적인 가치에 대한 신념(belief)의 네 가지 주요 요인으로 구성되어 있다고 한다. 이들 요인들이 강할수록 개인은 순응하도록 통제된다. 반면에 이들이 약할수록 범죄나 비행의 가능성이 커진다. ① 첫째, 애착은 개인이 부모, 교사, 친구와 같은 중요한 타자들과의 관계에서 발전시키는 애정과 존경을 말한다. 개인이 중요한 타자들과 애착을 발전시키면, 그들의 기대에 민감해져서 자기 마음대로 행동하지 못하게 된다. 중요한 타자들과의 강한 유대는 모두 범죄와 비행의 주요 억제요인이다. ② 둘째, 관여는 개인이 통상적인 목적과 수단을 얼마나 수용하고 투자하는가에 관한 것으로 자신의 비행을 사회에서 가치 있는 보상의 상실과 연결짓는다. 만약에 소년이 장기적인 목표를 수용하고, 이를 위해 교육에 헌신하며, 흡연, 음주와 같은 성인활동을 연기한다면, 순응에의 이해관계(stake in conformity)가 생겨서 비행에 개입하지 않게 된다고 한다. 교육과 직업에 대한 투자는 통상적인 목적과 수단에의 관여를 형성한다. ③ 참여는 개인이 학업, 과외활동, 가족과 함께 보내는 시간과 같은 통상적인 활동에 얼마만큼의 시간을 투자하는가를 의미한다. 청소년은 부모의 완전한 통제하에 있지도 않고, 성인처럼 자유롭게 행동할 수도 없는 주변적인 상황에 처해 있기 때문에 참여는 특별히 청소년에게 적절한 개념이다. 하는 일 없이 빈둥거릴 때 나쁜 생각이 깃들기 쉽다는 서양속담(idle hand is a devil's workshop)으로부터 참여의 의미를 찾을 수 있다. ④ 신념은 사회가 가지고 있는 공통의 가치체계(common value system)를 개인이 사회화한 정도를 말한다. Hirschi는 비행이나 범죄를 적극적으로 요구하거나 가치 있는 행위로 규정하는 비행의 하위문화를 인정하지 않는다. Hirschi는 신념을 사법체계나 법과 관련된 가치에의 동조로 보았다. 즉, 법과 사회규칙 전반이 도덕적으로 옳고 이들을 지켜야 한다는 신념이 약하거나 법과 관련해서 그 권위의 대상이 되는 사람에게 존경을 나타내지 않을수록 그 사람은 도덕적 구속으로부터 자유로워져 범죄나 비행을 저지르기 쉬워진다.

사회 안의 모든 사람이 사회의 규칙에 대해서 나타내는 태도에는 차이가 있다. 사회의 모든 구성원이 사회의 규칙에 대해서 존경의 태도를 갖는 것은 아니다. 사람에 따라서 도덕적 타당성에 대한 신념에 차이가 있고, 이 차이가 비행이나 범죄를 범하는 데 통제적 영향을 미친다고 주장한다.

(2) 자기통제이론

Hirschi는 최근 그간의 축적된 연구 결과의 토대 위에 Gottfredson과 함께 새로운 자기통제이론을 발표하였다. Gottfredson과 Hirschi는, 특히 범죄행위가 가져올 장기적인 손해를 고려하는 능력에 있어서는 개인 차이가 존재한다고 보고 이런 차등적인 경향을 자기통제력이라는 개념으로 설명한다. 여기서 자기통제력은 “사람이 그 처한 환경에 상관없이 범죄적 행위를 회피하는 차등적 경향"으로 정의한다. 개인의 자기통제력은 인생의 초기단계에 형성되며 자기통제력에 의해 범죄나 비행이 전적으로 결정되는 것은 아니지만 자기통제력이 낮은 사람은 높은 사람에 비해 여러 가지 범죄행위와 함께 약물 사용, 음주, 사고와 같은 다양한 유사행위들을 저지르는 확률이 높다고 본다.

Gottfredson과 Hirschi는 자기통제력에 포함되는 요소를 제시한 바 있는데, 이를 요약하면, 자기통제력 수준이 낮은 사람은 "충동적이고, 무신경하며, 육체적이고, 위험한 행동을 좋아하고, 근시적이며, 말보다는 행동으로 스스로를 표현하는 경향이 있다" (p. 90). 반면에 자기통제력 수준이 높은 사람은 쾌락추구를 지연하고, 장기적인 손실을 생각하며, 분별력이 있고, 조심성이 있으며, 행동보다는 말로 스스로를 표현하고, 타인의 고통과 이해에 예민한 경향이 있다.

자기통제력과 관련된 두 개의 주요 특성이 있는데, 하나는 개인 간 자기통제력 차이의 안정성이다. 개인의 자기통제력은 인생의 초기단계에 형성되고, 개인 사이의 통제력 차이는 한평생 안정적인 경향이 있다. 다른 하나는 범죄자들이 나타내는 범죄와 비행 선택에 있어서의 큰 다양성이다. 자기통제력이 약한 사람은 전문화되지 않은 다양한 여러 범죄행위뿐 아니라 흡연, 음주, 약물 사용 그리고 사고와 같은 다양한 유사행위들도 저지르는 경향이 있다.

한편, 자기통제력의 발달은 인생의 초기단계에서 부모나 보호자의 양육방식과 밀접하게 관련이 있다. 부모가 아이의 충동적 반응에 대해 신중하고 일관성 있게 처벌하고, 유혹에 저항하는 행동을 강화하거나 규율 있는 양육을 할 때 아이의 자기통제력이 강화된다. 따라서 낮은 자기통제력은 외적인 힘이 작용한 결과라기보다는 훈육이나 훈련이 부족한 결과이다. 자기통제력이 부족한 사람들은 주로 인생 초기의 사회화를 통해 그들 자신의 행동에 대한 자기통제력을 개발시키지 못한 사람들로 보는 것이다.

그러나 자기통제력이 낮은 사람도 범죄를 범하지 않을 수 있고, 자기통제력이 높은 사람도 범죄를 범할 수 있다. 이것은 개연성의 문제이다. 즉, 자기통제력이 낮은 사람은 자기통제력이 높은 사람에 비해서 범죄나 비행을 저지를 확률이 높다는 것이다. 이밖에 인생의 여러 국면에서 낮은 자기통제력의 다양한 발로를 관찰할 수 있다. 자기통제력이 부족한 어린 학생은 학교성적이 나쁘기 쉽고, 친구관계나 가족관계처럼 장기적인 인간관계를 얻고 유지하는 데 어려움이 많을 것이다. 그들은 즉흥적으로 욕구충족을 추구하며 위험한 행동도 하는 경향이 있어서 사고도 많이 나고 건강의 문제도 많을 것으로 예측할 수 있다.

(3) 중화이론(neutralization theory)

중화이론은 비행청소년들도 인습적 가치를 수용하고 있으나 비행을 하기 전에 중화를 통해 내적 통제가 느슨해져서 비행을 저지르게 된다고 주장한다. 즉, 청소년들이 자신의 행동이 잘못됨을 알고도 비행을 하는 이유는 어떤 상황에서 자기의 행동을 정당화 또는 합리화시켜주는 중화 기술의 유형을 습득했기 때문이라고 한다. 이를 제창한 Matza와 Sykes는 이러한 중화기술의 유형을 다음과 같이 5가지로 제시하고 있다.

① 책임의 부정(denial of responsibility): 자기의 비행에 대해 사실상 책임이 없다는 것으로 합리화한다. 자기가 비행청소년이 된 것을 세상 탓으로 돌리거나 무책임한 부모 탓으로 돌림으로써 자신을 합리화하는 것이다.

② 가해의 부정(denial of injury): 자기의 행위로 말미암아 손상을 입거나 재산상 피해를 본 사람이 없음을 이유로 자신의 행위를 합리화한다.

③ 피해자의 부정(denial of victim): 상대방에게 피해를 주었을 경우 피해자는 당해도 당연한 것으로 간주함으로써 합리화한다. 피해자가 비행을 자초하거나 유혹한다는 것이다.

④ 비난자 비난(condemnation of the condemners): 자신을 비난하는 자들을 비난함으로써 자신의 행위를 합리화한다. 모두가 다 나쁜 사람들인데, 왜 나만 가지고 야단이냐고 반문하며, 이를 통해 인습적 가치를 중화한다.

⑤ 고도의 충성심의 호소(appeal to higher authorities): 자기가 속해 있는 집단에 대한 의리 혹은 충성심 때문에 할 수 없이 나쁜 짓을 하지 않을 수 없다는 식으로 중화를 한다.

(4) 비행과정이론

범죄가 생성되는 사회적 구조나 사회통제적 역할보다는 비행과정에 관심을 두는 관점이 있다. 낙인이론은 일탈을 행위의 속성으로 보지 않고 사회적으로 규정한 것으로 보며, 사회가 개인의 행위를 일탈행위로 어떻게 낙인하여 행위자의 태도와 행동에 영향을 끼치게 되는지에 초점을 두고 있다(이성구, 2000). 대표적으로 Becker(1963)는 일탈은 사회집단들이 규칙을 만듦으로서 생성되며 단계적으로 발전해 간다고 본다. 따라서 어떤 사람이 일탈을 하는가보다는 누구의 법에 의해 통제되는가에 관심을 두고 있다.

그에 의하면 일탈은 단계적으로 발전해 가며 ① 의도적이든 비의도적이든 비동조적인 행위를 범하는 것, ② 일탈적 동기와 관심의 발전, ③ 공식적으로 일탈자로 낙인찍히는 경험을 하게 되는 것, ④ 조직화된 일탈집단으로 들어가는 것 등과 같은 과정을 거쳐 일탈경력(career deviance)으로 진행된다. 특히, 셋째 단계에서는 개인의 공적 정체감(identiy)에 급격한 변화를 겪으며, 넷째 단계에서는 일탈에 대한 합리화와 범죄기술을 배우게 된다. 탈선은 사람이 저지르는 행위의 특성이 아니라 타인이 행위자에 법과 제재를 가한 결과일 뿐이라는 주장이다.

Lemert(1967)는 '일차적 일탈'과 '이차적 일탈'이라는 개념을 사용하여 그 전환되는 과정에 이론의 초점을 두고 있다. 그는 일탈이 사회통제를 낳게 하는 것이 아니라 사회통제가 일탈을 낳게 한다고 주장한다. 일차적 일탈은 일시적이고 다양한 조건에 의해서 형성되는 것이며, 개인의 심리적 구조와 사회적 역할 수행에 영향을 주지 않는 일탈을 말하며 이차적 일탈은 일차적 일탈에의 사회적 반응에 의해서 초래되는 여러 가지 문제나 조건에 대한 반응으로 발생하는 것으로, 일반적으로 장기간에 걸쳐 일어나고 심리적 구조 및 사회적 역할수행에 큰 영향을 주는 것으로 규정한다.

3) 문화적 일탈이론

Kornhauser(1978)는 하위문화이론(subcultural theory), 차별접촉이론(differential association theory), 사회학습이론(social learning theory)이 ① 범죄나 비행을 조장하는 가치를 인정하고, ② 행위자가 이런 가치를 학습에 의해 습득하게 된다는 점을 공통적으로 인정하고 있다고 보고, 이들 이론들을 묶어 문화적 일탈이론(cultural deviance theory)으로 불렀다. 청소년의 사이버 일탈을 설명할 수 있는 이론으로 먼저 문화적 일탈이론(cultural deviance theory)을 적용하여 분석해 볼 수 있다.

(1) 하위문화이론(subcultural theory)

하위문화(subculture)는 주 문화(dominant culture) 내의 한 부분으로 주 문화와 구별되는 그 자체의 규범과 가치를 갖는다. 대개의 경우 그 가치와 규범이 주 문화와 반목하지는 않지만 일부 하위문화는 상충하기도 한다. 주 문화의 가치를 부정하고 뒤엎는 경향의 하위문화를 반문화(counter culture)라고 부르고 비행 또는 범죄활동을 적극적으로 지지하는 범죄 또는 비행의 하위문화가 그 대표적인 예가 된다.

하위문화론에서는 하층에는 중산층과 다른 하위문화가 존재하며 그중 어느 특정 부분이 하층 청소년으로 하여금 비행을 저지르기 쉽게 한다는 것을 가정한다. 일탈행동은 개인적 반응이 아니라 집단적 반응이라는 것을 강조한다. 하위문화는 대개 주류사회로부터 고립된 비슷한 환경의 사람들이 서로를 돕기 위해 뭉치면서 형성되기 쉽기 때문이다. 하류층의 비행을 중류계급 가치관에 대한 반발에서 오는 것이라고 보아 비행하위문화론을 제시한 Albert Cohen, 기회구조차이이론을 제시한 Cloward와 Ohlin, 하위계층의 하위문화 자체가 하류계층 소년비행의 발단이 되고 있다고 주장하는 Miller 및 Wolfgang과 Ferracuti 등이 이와 같이 연구하였다.

첫째, Cohen(1995)에 따르면 모든 인간행동은 문제해결을 위한 것이며 이는 인간이 당면한 문제 상황을 바꾸기보다는 그 상황을 보는 준거 틀(frame of reference)의 변경을 통해서 더 효과적으로 이루어진다는 점과 또한 문제는 사회체계 내에서 상이

하게 배분되어 있다는 두 가지 점을 하위문화 발생의 전제조건으로 하고 있다.

이러한 전제조건에서 어떻게 하위문화가 발생하는가? 이에 대해 그는 "동일한 적응문제를 가지고 있는 다수의 행위자 간의 상호작용에 의해 가능하다"고 한다. 즉, 공통의 문제를 가지고 있는 다수에 의해 새로이 공유된 준거 틀의 출현에 의해 새로운 하위문화가 발생한다는 것이다. 코헨은 이 하위문화이론으로 미국사회의 하층 청소년들의 비행문화를 설명한다.

둘째, Cloward와 Ohline은 사회계층에 따라 합법적인 기회와 비합법적인 기회 모두 차등적으로 배분된다는 사실을 전제로 기회구조차이이론(opportunity structure theory)을 주장했다. Merton의 경우는 합법적 기회구조의 결여가 곧 비합리적 수단으로의 접근으로 이어지는 것으로 보았으나 Cloward와 Ohline은 청소년들은 합법적 수단을 배우는 기회뿐만 아니라 비합법적 수단을 배우는 기회에 있어서도 차이가 있다는 것이다. 즉, 돈을 벌기 위한 수단도 계층에 따라 차별화되어 있고, 도둑질을 배우는 기회까지도 누구에게나 열려 있는 것이 아니라 차별화되어 있다는 것이다. 이와 같이 차별적인 기회구조 속에서 하층의 청소년들은 자기들 나름대로의 하위문화를 형성하여 기회의 구조적 불평등 현상을 극복하고자 한다. 이것은 지배 규범의 합법성을 거부하는 것이다.

Cloward와 Ohline(1960)은 비행 하위문화를 '어떤 특정한 형태의 비행활동이 그 집단이 지지하는 지배적인 역할을 수행하는 데 필수조건이 되는 집단'이라고 보았으며, 현존의 가치를 인습가치라고 하고, 새로운 가치를 일탈적 가치라 하면서 양자가 어떻게 통합되어 있는가에 따라 범죄 하위문화(criminal subculture), 갈등 하위문화(conflict subculture), 도피 하위문화(retreatist subculture) 등의 세 가지 하위문화가 발생한다고 주장하였다.

셋째, Miller(1958)는 하위계층의 하위문화 자체가 하류계층 청소년비행의 발단이 되고 있다는 하층계급문화이론(lower class culture theory)을 주장하고 있다. 그는 하층계급사회는 그 자체의 고유한 문화체계를 가지고 있는데, 이것은 중산층 지배문화에 반항적인 것이 아니며, 기회의 구조적 불평등과 차별화를 거부하기 위한 것도 아니다. 하층계급 자체적으로 오랫동안 존속시켜 왔고, 통합력을 가지고 있으며, 유형화된 전통을 지니고 있다.

Miller는 하층 청소년들은 지위획득을 위해 다음의 6가지 관심의 초점을 과시하거나 과잉 사용하게 됨으로써 알게 모르게 비행을 저지를 가능성을 높게 하고 있다.

① 말썽 또는 사고(事故; trouble): 사직당국이나 기관에 의해 환영받지 못할 결과를 초래할 행위나 여건을 말한다.

② 강인 혹은 거칠음(toughness): 힘, 용감성, 대담성, 남자다움, 문학이나 예술에 대한 무관심 등으로 표현된다.

③ 재치 또는 기망성(smartness): 남을 잘 속이는 반면 남에게 속임을 당하지 않는 것을 말한다.

④ 흥분 또는 자극(exciteness): 여가를 활용할 능력이나 경제적 여건이 부족한 데서 생기는 것으로 지루한 생활을 참지 못하고 신나는 어떤 자극을 찾고자 하는 욕구이다.

⑤ 숙명(fate): 하층 청소년들은 그들의 인생이 통제할 수 없는 외적인 요소에 의해 지배된다고 믿고 있다.

⑥ 자율(autonomy): 누구의 간섭도 받기를 싫어하는 방종과 같은 태도를 말한다.

넷째, Wolfgang과 Ferracuti는 폭력의 하위문화(subculture of violence) 가설을 주장한다. Wolfgang과 Ferracuti(1967)에 의하면 사람은 자신이 속한 집단의 범죄적 가치를 학습함으로써 범죄자가 된다고 가정한다. 자기가 속한 집단의 기준에 순응하는 것이 주 문화의 법을 위반하는 행동이 된다는 문화갈등의 시각에 뿌리를 내리고 있다. 폭력의 하위문화 가설에 따르면 어떤 하위문화의 가치체계는 특정한 사회 상황에서 폭력의 사용을 분명히 요구한다고 한다. 일상행동에 영향을 미치는 이러한 규범은 결국 중간계급의 통상적 규범과 갈등관계에 놓이게 된다는 것이다.

(2) 차별접촉이론(differential association theory)

Sutherland(1939)가 제시한 차별적 접촉이론은 인간은 비행을 조장하는 하위문화와 비행에 대하여 비판적인 상위문화의 상반된 문화적 역동과 대립 속에 살고 있으며 비행에 대하여 비판적인 문화 유형보다 비행을 조장하는 하위문화에 빈번히 접촉하게 되면 그 차별접촉에 의해 비행자가 된다는 것이다.

범죄 및 범죄의 과정에 일차적인 관심을 갖는 그의 이론은 범죄행위는 주로 일차적이고 친밀한 집단에서 집단성원과의 상호작용을 통하여 학습된다는 9가지 명제에 의해 설명되고 있다(Sutherland, 1947: 6-7).

① 범죄행위는 학습된다.

② 범죄행위는 의사소통을 통한 상호작용으로 학습된다.

③ 범죄행위의 학습에서 중요한 사항은 친밀한 인격적 집단에서 이루어진다.

④ 범죄행위가 학습될 때 그 내용에는 범죄기술, 구체적인 동기나 욕구, 합리화와 태도 등이 포함된다.

⑤ 동기나 욕구의 구체적인 방향은 법을 호의적이거나 비호의적으로 정의하는 것으로부터 학습된다.

⑥ 법위반에 호의적인 정의가 법위반에 비호의적인 정의보다 클 때 행위자는 비행을 저지르게 된다.

⑦ 차별적 접촉양상은 그 빈도, 지속성, 우선성, 강도의 측면에서 다양하다.

⑧ 범죄적 혹은 반범죄적 유형과의 접촉에 의한 범죄행위의 학습과정은 다른 학습과정에 적용되는 모든 학습기제를 포함한다.

⑨ 비록 범죄행위가 일반적 욕구와 가치의 표현이라고 해도, 그것은 일반적 욕구와 가치에 의해서 설명되지는 않는다. 이것은 비범죄적 행위도 동일한 욕구와 가치의 표출이기 때문이다.

이상의 명제를 요약해 보면, 범죄행위는 주로 일차적이고 친밀한 집단에서 집단성원과의 상호작용을 통하여 학습된다는 것이다. 그 가운데 6번째 명제가 이 이론의 핵심적 내용을 담고 있는데, "법위반에 호의적인 정의가 법위반에 비호의적인 정의보다 클 때 행위자는 비행을 저지르게 된다"는 것이다. 이것을 "차별접촉의 원리"라고 한다. 차별도 먼저 발생하고 오래 지속될수록, 자주 발생할수록 또 행위자와 밀접한 관계를 가질수록 더 큰 영향력을 미치게 된다.

(3) 사회학습이론(social learning theory)

사회학습이론에서도 개인의 학습바탕은 원래 백지상태라고 규정하고 청소년의 일탈행동은 관찰이나 모방에 의해 학습된 현상으로 보고 있다. 이러한 관점들은 청소년이 비행에 호의적인 정의보다 비호의적인 정의와 더 많이 접촉하게 되면 비행을 저지르지 않게 될 수 있다는 논리로 이어질 수 있다.

청소년의 폭력적인 행동의 경우에도 관찰이나 모방에 의해 학습되는 현상으로 보면 다음과 같은 세 가지 측면으로 설명된다. 첫째, 폭력행동을 관찰하고 이를 모방함으로써 학습하는 과정을 고찰하는 측면이고, 둘째는 폭력 경험과 폭력노출 정도가 폭력을 인정하는 학습된 규준으로 받아들이게 한다는 것을 고찰하는 것이며, 셋째, 역할 모델의 접근으로서 이는 적절한 역할 모델 내에서 폭력을 관찰함으로써 학습되는 것을 보는 것이다. 청소년은 다른 사람의 폭력행위를 관찰 모방함으로써 새로운 폭력행위의 기술을 습득하고 또한 폭력행위에 대한 억제력이 감퇴되어 양심의 가책이나 죄의식 없이 폭력을 사용할 수 있으며 타인의 공격행동을 모방하여 정적인 강화를 받게 되면 그 행동은 더욱더 가속되어 문제해결방법으로 폭력행동을 학습하게 된다.

3. 청소년 사이버 일탈의 이론적 설명

청소년문제의 원인이 무엇인지에 대한 관점의 차이는 문제의 원인을 설명하고 치유하는 대응책을 마련하는 데에도 접근을 다르게 한다. 민수홍(1998)은 청소년문제의 원인에 대한 이해와 비행이론이 현안이 되는 청소년 일탈에 대해 논리적으로 일관성 있는 설명의 틀을 제공한다고 보고, 특히 이를 청소년의 사이버 일탈과 관련하여 사회통제이론과 문화적 일탈이론의 관점에서 고찰한 바 있다. 민수홍(2000)의 연구물을 중심으로 요약적으로 알아보기로 한다.

1) 통제이론

청소년들의 사이버 일탈을 설명할 수 있는 이론으로 통제이론을 적용하여 분석해 볼 수 있다. 앞에서 제시된 청소년의 사이버 일탈과 사이버 따돌림(불링)에 관한 내용은 청소년의 사이버 일탈의 원인으로 익명성과 비대면성 등의 사이버 공간의 특성을 들고 있는데, 이 점에서 보면, 사이버 일탈의 원인에 대한 설명은 통제이론의 적용이 가능함을 생각할 수 있다.

먼저, 사회통제이론(Hirschi, 1969)과 자기통제이론(Gottfredson and Hirschi, 1990)은 고전주의 범죄학의 가정을 따르고 있음을 기억할 필요가 있다. 고전주의 범죄학은 인간의 본성을 자기이익을 추구하는 이기적인 존재로 보고 있다. 대부분의 범죄나 비행이 행위자에게 쉽고, 즉각적이며, 확실한 이익을 제공한다는 면에서 모든 사람은 범죄나 비행의 동기를 가지고 있는 것이다. 따라서 통제이론에서는 비행의 동기보다 통제에 초점을 모은다. 실명의 대면적인 관계에서는 주변사람들의 통제가 작용하여 자기가 하고 싶은 대로 행동하지 못하는 경향이 있다. 그러나 익명성이 보장되는 상황에서는 다른 사람이나 공동체 등의 통제가 약해서 자기가 하고 싶은 대로 행동하는 경향이 있다.

이러한 인식은 사회학습이론과 문화적 일탈이론과는 차이점이 있다. 사회학습이론에서는 사이버세계에서 익명성이 보장되기 때문에 청소년들이 더 비행을 저지르게 된다고 보지 않는다. 익명성이 보장되어도 비행에 호의적인 정의에 노출되지 않으면 비행은 일어나지 않는 것이다. 또한, 문화적 일탈이론이 가정하고 있는 인간의 본성은 선과 악 그 어느 경향도 없는 빈 화폭과 같다. 사람은 살면서 비행에 호의적인 정의와 비호의적인 정의에 노출되는데, 이 가운데 어느 쪽의 영향을 더 받는지에 따라서 비행을 저지르는지 아니면 순응적인 행동을 하는지가 결정된다는 입장이다.

우선, 경험적 연구 결과에 의하면, 사람들은 법에 의한 처벌의 두려움보다는 자신의 비행이 가족이나 직장동료들에게 알려지는 것을 더 두려워하여 비행으로부터 자신을 억제하는 것으로 알려져 있다(Grasmick and Green, 1980; Grasmick and Bursik, 1990). 이러한 연구결과를 억제이론의 확장으로 보기도 하지만 공식적 제재에 초점을 맞추는 억제이론보다는 중요한 타자나 기관들과의 유대를 중심으로 한 사회통제이론을 검증한 것으로 보는 견해가 더 설득력을 갖는다. 결국 비공식적 제재효과에 대한 긍정적인 연구 결과가 억제이론보다는 사회통제이론을 지지하는 것으로 해석하는 것이 더 적절하다고 하겠다(Akers, 1996).

또한, 자기통제이론에 의하면 청소년의 자기통제력 수준에 따라서 비행을 저지를 가능성이 달라진다. 자기통제력이 낮은 청소년은 현실세계에서 비행이나 범죄를 저지를 확률이 높을 뿐만 아니라 가상세계에서도 비행이나 범죄를 저지를 확률이 높다는 주장이다. 자기통제력이 낮은 청소년은 또한 사이버 세계에서 제공하는 정보 가운데 짜릿하고 자극적인 음란물이나 폭력물에 빠져들 확률도 높다고 하겠고, 그 결과 인터넷 중독 증상을 나타내기도 쉬울 것으로 예상된다.

이 외에 자기통제이론에 대한 경험적 연구 결과를 보면 흥미 있는 발견을 할 수 있다. 우리나라 청소년 자료를 이용해서 자기통제이론을 검증한 연구 결과에 의하면, 자기통제력이 낮은 청소년일수록 범죄피해 경험이 많은 것으로 나타났다(김두섭・민수홍, 1996; 민수홍, 1996; 민수홍, 1998). 이것은 자기통제력이 낮은 청소년들이 손쉽고 즉각적인 욕구충족을 얻을 수 있는 시간과 장소에 모이는 경향이 있어서 자기통제력이 낮은 다른 청소년들로부터 범죄피해를 당할 가능성이 다른 청소년들보다 더 높기 때문으로 볼 수 있다.

민수홍(2000)은 이상과 같은 논의를 바탕으로 다음과 같은 가설을 제시하고 있다. ① 청소년의 자기통제력이 낮을수록 사이버 세계에서 음란물이나 폭력물에 접촉할 가능성이 높을 것이다. ② 청소년의 자기통제력이 낮을수록 인터넷 중독(컴퓨터 몰입)에 빠질 가능성이 높을 것이다. ③ 청소년의 자기통제력이 낮을수록 음란/폭력물의 접촉과 인터넷 중독 이외에 좀 더 심각한 사이버 범죄를 저지를 가능성이 높을 것이다. ④ 청소년의 자기통제력이 낮을수록 사이버 범죄 피해를 당할 가능성이 높을 것이다.

2) 문화적 일탈이론

청소년 사이버 일탈 관련 연구 결과는 일반적으로 청소년들이 사이버 세계에서 쉽게 접하게 되는 음란물과 폭력물이 청소년들에게 유해한 영향을 미친다고 주장한다. 음란물이나 폭력물이 청소년들에게 유해한 영향을 미친다는 주장은 이론적으로는 문화적 일탈이론에 근거한 것이다. 폭력이나 성 관련 범죄에 호의적인 정의(definitions)가 있고, 이런 정의에 많이 노출될수록 성/폭력 관련 비행을 지지하는 가치와 기법 등을 학습하게 되어 성적 또는 폭력적 비행이 나타나게 된다는 설명이다. 여기서 정의는 개인이 주어진 행위에 부여하는 의미나 태도를 말한다. 특정한 행동이 올바른 것인지, 선한 것인지, 바람직한 것인지, 정당한 것인지 여부를 규정하는 평가로 도덕적 태도, 지향, 합리화, 상황규정 등을 포함한다.

문화적 일탈이론적 관점은 사이버 세계를 통해 영향을 받은 성/폭력 관련 비행을 설명하는 데 사용될 뿐만 아니라 비행을 예방하기 위한 대책에서도 쉽게 발견된다. 즉, 청소년에게 유익하고 재미 있는 사이트를 많이 제공하게 되면 유해정보에의 노출이 줄어들 것이라는 주장은 유해정보와 유익정보에의 접촉기회를 유익정보에 유리하도록 차별화하여 청소년을 보호하겠다는 입장이다. Sutherland(1939)의 주장처럼 청소년이 비행에 호의적인 정의보다 비호의적인 정의와 더 많이 접촉하게 되면 비행을 저지르지 않게 된다는 논리이다.

그러나 이 주장은 논쟁의 여지가 많아서 실증적인 연구에 의해서 평가되어야 할 부분이다. 즉, 문화적 일탈이론에서 가정하는 것처럼 선량하던 청소년이 사이버 세계에서 접하게 된 음란물과 폭력물의 영향으로 일탈을 저지르게 되는지를 실증적으로 분석해 볼 필요가 있다. 이를 위해 문화적 일탈이론 가운데 하위문화이론과 차별접촉이론이 사이버 일탈을 어떻게 설명할 수 있는지를 알아보기로 한다(민수홍, 2000).

첫째, 하위문화이론 중 폭력적 하위문화가설을 주장한 Wolfgang과 Ferracuti에 따르면, 폭력은 생활의 특정한 문제 상황에 대한 학습된 적응 형태라고 한다. 다른 형태의 적응보다 폭력이 갖는 장점이 강조되는 하위문화적 환경에서 폭력은 학습된다. 이러한 하위문화는 폭력을 미화하는 노래나 이야기, 총기 소유, 남성다운 모형을 강조하는 의식으로 나타나고 특징지워진다. Wolfgang과 Ferracuti의 이론에 의하면, 행위자가 폭력의 하위문화에 노출될수록 그는 폭력(성폭력 포함)을 지지하는 가치를 학습하게 된다고 볼 수 있다. 청소년들이 사이버 세계에서 접하게 되는 음란물이나 폭력물은 폭력의 사용을 미화시키는 하위문화의 원천으로 볼 수 있어서 이것을 보는 청소년들에게 폭력 사용을 기대할 뿐만 아니라 폭력의 사용을 정당한 것으로 여기게 만든다. 즉, 청소년들이 사이버세계에서 폭력물이나 음란물과 자주 접촉할수록 성폭력/폭력을 지지하는 폭력의 하위문화적 가치를 갖게 될 것으로 기대할 수 있다. 이러한 하위문화이론의 설명이 옳다면 사이버 세계에서 폭력물이나 음란물을 자주 접촉하는 청소년일수록 폭력의 사용이나 성폭력에 호의적인 가치나 태도를 가질 수 있을 것이다(민수홍, 2000).

둘째, 차별접촉이론은 행위자는 차별접촉 중에 있는 집단을 통해서 모든 사회학습 기제를 포함하는 사회적 맥락에 노출된다. 이 사회적 맥락을 통해서 개인은 범죄행위 또는 순응행위와 관련된 정의와 접하게 된다. 차별접촉은 개인이 불법적 행위에 호의적이거나 비호의적인 규범적 정의에 노출되는 과정을 의미한다. 접촉도 먼저 발생할수록, 오래 지속될수록, 자주 발생할수록, 행위자와 밀접한 관계를 가질수록 더 큰 영향력을 미친다.

접촉 중에 있는 집단 가운데 일차집단인 가정과 친구가 가장 중요한 영향을 미치지만 이웃, 교회, 교사와 같은 이차집단과 준거집단도 중요한 영향을 미칠 수 있다. 일차집단 가운데 가정은 대개 전통적인 가치를 가지고 있을 뿐만 아니라 이러한 가치를 자녀들에게 사회화시키는 곳으로 알려져 있다. 그 결과 Sutherland는 행위자가 범죄에 호의적인 정의에 노출되는 경우는 친구집단을 통해서라고 본다. 즉, Sutherland는 법 위반에 호의적인 정의가 주로 친구를 통해서 학습된다고 하였다. 오늘날에는 친구 이외에 인터넷이 청소년들에게 법 위반에 호의적인 정의를 제공하는 원천이 될 수 있다. 오늘날 청소년들이 친구를 포함한 주변 사람들과 직접적으로 접촉하기보다 사이버 세계에서 정보를 얻고, 사이버 세계에서 다른 사용자와 상호작용을 하는 경향이 빠르게 증가하고 있어서 인터넷이 청소년들의 가치와 태도 형성에 미치는 영향이 커지고 있다고 하겠다. 더욱이 사이버 세계의 비대면성과 익명성의 특징 때문에 대면적인 관계에서보다 더 쉽게 법 위반에 호의적인 정의가 표출될 수 있다는 점을 고려한다면 인터넷은 요즘 청소년들에게 법 위반에 호의적인 정의를 제공하는 원천으로 작용할 수 있다.

민수홍(2000)은 차별접촉이론을 청소년의 사이버일탈에 적용시켜 본다면, 다음과 같은 가설을 도출할 수 있다고 보았다. 즉, ① 청소년의 친한 친구들 가운데 사이버일탈(인터넷중독, 인터넷을 통한 음란물이나 폭력물 접촉, 인터넷범죄 등)을 하는 친구가 많을수록 그 청소년도 사이버일탈을 하기 쉬울 것이다. ② 청소년들이 사이버세계에서 접촉하는 대상의 내용이 성폭력이나 폭력 사용을 옹호할수록 성폭력이나 폭력을 사용할 가능성이 높을 것이다. ③ 청소년들이 사이버세계에서 음란물이나 폭력물에 접촉하는 빈도가 잦을수록 폭력이나 성폭력을 저지를 가능성이 높을 것이다.

4. 결론

청소년문제를 예방하고 발생한 문제를 해결하기 위한 방안은 여러 가지로 논의된다. 다양한 문제 유형별로 각기 다른 대책들이 가능하고 정책적, 실천적 방안들이 마련될 수 있다. 오늘날의 청소년들은 문맹, 조혼, 노동으로부터 해방되었지만, 여전히 보호받아야 할 대상, 풍기문란, 불량화라는 낙인으로부터 자유롭지 못하다. 오늘날 청소년들은 미래의 희망일 순 있어도 지금 당장 책임 있는 성인이 되길 기대받지 못하고 있는 것이 사실이다.

특히, 사이버 일탈의 잠재적 위험성이 매우 크다는 사실에도 불구하고 우리 사회는 청소년의 사이버 일탈에 대해 많은 것을 알고 있지 못하다. 이러한 문제에 대한 대책을 세우기 전에 정부와 학계는 청소년의 인터넷 사용이나 SNS 활용에 대한 연구를 통해 현실을 파악해야 할 필요가 있다.

그러나 한 가지 지적할 것은 청소년문제의 근본적인 원인은 청소년들 자신에게 있는 것이라기보다는 우리 사회에 있다는 인식을 간과해서는 안 된다는 점이다. 특히, 정보화시대의 진전과 더불어 청소년들의 집단적인 목소리가 사이버 공간을 통해서 나오고 있다는 점에서 이제 청소년들이 '성인의 문제'에 대해 규정하고 해결점을 제시하게 될 수도 있으며 적어도 더 이상은 일방적으로 성인들이 규정하는 '청소년문제'가 청소년들에게도 그대로 받아들여지지는 않을 것이라는 말이 설득력을 갖는다. 청소년문제의 많은 부분이 청소년 자신들과 관련되어 논의되지만, 그러한 문제의 해결책 또한 청소년들로부터 찾을 필요가 있다는 점을 기억할 필요가 있을 것이다.

참고문헌

강병철 · 김지혜(2006). **청소년 성소수자의 생활실태조사**. 서울: 한국청소년개발원.

김두섭 · 민수홍(1996). **개인의 자기통제력이 범죄억제에 미치는 영향**. 한국형사정책연구원.

김지영 · 박경래 · 정선희(2008). **청소년대상 성범죄의 발생추세와 동향분석**. 서울: 보건복지가족부.

동아닷컴. "청소년 11% '인터넷중독' 증세 메일 이용률 가장 많아", 2000, 10, 04.

민수홍(1996).. **비행의 조기예측요인에 관한 연구**. 한국형사정책연구원.

민수홍(1998). **가정폭력이 자녀의 비행에 미치는 영향**. 한국형사정책연구원.

민수홍(2000). 청소년 사이버일탈의 이론적 접근. 천정웅 외. **현안청소년문제분석연구**. 서울: 한국청소년개발원.

박철현(2010). **사회문제론: 이론, 실태, 지구적 시각**. 서울: 박영사.

송원영(1998). 자기효능감과 자기통제력이 인터넷 중독적 사용에 미치는 영향. 연세대학교 대학원 심리학과 석사학위청구논문.

이성구(2000). **비행청소년의 이해**. 서울: 제3공간.

정영숙(2000). "N세대의 친사회도덕발달: 관련 변인의 탐색 및 증진 방안의 모색". 발달심리학회 2000 춘계 심포지엄. 한국심리학회 산하 발달심리학회, 39-68.

천정웅 외(2000). **현안 청소년문제 분석 연구**. 서울: 한국청소년개발원.

한상철(2008). **청소년학: 이해와 지도**. 서울: 학지사.

Akers, Ronald(1996). *Criminological Theories: Introduction and Evaluation.* Roxbury Publishing Co.: 민수홍 · 박기석 · 박강우 · 기광도 · 전영실 역(2000). **범죄학이론**. 지산.

Bandura, A.(1962). "Social learning through immitation" In M. R. Jones(ed.), *Nebraska Symposium on Motivation.* Lincoln, Neb. : Univ. Of Nebraska Press.

Bandura, A.(1977). *Social learning theory.* Englewood Cliffs, N.J.: Prentice- Hall.

Becker, H. S.(1963). *Outsiders: Studies in the sociology of deviance,* New York : Free Press.

Cloward, R. & Ohlin. D. (1960). Delinquency and opportunity : *A theory of delinquent gangs,* New York: Free Press.

Cohen, A.(1995). Delinquent Boys: The culture of the gang, New York: Free Press.

Durkheim, E.(1949). *The division of labor in society,* tr. Geotge Simpson, New York: Free Press.

Freud, A.(1948). *The ego and mechanisms of defense.* New York: International Universities Press.

Heiner, R.(2009). *Social problems: An introduction to critical constructionism.* New York: Oxford University Press.

Hirschi, T.(1969). *Causes of delinquency.* Berkeley, CA: University of California Press.

Hirschi, T., & Hindelang, M. J.(1977). Intelligence and delinquency: A revisionist review. *American Socialogy Review, 42,* 571-587.

Lemert, E.(1967). *Social pathology,* New York: McGraw-Hill.

Merton, R. K.(1957). *Social theory and social structure,* New York: Free Press.

Miller, W. B.(1958). "Lower class culture as a generating milieu of gang delinquency", *Journal of Social Issues,* 14(Summer): pp. 5-19.

Sullivan, T. J.(2006). Introduction to social problems. New York: Pearson.

Sutherland, Edwin(1939). *Principles of Criminology.* Third Edition. Philadelphia: J. B. Lippincott.

Sutherland, E. & Cressey, D.(1974). *Criminology* 9th ed. Philadelphia: Lippincott.

Wolfgang, M. & Ferracuti, F.(1967). *The subculture of violence: Towards an integrated theory in criminology.* Beverly Hills, California: Sage.

Part 3

대상별 문제와 보호

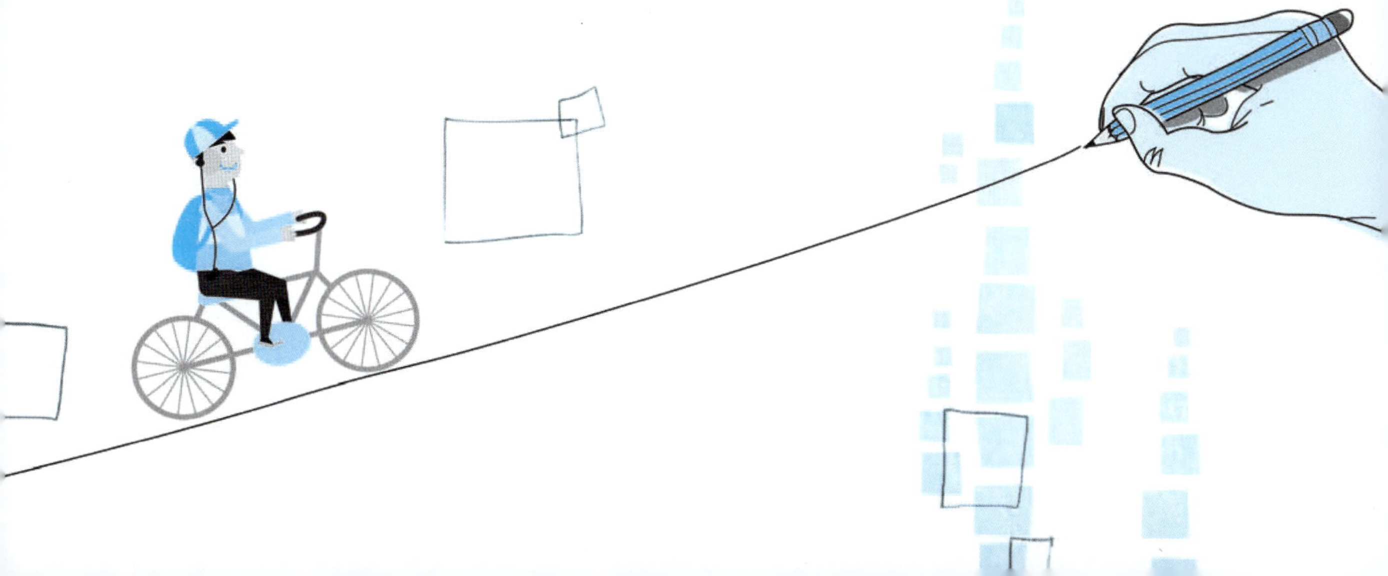

10장 학교 밖 청소년

1. 학교 밖 청소년에 대한 이해

1) 용어의 정의

2014년 5월 「학교 밖 청소년 지원에 관한 법률」(약칭: 학교밖청소년법)이 제정되기 전까지 학교 밖 청소년에 대한 합의된 개념 정의는 없이 학자마다 다소 상이한 의미로 사용되어 왔다. 유사한 의미인 '학업중단 청소년'은 2002년부터 교육부가 "학업중단"이라는 용어를 공식적으로 사용한 이래 현재까지 교육통계연보를 비롯한 각종 자료에 공식용어로 사용되고 있다(전경숙, 2015). 그 전까지 사용해 오던 "중도탈락"이라는 용어는 영어의 "drop out"을 번역한 정상의 궤도이탈을 뜻하는 용어로서 당사자의 주체적인 의사가 고려되지 않은 피동적인 의미를 지니고 있어 부적절하다는 논의에 따른 것이다.

'중단'과 유사한 개념으로 '중퇴'와 '중도탈락'이 있다. 중퇴는 자발적인 의도에 따라 중간에 그만 두는 것을 의미하고, 중도탈락은 원하지 않으나 끝까지 이어지지 못하고 타의에 의해 떨어져 나온 수동성이 내포되어 있으며, 중단은 현상 자체를 의미하는 중립적인 특성을 지니고 있다(금명자, 2008; 전경숙, 2013 재인용). 중단은 자발적인 중퇴와 비자발적인 중도탈락의 의미를 모두 포함하는 보다 포괄적인 개념이라 할 수 있다.

그러나 "학업중단"이란 용어도 부적절하다는 지적이 제기된 바 있다(금명자, 2008; 서정아 외, 2006; 전경숙, 2015 재인용). 제도권 내의 공교육을 벗어나도 사회에 또 다른 배움터전이 있어 학습이 지속되는 한 학업중단은 아니며, 학교를 떠나도 학업은 지속될 수 있다는 논리에서 보면 타당한 지적이다. 이러한 관점에서 학교를 떠난 청소년을 비롯하여 근로청소년, 비진학 청소년, 무직청소년 등 제도권 교육 밖에 있는 청소년들에게도 학습권은 보장되어야 하며 국가 차원의 지원이 이루어져야 한다는 주장이 제기되었다. 여기에 여성가족부가 "학교 밖 청소년"이란 포괄적인 개념을 사용하여 2014년 「학교 밖 청소년 지원에 관한 법률」을 제정하기에 이른 것이다.

학교 밖 청소년에 대한 법률적 정의는 ① 「초·중등교육법」 제2조의 초등학교·중학교 또는 이와 동일한 과정을 교육하는 학교에 입학한 후 3개월 이상 결석하거나 동법 제14조 제1항에 따라 취학의무를 유예한 청소년, ② 동법 제2조의 고등학교 또는 이와 동일한 과정을 교육하는 학교에서 동법 제18조에 따른 제적·퇴학처분을 받거나 자퇴한 청소년, ③ 동법 제2조의 고등학교 또는 이와 동일한 과정을 교육하는 학교에 진학하지 아니한 청소년으로 규정하고 있다(학교 밖 청소년 지원에 관한 법률 제2조). 그러나 여성가족부에서는 학교 밖 청소년 발생 예방을 위해 잠재적 학교 밖 청소년도 각종 사업대상에 포함시켜 포괄적 개념으로 사용하고 있다. 따라서 학교 밖 청소년의 개념적 의미는 학업중단숙려제 대상 청소년 등 잠재적 학교 밖 청소년을 포함하여, 자발적 혹은 비자발적으로 학교를 그만둔 청소년이다. 이들은 지역사회기관 혹은 대안교실에서 제공되는 프로그램에 참여하며 진로를 준비하고 있는 청소년과 어디에도 소속되지 않고 아무것도 하지 않는 NEET[1] 상태의 청소년이 모두 포함된다.

2) 학교 밖 청소년 발생원인 및 유형

(1) 학교 중단의 원인

청소년이 학교를 그만두는 원인과 학교 중단에 영향을 미치는 요인을 살펴보는 것은 학교 중단을 미연에 방지하고 중단 이후의 대책을 마련하는 기초가 된다. 학자마다 약간의 차이는 있지만 학교 중단의 원인은 크게 학교요인, 가정요인, 개인요인, 사회환경요인으로 구분해 볼 수 있다.

1) NEET란 "Not in Education, Employment or Training"을 축약한 용어로 교육이나 직업훈련을 받지 않고, 일도 하지 않는 상태를 의미함

가. 학교요인

청소년이 학교를 떠나는 직접적인 요인은 학교에서 비롯된다는 관점으로, 학습능력이나 의욕의 저하를 비롯하여 다양한 학교부적응요인이 학교중단에 가장 크게 영향을 미친다는 입장이다. 교육통계연보상에도 청소년 학교 중단의 원인 가운데 '학교부적응'요인이 가장 큰 비중을 차지하고 있다. 성적저하, 반복되는 무단결석, 정학 등의 학교처벌, 교칙위반, 교사와의 불화, 원만하지 못한 교우관계, 그로 인한 따돌림 문제 등을 포괄하는 학교부적응문제가 청소년들로 하여금 학교를 떠나게 하는 가장 큰 요인으로 작용한다.

한편, 학교현장에서 교사의 차별대우나 또래의 따돌림과 같은 정서적인 문제는 사춘기라는 청소년의 발달적 특성에서 볼 때 학교 중단의 매우 중요한 단서가 될 수 있다. 교사와의 갈등과 불화로 인해 관계가 악화될 때 학교 자체에 대한 거부감이 생기고, 학교생활을 지속하는 데 어려움이 생겨 학교를 그만두게 된다는 사실이 기존의 많은 경험적 연구들에 의해 입증된 바 있다. 미국과 같이 다양한 인종과 문화가 공존하는 사회에서도 교사와 교직원의 인종적 차별이 비주류 학생들의 학교 중단을 야기하며(Stearns & Glennies, 2006; Chtistile, et al, 2007), 교사와 교직원과의 충돌이 학업 지속의 방해요인임을 밝혔다(Steven, et al, 2008; 전경숙, 2013 재인용).

이 외 획일적인 교육과정으로 인한 비민주성, 지적 측면을 과도하게 강조하는 입시교육, 학교교칙의 경직성 등 학교의 구조적이며 제도적인 불합리성과 학생의 학교에 대한 소속감 결여가 학교 중단의 원인이 될 수 있음이 국내외 연구 결과 입증되었다(최상근 외, 2010). 특히, 우리나라와 같이 급변하는 교육제도와 학교환경에서 청소년들의 학교소속감은 향후 지속적으로 저하될 수 있다는 점에서 정책적 대안마련이 요구된다.

나. 가정요인

가정의 구조적 결함과 기능적 결손이 청소년의 학교 중단에 미치는 영향은 상당수준 높다. 부모의 낮은 사회경제적 지위, 한부모가정, 해체위기의 가정과 같은 가정의

구조적 결함과 부모의 양육태도, 부모와의 관계, 가족의 지지 등 가정의 기능적 특성이 청소년의 학교 중단에 원인을 제공한다(Dupper, 1993; Huisman & Smits, 2009; 이자영 외, 2010 재인용). 소원한 가족관계, 결손가정, 가족의 무관심, 지나치게 높거나 낮은 기대수준 등 가정배경요인은 학교중단과 밀접한 관련이 있고, 부적절한 양육환경, 부모의 가출, 음주, 외도, 형제의 비행 등 가족구성원 개인의 문제와 부부싸움, 편애, 형제와의 갈등, 대화 없는 가족 등 가족구성원 관계의 문제 및 부모의 실직, 사업실패 등 위기적 사건의 경험 등이 청소년의 학교 중단에 영향을 미치는 중요한 요인임이 여러 연구를 통해 보고되었다(류방란 외, 2008; 김경식, 1997). 또한 미국에서는 부모와 학교 간 의사소통의 정도, 학부모의 저조한 학교 참여활동 등이 학교 중단에 영향을 미치는 요인으로 보고되었는데(Rumberger, 1995; Kaufman et al., 1992; 최상근 외, 2010 재인용), 부모의 양육태도나 자녀에 대한 관심과 지지 정도가 학교 중단의 중요한 요소임을 밝힌 우리나라의 연구 결과와 동일한 맥락에서 이해될 수 있다(전경숙 2013 재인용).

다. 개인요인

청소년 개개인의 심리적·성격적·행동적 특성이 학교생활에 영향을 미치는 것으로 알려져 있으며, 학교 중단 결정의 원인이 되기도 한다. 부정적인 자아개념, 낮은 자아존중감, 자기조절 능력 및 외적 통제력 저하와 같은 심리적 특성이 학교 중단에 영향을 미치며, 개인의 충동성이나 공격성, 우울, 포기성향과 같은 성격적 변인도 학교적응과 밀접한 관련이 있어 이러한 성향이 높은 청소년일수록 자아효능감이 낮고, 학업에 대한 포부도 낮아 학교 중단으로 이어질 가능성이 높다고 보고되고 있다(강석영 외, 2009). 한편, 행동적 측면에서 과거의 일탈행동 경험이 학교 중단이나 학교 이탈에 영향을 주는 요인이 되기도 하며, 무기력과 은둔형 기질, 불안정한 정서 등도 원인이 된다(박영신 외, 2004).

청소년 개인과 밀접한 관련이 있는 또래나 교우관계가 학교 중단에 미치는 영향도 크다고 볼 수 있는데, 또래의 괴롭힘이나 따돌림, 자퇴한 친구는 학교 중단의 직접적인 원인이 되기도 한다. 자퇴한 친구가 있을 때 위기집단이 될 가능성이 커지며, 친구를 따라 학교를 그만두기도 한다. 친구의 영향으로 반항적이고 폭력적인 집단에 속해 있기도 하고, 따돌림으로 괴로워하거나 폭행을 당하는 경우도 있다. 또래관계는 청소년 개인의 특징과 학교 상황 모두가 복합적으로 작용하여 이루어지므로 연구자에 따라 학교요인으로 보기도 하고 개인요인으로 보기도 하며, 또래관계를 새로운 범주로 나누어 분류하기도 한다(최상근 외, 2010). 원만한 또래관계의 형성과 유지는 청소년기의 중요한 발달과업 중의 하나이므로 이것이 충족되지 않을 때 학교생활에 상당한 지장을 받을 수밖에 없고, 급기야 학교 중단으로 이어질 수 있다(전경숙, 2015).

라. 사회환경요인

우리 사회에 팽배해 있는 유흥 및 향락문화가 청소년의 일탈과 비행 및 가출을 조장하여 학교 중단에 영향을 미칠 수 있다는 점에서 외부 사회환경의 유인요인이 학교 중단의 원인이 되기도 한다. 학교생활에서 의미와 의욕을 상실한 청소년들에게 향락문화의 접촉은 일시적인 해방감을 느끼게 해 주어 영구적으로 가정과 학교에서 벗어나려고 시도한다. 지역사회에 청소년을 위한 건전한 놀이문화와 공간이 부족한 현실은 청소년들로 하여금 퇴폐·향락문화에 쉽게 접근할 수 있는 기회를 제공하고 있음도 부인할 수 없는 현실이다.

한편, 급변하는 사회환경에 교육정책이나 학교체제가 유연하게 대응하지 못하면서 발생하는 학교 중단도 있을 수 있다. 입시 위주의 교육, 학벌 만능의 사회, 사회적 불평등, 계층구조화와 같은 사회구조적인 요인과 교육제도적인 요인이 청소년으로 하여금 학교를 떠나게 하는 근원이 되기도 한다.

이상에서 살펴본 다양한 요인 중 어느 한 요인에 의해 학교 중단이 발생할 수도 있으나 보통은 여러 가지 요인이 상호 복합적으로 작용하여 학교를 그만두게 된다는 것이 학계의 일반적인 견해이다. 주목할 점은 최근 사회환경의 변화에 따라 위에서 검토된 전통적인 요인 이외에 적극적인 문제의식에서 출발한 자발적 학교 중단 청소년이 증가하고 있다는 점이다. 경제성장에 따른 전반적인 생활수준과 교육수준의 향상에 따라 전형적인 학교 중단은 감소 추세인 반면, 자신의 가치와 진로를 적극적으로 실현하기 위한 과정에서 유학, 대안학교, 홈스쿨링, 연예계 진출 등 다른 진로 선택을 위한 자발적인 중단이 증가하고 있다. 따라서 학교 밖 청소년문제는 청소년 당사자와 그들을 둘러싸고 있는 주변 환경, 가족, 교육기관, 학교, 지역사회 등 다양한 환경과 자원을 함께 고려하고, 상호 역동적으로 연계·협력하여 풀어가야 할 문제라는 점을 인식할 필요가 있다.

(2) 학교 밖 청소년 유형

학교를 그만둔 청소년에게 적합한 맞춤형 지원 대책을 마련하기 위해 학교 밖 청소년을 일정한 기준에 따라 유형화하고 있다. 그 유형은 크게 학교 중단의 동기나 의지, 목표에 따른 분류와 학교 중단 이후의 생활과 욕구에 따른 분류로 구분된다.

가. 동기나 의지, 목표에 따른 분류

학업 중단의 동기나 의지 혹은 목표에 따른 유형화는 크게 적극적·자발적 유형과 비자발적 유형으로 분류되며, 이와 유사하게 능동형, 도피형, 불가피형으로 구분하기도 한다.

① 적극적·자발적 유형/비자발적 유형

학교교육을 무의미하다고 보아 학교를 그만두는 '적극적·자발적 유형'과 학교를 가기 싫어하는 부등교가 장기화되어 퇴학을 당하는 이른바 '비자발적 유형'으로 구분한다. 청소년의 학교 중단의사 유무에 따라 일명 '때려친 아이'와 '짤린 아이'(김혜영, 2002)로 구분하기도 한다. 유사한 맥락에서 청소년 개인의 목표 및 의지 여부에 따라 '적극적 청소년'과 '소극적 청소년'으로 구분하기도 한다.

② 능동형/도피형/불가피형

학교 중단 동기에 따라 취업이나 검정고시 등을 통해 자신이 처한 상황을 극복하려는 '능동형'과 자신이 처한 상황을 회피하려는 '도피형', 퇴학처벌, 부모강요, 가정빈곤, 질병 등 개인의 의지와는 무관하게 어쩔 수 없는 상황에 처하게 된 '불가피형'으로 분류된다.

나. 중단 이후 생활과 욕구에 따른 분류

중단 이후의 생활과 욕구에 따른 유형화는 연구자에 따라 다양하게 이루어져 왔다. 크게 '적응형'과 '부적응형' 혹은 '정착형'과 '비정착형'으로 구분하여 각 유형별로 세분화하는 방식이다. 기존의 유형화를 토대로 하여 최근의 환경 변화를 고려한 학교 밖 청소년 유형은 다음과 같이 분류될 수 있다.

① 적응형/정착형

중단 이후의 상황을 받아들이고 대처하는 경우로 학습형과 취업·알바형이 포함된다. 학습형은 학교 중단 후 복교나 검정고시를 통한 학력취득, 취업, 인턴십, 교양교육 등을 위해 무언가 배우고 있는 경우이며, 취업·알바형은 돈을 벌기 위해 취업이나 아르바이트를 하고 있는 경우다.

그러나 학습형과 취업·알바형의 경우 청소년의 개별적인 욕구는 복합적일 수 있다는 측면이 고려되어야 한다. 진학이나 학력취득을 원하여 준비 중인 청소년이 경제적 자립을 위해 야간시간대에 취업이나 아르바이트를 원할 수 있고, 반대로 취업이나 아르바이트 중인 청소년이 검정고시 학원이나 방송통신학교 등에서 학력취득의 기회를 희망할 수 있다. 중단 후 청소년의 상황과 욕구에 부응하는 맞춤형 서비스 제공에 목적을 둔다면 복합형이 새로운 유형으로 포함되어야 할 것이다.

② 부적응형/비정착형

중단 이후의 생활에 적응하지 못하고 위기 상황에 처해 있는 경우로 비행형, 은둔형, 무업(NEET)형 등이 포함된다. 비행형은 보호관찰이나 소년원 수감 등 사법적 경험을 가진 청소년과 가출, 유흥업소 출입 및 취업, 약물 등 비행청소년을 포괄하며, 은둔형은 학교 중단 후 외적인 관계 및 생활과 단절하고 집 밖으로 나오지 않는 경우로 최근 사회가 변화함에 따라 새롭게 등장하고 있는 유형이다. 무업(NEET)형은 별로 하는 일 없이 방치되어 있는 경우로 무기력이 일상화된 청소년 유형이라 할 수 있다.

2. 학교 밖 청소년[2] 현황 및 지원정책

1) 최근 5년간 학업 중단 청소년 증감추이

2016년 교육부가 발표한 학업 중단 현황조사에 따르면, 2015년 한 해 동안 발생한 전체 초·중·고 학업 중단 학생은 총 만 47,070명으로 재적학생 608만 8,827명 대비 0.77%이다. 이는 전년도 학업중단 학생 51,906명 대비 4,836명 감소한 숫자이며, 2011년 7만 4,365명(재적학생 대비 1.01%) 이후 5년 연속 감소추세에 있는 것으로 나타났다.

〈표 10-1〉 최근 5년간 학업 중단 학생 현황(2011~2015) (단위 : 명, %)

학년도	2011	2012	2013	2014	2015
재적학생	6,986,847	6,721,176	6,481,492	6,285,792	6,088,827
전체 학업 중단	74,365	68,188	60,568	51,906	47,070
학업 중단율	1.06	1.01	0.93	0.83	0.77

출처: 교육부, 「교육통계연보」, 2011~2015

학교급별 학업 중단 현황을 살펴보면, 고등학교의 학업 중단율이 가장 높으며, 그 다음으로 중학교, 초등학교 순이다. 2015년을 기준으로 하면, 전체 평균 학업 중단율 0.77%에서 고등학교 중단율이 1.26%로 전체 평균보다 월등히 높고, 그 다음으로 중학교 중단율 0.63%, 초등학교 0.54%로 평균보다 낮았다.

2) 본 절에서 제시하는 학교 밖 청소년 현황은 교육부가 매년 발표하는 「교육통계연보」상의 학업 중단 학생 현황으로 초·중·고 재학 중에 학교를 그만둔 학생을 의미함. 따라서 상급학교로 진학하지 않았거나 기타의 사유로 통계에 포함되지 않은 학교 밖 청소년은 이보다 훨씬 큰 규모일 것으로 추정됨

주목할 점은 최근 5년간 전체 학업 중단율이 지속적으로 감소하였는데, 고등학교 학업 중단율의 감소 폭이 가장 컸고(0.08~0.22%p), 다음으로 중학교(0.04~0.10%p), 초등학교(0~0.04%p) 순이다. 이는 고등학교에서 학업중단숙려제[3]의 의무화 시행, 학교 내 대안교실 운영, 위기학생에게 적합한 맞춤형 프로그램 진행 등 학교현장에서 충동적인 학업 중단을 예방하기 위한 다양한 정책이 추진된 성과라고 볼 수 있다.

〈표 10-2〉 **학교급별 학업 중단율 현황(2011~2015)** (단위 : 명, %)

구분	초등학교			중학교			고등학교			전체		
	재적 학생 수	학업 중단자	학업 중단율	재적 학생 수	학업 중단자	학업 중단율	재적 학생 수	학업 중단자	학업 중단율	재적 학생 수	학업 중단자	학업 중단율
2015	2,714,610	14,555	0.54	1,585,951	9,961	0.63	1,788,266	22,554	1.26	6,088,827	47,070	0.77
2014	2,728,509	14,886	0.55	1,717,911	11,702	0.68	1,839,372	25,318	1.38	6,285,792	51,906	0.83
2013	2,784,000	15,908	0.57	1,804,189	14,278	0.79	1,893,303	30,382	1.6	6,481,492	60,568	0.93
2012	2,951,995	16,828	0.57	1,849,094	16,426	0.89	1,920,087	34,934	1.82	6,721,176	68,188	1.01
2011	3,132,477	19,163	0.61	1,910,572	17,811	0.93	1,943,798	37,391	1.92	6,986,847	74,365	1.06

출처: 교육부, 「교육통계연보」, 2011~2015
주: 학업중단율 = 학업 중단자 수/재적학생 수×100(학업 중단자에서 사망자는 포함되지 않음)

각 학교급별로 질병이나 해외출국을 제외한 학업 중단의 세부사유를 구체적으로 살펴보면, 초등학교의 경우 정규교육 외 진로선택(대안교육 등)을 사유로 학업을 중단하는 학생이 가장 많은 반면, 중학생과 고등학생은 학교부적응(학업, 대인관계 등)으로 학업을 중단하는 경우가 많아서 상급학교로 갈수록 학교부적응요인이 학업 중단에 큰 영향을 미치는 것으로 나타났다.

3) 「초중등교육법 시행령」 제54조에 따라 학업 중단 의사를 밝힌 학생에게 학교장의 권한으로 2~3주 숙려기회를 부여하고, 상담 등 프로그램을 지원하여 학업 중단을 예방하는 제도임. 2012년 6월 시범운영을 거쳐 2013년부터 일선 학교에서 전면 시행됨. 대상 학생은 교육청이 지정한 위탁교육기관이나 학교에서 상담 프로그램 등 일정 교육을 받을 수 있으며, 이 경우 프로그램 시작일로부터 끝나는 날까지 학교장이 인정한 출석으로 처리되지만, 숙려기간 동안 정해진 상담을 받지 않을 경우에는 무단결석으로 처리됨

2) 중앙정부 정책현황

(1) 법적 지원 근거

정부는 학교 밖 청소년의 권리보장과 지원을 위한 다양한 법적 근거를 마련하고 있다. 「헌법」에서는 청소년의 복지향상을 위한 책무를 규정하고 있으며, 이를 바탕으로 「청소년 기본법」, 「청소년복지 지원법」, 「초·중등교육법」 및 「초·중등교육법 시행령」등에 청소년의 학교 중단 예방과 이후 학력취득 및 진로지도 등에 대해 명확하게 명시하고 있다. 그러나 관계 법률에 근거하여 '학업중단숙려제' 등 학교 밖 청소년 지원 정책이 추진 중이나 대부분의 지원정책이 학교 밖 청소년을 시혜적 복지의 대상으로 보고 지원 내용 또한 학업복귀에 집중되어 있어 능동적 자아실현의 주체로서 청소년의 다양한 정책수요에 부응하지 못한다는 문제가 제기되었다(전경숙, 2015). 이에 여성가족부에서는 학교 밖 청소년의 개인적 특성과 수요를 고려한 상담 지원, 교육 지원, 취업 및 진로·직업체험 지원, 자립 지원 등이 이루어지도록 국가 및 각 지방자치단체의 책무를 명시한 「학교 밖 청소년 지원에 관한 법률」을 제정하여 학교 밖 청소년들의 사회적응을 유도하고 이로 인한 사회문제를 예방하기 위한 종합적·체계적 지원 대책을 마련하였다. 전국 17개 광역자치단체에서는 학교 밖 청소년에 대한 지원 조례를 제정하고 다양한 지원 사업을 추진 중에 있다.

〈표 10-3〉 학교 밖 청소년 지원을 위한 법적 근거

법률	조항	내용
헌법	제34조 제4항	노인과 청소년의 복지향상
청소년 기본법	제49조 제2항	청소년복지의 향상
청소년복지 지원법	제17조	학교 중단 청소년에 대한 지원
	제14조	위기청소년 특별 지원
초·중등교육법	제60조의3	대안학교 설립 운영
초·중등교육법 시행령	제91조	특성화고등학교
초·중등교육법 시행령	제54조 제5항	학업중단숙려제
학교 밖 청소년 지원에 관한 법률	제3조	국가와 지방자치단체의 책무
	제5조	학교 밖 청소년 지원계획 수립
	제12조	학교 밖 청소년 지원센터 설립 운영

2014년 5월 제정된 「학교 밖 청소년 지원에 관한 법률」의 주요 내용은 ① 국가 및 지방자치단체는 매년 학교 밖 청소년 지원계획을 수립하고, ② 국가는 매 3년마다 학교 밖 청소년 실태조사를 실시하여 정책수립에 활용하도록 하며, ③ 학교 밖 청소년 지원센터를 설치하거나 지정하고, 학교 밖 청소년 지원을 위한 다양한 프로그램을 마련하여 제공하도록 하는 등 국가와 지방자치단체의 책무를 강화하는 내용을 담고 있다.

〈표 10-4〉「학교 밖 청소년 지원에 관한 법률」 주요 내용

내용	세부 내용
목적	이 법은 「청소년 기본법」 제49조 제4항에 따라 학교 밖 청소년 지원에 관한 사항을 규정함으로써 학교 밖 청소년이 건강한 사회구성원으로 성장할 수 있도록 함을 목적으로 함(제1조)
학교 밖 청소년 지원 계획	국가 및 지방자치단체는 「청소년 기본법」 제14조에 따라 연도별 시행계획 수립 시 학교 밖 청소년 지원을 위한 프로그램의 개발 및 지원에 관한 사항 등을 포함하도록 함(제5조)
실태조사	여성가족부장관은 학교 밖 청소년의 현황 및 실태를 파악하고 학교 밖 청소년 지원을 위한 정책수립에 활용하기 위하여 3년마다 학교 밖 청소년에 대한 실태조사를 실시하여 그 결과를 공표하도록 함(제6조)
학교 밖 청소년 지원위원회	학교 밖 청소년 지원계획의 수립 등에 관한 사항을 심의하기 위하여 여성가족부장관 소속으로 학교 밖 청소년 지원위원회를 두도록 함(제7조)
학교 밖 청소년 지원센터	국가 및 지방자치단체는 학교 밖 청소년지원을 위해 '학교 밖 청소년 지원센터'를 설치하거나 지정할 수 있도록 함(제12조)
지원센터에의 연계	각급 학교의 장이나 지역사회 청소년통합지원체계에 포함된 기관 또는 단체의 장은 학교 밖 청소년이 되는 학생에게 학교 밖 청소년 지원 프로그램을 안내하고 지원센터에 연계하도록 하고, 학교, 지역 청소년통합지원체계에 포함된 기관 또는 단체에서 학교 밖 청소년을 지원센터로 연계하면서 개인정보를 수집할 경우, 성명이나 주소 등으로 범위를 구체화하여 해당 청소년에게 개인정보 수집 및 제공에 대한 동의 여부를 확인하도록 함(제15조)

(2) 부처별 지원정책 현황

학교 밖 청소년을 지원하기 위한 중앙부처의 정책은 여성가족부와 교육부를 중심으로 이루어지고 있으며, 그 외 고용노동부와 보건복지부에서 학교 밖 청소년의 자립을 돕는 사업이 일부 진행되고 있고, 법무부는 비행·범죄에 연루된 학교 밖 청소

년의 사회복귀를 돕고 있다. 교육부는 학업중단숙려제, Wee-Project, 전문상담교사 파견 등 학업 중단 예방과 중단 후 대안교육과 학력취득 지원 사업을 진행하고 있고, 여성가족부와 고용노동부, 보건복지부는 학교 밖 청소년의 진로 및 자립 지원사업에 주력하고 있다.

각 부처의 핵심정책대상은 부처의 성격과 소관업무에 따라 달리 지칭되고 있는데, 여성가족부에서는 위기청소년이라 하여 보다 포괄적인 개념으로 쓰고 있고, 교육부는 이미 학업을 중단한 청소년과 잠재적인 학업 중단 청소년까지 포함하고 있으며, 고용노동부는 무직·비진학 청소년이라 하여 학교 밖 청소년 개념이고, 법무부는 비행·범죄청소년, 보건복지부에서는 학교를 그만둔 빈곤청소년 지원으로 제한하고 있다(전경숙, 2015).

〈표 10-5〉 정부부처별 학교 밖 청소년 대책현황

소관부처	주요 대상	주요 사업	사업목표	추진체계
여성가족부	위기청소년, 학교 밖 청소년	지역사회청소년통합지원체계	지역사회 연계망 구성	청소년상담 복지센터
		청소년 특별지원	맞춤형 생계 지원	
		청소년동반자	맞춤형 사례관리	
		학교 밖 청소년 지원센터	통합 지원 서비스	청소년 관련 기관
		가출청소년보호	주거 및 생활 지원	청소년쉼터
교육부	학업 중단 청소년	위탁형 대안교육기관	교육기회 제공 및 학력 취득 지원	미인가 대안학교
		학력인정 대안학교		인가 대안학교
		평생교육시설		평생교육시설
	(잠재적) 학업 중단 청소년	학업중단숙려제	학교 중단 예방	시·도 교육청
		Wee-Project		시·도 교육청
고용노동부	무직·비진학 청소년	취업성공 패키지	직업훈련 및 취업 지원	고용지원센터
		취업사관학교		산업인력공단
법무부	비행·범죄 청소년	교육훈련 프로그램	사회복귀 역량 배양	비행예방센터, 소년원
		자립지원관		청소년자립지원관
보건복지부	빈곤청소년	청소년자활지원관	자립 지원	청소년자활지원관
		비진학 청소년 건강진단 사업	문진, 혈액검사 등 건강진단	건강증진센터

출처: 전경숙(2015), 「경기도형 학교 밖 청소년 지원센터 모델 개발」, 재구성.

3. 심리 · 사회적 특성과 현안문제

1) 학교 밖 청소년의 심리·사회적 특성

학교를 떠난 청소년들은 중단 후 다양한 어려움과 스트레스에 직면하게 된다. 청소년기의 중요한 발달과업인 자아정체성의 확립과 원활한 성인기 진입을 위한 진로 준비를 제대로 하지 못한 채 학교를 떠나게 되어 심리적 · 정서적으로 매우 힘든 과정에 놓여 있다. 더욱이 학력이 중시되는 우리 사회에서 학교를 그만둔다는 것은 하나의 큰 사건으로 전 생애과정에 걸쳐 커다란 영향을 미칠 수 있다. 중단 이후 학교 밖 청소년들이 생활영역에서 경험하는 위기의 관점에서 이들의 심리적 · 정서적 · 사회적 특성을 살펴보고자 한다(전경숙, 2015).

(1) 정신적 · 심리적 스트레스 고조

중단 후 청소년들은 극도의 우울감이나 분노, 고립감 등으로 정신적인 스트레스에 시달린다. 학교를 다니던 이전과는 달라진 생활패턴과 환경에 적응하지 못하고 스스로 고립되는 감정과 상시적으로 우울한 감정을 갖게 되어 불면, 악몽, 자살충동, 폭식 혹은 거식, 공격적 행동으로 이어지기도 하고, 대인기피와 은둔 증상이 나타나기도 한다. 이러한 부정적인 심리와 정서를 조절하고 다루는 방법을 익히도록 심리치료나 심성훈련과 같은 지원이 필요하며, 이는 이후의 적응과 진로에 긍정적 영향을 미칠 수 있다.

(2) 일탈행동 유입

복합적인 문제행동에 쉽게 유입된다. 학교를 중단한지 6개월 정도가 경과하면 각종 비행이나 범죄에 연루되기도 하고, 유해환경에 노출되어 보호관찰대상이 되거나, 청소년의 출입과 고용이 제한된 유흥업소에서 아르바이트를 하는 수가 급격히 증가한다(황순길 외, 2012). 지역사회의 적절한 지원체계가 없을 경우 학교 밖 청소년들은 쉽게 각종 비행이나 범죄에 연루될 가능성이 높아 사회적 부담이 가중될 수 있다. 학업 중단 기간이 장기화되어 복합적인 문제행동과 위기 상황에 직면하지 않도록 초기 개입이 이루어져야 하는 이유이다.

(3) 또래관계 형성의 어려움

학교생활의 단절로 이전 학교친구와 어울리지 못하여 정서적인 소외감과 고립감을 경험하며, 자신과 비슷한 처지의 새롭게 형성된 또래와 어울리거나 이미 학교를 중단한 다른 친구들과 어울리다 비행문화에 빠지기도 한다. 한편, 친구들과 어울리려 하지 않고 자신만의 영역을 만들며 어느 누구와도 교제하거나 어울리지 않고 주로 혼자 지내는 특징이 나타나기도 한다(정재민, 2012). 학교에서 이미 또래들로부터 따돌림을 경험한 경우는 중단 후 은둔형 외톨이 증상이 더욱 심화되기도 한다. 원만한 대인관계 형성을 위한 사회성 훈련 프로그램이 병행될 필요가 있다.

(4) 경제적 · 교육적 지지기반 미흡

학교 밖 청소년의 대다수는 경제적인 어려움을 겪고 있는 빈곤가정 출신이고 가족해체와 방임으로 인하여 학업 중단이 가속화된 경우이므로 중단 후 진로준비와 미래설계를 하기 위한 지지기반은 미흡한 상황이다. 부모의 사회경제적 지위는 자녀의 교육과 직업, 개인의 삶의 질에 매우 중요한 영향을 미치는 요인이며, 특히 취약계층에서 부모 소득은 자녀의 학업성취 및 동기부여와 밀접한 연관이 있다(구인회, 2003; 문은식 · 김충희, 2003). 학교를 떠난 후라도 학업지속에 대한 의지와 동기부여가 가정의 경제적 어려움으로 인하여 저하되지 않도록 일정 기간 학업지속을 위한 경제적 지원이 이루어져야 한다.

2) 청소년 학업 중단의 현안문제

우리 사회의 구조적인 문제에서 야기되는 청소년 학업중단은 또 다른 사회문제를 초래하기도 한다. 일단 학교를 떠나게 되면 제도권으로의 학업복귀와 재적응은 현실적으로 어려운 경우가 많고 좌절과 실패를 반복하다 사회복귀는 더욱 어려워져 급기야 사회적 취약계층으로 전락할 가능성을 배제할 수 없다. 학교 밖 청소년이 사회에서 제공되는 대안적 학습의 기회와 자립의 기회를 충분히 활용하여 원만한 사회복귀를 실현하기란 쉽지 않은 현실이다.

(1) 대안교육의 기회부족

다양한 요인으로 학업을 중단한 청소년들이 진로를 선택할 수 있는 기회는 매우 한정되어 있다. 교육부가 인가한 전국의 대안학교는 총 62개교[4]인데(교육부, 2015), 이 중 공립은 13개교에 불과하고 사립이 49개교로 교육비 부담이 큰 학교이다. 특성화고등학교 10개교에 불과하던 2000년 당시와 비교하면 지난 15년간 6배 이상 증가하였지만, 해마다 수만 명에 달하는 학업중단 청소년이 발생하고 있는 현실과 높은 교육비 등을 감안하면 대안교육의 기회는 낮은 실정이다. 해마다 발생하는 학업 중단 청소년 중 10% 미만의 소수만 대안학교로 옮길 뿐, 나머지 90% 이상은 별다른 진로를 찾지 못하고 사회적응과정 없이 거리로 내몰리고 있는 상황이다. 문제는 대안학교에서도 적응하지 못하거나 가정형편이 어려워 대안학교에 입학하지 못하는 청소년들이다(전경숙, 2015). 정부와 지방자체단체가 공립 대안학교 설립을 대폭 확대하는 동시에 일선 학교의 다양한 복학 프로그램 및 학력취득을 준비할 수 있는 지역사회의 대안교실이 점차 확대되어야 하는 이유이다.

(2) 자립 지원사업의 한계

학업을 계속하기보다는 직업훈련을 통해 경제적 자립을 희망하는 학교 밖 청소년들을 지원하기 위한 사업은 취약한 실정이다. 현재 여성가족부에서 학교 밖 청소년을 위한 사회복귀 지원의 일환으로 시행하고 있는 '꿈드림센터'사업에 자립 지원 서비스 단계가 포함되어 있긴 하지만, 학교 밖 청소년의 수요를 충족하기엔 한계가 있다. 2015년 한 해 동안 전국의 202개소 학교 밖 청소년 지원센터(꿈드림센터)의 취업

4) 62개 대안학교에는 각종 학교로서의 대안학교 24개교(공립 6개교, 사립 18개교), 특성화중학교(대안교육) 13개교(공립 3개교, 사립 10개교), 특성화고등학교 25개교(공립 4개교, 사립 21개교)가 포함됨

지원 사업에 참여한 청소년은 4,002명에 불과하며, 이 중 실제 취업에 성공한 경우는 847명이고 자격증 취득 2,114명, 자기계발 738명, 직업훈련 566명이다(여성가족부 보도자료, 2016. 6. 14). 학교 밖 청소년들이 자신의 역량을 개발할 수 있도록 지원하기 위한 다양한 직업훈련 및 취업의 기회가 상대적으로 부족한 실정으로 이들의 특성과 욕구를 고려한 대안교육 및 직업훈련 프로그램을 다각화할 필요가 있다.

(3) 복합적 문제행동의 심화

학교를 그만두었다는 현실 자체만으로도 개인적으로 극복해야 할 커다란 위기 상황인데, 보통의 경우 다양한 복합적인 문제에 직면해 있다(전경숙, 2015). 학교부적응 문제와 가장의 실직 및 가정의 해체 등에 따른 가사문제로 학교를 떠난 청소년이 중단 후 적절한 진로를 찾지 못하고 방치될 경우 인터넷 중독, 자살 충동, 가출, 불건전한 노동환경에의 유입 등으로 이어질 수 있으며, 이러한 위기 상황은 이들의 원만한 사회복귀를 더욱 어렵게 하는 요인으로 작용한다. 자발적으로 혹은 불가피하게 학업을 중단한 청소년들에게 있어 일에 대한 욕구와 필요는 매우 높으며, 특히 가출이라는 문제 상황에 유입될 경우 그 정도는 더욱 심화된다. 이들의 경우 개인 혹은 가정·환경적인 문제 상황으로 인해 불건전한 노동산업으로 유입될 가능성이 높다는 점에서 위기 상황을 사전에 차단하고 적절한 지원체계를 마련하는 일은 사회적으로 매우 시급한 과제이다.

4. 향후 보호·지원의 과제

지금까지 살펴보았듯이 자아존중감의 결여, 비자발성, 소극적이고 회피적인 행동, 불규칙한 생활태도, 무기력과 장래희망의 부재 등이 학교 밖 청소년들이 나타내는 일반적인 특성이다. 이러한 위기를 극복하고 원만한 사회복귀를 이루기 위해서는 보다 정교하고 구체적인 정책적 고려가 필요하다. 중단 후 학교 밖 청소년들이 직면하는 위기 상황을 극복하고 신속하게 사회에 복귀할 수 있도록 지원하기 위한 방안을 다음과 같이 제시해 보고자 한다.

1) 학교 밖 청소년 발굴체계 구축 및 연계 강화

학교부적응 초기부터 상담 등을 통한 관리를 강화하고, 주로 학교나 유관기관을 통해학교 밖 청소년 보호·지원체계로 연계되는 학교 밖 청소년의 발굴통로를 다양화할 필요가 있다. 학교 밖으로의 유입이 많은 학교 인근지역에 학교 밖 청소년 전용공간 마련, 지역 내외 기관연합 아웃리치, 학교 밖 청소년 동아리 활성화 및 학교 밖 청소년 콘서트 축제의 장 마련 등 다양한 통로를 활성화하는 것을 고려해 볼 수 있다.

학교주변을 배회하는 학교 밖 청소년 집중 발견 및 취약지역 중심 일제 발굴기간을 운영하여 학교 밖 청소년을 적극적으로 발굴하며, 보호관찰소 및 소년원을 퇴소하거나 가정법원에서 소년보호처분을 받은 학교 밖 청소년에게 정보제공 동의를 받아 '꿈드림 센터'로 연계한다. 특히, 대인관계 기피 등으로 외부인 접촉을 꺼리는 은둔형 청소년, 게임·인터넷·스마트폰 중독 청소년을 민관협력, 온·오프라인 아웃리치 및 청소년동반자를 활용한 방문상담을 통해 적극 발굴하여 지역사회 지원체계로 연계하는 방안을 모색한다.

2) 학교 밖 청소년 맞춤형 자립 지원사업 내실화

상당수 학교 밖 청소년들의 자립에 대한 의지와 욕구는 상대적으로 높은 데 반해, 이들을 위한 직업훈련교육과정이나 인턴십, 취업의 문턱은 매우 높다는 점을 고려하여 학교 밖 청소년 자립 지원사업을 더욱 확대하고 내실화하는 방안을 마련한다.

학교 밖 청소년의 눈높이에 맞는 직업교육훈련과정을 개발하고 취업사관학교를 단계적으로 확대하며, 학교 밖 청소년지원센터와 직업교육훈련기관 간 협력강화를 통해 모집경로를 다양화하고 청소년의 적성에 맞는 교육훈련을 받을 수 있도록 시스템을 구축한다.

3) 학교 밖 청소년 교육 지원사업 확대

학교에서 중단된 학업이 지역사회로 연결되어 다양한 과정에서 학업을 지속하며 학력취득의 기회를 갖도록 지원한다. 지역사회의 여러 대안교육기관, 인턴십 및 직업 훈련과정에서 이수한 시간을 학점화하여 학력취득의 기회를 갖도록 자율학점은행제를 시범 운영하고, 대안교육 위탁기관 지정을 확대하여 거주지 인근에 대안학교가 없는 지역의 청소년들에게 대안교육에의 접근성을 높이며, 검정고시 준비를 위한 학원비 지원 및 학습 멘토 지원을 확대한다.

이 외 학교부적응 학교 밖 청소년의 특성을 고려하여 '민간 위탁형 공립 대안학교'를 설립하여 운영하고 지역사회 관련 기관에 참여한 프로그램에 대하여 학습 경험을 인정하여 학업복귀에 연계하는 방안을 고려한다.

4) 학교 밖 청소년 복지 지원 강화

학교를 중단한 대다수의 청소년들은 구조적·기능적 결함을 지닌 가정 출신으로 경제적인 어려움을 겪고 있을 뿐만 아니라 주거가 불안정한 상태이고, 지역사회에서 자유롭게 이용할 수 있는 전용 공간이나 프로그램이 많지 않다. 이러한 문제해결을 위하여 빈곤층 학교 밖 청소년의 경제적 지원을 확대하고, 주거가 불안정한 청소년을 위해 공동주택 및 자립관 등 주거시설을 확충하며, 학교 밖 청소년이 자유롭게 드나들며 정서적 고립감을 해소할 수 있는 전용공간을 확보하고 문화활동을 지원하는 방안을 모색한다.

정기적으로 건강검진을 받을 수 있도록 DB 구축을 통해 생애주기별 학교 밖 청소년 건강관리체계를 구축하며, 건강검진 후 치료가 필요한 저소득층 위기청소년, 정신질환자 등은 추가검진을 실시하고 청소년 특별 지원 등과 연계하여 치료비를 지원한다.

참고문헌

강석영 · 양은주 · 이자영(2009). 잠재적 학업중단 청소년을 위한 개입프로그램 개발. 한국청소년상담원. 교육부. **교육통계연보**. 2011~2015.

강석영 · 양은주 · 이자영(2015). 정보공개자료.

구인회(2003). "가족배경이 청소년의 교육성취에 미치는 영향 : 가족구조와 가족소득, 빈곤의 영향을 중심으로." **사회복지연구**, 22, 5~32.

금명자(2008). "우리나라 학업중단 청소년에 대한 이해". **한국심리학회지**, 14(1), 299-311.

김경식(1997). "중 · 고교 중퇴생과 재학생 교내 생활비교를 통한 중퇴요인 분석". **교육사회학 연구**, 7(3), 115-138.

김혜영(2002). "학교중도탈락의 사회적 맥락에 관한 연구". **청소년학연구**, 9(3), 213-242.

류방란 · 최윤선 · 신희경 · 이규재(2007). **학교부적응 학생의 교육실태 분석-고등학생을 중심으로**. 한국교육개발원.

문은식 · 김충희(2003). "부모의 학습지원 행동과 초 · 중학생의 학업동기 및 학업성취도의 관계". **교육심리연구**, 17(2), 271-288.

박영신 · 김의철 · 김영희(2004). "한국 청소년의 일탈행동 형성과정에 대한 종단 분석 : 심리적, 관계적, 그리고 사회적 접근". **사회문제**, 13(1), 1~41.

서정아 · 권해수 · 정찬석(2006). 학교 밖 청소년의 실태와 정책적 대응방안. 한국청소년정책연구원. 여성가족부. 보도자료. 2016. 6. 14

이자영 · 강석영 · 김한주 · 이유영 · 양은주(2010). "학업 중단 위기청소년이 지각한 학업중단의 위험 및 보호요인 탐색". **청소년상담연구**, 18(2), 225-241.

전경숙(2013). 경기도 학교 밖 청소년 지원방안 연구. 경기도가족여성연구원.

전경숙(2015). 경기도형 학교 밖 청소년 지원센터 모델개발. 경기도가족여성연구원.

정재민(2012). "학업중단 청소년의 특성과 예방을 위한 실천전략 개발 질적 연구". **청소년문화포럼**, 30, 66-81.

최상근 · 양수경 · 남기곤 · 권경림 · 연보라(2010). **학업중단위기 학생의 실태와 지원방안 연구.** 한국교육개발원.

황순길 · 정현주 · 김범구 · 양대희 · 이은경(2012). "학업중단 청소년 대상의 기숙형 대안캠프 효과성에 관한 연구". **청소년복지연구,** 14(2), 223-257.

Chtistile, C.A., Jolivette, K., & Nelson, C.M. 2007. *"School characteristics related to high school dropout rates. Media and Special Education, 28*, 325-339.

Dupper, D.R. 1993. "*Preventing School Dropouts: Guidelines for school social work in practice*". *Social Work in Education, 15,* 141-149.

Huisman, J., & Smits, J. 2009. "*Keeping children in school: Household and district level determinatns of school drop out in 322 districts of 30 developing countries"* Nijmegen Center for Economics(NiCE) Working Paper: 9~105.

Kaufman, P., Bradbury, D., & Owings, J. 1992. *"Characteristics of at-risk students"* in the NELS:88. Washington, DC: National Center for Education Statistics, Office of Educational Research and Improvement, U.S. Department od Education.

Rumberger, R.W. 1995. *"Dropping out of middle school: A multilevel analysis of students and schools". American Educational Research Journal, 32*(3), 583-625.

Stearns, E., & Glennie, E. J. 2006. *"When and why dropouts leave high school". Youth & Society, 38,* 29-57.

Steven D.M., Stacey, E., & Alice, F. 2008. *"The Voices of High School Dropouts: implication for resaerch and practice". International Journal on School Disaffection, 6*(1), 40-52.

〈관련법률〉

대한민국 헌법

청소년 기본법

청소년복지 지원법

초 · 중등교육법

초 · 중등교육법 시행령

학교 밖 청소년 지원에 관한 법률

11장 다문화청소년

1. 다문화청소년에 대한 이해

1) 다문화가정의 정의 및 유형

(1) 유형별 개념정의 및 부처별 정책대상

다문화가정이란 한국이 아닌 다른 인종적·민족적 배경을 지닌 가족구성원이 한 명 이상 포함된 가정으로 일반적으로 국제결혼가정과 외국인근로자가정을 말하며, 보다 포괄적인 의미로서 '이주'의 개념을 포함시켜 새터민 가정, 귀화가정, 동포가정, 유학생가정 등으로 확대되기도 한다.

다문화가정과 그 자녀에 대한 정책 지원은 법무부, 여성가족부, 교육부를 중심으로 이루어지고 있는데, 각 부처별로 정책용어와 관심대상은 상이하다(전경숙, 2010).

'외국인 정책' 혹은 '사회통합정책'으로 지칭하는 법무부에서는 이주민과 외국인근로자에게 정책적 관심을 갖는다. 국제결혼과 노동을 이유로 하여 한국에 한시적 혹은 장기적으로 체류하는 외국인이 핵심 정책대상으로 국제결혼가정과 외국인근로자가정이 지원대상이다. '다문화가족정책'을 공식 용어로 사용하고 있는 여성가족부에서는 다문화가족이 중점 정책대상이며, 그 범위도 국제결혼가정으로 제한한다. 2008년 제정된 「다문화가족지원법」은 '다문화가족'의 범위를 부모 한쪽이 한국인이고 다른 한쪽이 그렇지 않은 국제결혼이민자와 그 자녀, 귀화허가를 받거나 국적을 취득한 외국인에 한정하고 있어 포괄적 의미의 이주민 가족은 배제된 "비다문화적 정책"이라는 비판적 시각도 있다(이민경, 2010). 정책대상의 범위가 인종적·민족적인 테두

리를 벗어나지 못하고 있다는 지적에 따라 최근에는 외국인근로자가정, 새터민가정, 유학생가정 등으로 대상을 확대하고 있다. '다문화학생 교육지원정책'으로 지칭하고 있는 교육부의 핵심 정책대상은 명시적으로 국제결혼가정자녀에만 한정하였다가 2008년 이후부터 결혼이민자라는 용어 대신 다문화가정 자녀 및 다문화학생이라는 명칭으로 대체되면서 외국인근로자가정 자녀도 정책대상에 포함하고 미등록체류자의 자녀까지도 포괄하고 있다.

〈표 11-1〉 다문화가정의 유형

구분	가족구성원
국제결혼가정	부부 중 한 사람이 외국인으로 국제결혼을 통해 이루어진 가정 및 그 자녀
외국인근로자가정	노동을 목적으로 이주하여 한국에서 생활하고 있는 가정 및 그 자녀
귀화가정	외국국적의 근로자 부부가 한국으로 이주하여 한국국적을 취득한 가정 및 그 자녀
새터민가정	부부 중 한 사람 혹은 부부 모두 탈북자 출신이 한국에 입국하여 국적을 취득한 가정 및 그 자녀
동포가정	외국에 거주하던 한민족 혈통을 가진 재외국민 혹은 한국계 외국인이 한국으로 이주하여 생활하고 있는 가정 및 그 자녀

(2) 다문화청소년의 개념적 범위

다문화청소년은 학자에 따라 혹은 각 부처마다 개념을 달리하고 있어 명확히 정의하기는 어렵다. 법에서 지칭하는 용어의 범위와 실제 정책적 지원대상은 상이하며, 정책대상은 좀 더 확대된 개념을 포괄하기도 한다(전경숙 · 이의정, 2012). 일예로 여성가족부의 다문화가족지원법에서는 '다문화가족 자녀'로 지칭하여 결혼이민자와 귀화자 자녀로 국한한 것에 반하여, 실제 정책대상은 국제결혼이민자와 외국인근로자의 자녀 및 유학생, 북한이탈주민의 자녀까지 확대한다. 교육부는 다문화학생으로 통칭하여 초 · 중 · 고에 재학 중인 국제결혼가정과 외국인근로자가정의 자녀를 정책대상으로 하는데, 제도권 교육에 진입하지 않은 탈학교 자녀는 지원대상자에서 제외된다.

한편, 외국에서 성장하다가 부모의 재혼이나 구직 등 상황 변화로 인하여 부모를 따라 한국에 동반 입국한 중도입국자녀는 두 부처 모두 정책대상에 포함하고 있는데, 통계생산 및 각종 사업과 프로그램 운영에서 별도 관리하며 특별한 정책적 배려대상으로 간주된다. 이들 중도입국자녀는 두 유형으로 구분되는데, 여성가족부에서는 다문화가족자녀로, 행정자치부에서는 외국인주민자녀로 통칭되는 결혼이민자의 전혼 출생자녀와 한국에 취업이민한 부모를 따라 한국으로 이주한 외국인근로자 자녀이다. 국내로 들어온 중도입국자녀의 정책수요는 공통된 것도 있지만, 이들이 처한 상황과 성장배경에 따라 차이가 있으므로 보다 세분화된 정책적 접근이 필요하다는 논의가 활발히 전개되고 있다.

이상에서 살펴본 것처럼 다문화청소년은 각 부처마다 법에서 지칭하는 용어와 정책대상에서 포괄하는 범위가 상이하지만, 주로 국제결혼가정과 외국인근로자가정의 청소년을 중심으로 귀화가정, 새터민가정, 동포가정의 청소년뿐만 아니라 정책적 현안이 되고 있는 중도입국청소년을 모두 포함하는 광범위한 개념으로 접근하는 것이 바람직하다. 이러한 포괄적 개념을 이주배경청소년으로 지칭하기도 하는데, 부모 중 한 사람이 외국인으로 이주배경을 지니며, 한국국적 취득여부와 상관없이 현재 국내에 체류 중인 청소년을 포함하는 넓은 의미의 다문화청소년이다. 여기에는 미등록 체류상태이거나 무국적 상태인 청소년들도 포함될 수 있다.

이처럼 다문화청소년의 의미는 매우 광범위하며 정책대상으로서 이들의 상황은 상이하다. 부모 중 한쪽이 한국인이고 다른 쪽이 외국인인 국제결혼자녀만 하더라도 아버지가 외국인일 경우와 어머니가 외국인일 경우의 자녀 성장환경은 매우 다를 수 있다. 출생지가 어디냐에 따라서도 상황은 달라진다. 외국인 부모에게서 태어나 외국에서 성장하다 부 혹은 모의 재혼으로 한국에 입국하여 다문화가족의 일원이 된 경우와 순수하게 한국에서 부모의 국제결혼으로 태어난 자녀의 상황은 동일하게 국제결혼가정 자녀임에도 차이가 있으며 한국에서 직면하게 되는 문제도 달라진다. 외국에서 성장하다 부모의 재혼으로 한국에 입국한 중도입국청소년의 경우는 실제 공교육 진입과 학교생활 적응에 더 많은 어려움을 겪고 있으며, 학업 및 교육 중단상태에 있는 청소년도 상당수에 이르는 것으로 보고되고 있다. 다양한 범주에 속해 있는 다문화청소년의 특성과 성장배경을 고려한 보다 정교한 정책방안이 마련되어야 하는 이유이다.

2) 다문화청소년의 심리사회적 특성

이주배경을 지닌 다문화청소년은 성장과정에서 다양한 어려움과 스트레스에 직면하게 된다. 특히, 중도입국청소년의 경우는 후기청소년 연령대에 입국하는 경우가 많아서 청소년기 자아정체성 확립이라는 발달적 과업과 함께 새로운 사회와 문화에 적응해야 하는 이중의 어려움을 겪게 된다. 부모가 재혼을 한 경우에는 새롭게 형성된 가정에 적응해야 하는 어려움까지 겹쳐 심리적으로 매우 힘든 과정에 놓이게 된다. 다문화청소년이 한국사회에서 직면하는 위기 상황의 관점에서 이들의 심리사회적 특성을 정리하면 다음과 같다(전경숙 · 이의정, 2012).

(1) 자아정체성의 혼란

부모 중 한 사람 혹은 부모 모두 이주배경을 지닌 다문화청소년들은 일반적으로 자아정체성의 혼란을 경험한다. 서로 다른 인종과 국적을 가진 부모 사이에서 출생하여 외모의 차이를 인식하게 되거나 입양 및 귀화과정을 거치면서 자아정체성 및 국가정체성에 혼란을 느낀다. 출생과 동시에 혹은 귀화해서 한국 국적을 취득한 경우에도 스스로를 한국인으로 인식하는 것보다 외국인으로 혹은 한국인도 되고 외국인도 되는 경우로 인식하는 경향이 높다(금명자 외, 2006; 정하성 · 우룡, 2007). 중도입국청소년의 경우 한국국적 취득을 거부하거나 미루면서 '주변인'으로 자리매김하여 지속적인 탐색 수준에 머물러 있는 경우도 있다. 이러한 정체성의 혼란은 청소년기 발달적 위기와 사회부적응을 초래할 수 있는 요인이 될 수 있다는 점에서 보다 정교하고 전문화된 개입이 요구된다.

(2) 문화적응 스트레스 경험

다문화청소년들은 일반적으로 두 개의 언어와 문화, 생활습관, 행동과 가치관의 차이로 인하여 문화적 갈등과 스트레스를 경험한다. 아버지와 어머니의 서로 다른 언어와 문화에 혼란스러워 하고, 성장기 이후 한국으로 이주해 온 다문화청소년들은 자국과 한국의 문화적 차이로 인한 갈등을 겪는다. 특히, 중도입국청소년의 경우는 가족 내에 존재하는 이중 언어와 새롭게 형성된 가족관계에서 의사소통의 어려움으로 상시적인 긴장과 스트레스를 경험하게 되며, 출신국과 전혀 다른 생활습관과 사회규범에서 행동과 감정표출에 있어 억제되어 있다. 개개인의 언어와 문화, 생활습관을 인정받지 못하는 상황은 가끔 자신의 모든 것을 무시당하는 것으로 인식되어 좌절을 경험하기 쉽고, 이는 곧 부적응으로 연결되는 악순환이 반복된다(박순희, 2009). 자국의 언어와 문화를 존중해 주고, 다문화적 감수성을 함양할 수 있도록 다양한 기회 제공이 이루어져야 하는 이유이다.

(3) 대인관계 형성의 어려움

외모의 차이 혹은 부족한 한국어능력으로 인하여 대인관계 형성 및 사회적응의 어려움이 크다. 외모와 문화적 차이는 일반청소년들과의 유대관계 형성을 어렵게 하며, 특히 의사소통과 대인관계 형성의 기본이 되는 언어의 한계는 그 자체로 부적응을 초래할 수 있는 요인이 된다. 언어습득과 구사가 비교적 용이한 유년기와는 달리 중도입국청소년의 대다수는 10대 이후 청소년기에 입국하여 대인관계 형성의 어려움이 더욱 심화되며, 새로운 가족관계 내에서의 의사소통, 학교진학 및 진로 형성과정에서 언어적 문제로 인하여 초기적응에 상당한 어려움을 겪게 된다. 이는 곧 제도권 교육에로의 진학을 지연시키며 교육공백에 빠지게 하고, 어렵게 학교진학을 한 경우에도 학업수행의 어려움과 학업부진 및 또래관계와 학교생활 부적응으로 이어져 학업중단까지 이르게 된다. 따라서 다문화청소년과 일반청소년의 원만한 관계 형성과 상호이해를 돕는 다양한 통합교육 프로그램의 활성화와 중도입국청소년의 초기적응 및 안정적인 정착을 위한 체계적인 한국어교육은 매우 중요하다.

(4) 사회적 편견과 차별 경험

외모나 말투의 차이, 학습부진 등은 또래로부터의 따돌림을 초래하게 되고, 원만한 또래관계기술의 부재는 원만한 대인관계 형성에 어려움을 유발하는 요인이 된다(박순희, 2009). 결국 개인의 사회적 편견과 차별 경험은 우울, 위축, 주눅과 같은 정서적인 어려움을 야기하고, 이는 곧 낮은 자아존중감과 학교부적응으로 이어진다(김순규, 2011). 이러한 현상은 중도입국청소년의 경우 더욱 심화되어 나타난다. 사회적 편견과 차별로 인하여 원만한 또래관계 형성이 어려울 뿐만 아니라 한국어로 이루어지는 어려운 수업이나 출신국과 비교하여 매우 엄격하고 다른 한국의 학교문화나 환경은 이들의 고충을 심화시켜 학교생활 부적응과 학업지속의 어려움을 유발하게 된다.

다문화청소년에 대한 사회적 편견과 차별을 해소하기 위해서는 반편견과 평등을 주제로 한 다문화교육이 확대되어야 하며 상호존중과 이해, 다문화감수성 제고를 위한 프로그램이 활성화되어야 한다. 또한 다문화청소년들이 겪는 부당한 대우에 대한 분노, 부정적인 신념이나 태도, 폐쇄적인 대인관계 등이 형성되지 않도록 적절하게 자신의 감정을 표출하고 대화할 수 있는 통로와 기회가 제공되도록 학교와 지역사회의 노력이 수반되어야 할 것이다.

(5) 교육적 지지기반 미흡

일반적으로 다문화가구의 사회경제적 수준은 상대적으로 낮고, 자녀에 대한 교육적 지지기반이 미흡한 것으로 보고되고 있다. 다문화청소년 부모의 사회경제적 지위는 자녀의 교육과 직업 및 개인의 삶의 질에 매우 중요한 영향을 미치는 요인이며, 특히 취약계층에서 소득의 영향은 자녀의 학업성취와 밀접한 연관성이 있는 것으로 국내외 연구는 밝히고 있다(구인회, 2003; 문은식 · 김충희, 2003; 김순규, 2011 재인용). 한국인 남성과 외국인 여성이 결혼한 다문화가정 혹은 미등록 외국인근로자 가정의 경우 상당수가 빈곤층에 속해 있으며, 가정의 빈곤은 사교육을 비롯하여 자녀의 교육과 관련한 지원 부족으로 이어져 학습부진과 학업수행의 어려움을 가중시킨다. 경제적 어려움으로 인하여 대다수가 맞벌이 가정인 경우, 자녀를 돌볼 수 있는 여건이 되지 않아 자칫 무관심과 방임으로 이어지게 되고, 이러한 악순환의 고리는 정서적으로 예민한 시기에 자녀의 성장발달 가능성을 저해하는 결과를 초래하게 된다. 사회적·교육적 불균형을 해소하고 다문화청소년이 자신의 미래를 준비할 수 있도록 학교와 지역사회 차원의 정교한 지지기반 형성이 필요하다.

2. 현황 및 정책동향

1) 다문화청소년 현황

(1) 다문화학생 증가추이

교육부에서는 매년 초·중·고에 재학 중인 다문화학생 현황을 파악하여 발표하고 있다. 2016년 보고에 따르면, 전체 학생 약 589만 명 가운데 다문화학생은 9만 9,186명으로 전체학생의 1.68%를 점하고 있었다. 다문화학생 10만 명 시대가 도래한 것이다. 이는 2010년 3만 1,788명과 비교하여 3배 이상 늘어난 수치이며, 전체학생 대비 다문화학생 비율도 2010년 0.44%에서 2016년 1.68%로 상승하였다. 주목할 점은 전체학생 수는 지난 7년간 매년 20만 명 정도 감소하고 있는 데 반하여, 다문화학생 수는 매년 20% 이상 증가하고 있고 전체학생 대비 다문화학생 비율의 증가 폭은 해마다 커지고 있다는 것이다.

〈표 11-2〉 다문화학생 증가추이(2010~2016)

(단위: 명)

인원수 \ 연도	2010	2011	2012	2013	2014	2015	2016
다문화학생 수(A)	31,788	38,678	46,954	55,780	67,806	82,536	99,186
전체학생 수(B)	7,236,248	6,986,853	6,732,071	6,529,196	6,333,617	6,097,297	5,890,949
다문화학생 비율 (A/B*100)	0.44%	0.55%	0.70%	0.86%	1.07%	1.35%	1.68%

출처: 교육부, 「교육기본통계」, 2010~2016

2016년을 기준으로 다문화학생 특성별 현황을 살펴보면, 전체 다문화학생의 약 80%는 국내출생이고, 나머지 20%는 중도입국청소년 혹은 외국인자녀인 것으로 나타났으며, 초등학생이 전체의 약 75% 정도, 나머지 25%는 중고생이었다. 최근 3년간의 추이에서 정책적 수요가 높은 중도입국청소년 및 외국인근로자 자녀의 비율이 15.2%(2014) → 17.5%(2015) → 20.2%(2016)로 높아지고 있음에 주목할 필요가 있다. 초등학생의 비중도 71.2%(2014) → 73.0%(2015) → 74.6%(2016)로 높아지고 있으나 이는 곧 중고생 비중 폭의 증가로 이어질 것으로 예측된다. 종합해 보면, 사회적응 및 학업수행에 어려움이 있는 중도입국청소년과 외국인자녀의 비중은 점차 높아지고, 학령기 다문화청소년 규모도 당분간 지속될 것으로 전망된다.

〈표 11-3〉 다문화학생 특성별 현황(2014~2016) (단위: 명, %)

구분	2014년				2015년				2016년			
	초	중	고	계	초	중	고	계	초	중	고	계
국내출생	41,575	10,325	5,598	57,498 (84.8)	50,279	11,075	6,745	68,099 (82.5)	59,988	11,489	7,657	79,134 (79.8)
중도입국	3,268	1,389	945	5,602 (8.3)	3,988	1,393	880	6,261 (7.6)	4,583	1,627	1,208	7,418 (7.5)
외국인자녀	3,454	811	441	4,706 (6.9)	6,016	1,397	763	8,176 (9.9)	9,453	1,989	1,192	12,634 (12.7)
계	48,297 (71.2)	12,525 (18.5)	6,984 (10.3)	67,806 (100.0)	60,283 (73.0)	13,865 (16.8)	8,388 (10.2)	82,536 (100.0)	74,024 (74.6)	15,105 (15.2)	10,057 (10.1)	99,186 (100.0)

출처: 교육부, 「교육기본통계」, 2014~2016

(2) 다문화가족 자녀 연령별 현황

행정자치부에서 매년 실시하는 외국인주민 현황조사에 따르면, 만 18세 이하 다문화가족 자녀는 2006년 2만 5,000여 명에서 2015년 20만 8,000여 명으로 약 8배 증가하는 등 최근 10년간 급격히 증가하였다. 여기서 다문화가족 자녀는 부모 중 한 사람이 이민배경을 지닌 경우로 한국국적 취득 여부와 상관없이 현재 국내에 체류 중인 자녀를 의미한다. 2015년 현재 연령대별 분포를 살펴보면, 6세 이하 자녀의 비중이 56.8%로 가장 크지만, 최근 6세 이하 자녀 증가세는 점차 둔화되고 있으며, 7세 이상의 학령기 자녀가 증가하는 추세로 학교적응력 제고 등 새로운 정책수요가 늘어날 전망이다.

〈표 11-4〉 다문화가족 자녀 연령별 현황(2010~2015) (단위: 명, %)

구분	계	6세 이하	7~12세	13~15세	16~18세
2015	207,693 (100.0)	117,877 (56.8)	56,108 (27.0)	18,827 (9.1)	14,881 (7.1)
2014	204,204 (100.0)	121,310 (59.4)	49,949 (24.5)	19,499 (9.5)	13,466 (6.6)
2013	191,328 (100.0)	116,696 (61.0)	45,156 (23.6)	18,395 (9.6)	11,081 (5.8)
2012	168,583 (100.0)	104,694 (62.1)	40,235 (23.9)	15,038 (8.9)	8,616 (5.1)
2011	151,154 (100.0)	93,537 (61.9)	37,590 (24.9)	12,392 (8.2)	7,635 (5.0)
2010	121,935 (100.0)	75,776 (62.1)	30,587 (25.1)	8,688 (7.1)	6,884 (5.7)

출처: 행정자치부, 「외국인주민현황조사」, 2010~2015

2) 법적 지원 근거와 정부정책 현황

(1) 법적 지원 근거

다문화청소년의 보호와 권리 보장을 위한 국내법은 외국인과 다문화가정 구성원을 위해 특별히 제정된 특별법과 일반인에게도 널리 적용되는 기타 관련 법으로 구분할 수 있다. 국내에서 출생하지 않은 다문화청소년의 국내체류 지원을 위한 주요 특별법으로는 「재한외국인처우기본법」, 「다문화가족지원법」, 「재외동포의 출입국 및 법적 지위에 관한 법률」(이하 재외동포법) 등이 있다. 이 외 일반인에게도 적용되며 다문화청소년의 체류와 교육 및 보육, 복지 지원과 관련된 법률은 「출입국관리법」, 「국적법」,

「초·중등교육법」, 「영유아보육법」, 「청소년복지 지원법」, 「긴급복지지원법」 등이 있다(전경숙, 2014).

이상의 특별법과 관련법은 국내에서 생활하고 있는 다문화청소년의 처우, 체류, 교육, 복지 분야의 지원정책을 추진하기 위한 법적인 근거를 확보하고 있지만, 상당수의 한국 국적을 취득하지 않은 중도입국청소년과 외국인청소년은 법 적용 대상에서 제외되는 한계를 지닌다. 「재한외국인처우기본법」은 재한외국인과 그 자녀의 불합리한 차별방지와 인권옹호를 위한 지원의 필요성을 명시하고 있으나 대한민국 국민과 사실혼 관계에서 출생한 자녀를 양육하고 있는 재한외국인과 그 자녀에 한정하고 있어 국제결혼 재혼가정 모친의 전혼 소생 자녀, 즉 중도입국자녀는 실제적으로 법적 지원 대상에서 제외된다. 「다문화가족지원법」의 경우도 「재한외국인처우기본법」에 근거하여 합법체류 중인 결혼이민자와 그 자녀로 한정되어 이주노동자나 결혼이민여성 전혼 자녀의 보육 및 교육권은 보호받을 수 없다. 초·중등교육법과 청소년복지 지원법만 귀화하지 않는 중도입국청소년의 교육권과 복지권을 보장하고 있을 뿐이다. 종전에는 미등록 미성년이민자이거나 한국국적을 취득하지 않은 중도입국자녀의 경우 공교육 진입이 어려워 실질적인 학습권 보장이 제한적이었으나 2010년 「초중등교육법」의 개정으로 미등록체류 노동자 자녀의 의무교육이 보장되면서 귀화하지 않은 중도입국자녀의 공교육 접근성도 한층 강화된 것은 고무적인 일이다. 이처럼 의무교육단계인 중학교 진학이 수월해진 것은 사실이지만, 고등학교 진학의 경우 학교별로 입학전형이 이루어지고 학교장의 재량과 학칙에 따라 입학 여부가 결정되는 한계가 있어 중도입국청소년의 고등학교 진입은 여전히 어려운 현실이다. 「청소년복지 지원법」은 2011년 개정법에서 "이주배경청소년"이라는 용어와 함께 중도입국청소년 지원을 위한 법적근거를 마련하고, 국내로 이주하여 사회적응 및 학업수행에 어려움을 겪는 청소년의 심리·정서 지원을 확대하였다. 체류자격에 제한을 두지 않고 국내에 체류하는 모든 중도입국청소년을 대상으로 하고 있다는 점에서 가장 포괄적이고 명확한 법적 근거조항이라 할 수 있다.

〈표 11-5〉 다문화청소년 보호 및 지원 관련 법률

구분	법률	지원분야	주요 내용
특별법	재한외국인처우기본법	처우	재한외국인의 인권 옹호, 결혼이민자 자녀의 처우
	다문화가족지원법	복지	다문화가족 자녀의 안정적인 생활 지원, 해체된 다문화 가족 자녀의 인권보호
	재외동포법	체류	재외동포 체류자격
관련법	출입국관리법	체류	출입국심사, 체류, 보호
	국적법	체류	국적취득과 상실, 국적판정 요건, 복수국적 등
	초·중등교육법	교육	학습권 보장, 편입학 등 공교육 진입 지원
	영유아보육법	보육·양육	취약보육 우선 지원
	청소년복지 지원법	복지	한국어 지원, 심리·정서 지원
	긴급복지지원법	복지	생계곤란 등 위기가정 자녀 지원

출처: 전경숙(2014), 「중도입국자녀 초기적응 지원사업 모니터링 및 효율화 방안」

(2) 정부정책 현황

다문화청소년의 안정적인 국내정착과 건강한 성장 및 발달을 지원하기 위하여 정부는 다양한 정책 및 사업을 추진하고 있다(여성가족부, 2016). 미취학 및 초등 저학년 자녀를 위해서는 주로 언어발달과 학교생활 지원을 위한 사업이 여성가족부를 중심으로 추진되고 있으며, 교육부에서도 2015년부터 다문화 유치원을 시범운영하였다. 학령기 자녀를 위해서는 주로 학교생활 적응 지원을 위한 사업이 교육부를 중심으로 이루어지고 있는데, 대학생 멘토링, 대안학교 운영, 글로벌브릿지 사업 등이 추진되고 있다. 중도입국청소년은 한국생활 적응에 가장 어려움이 큰 집단으로 인식하여 여러 부처가 정책적 관심을 기울이고 있다. 이들의 한국사회 조기정착 지원을 위해 여성가족부와 법무부에서 레인보우스쿨과 조기적응 프로그램을 운영하고 있으며, 교육부에서는 공교육 진입 지원을 위한 다문화 예비학교, 여성가족부는 진로탐색 및 진로 지원을 위한 무지개Job아라 프로그램을 진행하고 있다. 한편, 일반가정청소년의 다문화 인식개선과 수용성 제고를 위한 교육 및 프로그램이 여성가족부와 교육부를 중심으로 추진되고 있다.

〈표 11-6〉 정부부처별 다문화청소년 지원정책 현황

대상	사업명	내용	소관 부서
미취학 및 저학년	다문화유치원	다문화 유아의 언어교육 강화를 위한 다문화 유치원 운영 (2015년 30개원 시범운영)	교육부
	언어발달 서비스	만 12세 이하 자녀 대상 언어발달 정도 진단 및 언어교육 실시 (언어발달지도사 2015년 300명)	여성가족부
	방문교육 (자녀생활서비스)	학업성취가 낮고 정서·사회성 발달에서 어려움을 겪는 자녀에게 독서, 숙제지도 등 생활 지원(2015년 216개소)	여성가족부
	이중언어 가족환경 조성	다양한 언어와 문화적 잠재력을 키우기 위해 이중언어로 부모와 소통할 수 있는 환경조성을 위해 이중언어교실 등 운영 (2015년 217개소)	여성가족부
학령기 자녀	대학생 멘토링	다문화·탈북학생 대상 기초학력 증진 강화 학교, 공공기관 등 방문(2015년 5,288명 지원)	교육부
	대안학교	다문화 학생 대상 대안학교 운영(2015년 4개교) 고교 : 서울 다솜학교, 폴리텍다솜학교 초등 : 지구촌 학교 초중고 통합 : 한누리학교	교육부 고용노동부
	글로벌 브릿지	다양한 분야(수학, 과학, 언어, 글로벌리더십, 예체능)에 잠재력을 지닌 자녀를 인재로 육성(2015년 17개교)	교육부
중도입국 청소년	다문화 예비학교	한국어, 한국문화 집중교육을 받을 수 있는 예비학교 운영 (2015년 100개교)	교육부
	레인보우스쿨	초기적응 지원 프로그램으로 한국어교육, 특기적성 교육 등 (2015년 17개소)	여성가족부
	무지개Job아라	진로캠프, 인턴십 및 멘토링, 진로탐색과정 운영 등 단계별 진로 지원 프로그램 제공(2015년 6개소)	여성가족부
	조기적응 프로그램	중도입국자녀에게 외국인등록 시, 입국초기 사회적응 및 진로정보 제공(2015년 23개 기관)	법무부
일반가정 청소년	다문화감수성 증진 프로그램	일반 청소년의 다문화 이해 및 수용성 제고를 위한 다문화감수성 증진 프로그램 운영(2015년 23개교)	여성가족부
	다문화 중점학교	다문화 이해교육과 맞춤형 교육을 통해 다문화수용성 제고 (2015년 150개교)	교육부

출처: 여성가족부(2016), 「제12차 다문화가족정책위원회 회의자료」

3. 현안문제와 향후과제

1) 다문화청소년 실태와 현안문제

이주배경을 지니고 이중언어와 문화적 환경에서 생활하고 있는 다문화청소년들은 성장과정에서 다양한 문제와 위기에 직면하게 된다. 2012년부터 여성가족부가 3년 주기로 실시하는 '다문화가족실태조사'(정해숙 외, 2016)는 결혼이민여성뿐만 아니라 9~24세 다문화청소년도 포함하여 이들의 생활실태를 파악하고 있다. 2015년 조사결과를 바탕으로 다문화청소년이 직면하고 있는 현안문제를 개괄적으로 검토해 보고자 한다.

(1) 상급학교로 갈수록 취학률 저하

2015년 다문화가정 청소년의 취학률은 초등학교 97.6%, 중학교 93.5%, 고등학교 89.9%, 고등교육기관 53.3%로 우리나라 전체 취학률(초 98.5%, 중 96.3%, 고 93.5%, 대 68.1%)에 비해 낮은 수준이다. 상급학교로 올라가면서 그 격차가 커져서 고등학교 3.6%p, 고등교육기관 14.8%p에 달하는 것으로 보고되었다.

이와 관련하여 다문화청소년의 사교육 비율은 전체 평균 73.6% 대비 64.2%로 낮으며, 주당 사교육 참여시간 또한 8.14시간으로 전체 평균 9.5시간에 비해 1시간 이상 적은 것으로 나타났다. 만 15~24세 다문화청소년 가운데 18.0%가 학교에 다니지 않고 일도 하지 않는 이른바 니트(NEET)상태인 것으로 보고되었다. 학력이 중시되는 한국사회에서 다문화청소년의 상대적으로 낮은 취학률과 높은 니트(NEET)율은 향후 사회적 취약계층으로 전락할 가능성을 내포하고 있다는 점에서 주목할 부분이다.

(2) 학교생활 부적응 및 차별 경험

다문화청소년의 10% 정도는 자신이 학교생활에 잘 적응하지 못 한다고 느끼고 있으며, 적응하지 못하는 이유로 '친구들과 어울리지 못해서'라는 응답이 64.7%로 가장 많았고, 그 다음으로 '학교공부에 흥미가 없어서'가 45.2%였다. 다문화청소년의 연령과 성장배경에 따라 응답의 차이가 있었는데, 또래관계문제는 만 12~14세의 중학생 연령대(80.8%)와 주로 외국에서 성장한 중도입국청소년(83.9%)의 응답률이 상대적으로 높았고, 학교공부는 만 15~17세의 고등학교 연령대(66.2%)와 국내출생자(52.4%)의 응답률이 평균 45.2%보다 높았다.

차별이나 무시 경험은 9.4%로 10명 중 한 명은 여전히 일상생활에서 차별을 경험하고 있다. 중요한 것은 차별을 당했을 때의 대응방식인데, 차별을 경험한 대다수의 청소년들은 참거나(44.9%) 그냥 넘어갔다(26.4%)고 응답하여 소극적으로 응대했음을 알 수 있고, 상대방에게 사과하라고 말하거나(15.9%)나 인터넷 게시판에 글(2.8%)을 올리는 등의 적극적 대처는 상대적으로 적었다. 학교폭력 피해 경험은 다문화청소년은 5.0%로 높지 않았으나, 초등학교 연령대인 9~11세(7.9%)와 외국에서 주로 성장한 중도입국청소년(8.1%)이 학교폭력 피해에 상대적으로 더 많이 노출되었다는 점에 주목할 필요가 있다.

(3) 한국어 구사 및 학습의 어려움

자신의 한국어 구사능력에 대하여는 89.8%가 잘한다고 느끼는 반면, 10% 정도는 한국어 구사에 어려움이 있다고 인식하고 있다. 일상생활 한국어가 아닌 교과서나 수업 이해를 위한 한국어 수준은 더 낮게 인식하고 있을 것으로 예측된다. 한국어 구사능력은 또래관계와 학교공부를 비롯하여 학교생활 전반에 영향을 미치는 중요한 요인이라는 점은 여러 연구 결과에서 입증되었다.

이와 관련하여 다문화청소년의 방과 후 생활패턴을 살펴보면, TV 및 비디오 시청(45.9%), 인터넷(25.3%) 등 비생산적인 활동의 비중이 높고, 숙제 등 공부하기(26.3%), 학교자율학습(5.1%), 학원 및 과외(5.9%)와 같은 학습활동의 비중은 상대적으로 낮게 나타났다. 전체 청소년과 비교하여 공부, 자율학습, 학원 및 과외 등 학습 관련 활동 비율은 월등히 낮은 반면, TV·비디오 시청 비율은 훨씬 높게 나타나 학교공부와 학습의 어려움을 겪고 있음을 알 수 있다.

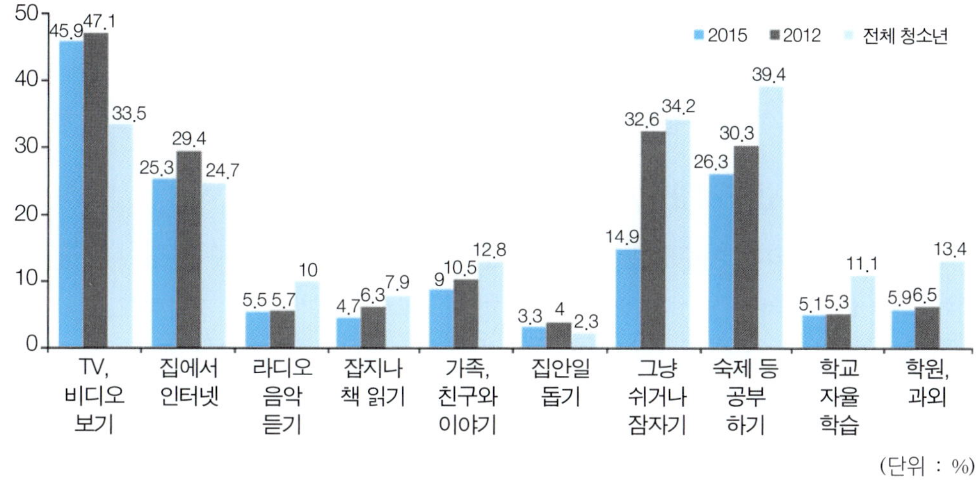

출처: 정해숙 외(2016), 「2015 전국다문화가족실태조사 분석」

[그림 11-1] 방과 후 저녁활동

(4) 심리 · 정서적 불안과 우울감 고조

다문화청소년의 20% 정도는 연간 2주 이상 일상생활이 어려울 정도의 슬픔이나 절망감을 느낄 정도로 극심한 우울을 겪고 있는 것으로 나타났다. 이러한 현상은 연령이 높아질수록 증가하는 경향을 보여 18세 이상의 경우는 25%에 달한다. 또한 재학여부와 성장배경에 따라서도 차이를 보였는데, 학교에 다니지 않는 다문화청소년(27.8%)과 주로 외국에서 성장한 중도입국청소년(27.5%)은 재학 중이거나 국내성장 다문화청소년과 비교하여 우울감 정도가 10%p 더 높은 것으로 보고되었다. 정서적으로 예민한 사춘기에 심리적 스트레스와 우울을 극복할 수 있는 대안이 필요하다는 점을 시사하고 있다.

2) 보호와 지원의 과제

이상에서 살펴본 것처럼 다문화청소년은 한국사회 정착과정에서 다양한 위기 상황과 문제들에 직면하게 된다. 우리 사회의 구성원으로서 이들의 성장발달을 지원하고 안정적으로 정착할 수 있도록 세심한 정책적 관심과 배려가 요구된다. 다문화청소년의 유형 및 성장배경과 특성에 따라 차별화된 정책수립이 필요하다는 것을 전제로 하여 본 절에서는 거시적인 차원에서의 정책적 과제와 추진전략을 제시해 보고자 한다.

(1) 다문화청소년의 성장주기와 배경특성을 고려한 정책 접근

한국으로 유입되는 이주민은 계속 증가추세에 있고, 새로운 이주 유형이 등장함에 따라 다문화가족 자녀 및 다문화청소년은 향후 지속적으로 증가할 전망이므로 이들의 성장주기와 배경특성을 고려한 정책수립으로 새로운 정책수요에 대응할 필요가 있다.

영유아기는 언어발달 시기에 지체되지 않도록 언어 및 기초학습을 지원하여 공교육 진입 시 동등한 출발점을 보장하고, 학령기에는 학업부진, 가족갈등, 정체성 혼란으로 학업중단 및 비행 등의 문제가 발생하지 않도록 하며, 다문화청소년의 강점을 발휘하여 글로벌 인재로 육성하기 위한 역량개발과 진로·직업교육에 주력한다. 한편, 국내에서 출생하여 성장한 다문화청소년과 외국에서 성장하다 입국한 중도입국청소년, 미등록 체류자, 한부모가정 및 재혼가정의 다문화청소년 등 성장배경과 인구사회학적 특성을 고려한 세밀한 정책설계가 요구된다.

(2) 심리·정서 지원 강화

다문화청소년이 한국사회 적응과 성장과정에서 겪는 심리적 갈등과 스트레스를 해소하도록 돕는다. 다문화청소년들이 일상생활이나 한국사회 적응과정에서 경험하는 자아정체성의 문제나 문화적응 스트레스를 비롯하여 진학, 진로, 친구관계 등 다양한 형태의 고민을 해결하고 정서적 위안과 지지를 얻을 수 있도록 다양한 심리·정서지원 프로그램을 확대한다. 특히, 자신의 소질과 특기적성을 계발하기 위한 기회가 상대적으로 적은 중도입국청소년에게는 양질의 특기적성교육을 지원하는 방안이 효과적일 것이며, 청소년기에 필요한 인간관계 형성, 사회교육, 한국문화체험 등 다양한 프로그램에 적극적으로 참여할 수 있는 기회를 제공한다. 정서적으로 예민한 사춘기에 이주해 온 중도입국청소년들이 한국생활 적응과정에서 경험하는 심리적 스트레스와 우울이 상당히 높다는 점을 고려하여 현재의 초기적응 프로그램에서는 한국어교육과 병행하여 상담 및 정체성 형성 프로그램 등 심리·정서 지원 프로그램이 포함되어 운영되어야 할 것이다.

(3) 미취학 상태의 후기청소년 연령대에 대한 특화정책

제도권 교육에 진입하지 못하고 미취학 상태로 있는 후기청소년 연령층 중도입국 청소년에 대한 특별한 정책적 고려가 필요하다. 이들의 경우 한국 체류기간이 짧고 10대 후반~20대 초반의 연령층이 많으며, 상당수가 재혼가정 출신이라는 특징을 지니고 있어 가족관계에서 느끼는 심리적 갈등 수준이 높고, 생활습관 및 문화의 차이로 인한 긴장과 스트레스에 직면해 있다. 또한 공교육 진입이 어려워 한국사회에서 진로를 결정하는 데 상당한 어려움을 겪고 있으므로 개인의 상황과 욕구를 고려한 맞춤형 진로탐색 기회를 제공한다. 진학보다는 취업을 통해 경제적 자립을 희망하는 청소년이 많다는 점을 고려하여 직업훈련교육과 인턴십의 기회를 다양화하고 취업으로 연계되도록 지원하는 방안을 모색한다.

(4) 다문화청소년과 일반청소년의 통합교육

다문화청소년이 한국사회에 원만히 정착하고 진정한 사회통합이 이루어지기 위해서는 다양한 사회구성원을 대상으로 하여 통합교육 및 프로그램이 확대되어야 한다. 다문화 대안학교, 예비학교, 거점학교와 같이 다문화청소년을 위한 별도의 학교를 운영하거나 학교 내 다문화 특별학급을 두는 등 분리의 방식으로 진행해 왔던 정책에 보완이 필요하다. 다문화청소년을 특별 서비스의 대상으로 분리할수록 한국사회 통합은 더욱 어려워지고, 일반청소년의 다문화감수성 배양도 지연되어 학교환경은 모두에게 성장과 역량개발의 터전이 될 수 없다. 따라서 다문화청소년과 일반청소년이 상호 이해와 존중을 바탕으로 함께 어우러지는 프로그램을 지역사회 차원에서 활성화하는 노력이 필요하다. 다문화청소년과 일반청소년 및 가족까지 그 참여범위를 확대하여 생활체육, 음악이나 연주활동, 국토순례 프로그램 등을 통해 상호 소통하고 포용하는 기회를 제공한다.

(5) 사회적 공감대 확산과 다문화 인식개선 프로그램

다문화중점학교와 글로벌선도학교 지정·운영 등 다문화청소년에 대한 사회적 편견을 해소하고 다문화 친화적 교육환경을 구축하기 위한 정책적 노력에도 불구하고 학교현장의 다문화 인식수준은 여전히 낮은 현실이다. 다문화청소년과 일반청소년을 대상으로 다문화 인식개선 프로그램 운영을 확대하여 문화적 다양성을 이해하고 타문화에 대한 존중을 실현할 수 있도록 노력이 요구된다. 구체적인 대안으로는 다문화중점학교 운영 확대, 학교교육과정 개편을 통한 반편견 교육, 다문화 도서관 및 자료실 운영 등을 고려할 수 있다. 아울러 다문화청소년이 긍정적 정체성을 확립할 수 있도록 교원을 대상으로 한 다문화 이해교육과 일반국민의 다문화감수성 및 인식 제고를 위한 다문화교육의 확산이 병행되어야 할 것이다.

참고문헌

교육부(2010~2016). 교육기본통계.

구인회(2003). "가족배경이 청소년의 교육성취에 미치는 영향: 가족구조와 가족소득, 빈곤의 영향을 중심으로". 사회복지연구, 22, 5-32.

금명자 · 이영선 · 김수리 · 손재환 · 이현숙(2006). 다문화가정 청소년(혼혈청소년) 연구-사회적응 실태조사 및 고정관념 조사. 한국청소년상담원.

김순규(2011). "다문화가정 자녀의 심리사회적 적응". **청소년학 연구**, 18(3), 247-272.

문은식 · 김충희(2003). "부모의 학습지원 행동과 초 · 중학생의 학업동기 및 학업성취도의 관계". **교육심리연구**, 17(2), 271-288.

박순희(2009). "다문화가적 아동의 특성과 사회적응". **한국아동복지학**, 29, 125-154.

여성가족부(2016). 제12차 다문화가족정책위원회 회의자료.

이민경(2010). "다문화 관련 정책용어의 한계와 대안모색". **다문화 관련 정책용어 개선과 제안을 위한 토론회, 자료집**. 한국청소년정책연구원

전경숙(2014). 중도입국자녀 초기적응 지원사업 모니터링 및 효율화 방안. 경기도가족여성연구원.

전경숙 · 이의정(2012). 다문화가정 중도입국자녀 초기적응 지원방안 연구. 경기도가족여성연구원.

전경숙 · 임양미 · 양정선 · 이의정(2010). 경기도 다문화가정 청소년 생활실태와 지원방안 연구. 경기도가족여성연구원.

정하성 · 우룡(2007). **다문화 청소년 이해론**. 경기도: 양서원

정해숙 · 김이선 · 이택면 · 마경희 · 최윤정 · 박건표 · 동제연 · 황정미 · 이은아(2016). 2015 전국 다문화가족 실태조사 분석. 여성가족부 · 한국여성정책연구원 행정자치부. 2010~2015. 외국인주민현황조사.

〈관련 법률〉

국적법

긴급복지지원법

다문화가족지원법

영유아보육법

재외동포의 출입국 및 법적 지위에 관한 법률

재한외국인처우기본법

청소년복지 지원법

초·중등교육법

출입국관리법

12장 위기청소년

1. 위기청소년에 대한 이해

1) 위기청소년의 개념

위기청소년(at-risk youth) 개념은 1983년 미국이 중도에 학업을 그만둘 가능성이 높은 청소년들이 증가하고 있음에 주목하여 미국 교육시스템의 문제점을 진단하고 대책을 촉구한 국가위원회 보고서를 통해 처음으로 소개되었다. 당시 보고서는 미국의 실패한 교육정책의 결과로 감정적 · 행동적 문제, 잦은 결석, 낮은 학업 수행능력, 학업에 대한 관심 부족, 학교에 대한 불만 등의 문제들을 가진 위기학생, 위기청소년집단이 생겨났음을 주장하였다. 이후 범죄 예방 전략의 하나로 위기집단을 규정하며 부모의 관리 · 감독 부재, 학업 중단, 낮은 학업성취도, 가난, 지능, 비행친구와의 만남, 실업과 폭력환경 노출, 거주지의 빈번한 이동, 영양상태 불량 등을 위기요인으로 진단하였고 장기적으로 이러한 요인들이 노출되는 청소년을 '위기청소년'으로 정의하였다(이유진 · 박선영, 2015).

OECD(1995)에 따르면 학교생활의 실패로 노동과 성인생활로의 성공적인 전환을 성취하지 못한 결과 사회에 기여하지 못할 것으로 예상되는 청소년집단을 위기청소년이라고 보았다. 즉, 학교부적응 · 학업 중단, 폭력, 성, 약물, 가출 등의 문제에 노출되어 있는 청소년집단으로서 성인 역할을 제대로 기능하지 못하는 것을 위기에 처해 있다고 본 것이다(성동제, 2015 재인용). 이러한 정의를 토대로 스위스는 위기청소년을 의무교육을 받지 않은 청소년, 중학교 중퇴자나 고등학교 미진학자, 직업교육 중단자나 실업청소년으로 정의하고 있으며 영국에서는 학습 부진과 학업중단자뿐 아니라 보호가 필요한 청소년, 문화적 배경이 다른 청소년, 성, 약물, 가출 등 행동·심리적 문제를 가지고 있는 청소년을 위기청소년으로 범주화하였다(윤철경 외, 2006).

우리나라의 경우 「청소년복지 지원법」 제2조 제4항에서 '위기청소년'이란 가정문제가 있거나 학업수행 또는 사회적응에 어려움을 겪는 등 조화롭고 건강한 성장과 생활에 필요한 여건을 갖추지 못한 청소년을 말한다. 구체적으로 가출청소년(제16조), 학업 중단청소년(제17조), 다문화가정 청소년(제18조), 비행과 일탈을 저지른 청소년(제19조), 일상생활에 적응하지 못하여 가정이나 학교 외부의 교육적 도움이 필요한 청소년(제19조), 폭력이나 학대에 처한 청소년(시행령 제7조), 보호자가 없거나 보호자의 보호를 받지 못하는 청소년(시행령 제8조)을 위기청소년으로 제시하였다(이유진 외, 2015).

2) 위기청소년의 특성

(1) 위기청소년 범주별 특성

Cunningham(2008)은 위험행동의 연루 정도에 따라 위기청소년을 3가지로 분류하였는데, 1유형은 학교 중퇴, 실업 등 위험요인이 있으나 위험행동에 연루되지 않은 경우이며 2유형은 위험행동(결석, 성행위 등)을 했지만 아직 부정적 결과로 고통(퇴학, 성병 감염 등)을 겪지 않은 경우에 해당한다. 3유형은 위험행동 후 퇴학, 계획되지 않은 임신, HIV/AIDS, 투옥, 약물 중독 등의 부정적 결과로 고통을 겪는 경우이다.

McWhirter 등(2007)은 위기란 현재 나타나고 있지는 않지만 적절하게 개입하지 않을 경우 미래에는 청소년에게 부정적인 결과를 가져올 위험성이 있는 상황이라고 보았고 이러한 위기의 수준을 5단계로 분류하였다. 1단계 '최저위기'는 좋은 사회경제적 배경을 가지고 있고, 학교나 가족적 환경, 사회관계가 긍정적이며 심리적·환경적으로 스트레스 요인이 거의 없는 상태를 말한다. 2단계 '저위기'는 약간 부족한 사회경제적 배경을 가지고 있고, 약간 부족한 가정, 학교, 사회관계와 더불어 몇 가지 스트레스 요인이 있는 상태이다. 3단계 '고위기'는 부정적인 가족, 학교, 사회관계 아래에서 스트레스 요인이 많으며 부정적 태도나 감정 등 개인적 위기징후로 발전되는 단계이다. 4단계 '위기행동입문'은 청소년이 어느 한 가지 유형의 문제행동을 시작하는 단계이며, 5단계 '위기행동'이란 입문수준의 행동에서 다른 범주의 위기행동으로 발전해 나가는 단계이다.

오스트레일리아의 한 보고서(2003)는 위기청소년을 교육, 훈련 및 고용체계로부터 이탈된 청소년들이라고 정의하고 low risk(최소한의 개입과 함께 교육, 훈련, 생활양식 선택에 관한 정보와 지도를 필요로 함), moderate risk(이탈의 위기에 놓여 있는 청소년에게 깊이 있는 지지와 지도가 필요함), high risk(집중적인 지지가 요구됨)의 3가지로 세분화하였다(윤철경 외, 2006 재인용).

Johnson(1997)은 위기에 처해 있는 청소년을 개인위험요인, 가족위험요인, 지역사회위험요인의 3가지로 범주화하였다. 개인위험요인은 청소년의 개인적 행동으로 성적 행동, 약물 사용과 남용, 학교에의 잦은 지각과 중퇴, 범죄활동, 비행활동을 포함한다. 가족위험요인은 부모나 형제의 약물 남용, 부모감독의 결여, 부모의 교육적 지지와 개입의 결여, 부모가 연루된 범죄행동, 학교를 중퇴한 형제, 무능한 부모, 방임, 정서적 및 신체적 학대, 이혼, 사회복지 수혜자, 가계주가 고등학교 중퇴, 가족 경제수준의 빈곤선 이하, 가계주의 일정하지 못한 취업을 포함한다. 지역사회 위험요인은 가용한 일자리의 질과 양, 임금, 떨어져 있는 근로자를 위한 가용할 훈련을 포함한다.

교육과학기술부(2009)는 위기청소년을 고위기군과 잠재위험군으로 유형화하면서 가출, 학업 중단 등 이미 위기 상황이 발현된 청소년을 고위기군으로, 빈곤학습부진 등에 방치될 경우 위기 발현 가능성이 높은 청소년을 잠재위험군으로 구분하였다. 윤철경(2005)은 한국청소년의 위기상황을 가족적 위기, 교육적 위기, 사회적 위기, 개인적 위기의 4가지로 제시하였는데, 가족적 위기에는 빈곤, 이혼 자녀, 소년소녀가장, 학대아동, 북한이탈 청소년, 외국인 노동자자녀가 해당하며 교육적 위기에는 학습부진과 학업중단, 사회적 위기에는 폭력피해, 범죄 또는 성범죄 피해, 실업, 개인적 위기에는 범죄, 가출, 성경험, 폭력가해, 흡연 등이 있다.

〈표 12-1〉 위기청소년의 영역별 특성

영역	특징	위험요인
개인	청소년기 발달적 특징과 맞물려 다양하게 나타남	우울, 불안
		술, 담배, 각성제 등 약물 사용
		충동자제력, 반항적 성향(공격성) 등 정신건강문제
		학교생활 부적응으로 인한 학업중단
		정서적 불안, 낮은 자존감
가정	부모의 양육방식, 의사소통의 방법, 부모 자녀 간의 상호작용, 가족의 사회경제적 지위, 빈곤, 가족결손 등이 해당	가족구성원의 불완전(결손), 자녀 교육기능 약화, 물질적 결핍
		교육적 지지와 개입의 결여, 부모-자녀 간 유대감 부족
		부모와의 관계에서 의사소통 불능
		부부 간 폭력 및 부모로부터의 학대 경험
학교 및 또래	학교생활, 학업, 반사회적 친구, 진학문제 등과 관련됨	또래로부터 지속적인 거부 경험
		학업중단이나 비행성향이 높은 친구들과의 접촉, 성적, 진학문제 등 학업스트레스
		학교폭력, 집단 따돌림 등 또래관계 부적응
		학교에 대한 부정적 생각, 불성실
		문제아로의 낙인, 교사와의 부정적 관계, 낮은 학업성취수준
지역사회	지역사회의 빈곤, 규범, 사회적 자본 부족 등이 관련됨	역할모델의 부재와 문화적 학습기회의 상실
		지역사회의 기능저하로 부정적 역할모델의 과잉 제시
		빈곤, 낙후, 범죄 관련 지역 등 물리적 측면에서의 환경, 지역사회와의 유대감 부족, 결속력 저하

출처: 김정미(2016). p. 8.

위기청소년의 특성을 개인, 가정, 학교 및 또래관계, 지역사회 등으로 나누어 살펴보면 다음과 같다. 첫째, 개인 특성은 청소년기 발달적 특징과 맞물려 매우 다양하게 나타나며 낮은 충동자제력, 반항적 성향과 관련이 있고, 술, 담배, 각성제 등 약물 사용, 학교생활 부적응으로 인한 학업중단 등과 관련이 있다. 둘째, 가정 특성으로는 부모의 양육방식과 의사소통의 방법, 부모 자녀 간의 상호작용, 가족의 사회경제적 지위, 빈곤, 가족결손 등이 해당된다. 셋째, 또래관계 및 학교 특성으로 학교폭력, 집단 따돌림 등 또래관계 부적응 양상을 보이는 경우가 많다. 넷째, 지역사회 특성으로는 빈곤, 규범 안내, 사회적 자본 부족 등이 있다. 지역사회의 기능저하가 청소년들에게 긍정적 역할 모델을 제시하지 못하고 부정적 역할 모델을 과잉 제시함으로써 청소년들의 발달적 과업성취에 어려움을 줄 수가 있다.

(2) 위기청소년의 역기능 가정특성

청소년은 개인·환경적 요인으로부터 영향을 받으며 심리적·정서적·행동적으로 적절한 개입이 필요하다. 특히, 가정환경은 무엇보다 중요한 요인으로 가정폭력이나 이혼, 재혼 등의 변화 속에서 청소년들이 필요한 지원을 받지 못할 경우 위기를 맞게 되며 건강하지 못한 성인으로 성장할 가능성이 높다. 위기의 청소년들은 가출, 자퇴, 폭력, 성매매, 약물 오남용 등의 비행 행동과 범죄, 불안, 우울 등의 심리적 장애와 더불어 자살 위험이 높은 것으로 나타난다(김선희, 2012).

가정에 부여된 역할을 잘 수행하는 가정은 순기능 가정(well functioning family)이지만 부여된 기능을 잘 수행하지 못하는 가정은 역기능 가정(dysfunctional family)이 된다. Sledge(1992)에 따르면 역기능 가정은 정서적으로 문제가 있는 가족구성원에게 관심이 집중되어 있으며 다른 가족구성원의 감정 표현이 수용되지 못하고 억압되거나 제한되어 있다. 명백한 문제임에도 불구하고 마음놓고 말할 수 있는 분위기가 형성되지 못하므로 현실의 문제를 회피하고 부정해 버리는 것이다. 가족의 일차적 기능을 제대로 수행하지 못하는 역기능 가정은 자녀의 성장을 위한 적절한 보살핌을 제공해 주지 못한다. 역기능 가정의 자녀는 다른 사람과의 관계를 형성한다든지, 당면하고 있는 가정적인 문제를 해결하기 위한 방법을 개발하는 데도 실패하며 건전하지 않은 생존방식으로 자존감을 떨어뜨리게 된다.

Stachowiak(1975)는 역기능 가정의 특징을 4가지로 제시하였다. 역기능 가정은 첫째, 가족끼리 함께 문제해결하거나 과업을 계획하고 수행할 능력이 없다. 둘째, 누가 가정을 이끌고 가족을 지도하는지에 대한 것이 불분명하며 부모가 가정을 리드한다고 하더라도 가족의 지지를 받지 못한다. 셋째, 가족 간의 갈등 표현에 있어서 지나치게 많이 하거나 아주 적게 하는 등의 극단적인 모습을 보인다. 넷째, 가족 간의 의사소통이 없으며 대화가 단절되어 있다(김선희, 2012 재인용).

역기능 가정에서 성장한 자녀들이 겪는 문제를 살펴보면 첫째, 친밀한 인간관계를 맺는 데 어려움이 많다. 통제가 없는 가정에서 성장하면서 욕구를 지나치게 가지게 되거나, 통제가 심한 가정의 영향 때문에 보다 더 사람과 사건, 자신에게 엄격한 규칙을 정해 두고 통제하려는 경향이 있어 인간관계상 어려움을 갖게 된다. 둘째, 완벽주의 성향이 있는데, 이는 자신 안의 열등감과 수치심을 감추려는 시도로, 과도하게 노력하는 것이다. 그러나 실상 일을 완성하지 못하는 상태에 머무는 때가 많다. 셋째, 감정에 대해 혼란스럽거나 혹은 감정을 다스릴 수 없는 마비상태에 있기도 하다. 어린 시절에 자신의 욕구가 충족되지 못한 것에 대한 상실감과 피해의식을 갖는다. 이러한 정서적인 문제들을 감소시키기 위해서 술, 마약, 일, 섹스, 음식, 종교, 도박 등에 빠져서 중독적인 행동을 하기도 한다. 넷째, 정서적인 상처로 행복한 삶을 충분히 누리지 못하는 경향이 있다(Sledge, 1992).

한편, Thomas(1977)는 가족 내에서 부모-자녀 관계를 강화시키기도 하고 약화시키기도 하는 매체 중 가장 중요한 것을 의사소통으로 보았다. 의사소통은 태도, 생각, 애정, 사상 등을 전달해주는 인간관계의 핵심적인 요소이기 때문에 문제가 있는 자녀의 가족을 보면 가족 구성원 간 의사소통이 가장 공통된 문제이며 부모-자녀 간 절대적인 대화시간이 부족하거나 역기능적인 의사소통이 이루어질 경우 부모와 자녀 간 갈등을 일으키게 되며 자녀의 인성과 정서적 발달장애를 초래하게 되는 것으로 보고하고 있다(김선경, 2004; 지효숙, 2008).

Barnes과 Olson(1982)은 부모-자녀 간의 의사소통 유형을 순환 모형(Circumplex Model)을 기초로 하여 가족의 응집성과 적응성이 긍정적인 수준이 되도록 도와주는 개방형 의사소통과 부정적 수준의 문제형 의사소통으로 분류하였다. 개방형 의사소통은 부모와 자녀 간의 상호작용에서 억압받지 않고 자유롭게 사실 또는 감정을 표현하는 의사소통을 의미하며, 문제형 의사소통은 부모와 자녀 간의 상호작용에서 의사교환을 주저하고 조심하며, 의사소통이 원활하게 이루어지지 않는 의사소통을 말한다.

2. 위기청소년에 대한 지원

1) 지역사회 청소년 통합지원체계

지역사회 청소년 통합지원체계(Community Youth Safety Network: CYS-Net)는 위기청소년의 건강한 성장과 삶의 역량을 강화하려는 목적으로, 지역사회 관련 기관의 네트워킹을 통해 위기청소년에게 통합적인 지원을 제공하는 것이다. 즉, CYS-Net이란 위기청소년 보호・지원을 위한 프로그램들을 지역사회 단위에서 연계한 사회안전망으로서 지역사회의 시민 및 청소년 관련 기관, 단체들이 여러 형태의 위기 상황에 빠진 청소년들을 발견・구조・치료하는 데 연계・협력하여 그들이 건강한 민주시민으로 성장할 수 있도록 보호・지원하기 위해 구축한 통합지원체계이다.

2005년 문화관광부와 청소년보호위원회로 양분되었던 청소년 사업을 하나로 통합하여 국가청소년위원회가 출범하였고 위기청소년의 문제행동을 예방의 관점에서 보고 이에 대한 안전망을 구축하고자 한 취지로 시도된 CYS-Net은 그 연계망을 통해 심리상담은 물론 치료, 보호, 자립, 학습, 구조 등 맞춤형 원스톱 서비스를 제공받을 수 있다. 전국의 청소년상담복지센터가 허브 역할을 담당하고 있으며 위기청소년이 발견되면 상담을 통해 문제를 평가한 다음 가장 절실하고 적합한 서비스를 지원, 제공하기 위해 지역사회의 다양한 기관과 연계 협력하는 방식이다.

CYS-Net 구축은 해당 지방자치단체에서 총괄하며 CYS-Net에 의무적으로 연계하여야 할 공공기관(학교・교육청, 경찰관서, 노동관서, 국공립병원, 보건소, 청소년쉼터 및 청소년 지원시설)을 필수연계기관으로 지정하여 서로 간 정보를 공유하고 위기청소년과 관련한 문제에 신속하게 대응하도록 하였다(노성덕・배영태・김호정・김태성, 2011). CYS-Net의 연계망은 국가청소년위원회가 지원하는 청소년상담복지센터, 청소년쉼터, 청소년자원봉사센터, 청소년수련관 등의 1차 연계망, 시・도(지역)교육청 및 학교, 경찰관서, 지방노동관서, 국공립병원, 정신보건센터 등의 2차 연계망, 1388청소년지원단(약국, 개인병원, 택시, 노래방, PC방, 학원, 교사, 자원봉사자 등으로 이루어진 민간단체),

종교단체 등의 3차 연계망으로 분류된다.

CYS-Net은 위기청소년의 특성에 따른 서비스의 통합성과 필요한 서비스를 즉각적으로 제공하는 즉시성, 언제 어디서나 서비스를 이용할 수 있는 편리성, 필요한 서비스를 지속적으로 제공하는 지속성, 전문적이고 질 높은 서비스의 전문성 등을 특성으로 한다. 한편, 지역사회기관을 바탕으로 하기 때문에 경우에 따라 위기청소년의 개입에 따른 지원시설과 지원사업이 절대적으로 부족한 경우가 발생할 수 있으며 중복, 파편화된 서비스 지원체계로 인해 청소년이 서비스를 이용하는 데 어려움을 겪는 한계점도 있을 수 있다(김정미, 2016).

2) 학교안전통합시스템

학교안전통합시스템인 위(Wee) 프로젝트는 정서불안, 학교폭력, 학교부적응 및 일탈행동 등의 위기학생에 대한 3단계 안전망(Safe-net) 구축사업으로 지금까지 교사 중심의 폐쇄적인 훈육 위주의 학교상담을 학생의 입장에서 쌍방향적 소통과 감성을 통해 접근한 정책이라고 할 수 있다(최상근 외, 2011). 교육과학기술부의 위(Wee) Project(학교안전통합시스템) 사업은 1차 사업 안전망으로 단위학교 차원에서 운영되는 위(Wee) Class, 2차 안전망으로 각 기초자치단체 단위의 지역교육지원청 차원에서 운영되는 위(Wee) Center, 3차 안전망으로 각 광역단체 교육청 단위 차원에서 운영되는 위(Wee) School을 구축하여 학교중단 위기 청소년들에게 보다 전문적인 상담서비스와 교육지원서비스를 제공함으로써 학교중단 위기 청소년들의 학교적응력을 높이기 위한 통합지원체계이다.

〈표 12-2〉 위(Wee) 기관 연도별 구축현황

구분	2008	2009	2010	2011	2012	2013	2014	2015	2016
Wee 클래스	530	1,530	2,530	3,170	4,658	4,904	5,633	6,161	6,245
Wee 센터	31	80	110	126	140	155	188	198	204
Wee 스쿨	-	-	3	3	4	7	9	11	11

출처: 교육부(2016).

위(Wee) 클래스는 전문 상담교사나 인턴교사가 진로탐색소질계발 등의 개별 프로그램 등과 집단 프로그램, 체험 프로그램 등을 통해 학교 적응력을 향상시키고자 한다. 위(Wee) 센터는 지역교육청에 설치되어 단위 학교에서 선도 및 치유가 어려운 학생에 대해 전문가들이 진단·상담·치료의 통합적인 서비스를 지원하고 있다. 위(Wee) 스쿨은 위기 상황이 심각한 학생에 대해 한 학기 이상 장기간의 치유와 교육을 실시하며 청소년 관련 전문가들이 함께 생활하면서 학업 중단 학생 및 위기 학생의 감성(심성교육, 특별교육 프로그램 등)과 잠재력을 개발(복교, 직업교육, 사회 적응력 향상 프로그램)해 주는 통합 서비스 지원 등을 제공하고 있다(진혜경, 2012).

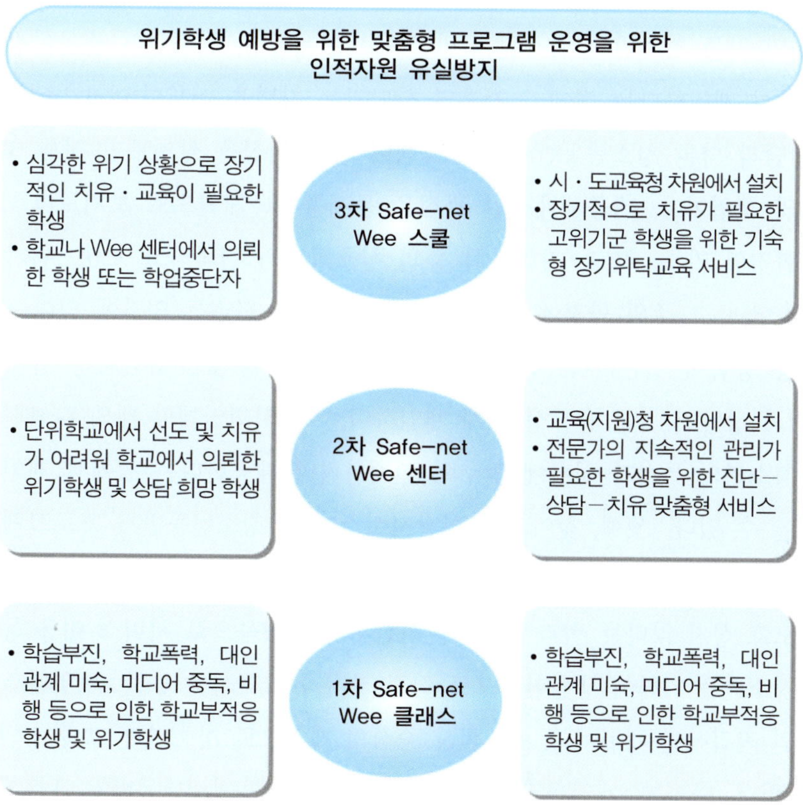

[그림 12-1] 위(Wee) 프로젝트 체계도

3) 청소년동반자 프로그램

청소년동반자 프로그램(Youth Companion Program)은 「청소년복지 지원법」 제12조에 근거하며 청소년동반자(Youth Companion: YC)를 통해 이루어지는 활동으로 사회안전망을 이탈하였거나 혹은 이탈할 가능성이 있는 위기(가능)청소년을 다시 사회안전망 속으로 복귀시키고, 건강한 사회인으로 성장시키는 것을 목적으로 한다. 청소년동반자는 CYS-Net을 기반으로 위기 또는 위기 가능의 청소년들과 지속적인 관계를 형성하며 그들이 사회적 안전망 안에서 건강한 삶을 살 수 있도록 돕는 청소년 위기개입 전문가이다. 청소년상담 분야에 자격과 경험을 갖춘 심리상담 전문가로서 위기(가능)청소년의 문제해결 및 위기요인의 개선을 위해 심리상담과 정서적 지원은 물론 지역사회의 각종 청소년 협력자원을 발굴하고 연계하며, 청소년의 생활환경으로 직접 찾아가서 개입한다는 점에서 기존의 상담과는 차별을 이룬다(여성가족부, 2014).

일반상담과 다른 청소년동반자 프로그램이 가진 특성을 살펴보면 첫째, 다중체계적 관점의 개입이다. 다중체계적인 관점은 문제를 그 개인으로 보기보다 청소년을 둘러싼 환경인 가족, 학교, 지역사회 등의 상호작용의 결과라고 보며, 위기 상황에 놓인 청소년과 그 주위 환경에 대한 통합적인 개입을 하려는 입장에 있다. 둘째, 개인별 맞춤 통합적 접근이다. 위기청소년에겐 기존 전통적인 상담과는 달리 다양한 상담기법과 상담 장소를 융통성 있게 개입하며, 지역사회연계망 내의 다양한 서비스를 위기청소년의 특성과 상황에 맞추어 연계하거나 제공한다는 점에서 개인별 맞춤이라고 할 수 있다. 셋째, 찾아가는 상담서비스이다. 청소년동반자 프로그램이 기존 상담과 가장 차별화되는 부분은 찾아가는 상담이라는 것이다. 청소년이 상담실을 직접 찾아오고 싶지 않다는 점과 지리적·시간적인 어려움으로 서비스 이용 동기가 낮은 위기청소년을 위하여 생활환경으로 직접 찾아가 효과성을 높일 수 있다. 넷째, 현장 중심의 직접적인 개입이다. 즉, 현장 중심의 개입으로 청소년과 그 환경의 변화를 이끌 수 있다. 다섯째, 개입효과의 지속적 평가를 한다. 청소년동반자 프로그램은 단기상담으로 구체적인 개입목표설정과 접근의 적절성, 효과성 평가가 가능하고 사례회의, 사례발표, 피드백과정을 통해 개입전략을 수정, 보완할 수 있어 효율적인 개입이 이루어진다(오경자 · 배주미 · 양재원, 2009; 홍나미, 2012).

청소년동반자의 담당 직원은 위기 청소년 본인과 교사, 보호자, 시설 관계자의 동의를 얻어 동반자 유형과 기간을 설정하고 청소년동반자를 관리하는 역할을 담당한다. 청소년동반자는 근무형태에 따라 시간제동반자와 전일제동반자로 분류할 수 있는데, 시간제동반자는 주당 12시간 6사례를 관리하고 최소한 주 1회 청소년을 방문하며 방문시간은 위기 청소년이 요청하는 시간대에 활동해야 하므로 방과후 또는 토요일과 공휴일에 근무할 수 있다. 전일제동반자는 해당 지역 내에서 근무 가능한 사람으로 주당 40시간 분기당 12사례를 관리한다. 근무시간은 주 5일 근무 기준이 아닌 청소년의 도움 요청 시 항상 지원해야 한다(김정미, 2016; 진혜경, 2012).

청소년동반자 프로그램에서는 청소년동반자에게 위기청소년에 대한 개별상담, 자문, 코칭, 자원연계, 후견인, 사례관리자 등의 다양한 역할을 요구하고 있다(이화영, 2014). 청소년동반자가 위기청소년에게 지원하는 서비스에는 첫째, 예방교육을 통해 위기청소년들이 더 높은 위기 상황으로 추락하는 것을 예방한다. 즉, 고위험 청소년들의 문제적인 행동을 예방하고 적응능력을 강화시켜 건강하고 행복한 청소년으로 성장할 수 있도록 조력하기 위한 것이다. 청소년들을 위한 스트레스 대처기술 훈련, 가치명료화 훈련, 주장훈련, 의사결정 훈련, 시간관리 훈련, 갈등관리 훈련, 분노조절 훈련 등 다양한 기술과 방법을 배우고 활용할 수 있도록 위기청소년들을 돕는 역할을 수행한다.

둘째, 위기청소년들을 대상으로 하는 개인상담은 청소년동반자들의 핵심적 역할의 하나이다. 문제가 발생하거나 더 심각해지기 전에 적절한 개입을 하기 위해 청소년동반자들은 부적응 행동들을 발전시켜 나갈 개연성이 높은 상황들에 관심을 가지고 미리 발견할 필요가 있다. 위기청소년들은 타인들과 긴밀한 접촉을 필요로 하고, 자신들을 격려해주고 용기를 북돋아줄 수 있는 사람들의 연결을 필요로 한다. 청소년동반자나 지역사회 청소년 상담자들은 위기청소년들에게 직접적인 사회적 지원체계의 중요한 구성요소가 된다. 개인상담이 필요하나 상담실을 찾아와 필요한 서비스를 제공받을 수 없는 상황에 놓여 있거나 상담실을 찾아오지 않는 내담자들을 위해 청소년동반자들이 찾아가는 서비스로 이들을 지원할 수 있다.

셋째, 청소년동반자들과 청소년 상담자는 지속적이고 의도적으로 지역사회 환경에 개입하려고 노력해야 한다는 점에서 지역사회의 변화를 주도할 것을 요청받는다. 즉, 청소년들을 무력한 사람으로 만들어가는 정치, 경제, 사회체제 혹은 교육체제 등을 변화시키기 위해 많은 사람들에게 공동체의 문제를 알려주며, 개선을 위한 다양한 활동들을 계획하고 실천하는 것이 중요한 역할 중의 하나이다.

넷째, 청소년동반자들은 위기청소년들을 위한 옹호자 또는 후견인의 역할을 제공한다. 위기청소년의 입장에서 이들의 인권이나 권리 등을 대변해주는 옹호자의 역할은 위기청소년 스스로가 사회적 차원에서의 힘을 얻게 함으로써 부당한 사회환경으로부터 받는 피해를 줄여 나가면서 스스로의 능력을 발휘하게 할 수 있다. 청소년동반자들은 지역사회 자원들을 효과적으로 활용할 수 있도록 위기청소년들에게 지역사회에 있는 다양한 자원이나 조력체제들을 활용할 수 있는 방법들을 알려주고 권리를 보호하기 위한 적극적인 옹호자의 역할을 담당한다.

4) 가출청소년 쉼터

청소년 쉼터는 가출청소년에 대한 긴급 상담이나 단기보호, 일시보호에서부터 상담, 치료, 문화교육사업, 사후관리 및 예방, 조직사업 등을 전개하여 가출청소년을 지원하는 시설이다(박서영, 2015; 여성가족부, 2015). 즉, 가출청소년의 생활보호뿐만 아니라 상담, 자립 역량 강화, 고충처리, 문화활동 프로그램 기회 제공 등을 통해 가출청소년들의 가정과 사회로의 복귀를 지원하고 있다. 입소기간에 따라 단기와 중・장기 형태로 구분하며 가장 적극적이고 전문적인 1차 서비스를 제공한다. 가출청소년이 가지고 있는 다양한 환경과 욕구 수준을 고려한 차별화된 서비스가 제공되면서 최근에는 쉼터 유형마다 성격과 기능을 달리하고 있는데, 2017년 현재 전국적으로 120여

개의 청소년쉼터가 있다.

쉼터의 유형을 살펴보면 일시쉼터는 가출청소년을 24시간에서 7일 내에 보호하는 시설로 거리에서 생활하는 가출청소년들이 일시적인 도움이 필요한 경우 일시쉼터를 방문하여 본인들에게 필요한 서비스를 이용할 수 있다. 일시쉼터의 서비스는 가출청소년을 구조·발견하여 먹거리, 음료수 등 기본적인 서비스를 제공하고 거리위험 대처 교육을 지원하는 현장 지원과 가출을 예방하는 차원의 상담(위기개입, 진로지도, 적성검사)을 제공하는 조기개입, 그리고 가정복귀와 사회복귀의 목적에 따라 필요한 서비스를 연계·의뢰하는 연계활동의 3가지로 크게 구분한다.

〈표 12-3〉 **청소년쉼터의 종류**

구분	일시쉼터(30개소)	단기쉼터(53개소)	중장기쉼터(40개소)
입소기간	24시간 이내 일시보호 (최장 7일까지 연장 가능)	3개월 이내 단기보호 (최장 9개월까지 연장 가능)	3년 이내 중장기보호 (필요시 1년 단위 연장)
이용대상	일반청소년, 거리생활청소년	가출청소년	자립의지가 있는 가출청소년
핵심기능	일시보호 및 거리 상담 지원(아웃리치)	사례관리를 통한 연계	사회복귀를 위한 자립
기능	• 상담서비스(위기개입 상담, 진로지도, 적성검사 등) • 가출청소년 구조·발견, 청소년쉼터 연결 • 먹거리, 음료수 등 기본적인 서비스 제공	• 가출 청소년 문제해결을 위한 상담·치료 및 예방활동 전개 • 의식주·의료 등 보호서비스 제공 • 가정 및 사회 복귀를 위한 가출 청소년 분류, 연계·의뢰 서비스 제공	• 가정복귀가 어렵거나 특별히 보호가 필요한 위기 청소년을 대상으로 전환형·가족형·자립형·치료형 등 특화된 서비스 제공
위치	이동형(차량) 고정형(청소년 유동지역)	주요 도심별	주택가
지향점	가출예방, 조기발견, 초기개입	보호, 가정 및 사회 복귀	자립 지원

출처: 여성가족부(2015) 재구성.

또한 청소년쉼터 중 시설 수가 가장 많으며 각 지역에 평균 2개 이상의 기관이 분포되어 있는 단기쉼터는 일시쉼터에서 의뢰된 청소년을 수용한다. 중장기쉼터는 가출청소년들을 대상으로 의식주, 의료 지원, 법적 지원, 문화여가활동, 생활지도, 정서지원 등을 통해 가출청소년들을 보호하는 한편, 가족상담, 가족 지원, 귀가 지원과 같은 가정복귀를 위한 지원을 하며 진로상담(적성검사, 진로설계지도 등), 사회적응 지원(약물, 성교육, 분노조절, 사회성 훈련 등), 교육 지원(학교생활지도 등), 직업 지원(직업탐색, 직업학교 연결 등), 대안생활 지원(중장기 쉼터 연계, 독립생활 지원 등)의 사회복귀를 위한 지원을 한다(정윤영, 2015).

5) 청소년전화 1388

청소년전화 1388은 청소년은 물론 학부모, 교사 등 일반국민 누구나 청소년을 위하여 이용하는 전화로서 청소년 상담, 긴급구조, 자원봉사 및 수련활동 정보 제공, 인터넷 중독치료 등 청소년과 관련한 모든 문제에 대해 365일 24시간 원스톱 서비스를 제공하는 것을 목적으로 한다. 청소년 긴급전화 1388, 가출청소년 상담전화, 한국청소년상담원의 상담전화 및 청소년(상담)지원센터의 상담전화 등을 2005년에 1388로 통합하여 지역사회 청소년통합지원체계(CYS-Net)의 관문으로 운영하고 있다. 1388 전화상담은 2012년 청소년 사이버상담과 모바일 문자 및 카카오톡 상담 등 유사 상담 창구의 다원화로 감소 추세였으나 여전히 청소년전화 1388을 통해 CYS-Net으로 위기청소년들이 유입되고 있어 상담매체의 다변화와 더불어 청소년전화에 대한 지속적인 관리와 운영의 내실화가 필요할 것으로 보인다(여성가족부, 2015).

〈표 12-4〉 2016년 청소년전화 1388 성별 · 호소문제 유형별 상담건수

구분	남자	여자	합계
가족	9,809	18,670	28,479
일탈/비행	14,076	12,547	26,623
학업/진로	16,952	22,996	39,948

구분	남자	여자	합계
성	7,870	3,989	11,859
성격	7,545	8,115	15,660
대인관계	14,453	29,291	43,744
정신건강	13,863	21,662	35,525
생활습관/외모	1,392	1,711	3,103
컴퓨터/인터넷	7,262	7,018	14,280
정보 제공	38,537	86,514	125,051
법률정보	486	495	981
활동	1,178	3,016	4,194
기타	36,422	17,669	54,091
합계	169,845	233,693	403,538

3. 위기청소년에 대한 논의

1) 위기청소년과 레질리언스

연구자에 따라서는 유연성이나 적응유연성으로도 언급되는 레질리언스(resilience)는 강점관점(strength perspective)의 입장에서 청소년의 부적응과 역기능문제에 접근하는 개념으로 고위험 상황 속에서 어려움을 극복하고 다시 일어서게 만드는 요인들을 의미한다. 레질리언스는 고위험 청소년의 '환경 속에 존재하는 힘'으로 보호요인과 같은 것으로 개인 내부에 있는 능력만이 아니라 개인의 외부에 있는 자원들로 이해할 수 있고 사회적 자원과 지지체계와 같은 요소들을 포함한다(kirty & Fraser, 1997).

레질리언스는 한 개인이 위기에서 좌절하지 않고 오히려 더욱 강하게 회복하게 하며 스트레스가 증가하는 상황 속에서 영향을 받지 않거나 덜 받게 하는 힘이 있다.

즉, 레질리언스는 스트레스와 같은 부정적 영향력에 대응하게 하는 힘이다(최애라, 2015). 전형적으로 고위험 상황, 심각한 역경(빈곤, 낮은 교육수준의 부모, 편부모 상황) 또는 충격적 경험(가정폭력, 전쟁, 부모사망)을 겪었음에도 잘 적응하고 건강하게 발달하는 힘이며 상처받기 쉬운 것에 대해 효과적으로 대처하는 능력, 불행으로부터 급속히 회복하여 성공적으로 적응하는 능력이라고 할 수 있다(박재림, 2012 재인용).

〈표 12-5〉 레질리언스가 강한 청소년의 개인적 · 맥락적(사회적) 특성

개인적 특성	맥락적(사회적) 특성
• 유능한 지적능력 • 언어적 역량 • 긍정적 기질 혹은 편안한 성향 • 또래와 긍정적 사회적 관계 • 높은 수준의 자기효능감, 자신감, 자아존중감 • 높은 기대수준의 성취지향성 • 신념과 신앙 • 생산적인 활동에 대한 높은 참여율	• 가족의 관여 • 부모나 보호자의 친밀하고 정서적인 관계 • 따뜻하고 구조화되고 높은 기대감을 표현하는 효과적인 부모양육 • 따뜻한 관계에 대한 접근성과 타인(친척)으로부터 지도 • 학교와 지역사회의 관여 • 학교를 포함해서 다양한 외부환경에서 긍정적인 성인역할을 보이는 사람에 대한 접근성 • 친사회적 조직, 단체에 대한 접근성 • 학생에 반응하는 높은 수준의 학교

(1) 자아 레질리언스

자아 레질리언스(Ego resilience)는 내 · 외적 스트레스에 대해 유연하고 융통성 있게 적응하는 능력으로 스트레스나 역경을 잘 극복할 수 있는 일종의 성격 유형이다. 자아 레질리언스는 불안에 대한 민감성을 없애는 것뿐만 아니라 세상에 대한 긍정적 참여와 경험에 대한 개방성을 갖도록 함으로써 스트레스나 어려움을 극복하도록 도움을 준다. 자아 레질리언스를 가지고 있는 청소년은 욕구만족의 지연, 공격성의 억제, 비구조화된 상황에서의 신중성, 경험을 흥미로운 것으로 받아들이는 특성이 있으며 이런 측면에서 자아 레질리언스는 충동 통제와 관련이 있다(이윤주 · 신지연, 2006). 자아 레질리언스는 학교와 자기자신, 환경으로부터 받는 스트레스와 부정적인 생각

사이에서 완충하는 역할을 하므로 위기 상황에서 발달적 문제가 발생함에도 불구하고 위험한 환경에 잘 기능하게 하는 역동적인 역할을 한다.

(2) 가족 레질리언스

가족 레질리언스(Family resilience)는 가족이 위기 상황에 직면하여 적응할 수 있고 변화에 직면하여 분열을 방지하도록 가족을 도울 수 있는 가족의 특성, 차원, 속성으로서 가족이 처한 역경에 대응하기 위해 가족이 이용할 수 있는 강점이다. 가족 레질리언스는 자아 레질리언스와 달리 고위험에 직면하여 기능적 단위로서의 가족 안에서 경험하는 대처와 적응의 과정에 초점을 둔다. 사회복지 실천에 있어서 가족 내·외의 자원과 능력을 동원하여 가족 스스로의 문제해결능력을 강화시키고 적응과 성장을 이루는 개입의 방향을 제시하는 데 유용하다(박재연, 2010).

가족 레질리언스의 요인은 학자에 따라 다양한데, Silliman은 가족 레질리언스가 위임, 의사소통, 응집력, 적응성, 영성, 연결성, 시간 공유, 효율성으로 구성되어 있다고 보았으며, McCubbin 외는 가족 형태, 가족 셰마, 가족자원, 가족기능, 문제해결과 대처, 사회적 지지 등과 관련된 개념으로 보았다. Walsh는 가족의 신념체계(역경에 대한 의미부여, 긍정적 시각, 초월과 영성)와 조직 유형(융통성, 연결성, 사회 및 경제적 자원), 의사소통과정(명확성, 개방적 정서표현, 상호협력적 문제해결)으로 규정하였는데, 이러한 구성요인은 가족을 하나의 과정으로 이해함과 동시에 가족의 인지적, 구조적, 기능적 특성을 동시에 반영하고 있다는 측면에서 최근 보다 널리 활용되고 있다(천정웅 외, 2009 재인용).

2) 위기청소년과 사회적 지지

청소년의 적응과 관련하여 중요한 보호요인이라고 할 수 있는 사회적 지지는 자신이 타인으로부터 사랑을 받고 존중되며 가치 있다고 여김으로써 의사소통 관계망의 일원이라는 것을 믿도록 하는 정보로서 개인이 가족, 또래, 교사 등으로부터 받을 수 있는 긍정적 지각이나 평가를 말한다(Cobb, 1976). 사회적 지지는 복잡하고 다차원적인 사회적 관계에서 발생되는 스트레스로부터 보호해주고 건강을 증진시키며 삶의 질을 높인다. 특히, 청소년에게 사회적 지지는 사회적 관계를 통해 얻을 수 있는 사랑이나 정보, 물질적 원조 등의 긍정적 자원에 대한 인지적 평가이며 청소년의 적응에 직·간접적으로 중요한 작용을 하는 요인으로 받아들여지고 있다.

(1) 사회적 지지의 개념화

사회적 지지를 구조적 측면과 기능적 측면으로 나누어 살펴보면, 사회적 지지의 구조적 측면은 개인이 맺고 있는 대인관계 구조의 객관적 측면을 이야기하는 것으로서 한 개인이 얼마나 많은 대인관계를 맺고 있으며 어떤 사람과 관계를 맺고 있는지 객관적으로 측정하여 얻어지는 사회적 지지의 측면을 말한다(예: 얼마나 많은 친구가 있는가, 얼마나 많은 집단에 소속되어 있는가, 가족이 몇 명인가). 사회적 지지의 기능적 측면은 사회적 지지를 다른 사람과의 신뢰관계에 대한 인지적 평가로 보는 것으로 개인이 맺고 있는 실제적인 대인관계의 질을 어떻게 평가, 지각하고 있는가를 측정하는 것이다(예: 어려운 상황에 부딪혔을 때 그 문제를 의논할 친구가 있는가)(이말순, 2009).

사회적 지지는 다시 객관적·사회적 지지와 지각된 사회적 지지로 구분할 수 있다. 객관적·사회적 지지는 개인이 대인관계로부터 실제로 받은 것을 말하고, 지각된 사회적 지지는 자기 자신이 필요로 할 때 주변 사람들로부터의 도움을 이용할 수 있다는 주관적인 믿음을 말한다(안진, 2009). 개인이 받은 지지보다 지각된 지지가 대처 효능성, 적응적 결과, 심리적·신체적 안녕을 더 예측하는 것으로 보고하고 있다(Cohen & Syme, 1985).

(2) 청소년의 사회적 지지

청소년은 발달과정 속에서 만나는 주변 사람과의 관계를 통해 다양한 사회적 지지를 경험하며 청소년이 지각하는 사회적 지지는 자신의 능력 및 적응에 많은 영향을 준다. 청소년은 성인과 달리 가정과 학교의 제한된 환경에서 크게 벗어나기 힘들고,

도움을 요청하는 적절한 기술도 충분히 발달되지 못했기 때문에 성인보다 제한된 사회적 지지를 경험할 가능성이 있다(김윤경, 2008). 청소년의 환경적 체계를 이루고 있는 부모, 교사 그리고 친구의 지지로부터 받을 수 있는 긍정적 지각이나 평가는 일상적으로 경험하는 스트레스 상황이나 문제행동에 대한 부정적 영향을 완화시키는 역할을 하는 것으로 나타난다(김수진, 2008; 임효진, 2006).

청소년의 대표적인 사회적 지지원인 부모의 지지는 청소년의 정상적인 발달을 도와주고 사회에 적응하고 문제에 대처하는 능력을 길러주며 일상생활에서 스트레스를 받음으로써 생기는 부정적인 결과를 중재시켜 주는 역할을 한다. 친구 지지는 친구와의 상호작용을 통해 사회적 행동을 통제하고 자신에게 맞는 지능과 흥미를 발달시키며 비슷한 문제와 감정을 공유한다는 점에서 청소년들의 친구관계에 따라 성인이 된 이후에도 대인관계, 정신건강, 행동문제 등의 적응에 지속적으로 영향을 미친다. 또한 교사 지지는 부모 다음으로 가장 밀접하게 상호작용하는 성인이며 교사와의 상호작용을 통해 사회성원이 되는 데 필요한 지식, 기술, 가치, 태도, 사회관 등을 형성하게 된다고 할 수 있다(박새와, 2012).

3) 위기청소년과 영성

(1) 영성의 개념

영의 개념은 호흡, 공기, 바람을 의미하는 라틴어 spiritus에서 기원하였으며 spiritus에서 영성이란 의미의 spirituality가 파생되었다. 영성은 인간 존재에 의미를 부여하며, 자신, 타인, 자연, 절대자와의 관계에서 경험되고, 인생의 의미와 목적을 추구하도록 동기를 부여하는 힘으로서 인간이 삶을 살아가는 개인적인 또는 공동체적인 삶의 형태나 원리 원칙, 즉 인식방식이나 그에 따른 행동양식을 제공한다(Ellison, 1983; Burhardr, 1989). 따라서 모든 개인이나 공동체, 남녀노소 누구나 영혼을 가진 인간은 종교와는 상관없이 영성을 가지고 살아간다고 할 수 있다(정무근, 2003).

영성의 속성과 관련하여 Paloutzian과 Ellison(1982)은 신(神) 혹은 지고의 가치와의 초월적 관계에 속하는 종교적 영성과 자기와 타인과의 관계의 안녕에 속하는 실존적 영성을 영성의 속성으로 제시하였다. 또한 Morberg(1984)는 영성을 수직적 측면과 수평적 측면으로 개념화하여 수직적 측면은 신과의 관계에서의 종교적 안녕을, 수평적 측면은 특별히 종교적인 것과 관계없이 삶의 목적, 삶의 만족에 대한 안녕감으로 설명하였다. Carroll(1998)은 영성을 하느님, 초월적인 것, 또는 궁극적 실재와 관련된 의미와 관계를 의미하는 1차원으로서의 영성과 인간이 인간계발과 자기변화를 실현하도록 동기를 부여하는 인간적 온전함과 에너지를 제공하는 핵심적 특성을 의미하는 본질로서의 영성으로 개념화하고 있다(박선희, 2011 재인용).

(2) 청소년의 영성

영성은 정신적 치유와 안녕을 촉진하게 하는 힘이며 영적 안녕이 높을수록 생에 대해 긍정적인 태도를 보이며 내적인 조화와 평화, 감사와 만족감을 느끼는 것으로 보고되고 있다. 인간은 신체나 정신을 가진 존재인 동시에 영적인 존재이므로 영성은 청소년에게도 건강한 청소년기를 보내기 위한 매우 중요한 차원이다. 영성 또는 영적 발달은 다음과 같은 점에서 청소년발달을 위한 중요한 자원이 된다(천정웅, 2007).

첫째, 영성은 청소년의 긍정적 성과를 위한 하나의 자원이다. 영성은 많은 청소년들의 삶에서 하나의 중요한 긍정적 요인으로, 도덕적 가치에 대한 신념은 청소년들의 자기 파괴적이고 반사회적인 행태를 예방하도록 도와준다. 영적인 안녕이 우울성, 범죄, 폭력과 비행과의 접촉에서 보호요인이 될 수 있다. 둘째, 영성은 청소년의 정체성 발달에 기여한다. 청소년기는 호르몬의 변화, 정체성의 형성과 성인으로서의 역할 전이를 위한 하나의 혼란스런 시기이다. 세속적인 영성적 활동과 종교단체에 참여하는 것은 아동과 청소년들이 긍정적 정체감을 개발하도록 도움을 준다. 셋째, 영성은 그 자체가 청소년기의 강점의 하나라는 측면이 있다. 청소년이 가지고 있는 문제를 해결하는 근본적인 방법은 문제가 발생하지 않도록 예방하는 것이며 이러한 문제예방보다 더 중요한 것은 처음부터 문제적 소지를 가지지 않고 생산적 시민이 되도록 그에 필요한 유능성(competencies)을 개발하는 일이다. 청소년의 영성적 특성은 그러한 유능성의 한 요소라고 볼 수 있다. 넷째, 영성은 청소년을 지역사회와 연결해 준다. 영적 발달은 신이나 인간적 타자 등과의 관련성을 통해 자기 자신에 대한 깊은 자각을 갖는 것을 의미한다. 다섯째, 영성은 위기청소년을 위해 실천될 수 있다. 신이나 그 이상의 존재와의 연결감 또는 자신들의 동료들에 대한 책임감을 제공해 주는 것은 위기청소년들에게 위기극복을 위한 기반이 된다.

참고문헌

김선경(2004). 아동이 지각한 부모-자녀 간의 의사소통 유형과 초등학생의 사회성 발달과의 관계. 경인교육대학교 대학원 석사학위논문.

김선희(2012). 위기청소년의 가정환경과 심리행동 특성 연구: Drop in center를 중심으로. 인하대학교 석사학위논문.

김정미(2016). 청소년동반자 직무환경 위험요인 척도 개발. 이화여자대학교 대학원 석사학위논문.

노성덕 · 배영태 · 김호정 · 김태성(2011). 지역사회청소년통합지원체계 발전방안 연구: 청소년상담지원센터 정착을 중심으로. **청소년상담연구(총서)**. vol. 2011.

노용찬 역(2011). **가족치유, 마음치유(지도자 지침서)**, Making peace with your past. 서울: 요단출판사.

박새와(2012). 청소년의 문제행동에 영향을 미치는 일상적 스트레스와 자아탄력성, 희망감 및 사회적 지지의 관계. 이화여자대학교 대학원 석사학위논문.

박서영(2015). 위기청소년 상담지원사업의 개선 방안에 관한 연구: 창원시 청소년 상담복지센터를 중심으로. 창원대학교 대학원 석사학위논문.

박선희(2011). 청소년의 영적안녕감이 사회성발달에 미치는 영향. 대구가톨릭대학교 대학원 석사학위논문.

박재연(2010). 청소년의 자살위기와 레질리언스. 이화여자대학교 대학원 박사학위논문.

여성가족부(2014). 2015년도 청소년사업 안내(Ⅱ). 서울: 여성가족부.

여성가족부(2015). **청소년백서**. 서울: 여성가족부.

오경자 · 배주미 · 양재원(2009). 위기청소년에 대한 다중체계치료적접근: 청소년동반자 프로그램의 개입효과성연구. **청소년상담연구**, 17(1), 1-17.

윤철경(2005). 위기청소년지원시설과 지원정책 현황 및 사회안전망 구축방안을 위한 정책방안 연구. 청소년위원회 · 한국청소년개발원.

윤철경 · 조흥식 · 김향초 · 이규미 · 우정자 · 윤진선(2006). 위기청소년 지역사회 안전망 실태와 발전방안. 한국청소년개발원.

이유진 · 박선영(2015). 청소년 기업가정신 함양 및 창업 활성화 방안 연구Ⅱ: 위기청소년 기업가정신 함양 및 창업 활성화 방안. 한국청소년정책연구원.

이화영(2014). 청소년동반자가 인식한 직무환경 스트레스와 심리적 소진 간의 관계에서 자아탄력성의 효과분석. 순천향대학교 대학원 석사학위논문.

정무근(2003). 가톨릭 영성에서 바라본 영적 돌봄. **호스피스논집**, 7.

정윤영(2015). 청소년쉼터 거주 여자청소년의 자립과정에 관한 질적 연구. 경기대학교 대학원 석사학위논문.

지효숙(2006). 아버지-자녀간 의사소통과 청소년 자녀의 친밀도 및 사회성과의 관계 연구. 동아대학교 대학원 석사학위논문.

진혜경(2012). **청소년정책론**. 서울: 학지사.

천정웅(2007). 아동청소년복지와 청소년개발을 위한 영성의 개념화. 이용교(편.), **적극적 관점의 아동 청소년복지**(pp. 357-380). 인간과 복지.

천정웅 · 김미옥 · 최명민 · 노혜련 · 이용교(2009). **강점관점 청소년개발 레질리언스**. 서울: 신정.

최상근(2011). Wee 프로젝트 운영 성과분석 및 발전계획 수립연구. 수탁연구 CR 2011-33. 한국교육개발원.

최애라(2015). 부정적 자아인식, 가족지지, 교사지지가 빈곤아동의 적응유연성에 미치는 영향. 성균관대학교 대학원 석사학위논문.

홍나미(2012). 위기청소년을 위한 청소년동반자 프로그램의 효과성 평가. **글로벌 사회복지연구**, 2(2), 7-30.

Barnes, H. L, & Olson, D. H.(1982). Parent-adolescent communication and the circumplex model. *Child Development, 56*, 438-447.

Cunningham, W., Cohan, Naudea, L. M. S., & McGinnis, L.(2008). Supporting youth at risk: A policy toolkit for middle income countries. Washington, DC: The World Bank.

Thomas, E. J.(1977). *Marital communication and decision making*. New York: The Free Press.

Johnson, G. M.(1997). Teachers in the inner city: Experience-based ratings of factors that place students at risk. Preventing School Failure, Vol, 42, No.1. pp. 19-27.

Mcwhiter, J. J., Mcwhiter, B. T., Mcwhiter, E. H., & Mcwhiter, R. J.(2007). At-Risk Youth: A comprehensive Response, Brooks/Cole.

Sledge, T.(1992). Making peace with your past.

OECD(1995). Our Children at Risk. Paris.

13장 위기청소년정책의 비판적 관점

1. 불확실성의 시대와 청소년 위기실태

현재 한국청소년들의 상황을 가장 잘 나타내는 것은 포괄적 불균형과 불확실성일 것이다. 일상생활과 교육환경, 안전과 보건, 경제활동, 사회참여와 시민권 등에 있어서의 불균형은 우리 나라 뿐만 아니라 전 세계 청소년들의 삶에 오랫동안 영향을 미쳐왔으며, 불확실성은 시간과 장소를 막론하고 모든 청소년들에게 지속적으로 주어지는 조건으로 다른 사람들에게 전적으로 의지할 수 없는 발달시기적 상황과 성인으로서 독립적인 삶의 선택을 내리지도 못하는 상황이 결합된 결과이다. 오늘날의 청소년들은 증가되는 가족의 불안전성으로부터 취업과 경제적 안정성에 영향을 주는 불안한 경제 상황 그리고 시대적 변화과정에 새롭게 조성되는 환경적 불안에 이르기까지 삶의 다양한 양상 속에서 불확실성에 당면하고 있다. 특히, 후기 근대사회로의 이행에 따른 변화는 경제적 불안정성을 더욱 높이고 청소년의 사회적 불안감을 더욱 심화시키면서 지금까지 사회를 지탱하던 제도적 영향력을 약화시키고 있다(김미란, 2012). 지금까지 예측 가능하다고 생각했던 미래에 대한 불확실성을 유발하였으며, 사회적·개인적 차원에서 위기와 불안이 가중되는 것이다.

이런 점에서 최근 후기 근대 '위기사회'적 특성 및 청소년을 둘러싼 '위기'와 '불확실성'에 대한 관심이 높아지면서 이들을 위한 사회안전망 등에 대한 정책적 노력이 지속되고 있어 주목된다. 우리나라에서도 Community Youth Safety-Net으로 대표되는 지역사회 중심의 청소년통합지원체계가 구축되면서 지역별 청소년상담지원센터를 중심으로 위기 청소년에게 의식주, 학업지속, 정서적 지지, 역할모델, 문화체험 등 필요한 서비스를 연계 제공하고 있는 등 다양한 정책적 노력이 이루어지고 있다. 그러나 이러한 노력에도 불구하고, 현재의 CYS-Net체제는 위기아동과 청소년에 대한 종합적인 모니터링 체계가 미비하고 관련 기관의 실질적인 유기적 연결이 결여되는 등의 문제점이 제기되고 있는 실정이다. 실제로 청소년들의 위기적 상황과 위기 청소년에 대한 이슈는 그동안의 연구 결과에 비추어 볼 때 단일한 대응이나 정책 및 개별 프로그램을 통한 노력으로서는 문제해결의 한계가 지적되어온지 오래이다. 위기청소년들과 그 가족들은 이미 다양한 욕구와 상호 관련된 문제행동들을 가지고 있기 때문에 더욱 그러하다.

이런 인식에서 여기에서는 그동안 실시해 온 여러 가지 청소년 위기실태조사의 결과분석을 확인하고 그것이 청소년정책에 주는 함의를 이해하면서 청소년들이 위기상황을 스스로 대처할 수 있는 방안을 마련하는 데 도움을 주는 청소년복지와 정책적 대안을 제안하기로 한다. 복지는 사회구성원 다수가 평안하고 만족스럽게 잘 지내는 상태를 의미하고 사회복지는 가족체계와 시장체계의 붕괴로 보편화된 사회문제를 해결하고 충족되지 않은 개인욕구를 사회적으로 충족시켜주는 제도로 볼 수 있다. 따라서 그동안 우리나라의 청소년 위기실태 또는 '위기청소년'과 관련하여 시행되어 온 다양한 기존의 정책적 노력과 논의들을 청소년복지와 정책의 측면에서 고찰하는 의미를 가질 것으로 기대한다.

2. 청소년복지와 위기청소년정책

청소년 분야 및 청소년정책영역은 아동복지와 구별되는 사회복지의 한 분야로 이해할 수 있고, 청소년과 관련된 국가정책과 법제와 관련하여 정의할 수 있다(김성이 외, 2010; 홍봉선 · 남미애, 2010; 한국청소년개발원, 2007). 청소년복지에 대한 정의를 살펴보면, 「청소년 기본법」 제3조 제4호에는 "청소년이 정상적인 삶을 영위할 수 있는 기본적인 여건을 조성하고 조화롭게 성장 · 발달할 수 있도록 제공되는 사회적 · 경제적 지원을 말한다". 「청소년복지 지원법」에서도 청소년복지는 「청소년 기본법」 제3조 제4호에 규정된 내용을 말한다고 적고 있다. 청소년복지는 대상집단이 요보호청소년과 같이 특정 집단에만 국한되는 것이 아니라, 일반 청소년 및 청소년의 생활에 가장 직접적인 영향을 미치는 가족까지 포함하고 있으며, 청소년에 대한 직접적인 서비스뿐만 아니라 간접적으로 제공되는 모든 정책과 제도를 포함하는 광범위한 개념이다. 또한 청소년복지는 기본 욕구 충족을 넘어서 주체적인 삶을 위해 청소년의 발달과 기능을 최적으로 촉진, 발휘할 수 있도록 보장하고 서비스 제공의 주체도 민간 및 정부기관의 모든 서비스를 포함하고 있다(천정웅, 2012).

청소년복지 분야를 보는 관점은 청소년을 어떻게 보는가에 따라 크게 문제 중심적(problem-focused) 관점과 예방적(preventive) 관점, 그리고 청소년개발(youth development) 관점으로 구분된다(천정웅 외, 2013). 문제 중심적 관점은 청소년을 사회적 지위나 역할의 관점에서 보기보다는 하나의 인간발달적 시기로서 보는 관점이다. 예방적 접근법은 문제 중심적 견해들이 비판되면서 강조되기 시작한 것으로 문제가 생기고 난 뒤에 해결하려고 애쓰기보다는 문제가 처음 생기는 것을 예방하는 것이 보다 비용 효과적이고 효율적일 수 있다는 이해에서 비롯된 것이다. 청소년개발 관점은 예방적 관점에서 나아가 문제가 발생하거나 위기 상황이 생기지 않도록 예방하는 것뿐만 아니라, 더 나아가 긍정적 발달과 청소년의 건강과 안녕에 기여하는 조건들을 적극적으로 주장하는 데 있다(cheon, 2008). 이러한 관점의 변화는 〈표 13-1〉에서 보는 바와 같이 청소년복지의 발전과정에서 잘 나타나고 있다.

〈표 13-1〉 청소년복지의 발전과정

구분	형성기(1961~1987)	성장기(1988~1997)	전환기(1998~현재)
기본시각	보호, 대책(미성년자, 소년)	육성, 수련, 보호(청소년)	참여, 활동(시민청소년)
정책대상	일부 문제청소년	전체 청소년	전체 청소년(위기청소년)
정책목표	문제 대책	문제 예방	개발과 참여

구분	형성기(1961~1987)	성장기(1988~1997)	전환기(1998~현재)
정책특성	정책 영역으로 인정 (전담업무 필요성 인식)	청소년육성 중심 독자적 영역 확립(정책 조정 필요)	정책 전환과 정책영역 확대 본격화(자율참여)
법령	• 미성년자보호법 • 아동복리법－아동복지법 • 청소년육성법	• 청소년 기본법 • 청소년 헌장 • 청소년 보호법	• 청소년헌장 개정 • 청소년활동 진흥법 • 청소년복지 지원법 • 청소년 기본법 개정 • 청소년 보호법 개정
정책계획	• 청소년문제개선종합대책(1984) • 제6차 경제사회발전5개년－청소년부문	• 최초 청소년정책 시작 • 한국청소년기본계획(청소년수련활동) • 제1차 청소년육성5개년계획	• 청소년정책 본격화 • 제2차 청소년육성5개년계획(정책방향 전환, 정책비전 변화) • 제3차, 제4차 청소년정책기본계획

출처: 천정웅(2012). p. 57.

우리나라에서의 청소년 위기실태조사의 결과와 위기청소년정책 등에 관한 논의와 관련하여 사회복지의 한 분야로서 청소년복지에 대한 정의와 청소년복지 분야를 보는 관점을 먼저 제시하는 것은 그것이 상호 밀접한 관련을 가지고 있기 때문이다. 청소년 위기실태조사 결과는 위기청소년 정책방안 수립을 위한 기초자료이면서 위기청소년정책은 청소년복지를 보는 관점 중 문제 중심적 관점과 예방적 관점과 관련되는 의미를 갖는 것이다. '위기청소년'은 장래 성인으로서의 역할 수행이 어렵거나, 사회통합의 문제를 야기할 수 있는 집단으로 볼 수 있기 때문에 이러한 위기에 선 청소년의 정체성 형성에 조기에 개입하고 문제적 위기 상황에서 벗어나도록 조력하는 다양한 과정과 실천들을 구조화하는 것이 '위기청소년'정책으로 볼 수 있다(김미란, 2012). 즉, 국가가 현재 또는 미래의 개인적, 사회적 문제를 유발할 수 있는 청소년을 통계적 과정을 통하여 찾아내고 개입하여 예방(prevention)하는 정책적 노력인 것이다. 이러한 예방정책의 일차적 목표는 일정 연령대 청소년 생활의 모든 측면을 '종합적으로' 그리고 '확실하게' 파악하는 것이다. 그래서 청소년의 위기수준을 분류하고 청소년 인구의 위기 상황별 인구규모를 추정하는 등의 노력을 한다. 청소년에 관한 자료를 생산, 수집, 해석하는 일련의 과정은 청소년에 대한 정보를 '객관적'이며 '증명 가능한' 형태로 자료화하는 절차에 따라 수행하는 것이 청소년 위기실태조사 또는 위기청소년실태조사로 나타나고 있다(김미란, 2012).

실제로 최근 많은 국가들은 '위기청소년'을 기본 의제로 하여 광범위한 청소년 관련 정책과 교육정책을 수립하고 실행하고 있다. 우리나라의 경우, 위기청소년의 수는 매년 증가하고 있는 추세이며, 이러한 청소년문제는 점차 사회문제로 확대되고 있다. 그 결과 국가청소년위원회를 발족한 2005년 이래 현재의 여성가족부에 이르기까지 위기청소년정책에 많은 노력을 기울여왔으며 위기청소년에 대한 적극적인 지원을 입법화하고 있는 실정이다(황순길 외, 2016).

3. 위기청소년 논의와 위험 · 보호요인

원래 위기란 어떤 일이 그 진행과정에서 급작스럽게 악화된 상황 또는 파국을 맞을 만큼 위험한 고비를 의미하는 것으로 사전적으로 정의하고 있다. 사회복지에서는 기존의 사회제도에 의해 수행되는 어떤 필수적 기능을 와해시키는 파국적 사건뿐만 아니라 정서적 변화와 고통을 겪는 내부적 경험이란 의미도 포함하는 것으로 정의된다(황순길 외, 2016). 그러나 최근의 연구자료에서는 '청소년의 위기'보다는 '위기청소년(youth at-risk)이라는 용어가 더 많이 사용되고 있는 것이 사실이다. 또한 위기청소년을 언급할 때에도 영어의 crisis보다는 at-risk로 쓰는 경향이 많다. OECD에서도 위기청소년은 youth at risk로 표현하고 있다. 따라서 청소년의 위기를 말할 때 위기(at risk)는 현재 나타나고 있지는 않지만 적절하게 개입하지 않을 경우 미래에는 청소년에게 부정적인 결과를 가져올 수 있는 위험적 상황으로 정의하고 있다(McWhiter et al. 2007). Lahav(2005)는 적절한 학업활동, 사회생활, 가족생활을 하는 데 필요한 능력에 해가 되는 상황이나 해가 될 수 있는 상황에 처해 있는 청소년을 위기청소년으로 정의하면서, 교육적 위기 상황, 개인적 위기 상황, 사회적 위기 상황, 가족적 위기 상황을 청소년의 중요한 위기 상황과 징후로 제시하고 있다.

청소년의 위기 또는 위기청소년에 대한 이러한 인식은 청소년시기는 개인·환경적 요인으로부터 영향을 받으며 심리적·정서적·행동적으로 적절한 개입이 필요하다는 점을 시사해주고 있다. 특히, 가정환경은 무엇보다 중요한 요인으로 가정폭력이나 이혼, 재혼 등의 변화 속에서 청소년들이 필요한 지원을 받지 못할 경우 위기를 맞게 되며 건강하지 못한 성인으로 성장할 가능성이 높다. 위기의 청소년들은 가출, 자퇴, 폭력, 성매매, 약물 오남용 등의 비행행동과 범죄, 불안, 우울 등의 심리적 장애와 더불어 자살 위험이 높은 것으로 나타난다(김선희, 2012).

이런 점에서 청소년의 발달과정상의 개인적 특성과 환경적 특성들을 위험요인(risk factor)과 보호요인(protective factor)으로 구분하여 이해하는 접근이 중요한 의미를 갖는다. 여기에서 위험요인이란 일반청소년 집단과 비교하여 청소년들이 정서적·행동적 장애를 일으킬 수 있는 가능성이 높은 요인(Garmezy, 1990), 또는 인간의 타고난 특성과 환경적 질이 상호작용한다는 발달모델을 주장하면서 개인의 특성뿐만 아니라 환경적 요인 또한 위험요인으로 작용할 수 있다는 것을 말한다(Horowitz, 1987). 특히, 청소년의 부적응에 영향을 미치는 위험요인은 다양한 영역에 걸쳐 존재하며 상호 누적적으로 영향을 미치고, 위험사건의 종류에 따라, 발달적 과업에 따라 다르며 탄력성의 효과도 달라질 수 있다. 또한 위험요인은 개인적, 가족적, 사회적 맥락과 개인과 환경과의 상호작용 모두를 포함한다(Kirby & Fraser, 2000). 예를 들면, 개인적 특성에 의한 위험요인으로는 성별의 차이, 의료문제 등을 들고 있으며, 가족 및 인접환경의 특성에 따라서는 아동학대, 대인 간 폭력, 부모의 정신병리, 미숙한 부모역할 등을 위험요인으로 보며 환경적 특성으로는 교육 및 고용기회의 부족, 인종차별과 불평등 상황, 빈곤 및 낮은 사회적 지위 등을 위험요인으로 본다(천정웅, 2012).

또한, 위기청소년에게는 문제행동으로 이르도록 영향을 미치는 위험요인만 존재하는 것이 아니다. 보호요인은 문제행동을 억제하고 위기 결과로 이어지는 것을 사전에 예방할 수 있게 도우는 것이다. 위기의 진행과정에서도 이러한 보호요인이 작용하면 청소년이 문제행동이나 위기 결과로 이어지지 않고 정상적인 발달을 이룰 수도 있다. Garmezy(1990)는 기존 연구에서 일관되게 나타나는 보호요인들의 결과를 개인적·기질적 요인, 가정적 요인 그리고 학교, 직장, 교회 등의 측면에서 요약하고 있다. 활동수준, 반영성, 인지적 기술, 타인에 대한 긍정적 반응성과 같은 것을 잠재적인 가정적 요인으로 보고, 온정성, 응집력, 조부모와 같이 반응적인 부모의 책임을 해줄 수 있을 만한 성인의 존재와 같은 가정적 요인, 그리고 개인의 능력에 대해서 보상하고, 어떻게 살아야 할지에 대한 신념체계를 제공하는 외부의 지지체계로서 학교, 직장, 교회 등이 보호요인으로 그 역할을 담당하고 있다고 본다.

또한, 미국의 서치연구소(Search Institute)에서는 발달적 강점의 관점에서 보호요인의 개념을 설명하고 미국 청소년들을 대상으로 한 대규모의 실태조사를 지속적으로 실시하고 있는데, 보호요인을 크게 환경적 보호요인과 내적인 보호요인으로 구분한다. 환경적 보호요인은 지지, 힘북돋우기, 명확한 한계설정과 기대, 건설적 시간활용으로 분류하며, 내적인 보호요인으로는 학습에 대한 헌신도, 긍정적 가치관, 사회적 유능감, 긍정적 자아정체감으로 분류하고 있다. 이러한 보호요인들을 자세히 살펴보면, 청소년들이 어려움이나 문제행동에 처했을 때 이를 극복할 수 있는 이유는 궁극적으로 자신의 길을 개척해 나가려는 강한 의지가 있기 때문이며 이에 부응하여 청소년을 돕는 성인이 있기 때문이다(천정웅, 2012).

4. 청소년위기 실태의 주요 결과분석

이러한 위기청소년에 대한 이해를 바탕으로 보면, 청소년위기 실태조사는 위기요인, 반사회성, 위기 경험, 위기상태, 제반 지원 및 보호요인 등 다양한 내용을 포함하고 있어 주목된다. 여기에서는 전국단위로 실시된 조사 결과로 한국상담복지개발원에서 수행한 연구 결과를 소개하고 지방자치단체 단위로 실시된 조사 결과의 하나로 경남청소년지원재단에서 실시한 실태조사의 결과를 비교적으로 제시하기로 한다.

1) 전국청소년위기실태조사

우선 전국 청소년 위기 상황을 파악하기 위한 조사는 2009년과 2010년에 한국청소년상담복지개발원이 대규모 실태조사를 한 바 있으며, 이후 주기적으로 청소년들이 당면한 위기 상황을 측정할 필요성이 대두되어 2015~2016년까지 2차년도에 걸쳐 실시한 바 있다(한국청소년상담복지개발원, 2016). 1차년도에는 2010년도의 실태조사 결과와 비교하기 위하여 기본 문항을 유지하면서 SNS를 통한 사이버 폭력 및 스마트폰 중독 관련 문항을 추가하는 등, 최근 이슈화된 문제들을 반영한 문항을 개발하였다. 2차년도인 2016년도에는 새롭게 이슈화된 학대와 방임, 온라인 도박, 가출 경험 등의 문항을 추가 또는 수정하여 전국의 초등학생, 중·고등학생, 위기취약청소년 등을 대상으로 설문지를 구분하여 실태조사를 실시하였다. 특히, 청소년의 위기수준은 세밀한 준거설정 작업을 통해 고위험군, 위험군, 잠재적 위험군, 일반군의 네 개 집단으로 분류하여 결과를 고찰하고 2010년도와 2016년도 두 조사 간 비교도 실시하였다.

2016년도 전국실태조사의 인구학적 특성을 보면, 일반학생의 경우는 남자 51.5%, 여자 48.5%, 위기청소년의 경우 남자 64.5%, 여자 35.5%를 차지하고 있다. 일반학생의 학교급별 분포를 보면, 초등학교 22.1%, 중학교 35.0%, 일반계 고등학교 35.0%, 전문계 고등학교 7.9%로 나타났다. 성별, 학교급별, 지역별 위기수준을 살펴본 결과는 대체로 남녀 간 성별에서는 위기수준별 양상이 유사한 것으로 나타났다. 고위험군은 남, 여 모두 0.5%로 같았으며, 위험군의 경우도 남자 1.9%, 여자 1.6%로 유사하게 나타났다. 잠재적 위험군은 남자가 14.1%, 여자가 15.8%로 여자가 다소 높게 나타났다. 학교급별 위기수준 결과의 경우 학년이 올라갈수록 잠재적 위험군이 증가하는 것으로 나타났다(초등학교, 8.4%, 중학교 14.2%, 인문계 고등학교 18.3%, 전문계 고등학교, 21.7%, 대안학교 15.2%). 지역별 위기수준의 경우 전국적인 잠재적 위험군 수준은 14.9%였으나 문제 유형 및 지역에 따라 다소 차이를 보였다.

한편, 2010년과 2016년의 두 조사 간 비교 가능한 위기 결과영역인 인터넷 중독, 약물, 학교폭력 피해 및 가해, 비행, 자살, 성문제 그리고 가출문제의 위기 결과를 비교분석하였는데, 비교할 수 있는 위기 결과의 2016년 전 영역에서 인터넷 중독문제만을 제외하고 다른 모든 문제영역에서 그 비율이 대체로 감소한 것으로 나타났다. 이러한 결과는 정부의 청소년정책 및 직접 또는 간접적인 개입서비스의 성과로 평가할 수 있다. 또한 위기수준과 보호요인의 관계성을 살펴본 결과, 위기수준별 보호요인의 평균은 일반군이 가장 높았고, 잠재적 위험군, 위험군, 고위험군 순으로 높게 나타났다. 또한, 위기수준과 보호요인의 관계성을 분석하였는데, 결과를 보면, 위기수준별 보호요인의 평균은 기대할 수 있는 바와 같이 일반군이 가장 높았고, 그 다음 잠재적 위험군, 위험군, 고위험군 순으로 높았다. 각 집단별로 위기수준 간 평균점수 차이가 모두 유의한지를 검토하기 위해 분석한 결과는 일반 학생집단과 위기청소년 집단 모두에서 위기수준 간 유의한 차이가 있는 것으로 나타났다.

2) 경상남도 청소년위기 실태조사

전국단위 청소년위기실태조사와 함께 지방자치단체 단위에서 조사한 연구 결과가 있는데, 경상남도청소년지원재단은 도내 위기청소년 보호 시책의 일환으로 여성가족부와 함께 "경상남도 청소년 위기실태조사"를 실시한 바 있다(최병옥, 2017). 연구의 조사대상은 경상남도 내 시·군의 초·중·고등학교 재학생 및 학교 밖 청소년 등으로 2014년에는 5,000명을 설문조사하여 4,910부를 분석에 사용하였고, 2016년에는 6,500명을 대상으로 조사를 실시하여 6,077부를 분석에 사용하였다. 연구의 설문 내용은 경상남도에서 자체 개발한 문항이 아니라, 여성가족부에서 전국 대상의 설문조사를 위해 개발한 문항을 사용하였다. 그리고 2014년과 2016년에 설문한 내용이 다소 상이하여, 이 연구에서는 2년에 걸쳐 공통적으로 설문한 내용(청소년 위기요인, 반사회성, 위기 경험, 위기상태, 제반 지원 및 보호요인, 헬프콜 인식 및 이용 경험)을 중심으로 비교·분석하였다(최병옥, 2017).

첫째, 청소년 위기요인의 분석 결과를 보면, 2014년은 개인적 위험요인(우울·불안, 공격성·충동성·부주의 등)이 다른 위험요인보다 비교적 높게 나타났으나, 2016년의 결과에서는 다소 완화된 것으로 나타났다. 그러나 개인위험요인 중 '우울'이나 '불안'은 여성청소년이 높은 반면에, '공격성 · 충동성 · 부주의' 등은 대체로 남자 청소년, 그리고 학교에 적응하지 못한 청소년이나 보호시설 등의 위기취약 청소년들이 상대적으로 높게 나타났다. 둘째, '반사회적 친구'를 사귀는 경향에 있어서도 2년 동일하게 16세 이상의 남자에게서 높게 나타났다. 정규학교보다는 검정고시학원이나 대안학교 또는 학교에 다니지 않는 청소년들이 반사회적 친구를 사귀는 비율이 높으며, 인문계 고등학교보다는 특성화 고등학교에 재학하는 청소년들의 반사회적 친구를 사귀는 비율이 높았다. 셋째, 청소년의 위기 경험 결과에 있어서 시 · 군 간의 차이는 2년 동일하게 나타났다. 구체적으로 시 지역은 인터넷(게임)에 따른 부모와의 갈등, 성폭력 피해, 자살시도 등이 높게 나타났고, 군 지역은 무단결석, 음주, 흡연, 약물, 폭행피해, 왕따, 괴롭힘, 가출 등이 높게 나타났다. 남녀 간의 차이에 있어서 여자 청소년의 경우 2014년에는 왕따 피해 및 왕따 가해, 자살 시도 경험이 높게 나타난 반면, 2016년에는 인터넷 경험, 자살시도 등이 높게 나타났다. 학교 및 가정환경의 차이는 2년 동일하게 정규학교에 다니지 않는, 보호시설에 거주하는, 다문화가정, 가정경제가 어려운 청소년의 위기 경험이 높게 나타났다. 넷째, 위기상태(가출 또는 학업 중단상태) 분석 결과를 보면, 2014년의 경우는 학업 중단상태에 있는 청소년들이 위기상태가 높게 나타났으며 이들의 가출상태는 5.9%로 높게 나타났다. 그러나 2016년의 경우는 가출상태가 1.8%로 현저하게 낮아졌다. 그러나 남자 청소년, 17세 이상, 쉼터에 거주하는, 비다문화, 경제적 지원이 있는 청소년집단에게서 가출이 비교적 높은 것으로 나타났다. '학업 중단상태'의 경우 2014년의 경우는 17세 이상, 비정규학교, 보호시설, 다문화가정 청소년들이 다소 높은 편이며, 전체 학업 중단인 경우는 0.7%로 나타났다.

한편, 제반 지원 및 보호요인에 대한 분석 결과를 보면, '스스로 보호 및 주변인에 의한 보호', '물질적 지원과 정서적 지원'에서 2014년의 경우는 군지역보다는 시지역, 남자보다는 여자가 높게 나타났다(최명옥, 2017). '스스로 보호 및 주변인에 의한 보호'

는 17세 이상에게서, '물질적 지원과 정서적 지원'은 14세 이하에서 높게 나타났다. 2016년 일반 청소년의 경우 물질적 지원, 정서적 지원, 스스로 보호는 군지역 청소년이 높고, 주변에서의 보호는 시지역 청소년이 높게 나타났다. 위기취약 청소년의 경우 물질적 지원, 주변에서 보호는 여자가 높고, 스스로 보호는 남자가 높게 나타났다. 물질적 지원, 정서적 지원은 학교 밖 청소년지원센터 청소년집단이, 스스로 보호는 공동생활가정 청소년집단이 높게 나타났다. 또한, 헬프 콜 인식 및 경험을 보면, 2014년의 경우 경상남도 청소년들의 32.7%가 헬프 콜을 인지하고 있는 것으로 나타났다. 2016년 일반 청소년의 경우 헬프콜을 인식하고 있는 비율이 43.2%로 나타났다. 특히, 시 지역, 여자 청소년, 17세 이상 청소년 집단의 인식 비율이 상대적으로 높았다. 헬프콜 이용 경험은 2014년과 차이가 없는 것으로 나타났다.

경상남도 청소년위기 실태조사를 2014년도 결과와 2016년도의 결과분석을 통해 보면, 청소년 위기요인은 연령별로는 17세 이상 청소년이 모두 높게 나타난 공통점이 있고, 비정규학교나 보호시설 청소년의 경우 그리고 가정배경에 따라서도 전반적으로 지원받는 집단들이 개인위험요인, 가정위험요인, 학교위험요인, 지역사회 위험요인 등에서 모두 높게 나타났다. 반사회성의 경우에도 두 번의 조사 결과 모두에서 보호시설 청소년, 다문화청소년, 가정경제적 수준이 어려운 집단에서 높게 나타났다. 위기 경험의 경우 지역별로 차이가 있는데, 시지역은 인터넷 게임에 따른 부모와의 갈등, 성폭력 피해, 자살시도 등에서 높으며, 군지역의 경우 무단결석, 음주, 흡연, 약물, 폭행피해, 왕따, 가출 등에서 높게 나타나고 있다(천정웅, 2017).

위기상태의 경우 가출상태는 2014년도에 비해 2016년도가 다소 낮아진 것으로 분석되고 있어 주목된다. 학업 중단상태의 경우는 위기취약 청소년의 경우 그 비율이 매우 높게 나타나고 있다(6.8%). 그 밖에 특별히 관심을 갖게 되는 것은 헬프 콜의 인지 비율이 일반청소년과 취약청소년 모두에서 2014년도에 비해 2016년도에는 매우 높아진 것과 2016년도 조사에서 나타난 일반청소년을 대상으로 한 자살예방교육 프로그램에 대한 요구사항 중 학업이나 일상생활 스트레스 대처방법(9.1%), 친구관계 등 대인관계를 잘 해나가는 방법(7.5%), 미래에 대한 희망을 가질 수 있는 다양한 진로 교육(6.3%), 삶의 의미를 찾을 수 있는 교육(6.1%), 그리고 성적 향상방법(효율적인 공부방법) 등에 대한 것이 5.3% 등의 결과를 나타내고 있다는 점이다. 이러한 분석 결과는 다음과 같이 발전방안을 제시하는 내용과 관련하여 시사하는 바가 있을 것이다(천정웅, 2017).

5. 위기청소년정책의 비판적 검토와 발전의 방향

이상에서 고찰한 바와 같이 청소년의 위기실태조사는 그 자체로서 갖는 중요한 과학적 의미와 정책적 기여를 하고 있음을 알 수 있다. 주기적으로 청소년들이 당면한 위기 상황을 전국단위 또는 지방자치단체 단위에서 측정할 필요성이 있으며, 그 결과는 위기청소년을 위한 정책과 지원방향 수립에 중요한 기초자료로 활용될 수 있을 것이다(황순길 외, 2016). 그러나 그럼에도 불구하고 그것이 '위기청소년' 정책과 관련된다는 점에서 "위기청소년 담론은 미래의 불확실성에 대한 위기의식을 증폭시키고 이를 통하여 국가는 특정 청소년과 그의 가족을 타자화하는 배제의 전략을 작동시켰으며" 위기요인분석을 통하여 '위기청소년'을 조기 발견하여 제도적으로 개입하는 방식이라는 점에서 비판적으로 검토할 필요성이 제기되고 있다는 점이다(김미란, 2012, p. 51). 즉, 과거 '문제청소년' 담론에서 '허용'과 '금지'의 경계에 따라 '위험한' 청소년을 범주화하고 사회안정을 위한 단속대상으로 여겼던 것이 이제 '위기청소년' 담론을 통하여 더욱 체계적인 방식으로 특정 청소년집단을 주변화시키고 있다는 것이다.

이러한 비판적 인식을 고려하면서 청소년 위기실태조사와 위기청소년정책과 관련한 청소년복지정책의 발전방안과 관련하여 다음과 같은 몇 가지 방향을 언급하는 것으로 글을 맺기로 한다(천정웅, 2017).

첫째는 새로운 청소년정책 이념 모색을 위한 관점이 필요하고 그것은 적극적인 관점(positive perspective)으로의 전환을 통해 가능하다. 여기서 적극적 관점이란 기존의 관점들은 물론, 소극적 관점이나 부정적 관점 등에 대한 대응개념이기도 하지만, 기본적으로 아동과 청소년에 대한 긍정적·진취적 관점과 그 실천적 노력을 한 데 묶어 새롭게 용어화한 것이다. 구체적으로 적극적 관점은 ① 아동과 청소년을 연령구분에 입각한 발달적 시기로만 볼 것이 아니라, 사회적 지위와 역할, 세대(generation)로 보아야 한다는 관점이다. ② 아동과 청소년을 해결해야 할 문제의 대상으로서가 아니라, 가능성과 기회탐색의 사회적 구성원으로 보아야 한다는 관점이다. ③ 아동과 청소년이 안고 있는 많은 어려움을 단순히 지적하는 것에서 나아가서 이를 보다 적극적으로 함께 나눈다는 관점 등을 의미하는 것으로 볼 수 있다. 적극적 관점은 시대적 변화에 따라 새롭게 대두되는 상황 변화에 부응하는 정책영역의 개발을 위해서도 중요하다.

그동안 우리나라의 청소년을 위한 정책이념은 해방 이후 아동복지적 접근, 청소년운동의 이념, 청소년상 정립, 아동보호(care), 청소년보호(protection), 청소년육성, 청소년참여, 그리고 유엔아동권리협약과 관련한 논의 등과 밀접한 관련을 가지면서 지속되어 왔다. 우리나라 청소년정책의 역사를 형성기(1961~1987), 성장기(1988~1997), 그리고 전환기(1998~현재)로 본다면 형성기에는 일부 문제청소년을 주요 대상으로 하는 청소년대책을 중심으로 했으며, 성장기에는 전체청소년을 대상으로 청소년문제 예방을 주요 목적으로 하는 수련활동 중심의 청소년육성과 보호, 그리고 전환기에는 위기청소년을 포함한 전체청소년을 주요 대상으로 하는 개발과 참여의 정책전환과 정책영역의 확대를 가져온 것으로 이해할 수 있다. 이러한 연장선상에서 이제는 이른바 4차 산업혁명이라는 새로운 시대에 맞는 보편성과 특수성을 가진 정책이념과 철학, 그리고 비전에 관한 본격적인 연구가 필요한 시점으로 볼 수 있을 것이다.

특히, 4차 산업혁명은 자동화와 연결성이 극대화되는 변화를 의미하는 것으로 사회복지 분야에서는 관리의 정보화뿐만 아니라 임상실천활동의 정보화로 나아가는 시대가 되어가고 있다. 이제 청소년학이나 사회복지라는 한 영역에 국한된 지식만으로 문제를 해결할 수 없으며 광범위한 학문 간 융합과 거시적 시각을 요구하고 있다. 융합은 단순히 서로 다른 기술·제품을 합치는 것이 아니라 결합을 통해 '새로운 가치'를 창출해 내는 것이다. 4차 산업혁명에서는 기존 교육시스템에서 벗어나 창의적이고 융합적인 역량을 갖춘 인재의 양성을 위해 "역량 키우기" 중심의 교육시스템 전환을 필요로 한다. 마찬가지로 청소년정책 분야에서도 이러한 시대적 변화에 부응하는 전환적 접근과 정책이념을 마련할 필요가 있는 것이다.

둘째는 발전(development)에 대한 관심이 필요하다. 이미 미국과 영국 등의 선진국에서는 긍정적 발달(positive development) 또는 청소년개발(youth development)에 대한 지난 20여 년간의 학술연구와 현장실천을 통해 국가청소년정책의 지향이념과 가치를 정립하고 있다. 발전에 관한 논의는 아동발달이나 청소년 분야에도 같이 적용되고 있는 이론이면서 실천기술로서의 의미를 갖는다. 우리나라에서의 기존의 정책이념과는 내용적 측면에서 유사한 점이 있기 때문에 추후 구체적 연구를 통해 그 접합점을 찾아볼 수 있을 것이다.

예를 들면, 미국 청소년정책의 주요 한계는 이 정책이 능력보다는 문제에 집중한다는 데 있다고 본다. 대부분의 사회서비스 프로그램들이 비행, 약물남용, 무단결석, 십대 임신, 아동학대 등과 같이 청소년의 문제를 교정하는 데 힘을 쏟고 있다. 그러나 청소년문제에 대한 이러한 강조는 집단으로서의 청소년을 향한 만연된 부정성, Hobbs(1982)가 "복지의 심리(psychology of well-being)"라고 부른 것과 관련된 조사와 정보의 결핍, 그리고 부적응적 행동이나 기타 역기능들과 관련되지 않은 청소년들의 많은 개발적 욕구에 제대로 대응하는 것이 실패하는 결과를 초래하였다(Nixon, 1997). 따라서 위험을 줄이고 문제행동을 감소시키는 방향으로 기울어진 프로그램들에 비해 친사회적이며 청소년의 건강한 개발에 초점을 맞춘 개발 프로그램에 대한 강조가 부족했다. 이러한 접근이 비록 일반적인 미국의 잔여적 사회복지정책의 방향과는 일관성이 있다 할지라도 청소년지도자들이 청소년의 긍정적 개발을 어떻게 하여야 가장 효과적으로 달성할 수 있을 것인지를 배우도록 하는 데는 실패했다는 것이다.

긍정적 청소년 개발은 지역사회의 프로그램과 서비스를 문제를 가진 청소년이나 위험한 상황에 처한 청소년만을 대상으로 하기보다는 전 청소년들을 대상으로 하는 능력에 초점을 맞춘 거시적 개념이다. 서비스와 활동들은 자발적이며 청소년들이 성인으로 성공적인 전환을 이룰 수 있도록 도와주는 공식 및 비공식적 기회와 경험을 제공한다. 이는 문제 예방과 위기 예방 서비스를 우선시하고 또 이와 같은 서비스에 자금을 지원하는 기존의 시스템과는 상당히 차이가 있다(Robertson, 1997).

다음은 청소년 개발 접근에 내재된 주요 원칙들이다:

- 청소년들은 자신들의 삶에 대해 주체적으로 결정을 내릴 수 있고 또 그러해야만 한다. 따라서 청소년들은 자신들의 삶에 직접적인 영향을 미치는 어떠한 프로그램의 구성에 있어서도 주요한 참여자가 되어야 한다.
- 도움을 제공하는 사람들(도우미)은 모든 청소년들은(문제적 행동을 표출하는 청소년일지라도) 성장 가능성이 있는 잠재력과 능력을 가지고 있다는 사실을 인식해야만 한다.
- 개발과 양육(양성)은 문제해결에 매우 중요하며, 특히 전통적 치료방법이 성공적이지 못할 때 더욱 그러하다.
- 상호신뢰, 소속감 그리고 성공에의 기회는 성인으로 전환하는 청소년들의 자신감과 실력(competence)을 형성하는 데 중요하다(Nixon, 1997).
- 개발은 개인, 가족, 지역, 문화 및 경제적 요소에 따라 다양하다. 따라서 모든 청소년들에게 "효과적인" 유일한 접근이란 존재하지 않는다.
- 청소년과 가족 모두를 주체자로 보기보다는 수혜자의 역할을 하는 것으로 보는 전통적 서비스 시스템과는 달리 청소년과 그 가족들은 "클라이언트"이기보다는 "협력자"로 여겨진다(Robertson 1997).

셋째는 지역사회에 기반을 둔(community-based) 청소년복지체계가 필요하다. '위기에 처한' 청소년으로부터 청소년들이 살고 있는 '위기에 처한' 지역사회로 노력의 초점을 바꾸는 것이다. 금번 실태조사 결과분석을 통해서도 나타난 바와 같이, 사회 양극화 현상, 학교 부적응, 가정해체 등으로 위기청소년이 급증하고 그 욕구는 다양한 반면, 위기청소년의 가정 및 사회복귀를 돕는 지역사회 중심의 사회안전망은 아직은 취약하다. 따라서 지역사회의 특성에 따른 사업개발과 서비스계획을 수립할 수 있도록 하여 지역사회가 각기 다른 배경과 특성을 가진 청소년에 대한 우선순위를 세울 수 있도록 지역사회의 역량을 강화해 나가는 접근이 필요하다.

현재 위기청소년지원체계들이 네트워크 이상을 넘어서는 구체적인 정책으로 어떤 효과를 가지고 있는지를 생각해 볼 필요가 있다. 그러한 체계들이 이론적 토대를 가지고 체계적인 연구과정을 통해 개발된 것인지, 정책적 구상의 연결망으로 작용하고 있는 것인지에 대한 검토가 필요할 것이다. 선진국의 경우, 위기청소년을 위한 지원체계는 그것의 목적이 무엇이든지, 공공기관은 물론, 민간 청소년단체, 학교, 기업, 종교기관 등의 연계협력은 매우 긴요함을 알 수 있다. 특히, 대부분의 프로젝트와 사업들이 이론적 틀을 가지고 체계적인 연구에 기반하여 현장에 적용되고 있으며, 프로그램 실행 후에는 평가를 통해 그 성공요인을 진단하고 문제점을 파악하고 있음을 알 수 있다. 부문별 관계기관과 전문가는 물론, 청소년을 비롯하여 학부모 및 지역사회 일반주민들의 참여는 지역 중심 청소년 대책 프로그램의 성과를 좌우하는 중요한 요소가 되고 있음을 알 필요가 있다.

예를 들면, 미국의 경우 청소년의 안전과 범죄행위로부터 보호하기 위한 지역사회 사례로는 아동과 가족을 위한 폭력개입 프로그램(VIP: Violence Intervention Project), 지역사회 주목전략(CTC: Community That Care), 그리고, 종합지역사회 이니시어티브(CCI: Comprehensive Community Initiative) 등이 있다. 각기 다른 지역사회에서 적용된 것이지만, 주로 지역사회의 역량을 증대시키거나 관련 기관 간의 협력체제를 수립하는 것을 통하여 지역사회의 역량을 증대시키는 것에 중점을 두고 있음을 알 수 있다. 지역사회 역량은 곧 청소년들이 위기 상황, 특히 비행이나 범죄에 노출되는 기회를 줄이는 것에 집중하고 있다. 서비스 대상 또는 지원체계의 주 대상을 청소년 중심으로 하는 것도 있지만, 점차 가족이 이러한 지원체계의 대상으로 중요하게 논의되고 있음을 알 수 있다. 문제를 야기할 가능성이 많거나 위기 상황에 노출될 개연성이 많은 아동이나 청소년을 통제하거나 그들을 재활하는 일에 지역사회 구성원들이 직접 개입하고 있는 것이다.

이러한 사례에서 볼 수 있는 또 다른 시사점은 모든 사례에서 중요한 참가자들에 대해서는 관련 이니시어티브의 목적과 중요성, 내용 등에 대해서 연수과정을 통해 관련 대상자들의 적극적 참가의 중요함을 강조하고 있다는 점이다. 지역주민의 자발적이며 적극적 참여를 이끌어 내는 노력은 물론, 해당 사례의 성공적인 실행과 적용을 위해서는 열정적이고 지지적인 지역주민, 재정적·행정적 지원, 헌신적이고 전문적인 전담인력 등이 중요함을 말해주고 있다. 위기 청소년과 관련한 기관 간의 연계협력을 체계화하는 이상의 성공적 지역밀착화를 위한 노력, 그 노력의 핵심으로서의 관련 전문가는 물론, 지역주민들을 대상으로 하는 교육과 연수의 중요성은 이 점에서 더욱 중요한 의미를 가질 것이다.

마지막으로 위기아동·청소년을 위한 지원체계를 확립하는 일은 지역별 특성, 특히 위기청소년의 발생과 관련한 지역사회의 상황, 즉 위기청소년 발생 정도의 주요 유형 및 지원체계에 필요한 지역자원의 내용과 수준 등을 고려한 특화된 접근이 필요할 것이다. 이 점에서는 현재와 같이 일관된 하나의 지원시스템으로서의 CYS-Net은 지역별 특성에 맞는 형태로 응용될 필요가 있다. 대도시와 농어촌 지역의 위기청소년 실태와 주요 현안이 같을 수 없으며, 지원체계 수립을 위한 자원의 종류와 수준 또한 같을 수 없을 것이다. 따라서 현행 지원체계에 대한 표준절차의 수립과 일관된 추진을 통해 CYS-Net 지원체계의 확산과 공고화를 추진하면서, 다른 한편 지역별로 특화된 지원체계가 가능한 방안을 강구하는 것이 필요할 것이다.

이상에서 언급된 세 가지를 합하면, 청소년을 위한 "적극적 관점에서의 청소년개발과 지역사회역량 개발(youth development and community competence from positive perspective)", 즉 "적극적 지역사회 청소년 발전(posiotive community youth development: PCYD)"이라는 의미로 정리된다(천정웅, 2017). 새로운 정책이념의 수립과 함께 정책 내용에는 다양한 정책영역이 포괄되고 그동안의 정책실제나 연구에서 소외되어 온 영역들이 추가될 수 있다. 시대적 변화에 따른 새로운 주제들도 영역화될 것이다. 청소년의 위기실태분석에 따른 위기청소년에 대한 정책방안을 마련하는 일도 이러한 방향에서 전환적으로 검토될 때 가능할 것이며, 위기청소년담론에 대한 비판적 검토를 수용하면서 4차 산업시대에 맞는 새로운 정책이념의 가치, 틀, 구조, 정책영역, 정책 과제 등 일련의 체계적인 내용에 대한 개념적, 이론적, 정책적, 실천적 탐구가 이루어질 필요가 있다.

이런 점에서 다음의 위기실태조사는 '위기요인' 분석뿐만 아니라, 적극적 관점에서의 긍정적 발달과 관련한 보호요인과 지역사회 위기요인 등도 포함하는 접근이 있게 되기를 기대해본다. 문제청소년 또는 위기청소년 등의 통념은 어느 시대에나 존재하는 단일한 인식체계라고 할 수 없는 것이다. 또한, 위기청소년에 관한 현재의 정책적 접근은 위기를 유발하는 환경적 측면으로서의 위기요인 자체보다는 그에 속한 청소년과 가족을 구분하고, 그들의 '비정상성'을 정당화할 뿐 아니라 그들에게 책임이 있다고 보는 접근이란 비판이 있을 수 있는 것이다. 중앙정부뿐만 아니라, 지방자치단체와 지역사회, 민간기구 등의 참여를 통한 위기청소년 대책은 위기집단으로 범주화된 청소년을 사회적으로 배제할(exclusive) 가능성이 있다는 점에서 그들에게 사회적응을 위한 안전망의 기능을 제대로 해야 할 것이며, 정책에서 강조하고 있는 지역사회와의 연계망이 오히려 청소년의 사회적 고립을 강화할 수 있다는 우려가 있다는 점에서 이것이 포섭의(inclusive) 전략이 될 수 있도록 더욱 유의할 필요가 있을 것이다. 그러나 보다 중요한 것은 청소년들을 위험사회에서 보호하는 것뿐만 아니라, 그들의 잠재능력을 개발하고 책임 있는 민주시민으로 성장하도록 하는 일은 국가의 안녕과 발전을 위해 중요한 국가사회적 책무의 하나라는 인식일 것이다.

참고문헌

김미란(2012). 청소년이행(transition)과 '위기청소년' 담론에 대한 분석. **교육사회학연구**, 22(1), 51-76.

김선희(2012). 위기청소년의 가정환경과 심리행동 특성 연구: Drop in center를 중심으로. 인하대학교 대학원 석사학위논문.

김성이 · 조학래 · 노충래 · 신효진(2010). **청소년복지학**. 경기도: 양서원.

윤철경 · 조흥식 · 김향초 · 이규미 · 우정자 · 윤진선(2006). 위기청소년 지역사회 안전망 실태와 발전방안. 한국청소년개발원.

이유진 · 박선영(2015). 청소년 기업가정신 함양 및 창업 활성화 방안 연구Ⅱ: 위기청소년 기업가정신 함양 및 창업 활성화 방안. 한국청소년정책연구원.

천정웅(2009). **청소년인권과 참여**. 경기도: 양서원.

천정웅(2012). 청소년복지론 - 발전적 관점. 경기: 양서원.

천정웅(2017). 위기청소년 사회복지정책의 현재와 발전방안. 경상남도청소년위기실태조사 결과발표 및 심포지엄 자료집(pp. 16-26). 창원: 경상남도청소년지원재단.

천정웅 · 이용교 · 김혜원(2009). **청소년발달, 역량개발, 청소년복지**. 서울: 교육과학사.

천정웅 · 김민 · 김진호 · 박선영(2013). **차세대 청소년학총론**. 경기도: 양서원.

천정웅 외(2016). **차세대 사회복지개론**. 경기: 양서원.

최병옥(2017). 경상남도 청소년위기실태조사 분석 및 대응: 2014, 2016년 결과를 토대로. 경상남도청소년위기실태조사 결과발표 및 심포지엄 자료집(pp. 3-14). 창원: 경상남도청소년지원재단.

한국청소년개발원 편(2007). **청소년학개론**. 교육과학사.

홍봉선 · 남미애(2010). **청소년복지론**. 경기도: 공동체.

황순길 · 김동민 · 강태훈 · 손재환 · 김화연 · 김지혜(2016). 2016년 전국청소년위기실태조사. 부산: 한국청소년상담복지개발원.

Cheon, J.(2008). Best practices in community-based prevention for youth substance reduction: Toward strangths-based positive development policy. *Journal of Community Psychology, 36*(6), 761-779.

Cunningham, W., Cohan, Naudea, L. M. S., & McGinnis, L.(2008). Supporting youth at risk: A policy toolkit for middle income countries. Washington, DC: The World Bank.

Johnson, G. M.(1997). Teachers in the inner city: Experience-based ratings of factors that place students at risk, Preventing School Failure, Vol, 42, No.1. pp. 19-27.

Mcwhiter, J. J., Mcwhiter, B. T., Mcwhiter, E. H., & Mcwhiter, R. J.(2007). At-Risk Youth: A comprehensive Response, Brooks/Cole.

찾아보기

[인명]

[내용]

저자소개

천정웅(대구가톨릭대학교)

미국 캔사스대학교(The University of Kansas)에서 사회복지학 박사학위를 취득하였으며 한국 중앙대학교에서 정치학 박사학위를 받았다. 한국청소년정책연구원 기획조정실장, 한국청소년학회 사무총장, 미국 아이오와 대학교(University of Iowa) 방문학자, 미국 캔사스대학교(University of Kansas), 사회정책분석연구원 Research Manager 등으로 일한 바 있다. 현재 대구가톨릭대학교 사회복지학과 교수로 재직하고 있으며, 대구다문화가족지원센터 협회장, 대구동구사회보장대표협의체 위원 등을 맡고 있다. 대구가톨릭대학교의 주요 보직은 국제다문화대학원장, 다문화연구원장, 다문화교육원장, 청소년복지연구소장, 사회복지학과장, 대학원 사회복지학과장 등이 있다. 국제다문화대학원에서 국제이주와 사회통합, 이민정책론, 이민다문화가족복지론 등을 가르치고 있으며, 학부와 일반대학원 석·박사 과정에서 주로 국제사회복지론을 비롯하여 청소년복지론, 청소년인권과 참여, 청소년활동론, 사회복지정책론, 사회복지행정론, 지역사회복지론, 고급통계자료분석론, 질적연구방법론, 사회복지법제론, 인간행동과 사회환경 등을 담당하고 있다.

1980년대 중반 이후 30여 년간 청소년학, 사회복지 및 영성복지 등과 관련한 이론과 실천, 양적/질적 연구방법론 등에 관한 연구, 강의 및 저작활동에 진력해오고 있다. 한국전통사상에 관해 특별한 관심을 갖고 있으며, "적극적 관점의 청소년개발", "차세대 청소년학총론", "청소년인권과 참여", "청소년멘토링", "청소년복지론", "다문화청소년활동론", "지구환경레짐의 정치경제학" 등의 저서와 "청소년참여의 유형화 연구", "청소년정책의 발전적 특성연구" 등 다수의 국문 저서와 논문이 있다. 또한,

"Best practices in community-based prevention for youth substance reduction", "Causal relationships between service outcomes and satisfaction, service utilization, and demographic characteristics: A path analysis" 등 단독저자로서 SCI, SSCI 등재 영문저널에 게재된 영문논문을 여러 편 갖고 있다.

2003년 미국에서 "세계청소년학 아카데미(World Academy for Youth Studies)"를 창립했으며 2006년에는 한국 청소년복지의 발전을 위한 "청소년학 월드포럼(World Forum on Youth Studies)"을 제안하여 격년마다 세계 주요 국가를 순회하면서 국제컨퍼런스를 개최하고 있다. 2015년 6월에는 대구가톨릭대학교에서 "Homo Nomad & Young People"을 대주제로 제4회 월드포럼 국제학술대회를 11개국의 참가자들과 함께 개최한 바 있다. 한국사회복지질적연구학회 편집위원장, 글로벌청소년학회 편집위원장, 한국청소년연구 편집위원 등을 역임했으며, 최근에는 국제사회복지학회 회장, 글로벌청소년학회 회장을 맡고 있으며, 한국시민청소년학회 회장을 역임하고 영성과 사회복지학회에서 차기회장으로 활동하고 있다.

전경숙(평택대학교)

전경숙은 독일 베를린공과대학교(TUB, Technische Universitaet Berlin) 교육학부(Fachbereich der Erziehungswissenschaften)에서 교육사회학 전공으로 석 · 박사학위(Ph. D)를 취득하였다. 귀국 후 1996년부터 한국청소년정책연구원과 한국대학교육협의회 고등교육연구소 연구위원 그리고 미국워싱턴대학교(UW) Visiting Scholar, 경기도가족여성연구원 연구사업본부장을 거쳐 2016년 3월 이후 평택대학교 아동청소년복지학과 교수로 재직 중이다. 상명대, 동덕여대, 한국체육대, 삼육대, 경기대, 수원대, 호서대, 장신대 등에서 강사를 역임하고, 선문대 사회복지학과에서 겸임교수로 재직하며 「청소년복지론」과 「청소년문화론」 등을 강의하였다.

한국다문화교육연구학회와 한국다문화아동청소년학회 이사, 한국청소년학회 및 한

국가정관리학회 등에서 학술활동을 하고 있으며, 최근에는 다문화가정 청소년과 학교 밖 청소년에 관한 연구에 주력하고 있다. 관심을 두는 연구 분야는 한국출생 다문화청소년과 외국성장배경을 지닌 중도입국청소년 및 학교 밖 청소년, 요보호아동 등 사회적 취약계층 아동 · 청소년 문제와 대책이며, 관련 논문 및 저서로 "다문화가정 중도입국청소년의 진로준비와 정착계획에 관한 탐색적 연구"(2017), "아동학대 특례법 시행 후 현장변화와 대응체계의 개선과제"(2016), "경기도형 학교 밖 청소년 지원센터 모델개발"(2015), "다문화가정 자녀의 출신국적 배경에 따른 한국생활 적응의 차이"(2011), "청소년복지론"(2012), "한국 다문화사회의 쟁점과 진단"(2011) 등을 발표하였다. 이 외에 청소년 봉사활동, 학교폭력, 가출청소년, 청소년공부방, 지역아동센터, 아동급식사업 등 위기청소년과 취약아동을 위한 지역사회 복지와 보호체계 구축에 관한 연구 및 정책개발을 수행하였으며, 2017년에는 여성가족부에서 주관하고 있는 제3차 다문화가족 기본계획 수립연구에 참여하고 있다.

오정아(충북대학교)

충북대학교에서 아동복지학 전공으로 문학박사학위를 받았고, 현재 충북대학교와 백석문화대학교, 충청대학교에서 인간행동과 사회환경, 사회복지조사론, 결혼과 가족, 지역사회복지론, 사회복지프로그램 개발과 평가 등을 강의하고 있다. 아동 · 청소년 및 가족에 관심을 두고 청소년의 학교적응, 학교폭력, 학업중단, 학교 밖 청소년, 다문화가족 여성 및 아동 등의 연구를 수행하였고 최근에는 다문화가족 청소년의 학업중단, 학교 밖 청소년과 관련된 연구를 진행하고 있다. 또한 한국연구재단의 지원으로 다문화 청소년과 관련된 메타분석 연구, 보건사회연구원에서 「다양한 가족의 출산 및 양육실태와 정책과제」(2016), 충북사회복지협의회에서 「마을복지 네트워크」(2015), 「노인 정신건강 연구: 노인의 자살시도 경험을 중심으로」(2016), 청주복지재단에서 「청주시 지역복지네트워크 구축 시범사업 성과분석 및 발전방안」(2014), 「청주시 통합가족센터 홈-트리 건립 타당성 조사 연구」(2017) 등 연구 영역을 확대하고 있다. 이 외에도 The 5th Regional Symposium of CIF Ain 2016 국제학술대회에서 「Effect of social support and readiness for independent living on career decision-making self-efficacy of school dropout adolescents」 포스터 논문을 발표하였다.

주요저서 및 논문으로는 가족복지론(2015), 사회복지개론(2016), 사회복지실천론(2016), 청소년의 학교폭력 가해행동에 관한 영향요인(2016), 사회적 지지와 학교적응이 중학생의 진로태도성숙에 미치는 영향: 도·농간 차이를 중심으로(2015), 청소년의 학업중도 포기 과정(2014) 등이 있다.

김세광(고신대학교)

명지대학교에서 청소년지도학 전공으로 교육학석사와 박사학위를 받았다. 현재 고신대학교에 재직 중이다. 청소년교육론, 청소년 문제와 보호, 청소년활동, 청소년문화, 청소년프로그램개발론 등 청소년관련 과목과 학교폭력예방과 학생의 이해 등 교직 과목을 강의하고 있다. 한국청소년정책연구원의 연구에 참여하여 '청소년 멘토링을 위한 멘토교육 프로그램개발(2012-2013)', '청소년 시민성 역량 함양 프로그램개발(2013)', '청소년 기업가 정신 함양 프로그램개발(2014)', '청소년이 행복한 지역사회 구성방안(2015~ 현재)' 등을 연구해 오고 있다. 2012년부터 현재까지 지역사회의 비행청소년과 다문화청소년 등 소외 청소년을 위한 멘토링 프로그램 개발과 실행을 하고 있으며 청소년의 균형 있는 역량 개발을 지원하기 위한 멘토들을 양성하고 있다. 한국평화교육훈련원에서 회복적 정의 워크샵 전문가/강사, 서클프로세서 진행전문가로 활동하고 있다. 회복적 정의 패러다임의 다양한 적용과 학교폭력예방, 청소년 역량 프로그램개발, 학업중단 청소년을 위한 지원과 청소년을 둘러싼 생태 환경 속에서 발생하는 갈등조정과 청소년을 위한 창의적 지도방법 등에 관심을 가지고 연구하고 있다.

주요저서로는 "회복적 정의와 실제적 대처 방안을 중심으로 한 학교폭력 예방 및 대책(2014)", "청소년을 위한 멘토링의 이해와 실제(2014)", "숨겨진 나 발견하기(2013)", "청소년프로그램개발과 평가(2015)", "청소년기업가정신에 기반한 벤처스타(2017)" 등을 공저하였다.

박선희(성덕대학교)

"사회복지전공 대학생의 다문화 역량에 관한 영성지능과 인권태도의 구조관계 분석"으로 대구가톨릭대학교에서 사회복지학 박사학위를 받았고, 대구가톨릭대학교에서 조사방법론, 논문연구방법론, 사회복지법제론, 다문화 글로컬 생활세계 등을 강의하였다. 현재 성덕대학교 노인재활복지상담과에 교수로 재직 중이다. 사회복지에서 영성을 활용한 실천과 접근을 중요하게 생각하고 탐색해 왔으며 청소년 정신건강, 중독문제와 영성 등에 관한 강의와 연구를 하고 있다. 또한, 다문화와 관련하여 사회통합, 다문화 수용성, 다문화 역량 및 국제사회복지 등에 관심을 가지고 있으며 다문화청소년과 외국의 청소년이슈 등을 주제로 국제학술대회와 세미나 등에서 발표하였다. 대표논문으로 "범분야 이슈와 Post-2015(2016)"와 "프랑스 청소년의 삶과 정책"(2013), "잠재성장모형을 활용한 청소년의 다문화수용성발달에 관한 종단연구"(2014), "청소년의 영적안녕감이 사회성발달에 미치는 영향"(2014) 등이 있으며, 저서로 『다문화글로컬 생활세계』(2015), 『지역사회복지론』(2016), 『사회복지개론』(2016)등이 있다.

발전 청소년학 시리즈 1

청소년문제와 보호 – 적극적 관점 –

1판 1쇄 인쇄 — 2017년 9월 1일
1판 1쇄 발행 — 2017년 9월 5일

저　　자 - 천정웅 · 전경숙 · 오정아 · 김세광 · 박선희
발 행 인 - 강 철 원
발 행 처 - 양 성 원
주　　소 - 경기도 파주시 검산로 173번길 29-20
전　　화 - 031-946-3861(代)
팩　　스 - 031-946-3864
이 메 일 - tnwpub@naver.com
홈페이지 - tnwpub.co.kr
출판등록 - 2015년 8월 31일 제 2015-000211 호

ISBN 979-11-6126-067-9

정가 18,000원